CHINA

ELIAS JABBOUR
ALBERTO GABRIELE

CHINA
O SOCIALISMO DO SÉCULO XXI

© Boitempo, 2021

Direção-geral Ivana Jinkings
Edição Pedro Davoglio
Coordenação de produção Juliana Brandt
Assistência editorial Carolina Mercês
Assistência de produção Livia Viganó
Tradução Allan M. Hillani (Apêndice)
Preparação Mariana Echalar
Revisão Daniel Rodrigues Aurélio
Capa Rodrigo Corrêa
Diagramação Antonio Kehl

Equipe de apoio Camila Nakazone, Débora Rodrigues, Elaine Ramos, Frederico Indiani, Higor Alves, Isabella Meucci, Ivam Oliveira, Kim Doria, Lígia Colares, Luciana Capelli, Marcos Duarte, Marina Valeriano, Marissol Robles, Marlene Baptista, Maurício Barbosa, Raí Alves, Thais Rimkus, Tulio Candiotto, Uva Costriuba

---

CIP-BRASIL. CATALOGAÇÃO NA PUBLICAÇÃO
SINDICATO NACIONAL DOS EDITORES DE LIVROS, RJ

J12c

Jabbour, Elias, 1975-
China : o socialismo do século XXI / Elias Jabbour, Alberto Grabriele. - 1. ed. - São Paulo : Boitempo, 2021.

"Tradução do apêndice: Allan H. Hillani"
Inclui bibliografia e apêndice
ISBN 978-65-5717-109-7

1. Socialismo - China - Séc. XXI. 2. China - Condições econômicas - Séc. XXI. 3. Capitalismo. I. Grabriele, Alberto. II. Título.

21-73996   CDD: 335.0951
CDU: 330.342.151(510)"20"

Camila Donis Hartmann - Bibliotecária - CRB-7/6472

É vedada a reprodução de qualquer
parte deste livro sem a expressa autorização da editora.

1ª edição: novembro de 2021; 9ª reimpressão: junho de 2025

BOITEMPO
Jinkings Editores Associados Ltda.
Rua Pereira Leite, 373
05442-000 São Paulo SP
Tel.: (11) 3875-7250 / 3875-7285
editor@boitempoeditorial.com.br | boitempoeditorial.com.br
blogdaboitempo.com.br | youtube.com/tvboitempo

AGRADECIMENTOS

Não são poucos os amigos, colegas, alunos e familiares que contribuíram para que este livro se tornasse realidade. Nossa gratidão em especial a Armen Mamigonian, Renato Rabelo, Luiz Gonzaga Belluzzo, Francesco Schettino, Alexis Dantas, Luiz Fernando de Paula, Eduardo Costa Pinto, Carlos Eduardo Martins, Fernando Mattos, Carlos José Espíndola, Alexandre Belmonte, Antônio José Alves Júnior, Melissa Cambuhy, Fábio Palácio, Fábio Terra, Mônica Younes, Cristiano Capovilla, Júlio Vellozo, Sérgio Barroso, Luiz Eduardo Motta, André Toríbio, Javier Vadell, Paulo Gala, Fernanda Feil, André Roncaglia, Sergio Cesaratto, Ernesto Screpanti, Vladimiro Giacche e Uallace Moreira pela paciência, incentivo, debate, crítica e atenção dispensada às nossas elaborações. A Manuela D'Àvila, que chegou decidindo no final da partida! Ângela Albino e Júlio Filgueira nos foram sempre fundamentais. Um beijo especial a Jandira Feghali.

Impossível não dedicar esta publicação a Haroldo Lima. Sua falta é tão forte quanto a luz que jogou sobre este trabalho.

Ivana Jinkings tornou real a publicação deste livro. Pedro Davoglio foi figura central na transformação do trabalho bruto em peça com valor editorial. Matheus Silva e Luana Bonone deram um toque interessante à versão final do manuscrito.

Pelo suporte material que nos deram, a Fundação Maurício Grabois, na pessoa de Renato Rabelo, e o Sindicato dos Comerciários do Rio de Janeiro, nas pessoas de Márcio Ayer e Isaac Ricalde, terão sempre o nosso agradecimento. Não é difícil acreditar em um trabalho, mas apoiá-lo irrestritamente é muito diferente

A força e a garra de Michelle Diniz foram fundamentais em dois anos muito difíceis para todos nós. Esta publicação talvez não viesse a lume sem a presença dessa grande mulher. Encontramos esse mesmo espírito de força em Ketevan Gudushauri, Quetzal Luna Gabriele Hernandez, Barbare Svanidze, Maria Eugenia Bernardini, Mariano Gabriele, Stefania Gabriele, Sirio Zolea, Riccardo Zolea,

Alessandro Rinaldi, Massimo Santantonio, Eduardo Bellando, Roberto Raganelli, Diego Romano, Concepcion Zayas, Ezio Amato e Sopio Ghudushauri. Aos heróis Luis Ernesto Flores Vivas e Osvaldo Coggiola, que nos serviram de apoio e grão de esperança nesses tempos sombrios, nosso muito obrigado.

Impossível esquecer de uma velha e familiar pizzaria chamada *Ai Tre Scalini*, situada na Via del Picchio, no bairro de Torre Maura, em Roma. Era nosso último refúgio após horas de discussões.

SUMÁRIO

Apresentação, *por Renato Rabelo* 11
Prefácio, *por Francesco Schettino* 13
Lista de abreviaturas de conceitos 17

Introdução 19

Parte I – Capitalismo e socialismo como modos de produção 23
1. Introdução à Parte I 25
   1.1. Categorias e conceitos 25
   1.2. Categorias operacionais 25
   1.3. O capitalismo e o socialismo primitivo 28
   1.4. As formações econômico-sociais de orientação socialista 30
   BOX 1. Economias de orientação socialista e formações
                econômico-sociais socialistas 32
2. A base científica da economia política do século XXI 35
   2.1. De Deus ao *homo economicus* 35
   2.2. Concorrência e cooperação 37
   2.3. Críticas iniciais ao individualismo metodológico 42
   2.4. Jogos comportamentais: conquistas e limitações 45
   2.5. Da economia comportamental à neuroeconomia 49
   2.6. Neuroeconomia vs. *homo economicus* 52
   2.7. Neuroeconomia e cooperação 56
   2.8. Neuroeconomia como microfundação de base da economia
        evolucionária 60
   2.9. Observações finais 63

3. Modos de produção e formações econômico-sociais 67
   3.1. A centralidade do conceito de modo de produção 67
   3.2. A evolução da concepção marxiana de modo de produção................ 69
   3.3. Modos de produção como sistemas abstratos..................................... 71
   3.4. A prevalência absoluta ou relativa de um ou mais modos de produção ...74
   3.5. Formações econômico-sociais como objetos concretos
        historicamente existentes... 77
   3.6. Rumo a uma categorização de formações econômico-sociais............ 81

4. Trabalho e valor.. 83
   4.1. Trabalho produtivo e improdutivo... 83
   4.2. Preços de produção 86
   4.3. Força de trabalho e lei do valor.. 88

5. Concorrência real, questões pendentes e as principais proposições da
   abordagem do excedente 93
   5.1. Concorrência real e equilíbrios turbulentos 93
   5.2. A lei do valor após a concorrência perfeita.. 94
   5.3. Questões pendentes.. 96
   5.4. Proposições centrais da abordagem do excedente............................. 98
   5.5. Uma definição sintética da lei do valor 99

6. Capitalismo real, socialismo real e a lei do valor 101
   6.1. Socialismo, comunismo e transição 103
   6.2. *Insights* de Marx sobre o socialismo em *Crítica do Programa
        de Gotha*... 106
   6.3. Lei do valor e o socialismo do século XXI....................................... 108
   6.4. Quatro proposições sobre o capitalismo e o socialismo 111

7. O metamodo de produção 113
   7.1. O metamodo de produção como estrutura...................................... 113
   7.2. Quatro características fundamentais do metamodo de produção 114
   7.3. Diversidade de modelos de desenvolvimento sob o metamodo
        de produção 116
   7.4. Compatibilidade com o mercado e planejamento baseado no valor . 117
   BOX 2. O debate capitalismo de Estado vs. socialismo de mercado........ 120

8. O socialismo sob o metamodo de produção 123
   8.1. A mudança da racionalidade econômica: do indivíduo para a
        sociedade e o papel fundamental do planejamento 123
   8.2. Duas lições preocupantes... 125
   8.3. Após a queda da União Soviética, não voltamos à estaca zero........... 125
   8.4. "Leis" do desenvolvimento econômico de orientação socialista?....... 129

Parte II – A China como a primeira experiência de uma nova classe de formações econômico-sociais: a construção de seu macrossetor produtivo....... 135

9. Introdução à Parte II 137
10. Dinâmica macroeconômica: fundamentos da estratégia novo-desenvolvimentista da China 141
    10.1. Observações sobre a estratégia de desenvolvimento chinês pós-1978 143
    10.2. Desenvolvimento das capacidades estatais 146
11. As reformas a partir da agricultura e o surgimento das "empresas não capitalistas orientadas para o mercado" 153
    11.1. A evolução da "pequena produção mercantil" como distinto modo de produção interno à nova formação econômico-social...... 156
    11.2. Tendências de mudança de natureza no modo de produção dominante na agricultura chinesa 162
    11.3. Uma outra modalidade de Encom: a ascensão e o destino das Township and Village Enterprises (TVEs) 166
    11.4. A história e a complexa natureza da propriedade das TVEs 169
    BOX 3. Sobre as cooperativas de crédito rural 173
12. Os "grandes conglomerados empresariais estatais" (GCEE): a vanguarda produtiva da nova formação econômico-social 175
    12.1. O caminho inicial das reformas nas empresas estatais 179
    12.2. "Segurar as grandes": o processo de formação dos GCEE 185
    12.3. Os GCEE: questões teóricas fundamentais 188
13. O sistema financeiro nacional e a construção da soberania monetária chinesa 195
    13.1. Socialismo de mercado e soberania monetária 200
14. A dinâmica da nova formação econômico-social 207
    14.1. Introdução 208
    14.2. A nova formação econômico-social em dinâmica 208
    14.3. Inovações institucionais 211
15. A Sasac como *manager* do socialismo de mercado 217
    BOX 4. O mercado como instrumento de governo e a "mão visível do Estado" 223
    15.1. Os GCEE, o desafio global chinês e a nova Guerra Fria contra o socialismo 224
16. A "nova economia do projetamento" como um novo estágio de desenvolvimento do socialismo de mercado na China 229

16.1. Características fundamentais da "economia do projetamento" 230
16.2 Renasce na China a economia do projetamento 234
BOX 5. Projetamento, socialismo e razão. O que é projetamento? 240

Conclusões 243
1. Socialismo no século XXI? 243
2. O básico 244
3. O planejamento, seu potencial e limites 244
4. O metamodo de produção 245
5. Macrossetor produtivo e macrossetor não produtivo 246
6. Estados desenvolvimentistas de orientação socialista 247
7. Capacidades estatais 248
8. Antes de tudo, reformas rurais 250
9. A via chinesa: Estado, mercado e os grandes conglomerados
   empresariais estatais (GCEE) 250
10. A Sasac como a principal inovação institucional 253
11. O Partido Comunista da China 254
12. O socialismo de mercado em nível superior:
    a "nova economia do projetamento" 255

**Apêndice – Os outros dois membros da nova classe de formações
econômico-sociais de novo tipo: Vietná e Laos** 257
BOX 1. Mudança estrutural e desindustrialização 271
BOX 2. A produção é relativamente subdesenvolvida, mas fundamental
   para sustentar as exportações e o balanço de pagamentos 272
BOX 3. Desenvolvimento das forças produtivas
   e modernização no Vietná e na China 273

Referências bibliográficas 291

APRESENTAÇÃO

Este livro é uma tentativa de construir uma visão inovadora da evolução global do capitalismo e do socialismo. Seus autores, os professores Elias Jabbour e Alberto Gabriele, procuram analisar a realidade econômica a partir da estrutura interpretativa da teoria econômica clássica moderna e propõem uma reinterpretação parcial dos conceitos de modo de produção, formação econômico-social e da lei do valor.

Nesse esforço, constatam que o sistema econômico global permite a existência tanto de projetos nacionais quanto de formações econômico-sociais não capitalistas. Assim sendo, o socialismo – enquanto esperança e perspectiva – não somente não desapareceu com o fim da URSS, mas mantém-se como possibilidade, ainda que imatura, sob a forma de uma nova classe de formações econômico-sociais surgida no final da década de 1970: o socialismo de mercado.

Logo, o "socialismo de nosso tempo" tem na República Popular da China sua expressão máxima de desenvolvimento. O livro analisa a gênese e a evolução do chamado "macrossetor produtivo" do país, apontando uma chamada "Nova Economia do Projetamento" como estágio recente e superior do "socialismo de mercado". Um apêndice sobre as experiências do Vietnã e do Laos está incluído no livro. Boa leitura!

Renato Rabelo
Presidente da Fundação Maurício Grabois

PREFÁCIO

No alvorecer da segunda década do novo milênio, a epidemia de covid-19 está causando a explosão de todas as contradições típicas do modo de produção capitalista. Essas contradições ficaram escondidas sob o alarde de liquidez pós-2008, mas, ao fim, não fez mais do que inflar ainda mais a bolha especulativa global. O pesadelo que o mundo vive hoje é ainda uma consequência da crise sistêmica de superprodução que se iniciou na década de 1970 e ressurge periodicamente desde então.

A covid-19 não causou o colapso global, mas agiu como um amplificador da crise estrutural do capitalismo, assim como a crise do *subprime* de 2008 foi apenas o detonador de uma tensão muito mais radical e generalizada que vinha se acumulando havia muito tempo, e cujos efeitos estavam longe de ser absorvidos uma década após a falência do banco Lehman Brothers.

No final de 2019, os próprios agentes do capital reconheceram que a explosão das bolhas especulativas era iminente, e que o ano 2020 seria o *annus horribilis*, mas não imaginavam a escala e a velocidade da pandemia e o seu catastrófico impacto econômico[1].

Os acontecimentos atuais estão mostrando com uma clareza sem precedentes toda a fragilidade de um modo de produção que talvez somente possa ser mantido graças a um endurecimento superestrutural generalizado, baseado em formas despóticas de controle. Além disso, é cada vez mais urgente analisarmos em profundidade e com mentalidade laica as características centrais de um modelo

---

[1] Ver IMF, "Central Government Debt: Percent of GDP", *International Monetary Fund*, 2019, disponível em: <https://www.imf.org/external/datamapper/CG_DEBT_GDP@GDD/FRA/DEU/ITA/JPN/GBR/USA/CHN>, acesso em: 20 jun. 2020.

ainda incipiente e, em muitos aspectos, distinto do capitalismo, embora ainda seja prematuro defini-lo como alternativa.

Obviamente, estamos nos referindo à experiência da República Popular da China, que, sobretudo nas últimas duas décadas, tornou-se sem dúvida a locomotiva de todo o sistema econômico mundial.

Este livro é profundamente inovador desse ponto de vista, pois tem o mérito de ser um dos poucos que – com um meticuloso trabalho de análise teórica e estatística – tenta fornecer ao leitor uma chave para interpretar os modelos de socialismo, em particular o chinês. Além disso, baseia-se em rigorosas análises teóricas e estatísticas, e não é condicionado por vieses ideológicos ou partidários que só acabariam diluindo uma questão de absoluta importância. Com uma abordagem bastante materialista, os autores vão ao cerne da questão, evidenciando as ligações existentes entre as relações de propriedade, por um lado, e, por outro, as formas e a eficácia das ferramentas de planejamento/projetamento, assim como o papel crucial que estas últimas podem desempenhar como alternativa realista à anarquia do capital.

Jabbour e Gabriele não acreditam na "superstição política [...] de imaginar que nos dias de hoje a vida burguesa deve ser mantida em coesão pelo Estado, quando na realidade o que ocorre é o contrário, ou seja, é o Estado quem se acha mantido em coesão pela vida burguesa"[2], e apresentam uma interpretação das formas de transição do capitalismo para o socialismo que é mais próxima de Lênin, em particular no que diz respeito ao capitalismo de Estado[3].

Evidentemente, desconsiderar a complexidade da China, colocando-a como mais um fracasso socialista engolido pelo capitalismo, seria o mesmo que cair em uma postura ideológica trivial, errônea e anticientífica. Da mesma forma, não seria menos obtuso entregar-se a uma atitude maoista pró-China quase religiosa, referindo-se a um longo período histórico do qual permanecem apenas alguns traços em nível iconográfico. Além disso, uma postura descabida como essa acabaria servindo à burguesia global e seus lacaios, que continuam a retratar a China como uma perigosa força de subversão, uma ameaça à ordem mundial que precisa ser

---

[2] Karl Marx e Friedrich Engels, *A sagrada família*: crítica da Crítica crítica contra Bruno Bauer e consortes (trad. Marcelo Backes, São Paulo, Boitempo, 2011), p. 139.

[3] "Todo o problema – em termos teóricos e práticos – é encontrar os métodos corretos para direcionar o desenvolvimento do capitalismo (que é até certo ponto, e por algum tempo, inevitável) para os canais do capitalismo de Estado e determinar como devemos protegê-lo para garantir sua transformação em socialismo no futuro próximo" (Vladímir I. Lênin, "Sobre o imposto em espécie: o significado da Nova Política e as suas condições", em *Obras escolhidas*, v. 3 (Lisboa, Progresso, 1977 [1921]), disponível em: <https://www.marxists.org/portugues/lenin/1921/04/21.htm>; acesso em: 2 set. 2019. Ver também Vladimiro Giacché, *Lenin: economia della rivoluzione* (Milão, Il Saggiatore, 2017).

atacada e reprimida em qualquer ocasião. Na verdade, a maioria dos observadores acredita que a quase guerra fria em curso entre os Estados Unidos e a China é a característica mais distintiva do presente período histórico.

A esse respeito, é interessante notar que, no início de 2020, Branko Milanović, um economista de renome internacional, publicou um artigo no jornal *El País* em que argumentava que o setor público da China constitui apenas um quinto de toda a economia nacional e que, portanto, o país não é substancialmente diferente dos países capitalistas ordinários[4].

Essa tese é consistente com o argumento que ele apresenta em seu último livro: *Capitalism, Alone: The Future of the System That Rules the World* [Capitalismo, sozinho: o futuro do sistema que governa o mundo][5]. Como claramente antecipa o título, para o autor não há alternativa ao capitalismo, nem agora nem no futuro, e o único caminho viável para melhorar o bem-estar dos pobres e diminuir a desigualdade é o reformista, que não ousa desafiar os fundamentos desse modo de produção.

O artigo de Milanović acendeu um debate do qual participaram nossos dois autores[6]: eles mostraram que é essencial não cair na simplificação excessiva e não repetir narrativas aparentemente intrigantes de acadêmicos iluminados e mundialmente famosos.

A busca por compreender e analisar sem preconceitos ideológicos a complexidade da China – e outros países de orientação socialista – é um dever de todos os militantes anticapitalistas. Cada experiência é única, mas todas pertencem à tradição e à história do movimento da classe trabalhadora mundial, e podemos aprender muito com elas. No caso da China, em especial, trata-se de um país imenso que, durante décadas, alcançou a taxa de crescimento mais sustentada da história, passando de um dos mais pobres do mundo para a segunda economia do planeta, e hoje possui uma vasta base industrial e capacidades científicas muito avançadas. Reconhecer tal feito, é claro, não significa ignorar que o sistema socioeconômico chinês também é atormentado por contradições muito sérias, que devem ser severamente criticadas.

Por essas razões, o texto de Jabbour e Gabriele – cujo desenvolvimento supervisionei desde o início – representa um ponto de partida fundamental: ele

---

[4] Branko Milanović, "¿Es China realmente capitalista?", *El País*, 14 abr. 2020, disponível em: <https://elpais.com/ideas/2020-04-14/es-china-realmente-comunista.html>.

[5] Idem, *Capitalism, Alone: The Future of the System That Rules the World* (Cambridge, Harvard University Press, 2019).

[6] Alberto Gabriele e Elias Jabbour, "A China não é capitalista (uma resposta a Branko Milanović)", *O Cafezinho*, 27 abr. 2020, disponível em: <https://www.ocafezinho.com/2020/04/27/alberto-gabriele-e-elias-jabbour-a-china-nao-e-capitalista-uma-resposta-a-branko-milanovic/>.

fornece ferramentas de análise teóricas e empíricas novas e inovadoras, além de muitos elementos para a reflexão. Ele também prepara o terreno para a busca de novos e ainda pouco explorados caminhos de investigação, que são do interesse de acadêmicos e militantes.

Francesco Schettino
Universidade da Campânia L. Vanvitelli
Nápoles, 22 de março de 2021

LISTA DE ABREVIATURAS DE CONCEITOS

Encom – empresa não capitalista orientada para o mercado
Eposm – economia planificada de orientação socialista de mercado
FES – formação econômico-social
GCEE – grandes conglomerados empresariais estatais
GEE – grandes empresas estatais
IED – investimentos estrangeiros diretos
MMP – metamodo de produção
MP – modo de produção
NME – novo mecanismo econômico
PbV – planejamento baseado em valor
PCCh – Partido Comunista da China
RSPT – relações sociais de produção e troca
Sasac – Comissão de Supervisão e Administração de Ativos do Estado
SOE – empresa estatal
TVEs – Township and Village Enterprises
ZEE – Zona Econômica Especial

INTRODUÇÃO

Este livro que você, estimado leitor, tem diante de si é fruto de um interessante, e nada usual, cruzamento de trajetórias intelectuais. Desse cruzamento não poderia resultar um simples livro de síntese. Uma grande amizade, respeito e admiração nutrem essa parceria intelectual transatlântica. Somos companheiros que a vida tratou de preparar para um encontro no mínimo interessante.

Imagine duas pessoas com certa diferença de idade, vivendo em países localizados em continentes distantes, mas que nutrem perspectivas políticas, ideológicas e intelectuais semelhantes, para não dizer iguais. O que é raro, pois nossas gerações – por mais que guardem os mesmos ideais comunistas – trabalham com categorias e formas muitas vezes diferentes de observar a realidade. A geração de um de nós começou a militar quando o fim da União das Repúblicas Socialistas Soviéticas, antes de ser um acontecimento previsto pela história das transições entre modos de produção, serviu como atestado de "fim da história", à direita, e, à esquerda, de necessidade de busca de "utopias", no melhor estilo de reação neopositivista e pós-moderna. A negação das primeiras experiências socialistas é quase regra – que pensadores como Domenico Losurdo trataram de combater. Mas a assimilação crítica das primeiras experiências de formações econômico-sociais orientadas para o socialismo tem um sentido mais profundo. É a negação do fim da história. Neste livro, buscamos demonstrar, de forma crítica, que a história está longe de acabar.

Ao longo de nossas histórias intelectuais, pensamos e desenvolvemos reflexões e pressupostos muito próximos, tanto em relação às primeiras experiências socialistas quanto em relação à grande unidade de análise deste livro. Referimo-nos à República Popular da China. Um olhar em panorama de nossas publicações desde a segunda metade dos anos 2000 são prova de que estávamos observando o mesmo movimento[1]. Com o mesmo olhar. Com a mesma percepção. E, o mais importante, utilizando de formas distintas o conceito de formação econômico-social como base de análise. Não surpreende que ambos trabalhássemos com a hipótese de que a China e o seu "socialismo de mercado" deveriam ser tratados como uma experiência socialista, mas de outra tipologia.

Tínhamos clareza de que estávamos rompendo com uma forma de pensar arraigada não somente em duas ou três gerações de intelectuais comunistas ocidentais. Estávamos rompendo também com uma visão poderosa – porque quase mítica – do marxismo e do socialismo. A China e o "socialismo de mercado" deveriam ser tratados como uma formação econômico-social nova, distinta. Essa observação pode ser considerada a primeira parte da história, e mais difícil. Uma vez convencidos disso, como são testemunha nossos caminhos particulares, observar e classificar as lógicas de funcionamento dessa nova formação econômico-social passou a ser a nossa busca comum.

Este livro foi escrito entre setembro e dezembro de 2019 em Roma, capital da Itália. A construção de suas principais ideias e roteiro foi um trabalho conjunto de quase dois anos, entre reuniões virtuais, troca de e-mails e textos. O encontro pessoal, a concentração na escrita foi uma oportunidade para exercitarmos nossa paciência e capacidades pessoais e intelectuais. Temos estilos diferentes de fazer ciência[2]. Conseguimos perceber pelo olhar o que um e outro pensa a respeito desta

---

[1] Ver Alberto Gabriele, "The Role of State in China's Industrial Development: A Reassessment", *Comparative Economic Studies*, v. 52, n. 3, 2010, p. 325-50; Idem, "Lessons from Enterprise Reforms in China and Vietnam", *Journal of Economic and Social Thought*, v. 3, n. 2, 2016, disponível em: <http://www.kspjournals.org/index.php/JEST/article/view/821>, acesso em: 2 jun. 2020; Alberto Gabriele e Francesco Schettino, "Market Socialism as a Distinct Socioeconomic Formation Internal to the Modern Mode of Production", *New Proposals: Journal of Marxism and Interdisciplinary Inquiry*, v. 5, n. 2, 2012, p. 20-50; Elias Jabbour, *China: infraestruturas e crescimento econômico* (São Paulo, Anita Garibaldi, 2006); Idem, *China hoje: projeto nacional, desenvolvimento e socialismo de mercado* (São Paulo, Anita Garibaldi/EDUEPB, 2012); Elias Jabbour e Alexis Dantas, "The Political Economy of Reforms and the Present Chinese Transition", *Brazilian Journal of Political Economy*, v. 37, n. 4, 2017, p. 789-807; Idem, "O socialismo de mercado e suas lógicas de funcionamento", *Carta Capital Online*, 10 ago. 2018, disponível em: <https://www.cartacapital.com.br/blogs/brasil-debate/o-socialismo-de-mercado-e-suas-logicas-de-funcionamento/>, acesso em: 2 jun. 2020.

[2] Diferentes, porém complementares. Trabalhamos distintamente com o conceito de formação econômico-social, apesar de o utilizarmos como um ponto fundamental de abstração. Um observa e utiliza esse conceito de forma mais sistêmica, enquanto o outro é mais histórico. Nosso ponto de síntese está na percepção de que as relações sociais de produção e troca podem ser generalizadas e gerar combinações, recorrências e regularidades que podem ser estudadas sob os auspícios do conceito de formação econômico-social em um sentido *leniniano*. Sobre essa abordagem, ver Vladímir I. Lênin, "What the 'Friends of the People' Are and How They Fight the Social-

ou daquela matéria intelectual. Funcionamos com impressionante harmonia e concentração. Quase obcecados por levar a fronteira do conhecimento um pouco mais além. A China, com seu rápido desenvolvimento, é um campo inescapável para quem quer pensar além das teorias convencionais. As teorias, os conceitos, as categorias e as noções espelham realidades mutáveis. Para nós não existem teorias melhores ou piores. Existem as possibilidades que o materialismo histórico oferece. Não se trata de um dado menor o fato de abrirmos este livro propondo tanto um desafio ao pensamento econômico neoclássico como uma reinterpretação de três conceitos basilares do marxismo, a saber, o modo de produção, a formação econômico-social e a lei do valor.

Demonstramos que a China é a primeira experiência de uma nova classe de formações econômico-sociais que surge com as reformas econômicas de 1978. Uma visão historicizante e ampla nos levou a constatar que essa nova classe é em princípio o produto de uma verdadeira reinvenção do socialismo chinês a partir das instituições de mercado[3] – fazendo o objeto de análise reencontrar-se com as suas raízes mercantis milenares e gerar crescimento mercantil virtuoso. A dinâmica dessa nova formação econômico-social gera novos modos de produção internos que, por sua vez, geram novas combinações, cujas regularidades podemos apreender tanto pela observação das ondas de inovação institucional impulsionadas pelo Estado chinês quanto pelas formas históricas que a planificação econômica tem adquirido no país. Sem sair da chamada "zona de conforto" conceitual e dogmática, não é possível romper com as noções modelares e quase místicas nas quais o socialismo está enredado desde meados do século XIX, após a cisão do marxismo em "marxismo ocidental" e "marxismo oriental"[4]. Estamos cientes dos embates e polêmicas que este livro suscitará.

Após duas partes exaustivas, uma puramente teórica e outra mais aplicada, encerramos com a apresentação de uma hipótese: o socialismo de mercado chinês estaria entrando em – e movendo todo o seu aparato político, produtivo e financeiro para – um estágio superior de desenvolvimento. Denominamos esse estágio "nova economia do projetamento", em homenagem ao pensador marxista brasileiro Ignácio Rangel. Se nossas ideias convergiam para o fato de que a planificação na China se conformara historicamente num instrumento orientado para o mercado

---

Democrats", em *Collected Works* (Moscou, Progress, 2001 [1894]), v. 1, p 129-332, disponível em: <https://www.marxists.org/archive/lenin/works/1894/friends/01.htm>, acesso em: 2 jun. 2020.

[3] A principal dessas instituições é a Comissão de Supervisão e Administração de Ativos do Estado (Sasac, em inglês). O capítulo 15 deste livro é dedicado à análise dessa instituição-chave.

[4] Domenico Losurdo, *O marxismo ocidental: como nasceu, como morreu, como pode renascer* (trad. Ana Maria Chiarini e Diego Silveira Coelho Ferreira, São Paulo, Boitempo, 2018).

e para a geração do valor (*Market-Based Planning*), acabamos concluindo que uma nova variação estava ocorrendo.

Concluímos esta breve introdução afirmando nossa satisfação com o trabalho realizado. Pode parecer clichê, mas em tempos de trevas e ressurgimento do fascismo em escala global não há nada como observar a China e todos os instrumentos institucionais e econômicos utilizados nessa ampla vitória contra a pandemia com duas conclusões: 1) as hipóteses lançadas neste livro confirmaram-se e 2) a história não acabou.

**PARTE I
CAPITALISMO E SOCIALISMO COMO MODOS DE PRODUÇÃO**

1
INTRODUÇÃO À PARTE I

1.1. Categorias e conceitos

Neste livro, desenvolvemos uma visão inovadora e heterodoxa da evolução global do capitalismo e do socialismo. Estendemos criticamente a estrutura interpretativa básica da teoria econômica clássica moderna e propomos uma reinterpretação do conceito de modo de produção, à luz dos desenvolvimentos históricos do século XX e início do século XXI.

Iniciaremos este livro ilustrando uma série de fatos importantes que emergem de desenvolvimentos recentes em vários campos científicos considerados tradicionalmente muito distantes das ciências sociais e da economia política. Demonstraremos que, avaliadas conjunta e criteriosamente, essas importantes descobertas multidisciplinares põem em questão os microfundamentos da teoria econômica ortodoxa. Portanto, tivemos de rever os marcos e os limites dos vários caminhos teóricos e cientificamente plausíveis de evolução das sociedades humanas. Nesse contexto, focamos especificamente economias atualmente existentes e (possivelmente) recém-estabelecidas que diferem do modelo capitalista clássico.

Na seção introdutória, propomos algumas categorias operacionais que serão desenvolvidas e discutidas nos capítulos seguintes, juntamente com o conceito de socialismo em sua totalidade.

1.2. Categorias operacionais

As primeiras categorias operacionais que introduzimos são as de "socialisticidade" (*socialisticity*) e "orientação socialista". O adjetivo "socialístico" significa estar de acordo com o socialismo, ser socialista. Esse é um adjetivo comparativo que não pode ser usado de maneira dicotômica e absoluta (em oposição ao adjetivo socialista). Ou seja, podemos dizer que o país A é moderadamente "socialístico" ou mais "socialístico" que o país B, mas não podemos dizer que o país A é um país socialístico *tout court*[1].

O substantivo "socialisticidade" (*socialisticnost*) foi proposto por Leonid Abalkin em 1988 para indicar o grau de aproximação ao que deveria ser o socialismo, numa época em que a União Soviética estava prestes a desaparecer. No entanto, ele o usou somente com referência aos direitos de propriedade, enquanto neste livro nós o empregamos em um sentido mais amplo[2].

Diferentemente de "socialisticidade" e "socialístico", os termos "orientação socialista" e "de orientação socialista" são facilmente compreensíveis. De acordo com essa conotação, um objeto é ou não é de orientação socialista[3]. Definimos como socialistas as economias nacionais contemporâneas e aquelas anteriormente existentes que cumprem duas condições necessárias e suficientes:

a) são (ou foram) dirigidas por forças políticas que se reivindicam oficial e credivelmente envolvidas em um processo que visa (ou visava) estabelecer, fortalecer ou melhorar e desenvolver um sistema socioeconômico socialista;

b) podem (ou poderiam) de fato ser consideradas razoavelmente "socialísticas", isto é, avançaram em direção ao socialismo em alguma dimensão mensurável que represente as suas principais características econômicas e sociais estruturais (ver Box 1).

Passemos agora ao conceito de formação econômico-social (FES). Para os fins desta introdução, o conceito de FES deve ser entendido diretamente com referência a um sistema econômico-social dotado de certo grau de consistência e estabilidade interna que, historicamente, prevalece em um Estado nacional específico, ou seja,

---

[1] Por outro lado, podemos dizer que o país A é (ou não é) socialista.

[2] Além disso, em nossa opinião, os dois critérios utilizados por Abalkin para caracterizar uma economia nacional como "socialística" (primeiro, o sistema deve ser muito produtivo e inovador; segundo, deve produzir um resultado social geral que seja consistente com os objetivos socialistas e, em geral, superior ao capitalismo) misturam indevidamente elementos positivos e normativos, caindo assim em uma espécie de armadilha idealista. Por exemplo, ele criticou a falecida União Soviética de Leonid Brejnev porque estava muito longe do que deveria ser considerado socialista. Claro, ele estava certo na substância. De acordo com a nossa interpretação, a União Soviética era realmente socialista (até demais, de certa forma), mas era um tipo de socialismo que, além de possuir grandes falhas, não funcionava mais. Ver Leonid Abalkin, "For a New Economic Thinking", *Nova Mysl and Kommunist Roundtable*, n. 15, 1988, p. 59-71; John E. Tedstrom (org.), *Socialism, Perestroika, and the Dilemmas of Soviet Economic Reform* (Boulder, Westview, 1990).

[3] Isso não implica que o significado original e mais geral desses termos esteja incorreto e deva ser abandonado. O termo "grau efetivo de orientação socialista" refere-se à tentativa de medir (e possivelmente quantificar) em que grau um sistema socioeconômico é de fato socialista, em termos positivos e/ou normativos (ver Box 1).

em um país[4]. Se forem dotadas de um grau suficiente de estabilidade e resiliência, as economias de orientação socialista podem ser consideradas "formações econômico-sociais de orientação socialista".

Quanto a isso, enfatizamos que os sistemas socioeconômicos do mundo atual correspondem apenas aproximadamente a determinado ideal abstrato. Esse entendimento aplica-se, *a fortiori*, a sistemas que surgiram como produto de longas lutas políticas, realizadas por organizações que propunham um projeto fortemente caracterizado por grandes mudanças sociais e estratégia socializante (como é o caso daqueles originados de revoluções socialistas)[5].

Portanto, não existem exemplos concretos de um socialismo "puro". Essa observação é óbvia se entendemos o socialismo em um sentido idealizado (de acordo com a tradição cultural dos movimentos socialistas e comunistas mundiais), como um estado de coisas no qual já foram alcançados progressos importantes e demonstráveis em todos os aspectos da vida social: por exemplo, a eliminação de qualquer forma de necessidade, exploração, alienação, discriminação e repressão política ou cultural, bem como a obtenção do reino da liberdade individual em todas as suas dimensões existenciais.

Alternativamente, ou complementarmente, ser socialista pode ser entendido em um sentido muito menos idealista, como a análise exclusiva do domínio da distribuição de renda/riqueza. De acordo com esse critério, um Estado nacional em que o princípio de *a cada um de acordo com o seu trabalho* seja aplicado universalmente e não exista nenhuma forma de propriedade privada e renda pessoal não advinda do trabalho[6] poderia ser considerado plenamente socialista. É claro que essa estrutura distributiva plenamente socialista não existe em nenhum lugar do mundo contemporâneo[7].

Portanto, a fim de evitar um forte niilismo e desenvolver um discurso sobre o socialismo que não seja anticientífico, defendemos que o uso dos termos "orientação

---

[4] O conceito de formação econômico-social é analisado mais detalhadamente no capítulo 4 deste livro.

[5] O oposto poderia ser dito para o feudalismo: um sistema que surgiu lentamente ao longo do tempo como produto da interação de forças históricas sem lideranças evidentes.

[6] Tentativas anteriores de estabelecer um cenário socioeconômico totalmente socialista e transicionar rapidamente para o comunismo tiveram de ser abandonadas, pois se mostraram insustentáveis (ver seções 8.2 e 8.3). Da mesma forma, até os governos mais conservadores e liberais de países capitalistas não podem desmontar completamente o aparato estatal, abolir todos os serviços públicos e deixar de intervir na economia.

[7] A distribuição de renda e riqueza em alguns países (como China e Cuba) era mais "socialística" algumas décadas atrás, mas nunca foi totalmente socialista.

socialista" e "de orientação socialista" é necessário como forma de aproximação da realidade a ser analisada.

1.3. O CAPITALISMO E O SOCIALISMO PRIMITIVO

Os Estados Unidos, as antigas potências imperiais/coloniais e os países industrializados de pequeno e médio porte jamais seguiram um caminho não capitalista[8]. Mesmo assim, o progresso conquistado em várias áreas – como a universalização[9] de elementos do Estado de bem-estar social[10], a superação formal (e em parte substancial) das discriminações institucionalizadas de raça e gênero[11] e a expansão das liberdades sexuais e reprodutivas – melhorou profundamente as condições sociais da maioria da classe trabalhadora e das minorias menos privilegiadas do Norte global. Contudo, muitas dessas conquistas foram perdidas[12] após o advento da contrarrevolução neoliberal[13]. Esses múltiplos retrocessos são agora evidentes: uma deterioração cada vez maior da distribuição de renda e riqueza elevou a desigualdade a níveis semelhantes ao pré-Segunda Guerra Mundial na maioria dos países do mundo[14],

---

[8] A República Democrática Alemã e a Tchecoslováquia podem ser vistas como exceções parciais, circunscritas e, finalmente, efêmeras.

[9] Por exemplo, nos Estados Unidos nunca houve um plano de cobertura universal de saúde.

[10] Os pioneiros na difusão do Estado de bem-estar no Ocidente foram o governo de Franklin Roosevelt nos Estados Unidos, com as reformas do New Deal, e os governos liderados pelos sociais-democratas na Escandinávia, desde a década de 1930.

[11] A discriminação racial foi formalmente superada nos Estados Unidos na década de 1960. A homossexualidade deixou de ser criminalizada na Alemanha Ocidental em 1969. As mulheres conquistaram o direito de voto na Suíça em 1971.

[12] Uma importante exceção é a liberdade sexual e reprodutiva, o empoderamento das mulheres e o avanço dos direitos civis da população LGBT. No Ocidente neoliberal, esse desenvolvimento positivo foi possível graças à sua natureza neutra em relação à classe e segue uma tendência comum nos países de orientação socialista e em alguns países capitalistas em desenvolvimento. Por outro lado, houve regressão em países da Ásia e da África afetados pelas guerras civis na Líbia e na Síria e pela disseminação intercontinental dos movimentos jihadistas, que nasceram da guerra dos *mujahidin* no Afeganistão e posteriormente fortaleceram as invasões norte-americanas no Iraque e no próprio Afeganistão.

[13] Usamos o termo neoliberal entre aspas porque o consideramos pouco mais do que uma "folha de figueira hipócrita" para mascarar um grande passo atrás em direção ao liberalismo pré-keynesiano do século XIX.

[14] O texto mais conhecido sobre a natureza estrutural da tendência de longo prazo ao aumento da desigualdade de renda e riqueza sob o capitalismo na Europa e nos Estados Unidos é o de Thomas Piketty (*O capital no século XXI*, trad. Monica Baumgarten de Bolle, Rio de Janeiro,

abrindo caminho para o atual cenário de distúrbios sociais, aumento do racismo e esvaziamento substancial do edifício tradicional da democracia liberal.

O socialismo, como modo de produção, fincou raízes apenas em algumas áreas do Sul global e ainda dá os seus primeiros passos. Houve muitas revoluções em larga escala em áreas de periferia e semiperiferia desde as primeiras décadas do século XX[15]. Surgiram várias formas experimentais de relações de produção e troca não capitalistas que se esforçam para superar o poder da classe capitalista, seguindo padrões diferentes. Algumas colapsaram em razão de fatores endógenos e exógenos[16], enquanto outras se mostraram resistentes (pelo menos até agora), e novas surgiram.

Países com formas embrionárias de socialismo – juntamente com o capitalismo e os modos de produção pré-capitalistas – são considerados FES socialistas, estruturadas em torno de dinâmicas de socialismo de mercado relativamente similares, apesar do nível muito desigual de desenvolvimento de suas respectivas forças produtivas (ver Box 1).

Como resultado do desenvolvimento desigual e não linear dos processos históricos, o mundo contemporâneo é caracterizado pela existência de múltiplos Estados nacionais e várias formas de cooperação e rivalidade entre eles. No entanto, apesar das restrições inevitáveis, mas em evolução, impostas pelo atual contexto global, no qual as relações comerciais e financeiras são predominantemente baseadas no mercado, sistemas econômico-sociais e articulações superestruturais[17]

Intrínseca, 2014). Nesse sentido, podemos observar que as pesquisas de Piketty não discutem uma dimensão crucial: a desigualdade entre países. Desde a sua gênese, o capitalismo tem gerado, reproduzido e ampliado a desigualdade entre os países por intermédio de suas manifestações, por exemplo, o colonialismo, o imperialismo e o hegemonismo.

[15] Movimentos políticos revolucionários radicalmente igualitários, como os jacobinos e os *communards* na França, chegaram precariamente ao poder por breves períodos de tempo, mesmo antes da Revolução Russa. No entanto, nunca controlaram firmemente toda a França e nunca estiveram em posição de tentar qualquer forma de construção econômica socialista.

[16] Após a Segunda Guerra Mundial, na maioria dos países da Europa Oriental as forças revolucionárias locais eram muito fracas e só conseguiram tomar o poder graças ao apoio da União Soviética. Essa falta de legitimidade popular dificultou as tentativas subsequentes para se estabelecer economias socialistas planejadas funcionais. No entanto, essa observação histórica concreta não afeta a substância de nosso argumento.

[17] Sobre o conceito de articulações, ver Valentin N. Volóchinov, *Marxismo e filosofia da linguagem* (trad. Sheila Grillo e Ekaterina Vólkova Américo, 2. ed., São Paulo, Editora 34, 2018), disponível em inglês em: <https://www.marxists.org/archive/voloshinov/1929/marxism-language.htm>, acesso em: 2 jun. 2020; Valeriano Ramos Júnior, "The Concepts of Ideology, Hegemony, and Organic Intellectuals in Gramsci's Marxism", *Theoretical Review*, n. 27, 1982, disponível em: <https://www.marxists.org/history/erol/periodicals/theoretical-review/1982301.htm>, acesso

significativamente diferentes estão se desenvolvendo em vários países. Nenhuma tendência a uma convergência universal à maneira de Fukuyama é possível[18]. O cenário global mais provável no século XXI – exceção feita a um provável desfecho militar de amplas proporções – é constituído pela presença contínua de diversas FES em movimento e contestação recíproca.

1.4. As formações econômico-sociais de orientação socialista

Várias economias nacionais são caracterizadas, em grande parte, por sistemas socioeconômicos mistos, específicos de cada país. Nesses países, os modos de produção capitalista e socialista coexistem, seguindo uma estratégia desenvolvimentista de orientação socialista na qual o Estado exerce alto grau de controle direto e indireto sobre a economia nacional[19].

Em nossa abordagem desenvolvemos a ideia de coexistência multilateral de diferentes modos de produção em um contexto global no qual determinado modo de produção tende a permanecer dominante por um longo período. Um sistema

---

em: 24 maio 2021; Stuart Hall, "Race, Articulation, and Societies Structured in Dominance", em *Essential Essays*, v. 1: *Foundations of Cultural Studies* (Durham, Duke University Press, 2018 [1980]); John Clarke, "Stuart Hall and the Theory and Practice of Articulation", *Discourse: Studies in the Cultural Politics of Education*, v. 36, n. 2, 2015, p. 275-86, disponível em: <http://oro.open.ac.uk/48078/1/Discourse_Clarke_Hall_articulation.pdf>, acesso em: 2 jun. 2020; e Antonio Gramsci, *Selections from the Prison Notebooks* (Nova York, International, 1971).

[18] Ver Francis Fukuyama, *O fim da história e o último homem* (trad. Aulyde Soares Rodrigues, Rio de Janeiro, Rocco, 1992). Um resultado da falácia de Fukuyama é a natureza enganosa do termo economia de transição. Esse termo supõe muitas vezes, de maneira explícita ou implícita, que todos os países convergirão eventualmente para o padrão capitalista ocidental, e erroneamente foi aplicado a países que estão longe de seguir esse caminho (como China, Vietnã e Bielorrússia). Outro mito sobre as tendências globais de longo prazo, supostamente inescapáveis, que é desmentido pelas tendências dinâmicas reais está relacionado à aceitação variada (ainda que sutilmente inter-relacionada) do termo convergência. O termo não se refere à convergência de modelos econômicos, mas de padrões de vida entre países ricos e pobres. Qualquer evidência de uma tendência generalizada de convergência internacional do PIB per capita diminuiu no século XXI, exceto nos casos de China e Índia (Jonathan Wheatley, "Does Investing in Emerging Markets Still Make Sense?", *Financial Times*, 16 jul. 2019).

[19] As articulações superestruturais desses países também divergem do modelo ocidental. Sobre o conceito de articulação, ver Valentin N. Volóchinov, *Marxismo e filosofia da linguagem*, cit.; Valeriano Ramos Júnior, "The Concepts of Ideology, Hegemony, and Organic Intellectuals in Gramsci's Marxism", cit.; Stuart Hall, "Race, Articulation, and Societies Structured in Dominance", cit.; John Clarke, "Stuart Hall and the Theory and Practice of Articulation", cit.; e Antonio Gramsci, *Selections from the Prison Notebooks*, cit.

econômico internacional multiforme e em evolução é dotado de graus de liberdade suficientes para permitir que diferentes estruturas socioeconômicas se desenvolvam em diferentes pontos do espaço e do tempo. Na Parte II analisaremos a estrutura socieconômica e a evolução do macrossetor produtivo na economia socialista de mercado chinesa.

As relações de produção e troca baseadas no mercado prevalecem em todo o mundo, especialmente no domínio do comércio internacional e da grande finança. No entanto, elas não forçam mecanicamente todos os sistemas socioeconômicos nacionais a se conformarem a um modelo padronizado. Diversas FES giram em torno de diferentes pontos no *continuum* de planejamento de mercado, perseguindo caminhos de desenvolvimento desiguais e engajando-se em várias formas de cooperação e rivalidade interestatal. É provável que surja no futuro certa pluralidade de FES híbridas.

Nossa análise é caudatária de uma abordagem evolucionária que segue a tradição da economia política clássica de Marx[20]. No entanto, também tentamos incorporar algumas lições importantes, baseadas em descobertas recentes no campo da biologia, da psicologia social, das redes neurais e da ciência cognitiva, da neurociência e da economia comportamental[21]. Nossas elaborações são consistentes com aquelas que foram desenvolvidas desde meados da década de 1960 por economistas políticos críticos – os quais contribuíram, entre outras coisas, para um duro golpe na falsa antropologia do *homo economicus* que sustenta as microfundações hiper-individualistas da perspectiva econômica neoclássica. No entanto, também propomos algumas inovações necessárias para adaptá-las aos desafios do mundo contemporâneo.

O núcleo do nosso argumento é que as limitações ao mercado no metamodo de produção (capítulo 7) não podem ser superadas na atual fase histórica, mas apenas paulatinamente, e no longo prazo. No entanto, essas limitações não necessariamente conferem um caráter de "eternidade" ao capitalismo.

---

[20] O termo economia clássica foi cunhado por Marx para se referir principalmente às teorias de Smith, Ricardo, Stuart Mill e Malthus. Para Marx, é claro, "economia" era sinônimo de economia política e não possuía as conotações dogmáticas e ideológicas que adquiriu no século XX. Posteriormente, a expressão economia clássica passou a ser empregada em contraste com a economia neoclássica, para se referir ao corpo geral de pensamento elaborado por todos os cientistas sociais do século XIX que compartilhavam do que é conhecido hoje como "abordagem do excedente" – entre eles o próprio Marx.

[21] Não se pode compreender o significado do pensamento econômico sem compreender seu contexto psicológico. Com essa percepção, no entanto, o pensamento econômico pode servir de barômetro para se medir a atmosfera dos tempos (Walter A. Weisskopf, "Individualism and Economic Theory", *The American Journal of Economics and Sociology*, v. 9, n. 3, 1950, p. 317-33, disponível em: <https://onlinelibrary.wiley.com/doi/abs/10.1111/j.1536-7150.1950.tb01533.x>, acesso em: 2 jun. 2020).

Em particular, sob o socialismo (ou, de modo mais conservador, sob uma estrutura de desenvolvimento estratégico de orientação socialista), é possível acelerar o progresso das forças produtivas, controlar as instabilidades do mercado financeiro, superar em larga medida a exploração da classe trabalhadora e restringir gradualmente o funcionamento da lei do valor nos mercados de bens de consumo. Além disso, essas conquistas podem ser aproveitadas na busca de um objetivo essencial, ou seja, avançar para um sistema de produção e distribuição menos desigual, baseado nas necessidades humanas e ecologicamente sustentável. De fato, a menos que encontremos um caminho para além do modo de produção atualmente dominante, que ainda é capitalista em nível global, o Antropoceno pode ser o período do fim da humanidade e de muitas outras espécies.

> **BOX 1.** Economias de orientação socialista e formações econômico-sociais socialistas
>
> Economias de orientação socialista são aquelas dirigidas por forças políticas que reivindicam oficialmente um processo que visa estabelecer, fortalecer ou desenvolver um sistema socialista. Se são dotadas de um grau suficiente de estabilidade e resiliência, podem ser vistas como formações econômico-sociais de orientação socialista (Fesos). Juntamente com China, Vietnã e República Popular Democrática da Coreia (RPDC), Cuba é uma das quatro[22] Fesos atualmente existentes.
>
> Como se baseia em declarações e programas oficiais facilmente verificáveis e na análise objetiva da estrutura de propriedade e do sistema de governança econômica, o termo Fesos é essencialmente neutro. Em contraste, qualquer tentativa de avaliar se um sistema socioeconômico do mundo real é realmente socialista ou não é um exercício muito complicado que – não importa a honestidade intelectual do observador – exige inevitavelmente uma combinação de análises científicas. Por esse motivo, neste livro usaremos preferencialmente a expressão "formação econômico-social de orientação socialista", em vez de "formação econômico-social socialista"[23].

---

[22] Outros países muito heterogêneos também podem ser considerados de orientação socialista (Laos, República Democrática do Congo, Camboja, Venezuela, Bielorrússia) em diferentes extensões. Entre eles, no entanto, apenas a RPDC existe de forma mais ou menos semelhante à atual há tempo suficiente para ser considerada uma FES – um caso muito peculiar e não muito inspirador, com certeza.

[23] Com relação à posição oficial manifestada consistentemente (desde a virada do século, ou antes) pelos governos da China, Vietnã e Cuba, podemos observar que os dois primeiros tendem a

Economias de orientação socialista contemporâneas e anteriormente existentes podem ser distinguidas em duas classes. A primeira é constituída por economias socialistas tradicionais, de estilo soviético e planejamento central[24]. Atualmente, a maioria não existe mais. No entanto, uma exceção notável, além da RPDC, é constituída por Cuba, um país que – apesar de reformas parciais que levaram a uma grande liberalização em muitos setores de serviços comerciais[25] – ainda pode ser considerada, em sua essência, uma economia tradicional de planejamento central.

A segunda categoria é a das economias planificadas de orientação socialista de mercado. Fazem parte dessa categoria China, Vietnã e o Laos[26]. Esses países em desenvolvimento seguem um modelo que também pode ser chamado de *socialismo de mercado*[27]. Aqui preferimos o termo "economias planificadas de orientação socialista de mercado" (Eposm), porque:

1) não está direta e exclusivamente relacionado a nenhuma das várias teorias a respeito do socialismo de mercado;

2) não implica a atribuição de uma patente de natureza socialista "verdadeira" (ou falsa);

3) pretende ser factual e neutro.

Uma Eposm é um sistema socioeconômico nacional misto em que:

1) mecanismos de mercado baseados nos preços e na lei do valor constituem a forma predominante de regulação sistêmica no curto prazo;

---

preferir o termo "de orientação socialista", ou equivalentes, para definir a natureza de seus próprios sistemas socioeconômicos. Cuba, por outro lado, considera-se um país "socialista".

[24] Não obstante seus graves problemas, não há espaço para discussões sobre a natureza verdadeiramente socialista dessas economias – pelo menos do ponto de vista positivo. A economia de Cuba, em particular, ainda é substancialmente socialista, embora possua hoje um largo setor capitalista (em prol da sobrevivência sistêmica).

[25] O turismo é uma parte da economia cubana que, juntamente com a exportação de serviços de saúde, é muito importante para entrada de moedas estrangeiras no país e o único setor que atualmente está crescendo.

[26] O Laos ainda é um país muito pobre, com um nível de desenvolvimento muito inferior ao da China e do Vietnã. Atualmente, o Camboja também pode estar migrando para esse modelo.

[27] Outras definições podem se referir a um modelo de desenvolvimento do socialismo de mercado de tipo asiático. Esse modelo de desenvolvimento é recente, surgiu apenas nas duas últimas décadas do século XX. Também pode ser caracterizado como asiático, pois até agora só é encontrado na Ásia, mas não há nada intrinsecamente asiático nele (afora algumas características culturais interessantes, que não devem ser demasiado enfatizadas) que não permita, em princípio, que seja replicado em outras regiões do mundo.

2) o papel relativo do planejamento e do controle estatal direto (via empresas estatais) e indireto (via finanças públicas e outros instrumentos) sobre a economia são qualitativa e quantitativamente superiores aos dos países capitalistas;

3) o governo identifica oficialmente o socialismo, em suas formas superiores, como seu objetivo primordial no longo prazo, que deve ser alcançado progressivamente em um contexto de rápido desenvolvimento socioeconômico, progresso técnico e evolução contínua das ferramentas de governança econômica.

Levando em consideração as características objetivas e subjetivas distintas das Eposm, seus planejadores têm à disposição uma gama de ferramentas mais amplas e poderosas do que suas contrapartes nos países capitalistas. Em particular, podem definir a parcela do excedente e capturar uma parte importante deste último, não apenas por meio de políticas fiscais comuns, mas também pelos direitos de propriedade do Estado sobre o capital industrial e financeiro. Como resultado, podem, em princípio, determinar no curto e médio prazo a parcela da taxa de investimento, sua ampla composição setorial, o nível e a composição da despesa social e o nível da demanda efetiva. No longo prazo, os planejadores da Eposm podem definir a velocidade e (em certa medida) a direção da acumulação de capital, a inovação e o progresso técnico, e afetar significativamente a estrutura dos preços relativos por meio de intervenções industriais e outras políticas compatíveis com o mercado, orientando conscientemente o desdobramento da lei do valor, a fim de alcançar resultados socioeconômicos[28] e ecológicos *ex post* superiores aos que seriam produzidos se seguissem automaticamente os preços de mercado.

---

[28] Entre esses resultados, a distribuição de renda e riqueza também são elementos proeminentes.

2
A BASE CIENTÍFICA DA ECONOMIA POLÍTICA DO SÉCULO XXI

2.1. DE DEUS AO *HOMO ECONOMICUS*

Este capítulo analisa um conjunto de descobertas científicas cruciais de vários campos de pesquisa diferentes da economia política. São o produto de uma longa tradição de investigação, mas atingiram conjuntamente uma massa crítica e um impacto decisivo na análise dos processos mentais e do comportamento humano, principalmente desde a última década do século XX. As principais descobertas que resumidamente apresentamos e discutimos aqui fragilizam os fundamentos da teoria econômica ortodoxa.

A principal lição que os cientistas sociais devem aprender com esses avanços é direta: os seres humanos, diferentemente das partículas subatômicas, são animais sencientes e muito complexos, e seu comportamento é moldado pelas forças da evolução e da cultura. Portanto, existem amplos graus de liberdade para a criação criteriosa de formas diferentes e potencialmente superiores de organização social.

As considerações acima contrariam a posição tradicional de intelectuais a serviço das classes dominantes. Desde a revolução agrícola e o estabelecimento das primeiras sociedades baseadas em classes, há milhares de anos, intelectuais têm se esforçado para retratar a ordem social injusta e exploratória de seu tempo como eterna, visto que é ao mesmo tempo natural e ordenada por Deus. Esses dois argumentos são estritamente inter-relacionados e se reforçam mutuamente, mas até certo ponto, pois são distintos um do outro. A identificação de reis e aristocratas com a divindade é uma característica comum aos impérios antigos, e foi defendida como a lógica mais poderosa para a manutenção do *status quo*, mesmo nos países mais avançados e industrializados do Ocidente, muitos séculos após o Iluminismo.

Paralelamente, desde a Antiguidade, e mesmo milhares de anos antes do surgimento do capitalismo, intelectuais conservadores têm se esforçado para retratar a exploração baseada em classes como natural e inevitável. Um bom exemplo é a fábula de Esopo, "Os membros e o corpo", que, segundo Tito Lívio e Plutarco, foi utilizada pelo senador romano Agripa Menênio para desmoralizar e apaziguar os plebeus após uma revolta no século VI a.C.[1]

Com o advento do capitalismo, o surgimento e crescimento do movimento socialista, a equalização formal de todos os cidadãos com relação à lei e a lenta decadência do pensamento religioso no Ocidente industrializado[2], a tarefa dos intelectuais das sociedades de classe tornou-se cada vez mais difícil. Os economistas neoclássicos tomaram em grande parte o lugar dos padres, e a antropologia universalista e racional do *homo economicus* veio à tona, substituindo a antiga divisão da humanidade em três camadas (clérigos, nobres e plebeus), enraizada na teologia pré-1789. Atualmente, os defensores da preservação do capitalismo estão equipados com as mais avançadas ferramentas estatísticas e matemáticas, além de dispositivos computacionais poderosos, e parecem muito modernos. No entanto, a base filosófica e essencialista das tentativas correntes de exorcizar e rejeitar a eventualidade e a conveniência do socialismo é ainda uma narrativa tradicional que retrata este último como contrário à natureza humana, ou seja, biologicamente e ontologicamente implausível e até perverso.

Este capítulo:

1) analisa brevemente alguns dos avanços mais relevantes do debate contemporâneo sobre a natureza humana, suscitados em campos de conhecimento distintos das ciências sociais propriamente ditas (como biologia evolucionária, psicologia e neurociência) e o surgimento da disciplina da neuroeconomia;

---

[1] "'Houve um dia', disse Agripa Menênio, 'em que todos os membros do homem se revoltaram contra o estômago, acusando-o de ser a única parte ociosa e sem contribuição do corpo, enquanto os demais eram submetidos a dificuldades e muito trabalho para suprir e administrar seu apetite.' O estômago, no entanto, apenas ridicularizou a tolice dos demais, que pareciam não estar cientes de que o estômago certamente recebe o alimento geral, mas com o objetivo de devolvê-lo e redistribuí-lo entre todos. 'O mesmo acontece', disse ele, 'entre os cidadãos e o Senado. Os conselhos e os planos que passam pelo Senado são devidamente digeridos, transmitindo e garantindo a todos o benefício e apoio adequados'" (Plutarco, *The Lives of the Noble Grecians and Romans*, trad. John Dryden, Nova York, Modern Library, 2010). Ver também Tito Lívio, *Livy's History of Rome*: Livro 2: *The History of Rome* (Londres, J. M. Dent & Sons, 1905), disponível em: <http://mcadams.posc.mu.edu/txt/ah/Livy/Livy02.html>, acesso em: 25 jul. 2019.

[2] Essas grandes mudanças culturais não aconteceram da noite para o dia. Por exemplo, após a Segunda Guerra Mundial, o papa Pio XII não hesitou em recorrer a uma arma medieval de luta política e excomungou formalmente os comunistas ("Acta Apostolicae Sedis Decretum: Commentarium Officiale", ano 41, série 2, v. 16, 1949). O papel da religião como baluarte do conservadorismo social continua intacto no século XXI, mesmo nos países ocidentais avançados e emergentes modernos – especialmente na América do Norte e do Sul. Isso não significa que negamos o papel de pensadores, instituições e movimentos cristãos progressistas e até revolucionários, desde a Idade Média até os dias atuais.

2) discute as profundas implicações desses avanços para os micro e macrofundamentos subjacentes da antropologia econômica, especialmente no que diz respeito à crítica do paradigma do *homo economicus* e da dialética cooperação vs. competição;

3) para concluir, mostra que essas múltiplas descobertas interdisciplinares em campos diferentes, mas convergentes, de fato constituem um forte argumento a favor da da plausibilidade biológica e antropológica do socialismo.

2.2. Concorrência e cooperação

Como mencionamos na Introdução, o comércio internacional e as relações financeiras estão fundamentadas no mercado. No entanto, longe de funcionar de acordo com os princípios de concorrência perfeita, essas relações de mercado criam um campo de atuação desigual, preenchido por atores estatais e não estatais, dotados de força econômica, política e militar também desiguais. Essa ressalva não nega a existência de múltiplos Estados nacionais e várias formas de cooperação e rivalidade entre eles. As restrições inevitáveis impostas pela atual ordem global dificultam severamente, mas não descartam, o surgimento de sistemas socioeconômicos significativamente diferentes, que podem se desenvolver em diferentes pontos do tempo e do espaço.

O próprio papel da competição e as formas que ela assume estão longe de ser únicas e exclusivas, mesmo nas sociedades capitalistas. Em primeiro lugar, embora a competição dentro e entre as sociedades humanas esteja enraizada, em última análise, nos fundamentos biológicos da vida, ela é antes de tudo (assim como o mercado) uma construção cultural e histórica: "A competição não é a 'luta pela existência', mas um arranjo artificial apoiado pelas sanções morais, econômicas e físicas da ação coletiva"[3]. Em segundo lugar, a competição não é exclusiva da esfera econômica:

> Como amplamente investigado pela psicologia, psicanálise e sociologia, é provável que formas de rivalidade e competição, frequentemente associadas a problemas emocionais, desempenhem um papel fundamental durante a infância, em experiências familiares e escolares. O ambiente social também pode incorporar formas de competição entre pessoas, grupos, classes, instituições e nações com base em valores não diretamente relacionados à economia, como influência, poder e prestígio. Nesse sentido, também a concorrência assume um caráter "institucional" distinto.[4]

---

[3] John R. Commons, *Institutional Economics: Its Place in Political Economy* (Nova York, The Macmillan Company, 1934), v. 1, p. 713.

[4] Arturo Hermann, "Market, Socialism and Democracy in an Interdisciplinary Perspective", *International Journal of Pluralism and Economics Education*, v. 5, n. 4, 2014, p. 6, nota 5.

Para manter uma abordagem analítica equilibrada, é importante evitarmos as armadilhas do chamado "economês". A estrutura econômica, embora crucial, é apenas uma das dimensões que moldam a vida humana: "fatores culturais muito importantes e em constante evolução interagem de maneira complexa tanto com o modo econômico de produção (a chamada 'base material' da sociedade) quanto com as orientações e os conflitos psicológicos das pessoas envolvidas"[5]. As decisões econômicas individuais relevantes não devem ser restringidas pela força de modelos matemáticos supersimplificados (embora de aparência sofisticada), pois são o produto de um processo baseado em uma racionalidade muito complexa. Essa racionalidade envolve processos mentais conscientes e inconscientes decorrentes da interação de várias áreas do cérebro.

Mais importante, tanto no campo da biologia quanto no da história humana, o princípio da competição não é o único decisivo, pois coexiste com o da cooperação. Ao longo da trajetória climática e ambiental do planeta, a interação entre competição e cooperação de criaturas vivas gerou equilíbrios locais e globais complexos e em constante mutação, impulsionando o curso da evolução, o surgimento e o desaparecimento de espécies vegetais e animais[6].

O Antropoceno[7] tem implicado mudanças profundas e crescentes no padrão geral da evolução, mas não alterou seus princípios mais fundamentais e universais: a

---

[5] Ibidem, p. 5. Segundo o autor, a cultura deve ser vista de maneira ampla e holística, ou seja, como o conjunto de todos "os sistemas de conhecimento, valores, crenças, rituais e códigos de conduta típicos de um determinado contexto" (ibidem, p. 5, nota 2). Certamente, holístico não é sinônimo de homogêneo e harmonioso: culturas e sociedades estão cheias de conflitos, crises e contradições.

[6] "Mutação industrial – se é que posso usar o termo biológico – que revoluciona incessantemente a estrutura econômica por dentro, destruindo a antiga, criando uma nova. Esse processo de destruição criativa é o elemento essencial do capitalismo" (Joseph Schumpeter, *Capitalism, Socialism, and Democracy*, Nova York, Harper & Brothers, 1947, p. 83, citado em Giovanni Dosi e Maria Enrica Virgillito, "In Order to Stand Up You Must Keep Cycling: Change and Coordination in Complex Evolving Economies", *Science Direct*, v. 56, 2017, p. 2, disponível em: <http://dx.doi.org/10.1016/j.strueco.2017.06.003>, acesso em: 2 jun. 2020.

[7] Por bilhões de anos, essa trajetória tem sido essencialmente exógena – mesmo se levarmos em conta que a relação causal entre o ambiente externo e os seres vivos não é exclusivamente unidirecional. Atualmente, não é mais o caso. O impacto global da humanidade foi insignificante durante a maior parte de sua existência, nas épocas pré-histórica e histórica, mas tornou-se muito significativo neste último período. A presença e as atividades humanas vêm causando um conjunto exponencial e cumulativo de mudanças ambientais em nosso planeta, de magnitude comparável àquelas que marcaram a passagem de uma era geológica para outra no passado. Esse período é frequentemente chamado de Antropoceno: "Mudanças ambientais globais recentes sugerem que a Terra pode ter entrado em uma nova era geológica dominada pelo homem, o Antropoceno. [...] Evidências sugerem que, das várias datas propostas, duas parecem em conformidade com os critérios para marcar o início do Antropoceno: 1610 e 1964. O estabelecimento formal de uma

interação entre as forças de concorrência e cooperação. A relevância da competição está incorporada no *mainstream* do pensamento moderno desde a aceitação quase universal[8] da revolução darwiniana. No entanto, a descoberta do papel da cooperação é um avanço científico mais recente, ainda lutando para ser incorporado à percepção contemporânea do mundo natural por parte do público em geral.

De fato, fenômenos como a cooperação entre espécies, como abelhas e formigas[9], ou a cooperação entre espécies na forma de simbiose, são reconhecidos há muito tempo. No entanto, assim como as falhas de mercado no domínio da economia ortodoxa, elas tendem a ser vistas como exceções que não põem em dúvida a regra da supremacia absoluta da concorrência. Apenas pesquisas científicas recentes demonstraram que a cooperação não é exclusiva de animais relativamente avançados, mas existe há bilhões de anos. De fato, a cooperação pode atuar como um poderoso mecanismo de aprimoramento da evolução, mesmo na interação de agentes não vivos, e desempenhou um papel decisivo em várias passagens importantes da história da vida na Terra (como a transição dos organismos unicelulares para multicelulares).

Na verdade, o fato de a seleção natural favorecer genes que aumentam a capacidade de um organismo sobreviver e se reproduzir tende a ser mal compreendido, levando à conclusão de que o mundo é dominado exclusivamente por comportamentos egoístas. No entanto, desde a década de 1970, os biólogos mostraram empiricamente e elucidaram que:

> a cooperação pode ser encontrada em todos os níveis de organização biológica: genes cooperam nos genomas, organelas cooperam para formar células eucarióticas, células cooperam para formar organismos multicelulares, parasitas bacterianos cooperam para derrubar as defesas do hospedeiro, animais se reproduzem cooperativamente e seres humanos e insetos cooperam para construir sociedades.[10]

A ciência alcançou importantes avanços também no entendimento das forças genéticas e não genéticas (como efeitos epigenéticos transgeracionais, efeitos parentais, herança ecológica e cultural) que moldam a transmissão e difusão intergeracionais

---

época do Antropoceno marcaria uma mudança fundamental na relação entre os seres humanos e a Terra" (Simon. L. Lewis e Mark A. Maslin, "Defining the Anthropocene", *Nature*, v. 519, 2015, p. 171).

[8] Ainda existem criacionistas.

[9] Essas formas avançadas de cooperação foram apelidadas de eussocialidade. Ver Suzanne Batra, "Nests and Social Behavior of Halictine Bees of India (Hymenoptera: Halktidae)", *Indian Journal of Entomology*, v. 28, 1966, p. 375-93.

[10] Stuart A. West, Ashleigh. S. Griffin e Andy Gardner, "Evolutionary Explanations for Cooperation", *Current Biology*, v. 17, n. 16, 2007, p. R661-72, disponível em: <https://www.cell.com/current-biology/pdf/S0960-9822(07)01499-6.pdf>, acesso em: 24 maio 2021.

do comportamento cooperativo, o substrato neurobiológico das habilidades cognitivas necessário para a capacidade de cooperar[11], e a interação da cooperação com a repressão da competição dentro do grupo – como mostra o exemplo da meiose entre os cromossomos[12]. Esses fenômenos são cada vez mais vistos como uma base sólida para entendermos a evolução da socialidade, da confiança e da cooperação humana. Também são considerados mais uma manifestação de um princípio natural universal[13].

Martin Nowak e Roger Highfield[14] fornecem uma contribuição fundamental à literatura concernente aos fundamentos biológicos da cooperação e suas implicações sociopolíticas contemporâneas. Construindo seu argumento com base em uma abordagem metodológica multidisciplinar que abrange pesquisa biológica, psicologia experimental e teoria dos jogos[15], defendem que a reciprocidade indireta é o principal mecanismo que impulsiona a socialidade humana. A reciprocidade indireta é um estado de coisas em que A ajuda B sem esperar um benefício recíproco

---

[11] De acordo com Claudia Kasper et al., "Genetics and Developmental Biology of Cooperation", *Molecular Ecology*, v. 26, n. 17, 2017, p. 4364-77, as três principais habilidades cognitivas necessárias para a cooperação são: memória de eventos, sincronia com outros e capacidade de resposta a outros.

[12] Steven A. Frank, "Evolution", *International Journal of Organic Evolution*, v. 57, n. 4, 2003, disponível em: <https://onlinelibrary.wiley.com/doi/pdf/10.1111/j.0014-3820.2003.tb00283.x>, acesso em: 2 jun. 2020; Claudia Kasper et al., "Genetics and Developmental Biology of Cooperation", cit.

[13] Ver também Egbert G. Leigh, "The Group Selection Controversy", *Journal of Evolutionary Biology*, v. 23, 2009, p. 6-19; "When Does the Good of the Group Override the Advantage of the Individual", *Proceedings of the National Academy of Sciences of the United States of America*, v. 80, 1983, p. 2985-9; "The Evolution of Mutualism", *Journal of Evolutionary Biology*, v. 23, 2010, p. 2507-28; John Maynard, Smith, *Evolution and the Theory of Games* (Cambridge, Cambridge University Press, 1982); *The Theory of Evolution* (Londres, Penguin Books, 1958); Richard D. Alexander, *Darwinism and Human Affairs* (Seattle, University Washington Press, 1979); *The Biology of Moral Systems* (Nova York, Aldine De Gruyter, 1987); Richard D. Alexander e Gerald Borgia, "Group Selection, Altruism, and the Levels of Organization of Life", *Annual Review of Ecology and Systematics*, v. 9, 1978. p. 449-74; Gareth Jones e Jennifer George, "The Experience and Evolution of Trust: Implications for Cooperation and Teamwork", *The Academy of Management Review*, v. 23, n. 3, 1998, p. 531-46; Paul W. Sherman, Jennifer U. Jarvis e Richard D. Alexander (orgs.), *The Biology of the Naked Mole-Rat* (Princeton, Princeton University Press, 1991); Steven A. Frank, "Evolution", cit.; Thomas Pfeiffer, Stefan Schuster, Sebastian Bonhoeffer, "Cooperation and Competition in the Evolution of ATP: Producing Pathways", *Science*, v. 292, n. 5516, 2001, p. 504-7; David Penny, "Cooperation and Selfishness Both Occur During Molecular Evolution", *Biology Direct*, v. 10, n. 26, 2015; Sylvie Estrela e Sam P. Brown, "Community Interactions and Spatial Structure Shape Selection on Antibiotic Resistant Lineages", *Plos Comput Biology*, 21 jun. 2018.

[14] Martin Nowak e Roger Highfield, *Supercooperators: Evolution, Altruism and Human Behaviour, or Why We Need Each Other to Succeed* (Massachusetts, Free Press, 2011).

[15] Ver também Martin Nowak e Sarah Coaley, *Evolution, Games, and God: The Principle of Cooperation* (Cambridge, Harvard University Press, 2013).

imediato, mas age de acordo com um padrão comportamental coletivo em que prevê corretamente que um terceiro ou mais também o ajudarão. A reciprocidade indireta evoluiu graças à força da reputação decorrente da oferta ou recusa de ajuda, espalhou-se ao longo do tempo pela biosfera e abriu caminho para a evolução de formas de interação cada vez mais complexas que eventualmente levaram a expressões e comunicações sofisticadas por meio de linguagem e instituições[16]. Os genes, como os seres humanos, não são plena e automaticamente egoístas, afinal[17].

De acordo com Nowak e Highfield:

> Criaturas de todos níveis de complexidade e persuasão cooperam para sobreviver [...] A sociedade humana fracassa com relação à cooperação [...] Hoje, até que ponto nossos cérebros colaboram é tão importante quanto o tamanho de nossos cérebros [...] trabalhar em conjunto nos torna grandes cooperadores [...] nossa capacidade de cooperar anda de mãos dadas com a luta bem-sucedida pela sobrevivência [...] a cooperação é totalmente compatível com a dificuldade de sobrevivência em um ambiente frio e competitivo.[18]

O princípio da concorrência coexiste e interage mutuamente com o da cooperação. A história da humanidade é a história da luta entre a cooperação – com o objetivo de atingir objetivos coletivos de longo prazo – e a busca individual de interesses de curto prazo – e finalmente derrotista.

Juntamente com a mutação e a seleção, a cooperação é a terceira força evolucionária fundamental. É também uma força mais poderosa que a concorrência na formação e promoção da inovação. Com o advento da globalização, a corrida interminável por um crescimento competitivo que esgota os recursos está se tornando cada vez mais insustentável. Continuam Nowak e Highfield:

> Hoje enfrentamos uma escolha difícil: podemos avançar para o próximo estágio da complexidade evolucionária, ou podemos entrar em declínio e até mesmo ser extintos [...] poderíamos estar próximos da transição seguinte na organização social, uma transição de enorme importância, como o surgimento da primeira célula [...].[19]

---

[16] Manfred Milinski, "Reputation, a Universal Currency for Human Social Interactions", *Philosophical Transactions: Biological Sciences*, v. 371, n. 1687, 2016, p. 1-9.

[17] Richard Dawkins propôs o termo "gene egoísta", uma espécie de transposição do *homo economicus* para a biologia. Sua visão, embora valiosa como crítica a qualquer interpretação inspirada em teologia, teleologia ou "design inteligente" da história natural, provou ser parcial e reducionista, dada a importância da cooperação na dinâmica trajetória geral da evolução. Ver Richard Dawkins, *O gene egoísta* (trad. Rejane Rubino, São Paulo, Companhia das Letras, 2015).

[18] Martin Nowak e Roger Highfield, *Supercooperators*, cit., p. 16.

[19] Ibidem, p. 281.

A capacidade exclusivamente humana de entender e orientar sua própria evolução por meio de análises e culturas científicas torna a cooperação ainda mais necessária para lidarmos com a natureza intrinsecamente global dos desafios atuais de desenvolvimento e sustentabilidade ambiental.

2.3. Críticas iniciais ao individualismo metodológico

A descoberta da coexistência dos comportamentos individualista e cooperativo tanto na natureza quanto na história da humanidade deve ser interpretada em conjunto com os grandes avanços realizados na economia comportamental, na neurociência experimental e na neuroeconomia. A popularização das revolucionárias tecnologias de imagem cerebral permitiu que os pesquisadores alcançassem um grau inimaginável de precisão científica em domínios que até pouco tempo atrás eram exclusivos da intuição e da especulação informadas.

No entanto, a equação do individualismo desenfreado e ultrarracional do *homo economicus* com a maximização do bem-estar público é criticada desde os primórdios da economia política, muito antes dessas modernas descobertas científicas. Adam Smith, considerado (de forma equivocada) o fundador do individualismo como o princípio norteador exclusivo da ação humana, pois cada indivíduo contribuiria automaticamente para a riqueza da sociedade, era antes de tudo um filósofo moral. Ele percebeu as severas limitações do *laissez-faire*, esforçou-se para descobrir as causas finais que governavam o comportamento e as motivações das pessoas e argumentou que eles estavam relacionados não apenas aos incentivos monetários, mas também a uma gama muito maior de relações sociais[20]. Em seu livro mais importante, Adam Smith afirmou: "Nenhuma sociedade pode ser florescente e feliz, caso a maior parte de seus membros seja pobre e infeliz"[21].

Herbert Simon foi um dos primeiros economistas modernos a criticar as suposições irrealistas implícitas nos modelos padrão de maximização da utilidade e do lucro, baseados no poder computacional aparentemente ilimitado do cérebro humano e em informações perfeitas. A observação direta do comportamento humano mostra que as pessoas podem acessar e processar uma riqueza muito limitada de informações, e

---

[20] Ver Pratap Bhanu Mehta, "Self-Interest and Other Interests", em Knud Haakonssen (org.), *The Cambridge Companion to Adam Smith* (Cambridge, Cambridge University Press, 2006); Maciej Meyer, "Is Homo Economicus a Universal Paradigm in Economic Theory?", *Annals of Economics and Finance, Society for AEF*, v. 17, n. 2, 2016, p. 433-43, disponível em: <http://down.aefweb.net/AefArticles/aef170208Meyer.pdf>, acesso em: 24 maio 2021.

[21] Adam Smith, *A riqueza das nações: investigação sobre sua natureza e causas* (trad. Luiz João Baraúna, São Paulo, Nova Cultural, 1996 [1776]), p. 129.

que o raciocínio lógico é rotineiramente afetado por um poderoso fluxo de emoções[22]. Até mesmo Friedrich Hayek, nome mais icônico do capitalismo libertário e inimigo implacável do socialismo e do planejamento – ele chegou a negar a capacidade racional do socialismo[23] –, percebeu que a existência do *homo economicus* dificilmente poderia ser tomada como postulado e se aventurou em um estudo pioneiro sobre o funcionamento do cérebro[24]. Esse empreendimento intelectualmente corajoso e honesto não levou Hayek a abandonar sua ideologia – o que não nos surpreende –, mas ele foi um dos primeiros a popularizar o conceito de racionalidade limitada.

Algumas décadas depois, George Katona observou que os indivíduos não reagem a estímulos exógenos como máquinas automáticas e seu comportamento econômico é influenciado pelo ambiente e suas mudanças[25]. Daniel Kahneman e Amos Tversky deram importantes contribuições críticas à economia comportamental e à crítica das fundações do *homo economicus*. Numa discussão sobre o modo como os indivíduos tomam decisões sobre assuntos econômicos e outros temas relevantes, eles criticaram o princípio da racionalidade, observando que "as pessoas confiam em um número limitado de princípios heurísticos que reduzem tarefas complexas de avaliação de probabilidades e de previsão de valores a operações de julgamento mais simples. Em geral, esses princípios são bastante úteis, mas às vezes levam a erros graves e sistemáticos"[26]. Eles também foram os primeiros a argumentar que o modelo neoclássico padrão de utilidade esperada é uma falácia, porque, entre outras coisas, pressupõe que as pessoas atribuem igual peso à perspectiva de perda

---

[22] Ver também Herbert A. Simon, "Rational Decision Making in Business Organizations", *The American Economic Review*, v. 69, n. 4, set. 1979, p. 493-513, disponível em: <http://www.askforce.org/web/Discourse/Simon-Rational-Business-1979.pdf>, acesso em: 24 maio 2021.

[23] Hayek considerava a ideia de socialismo inviável e intrinsecamente contrária ao raciocínio econômico racional ("Quotes", *Goodreads*, disponível em: <https://www.goodreads.com/author/quotes/670307.Friedrich_A_Hayek>, acesso em: 26 jul. 2019). Antecipando a infame resolução de setembro de 2019 do Parlamento Europeu, também comparou o socialismo ao fascismo e ao nazismo (*O caminho da servidão*. São Paulo, Globo, 1946; *Os erros fatais do socialismo*, trad. Eduardo Levy, Barueri, Faro, 2019). Ver European Parliament, "Resolution on the Importance of European Remembrance for the Future of Europe, 2019/2819 (RSP)", *Legislative Observatory*, disponível em: <https://oeil.secure.europarl.europa.eu/oeil/popups/ficheprocedure.do?lang=en&reference=2019/2819(RSP)>, acesso em: 2 jun. 2020.

[24] Friedrich Hayek, *O caminho da servidão*, cit.

[25] George Katona, "Psychology and Consumer Economics", *Journal of Consumer Research*, v. 1, 1974, p. 1-8; *Psychological Economics* (Nova York, Elsevier, 1975); "Discussion", *American Economic Review*, 68, 1978, p. 75-7.

[26] Daniel Kahnemnan e Amos Tversky, "Judgment under Uncertainty: Heuristics and Biases", *Science*, v. 185, 1974, p. 1.124.

e ganho: os indivíduos, quando tomados pela emoção, tendem, ao contrário, a atribuir mais peso ao primeiro[27].

Anomalias comportamentais também afetam a tomada de decisão, seja em indivíduos comuns, empreendedores, investidores, formuladores de políticas ou atores institucionais[28]. Também se demonstrou que grandes diferenças de valores, raciocínio econômico e tomada de decisão decorrem do contexto cultural e religioso do indivíduo: ele afeta as tendências egoístas e altruístas e a propensão a preferir abordagens individualistas ou coletivistas da dimensão econômica da vida[29]. Outros elementos mutuamente corroborantes de crítica à visão ortodoxa dos atores econômicos como autômatos egoístas foram fornecidos por várias disciplinas, além da psicologia experimental e da economia comportamental, entre elas a filosofia[30], a neurobiologia[31], a teoria institucional[32] e a neuroeconomia.

---

[27] Idem, "Prospect Theory: An Analysis of Decision under risk", *Econometrica*, v. 47, 1979, p. 263-91. Ver também Daniel Kahnemann, "Maps of Bounded Rationality: A Perspective on Intuitive Judgment and Choice", *The Nobel Prize*, Prize Lecture, 8. dez. 2002, disponível em: <https://www.nobelprize.org/prizes/economic-sciences/2002/kahneman/lecture/>; Steven D. Levitt e John A. List, "Homo Economicus Evolves", *Science*, v. 319, 2008, p. 909-10; Maciej Meyer, "Is Homo Economicus a Universal Paradigm in Economic Theory?", cit.

[28] John M. Gowdy, "Behavioral Economics and Climate Change Policy", *Journal of Economic Behavior & Organization*, v. 68, n. 3-4, 2008, p. 632-44; Stephano Della Vigna, "Psychology and Economics: Evidence from the Field", *Journal of Economic Literature*, v. 47, n. 2, 2009, p. 315-72.

[29] Geert Hofstede, *Culturas e organizações: compreender a nossa programação mental* (trad. António Fidalgo. Lisboa, Sílabo, 2003); *Culture's Consequences: Comparing Values, Behaviors, Institutions, and Organizations across Nations* (2. ed., Thousand Oaks, Sage, 2001); Harry C. Triandis, *Individualism and Collectivism* (Boulder, Westview, 1995); Robert Munroe, "Altruism and collectivism: an exploratory study in four cultures", *Cross-Cultural Research*, 2017, p. 334-45; World Bank, "Global Insights Initiative", *The World Bank*, 2015, disponível em: <https://live.worldbank.org/global-insights-initiative>, acesso em: 8 fev. 2016.

[30] Jon Elster, "Emotions and Economic Theory", *Journal of Economic Literature*, v. 36, n. 1, 1998, p. 47-74.

[31] António Damásio, *O erro de Descartes: emoção, razão e o cérebro humano* (trad. Dora Vicente e Georgina Segurado, 3. ed., São Paulo, Companhia das Letras, 2012); António Damásio e Gil B. Carvalho, "The Nature of Feelings: Evolutionary and Neurobiological Origins", *Nature Reviews Neuroscience*, v. 14, 2013, p. 143-52.

[32] Samuel Bowles, "Endogenous Preferences: The Cultural Consequences of Markets and Other Economic Institutions", *Journal of Economic Literature*, v. 36, n. 1, 1998, p. 75-111.

2.4. Jogos comportamentais: conquistas e limitações

A economia neoclássica dominante "trabalhava tradicionalmente com a ideia de um mundo povoado por indivíduos racionais, guiados por interesses próprios e sem emoção"[33]. As limitações dessa abordagem mecânica pré-freudiana foram criticadas antes mesmo do surgimento da neurociência moderna, graças às descobertas da economia experimental e comportamental, que identificaram, consistentemente, desvios sistêmicos no paradigma do *homo economicus*. Esse desafio à ortodoxia foi construído em torno de alguns dos chamados jogos, isto é, experimentos em que os participantes eram solicitados a tomar decisões econômicas ou "quase econômicas"[34] bem definidas que envolviam alternativa entre o comportamento egoísta ou o cooperativo.

Há quatro arquétipos dos jogos comportamentais[35]. O pioneiro e o mais conhecido é o Dilema do Prisioneiro (DP), no qual dois prisioneiros podem escolher: desertar (acusar o outro de um crime) ou cooperar (alegar que ambos são

---

[33] Peter H. Kenning e Hilke Plassmann, "Neuroeconomics: An Overview from an Economic Perspective", *Brain Research Bulletin*, v. 67, 2005, p. 353.

[34] Tomamos emprestado o termo "quase econômico" de James Grayot ("The Quasi-Economic Agency of Human Selves", *Economia*, v. 7, n. 4, 2017, p. 481-511). No contexto atual, ele se refere a decisões que não afetam apenas objetos econômicos tais como são comumente concebidos (por exemplo, somas de dinheiro, horas de trabalho), mas outros objetos que afetam diretamente nosso bem-estar (por exemplo, termos de prisão, como na versão original do dilema do prisioneiro). As decisões econômicas e quase econômicas dependem do valor subjetivo associado a esses objetos (Jay van Bavel, Yael Granot e William A. Cunningham, "The Psychology of Hate: Moral Concerns Differentiate Hate from Dislike", *PsyArXiv Preprints*, 25 jun. 2018, disponível em: <https://psyarxiv.com/x9y2p/>, acesso em: 2 jun. 2020). A dialética interna dos valores subjetivos de cada indivíduo contribui para moldar o consumo, o investimento e outras decisões que coletivamente causam impacto na economia como um todo. É evidente que esse conceito de valor é totalmente diferente daquele do valor de troca relacionado aos preços de produção que governa as leis de movimento das economias monetárias modernas. De certa forma, o valor psíquico como princípio de organização interno, endógeno e livre é necessário para a troca de valor: trata-se de um produto das relações sociais que age como lei, ou seja, uma restrição exógena à liberdade dos indivíduos.

[35] Muitos outros jogos foram desenvolvidos ao longo do tempo. Um é particularmente divertido, pois mostra como as escolhas e os comportamentos das pessoas são fortemente específicos ao contexto e moldados pela percepção interna do que é apropriado fazer em diferentes situações sociais. Pode ser apresentado como o "jogo de Wall Street" ou, alternativamente, como o "jogo da comunidade". As regras são as mesmas nos dois casos, mas, no último, os participantes tendem a se comportar de maneira muito mais cooperativa (Varda Liberman, Steven M. Samuels e Lee Ross, "The Name of the Game: Predictive Power of Reputations Versus Situational Labels in Determining Prisoner's Dilemma Game Moves", *Personality and Social Psychology Bulletin*, v. 30, 2004, p. 1175-85).

inocentes). A estrutura de pagamento (anos de prisão) é construída de modo que a traição seja inequivocamente superior à cooperação de um ponto de vista clássico e egoisticamente racional. No entanto, "apesar de entender que desertar é o melhor para si próprio, décadas de evidências de versões iteradas e únicas do DP revelam que as pessoas cooperam de bom grado – mesmo com completos estranhos"[36].

No Jogo de Bens Públicos (JBP), os jogadores recebem uma doação em dinheiro e podem escolher entre contribuir para um *pool* coletivo (maximizando assim a riqueza conjunta) ou guardar o dinheiro e se beneficiar da contribuição de outros. O JBP pode ser visto como uma extensão do PD, mas há diferenças importantes entre os dois, pois o primeiro incorpora elementos da psicologia de grupo.

No *Ultimatum Game* (UG), o proponente recebe uma doação X, da qual deve oferecer uma parte ao respondente. No entanto, o proponente é totalmente livre para estabelecer a parcela exata (Y) da doação ao respondente (0% a 100%). O respondente pode aceitar ou rejeitar a doação, mas não pode negociar seu valor. Se a aceitar, recebe Z e o proponente fica com o restante (=X-Z). Se a rejeitar, ambos não recebem nada.

Uma versão modificada e ainda menos democrática do UG é o Jogo do Ditador (JD). Nele, o ditador recebe uma doação e decide unilateralmente se deve ou não dar uma parte ao receptor, que não tem nenhum poder, nem mesmo o de se rebelar[37].

Mais de meio século de pesquisa realizada no quadro metodológico acima esboçado demonstrou inequivocamente que, em todos os jogos de barganha, o saldo nunca é o equilíbrio de Nash – que resultaria da interação entre jogadores individualistas totalmente racionais[38]. As escolhas dos jogadores tendem a demons-

---

[36] Julian A. Wills et al., "The Social Neuroscience of Cooperation", em David Poeppel, Michael Gazzaniga e George R. Mangun (orgs.), *The Cognitive Neurosciences* (6. ed., Cambridge, MIT Press, 2020), p. 3, disponível em: <https://vanbavellab.hosting.nyu.edu/documents/Wills.etal.2020.CogNeuroChapter.pdf>, acesso em: 28 maio 2021; Jay van Bavel, Yael Granot e William A. Cunningham, "The Psychology of Hate", cit.

[37] Diferentemente do UG, o receptor não pode nem retaliar. Se a oferta é zero, o ditador fica com todo o dinheiro.

[38] Ver também Daniel Kahneman, Jack L. Knetsch e Richard H. Thaler, "Fairness and the Assumptions of Economics", *Journal of Business*, v. 59, n. 4, 1986, p. 285-300; James Andreoni, "Why Free Ride? Strategies and Learning in Public Goods Experiments", *Journal of Public Economics*, v. 37, 1988, p. 291-304; James Andreoni, William T. Harbaugh e Lise Vesterlund, *The Carrot or the Stick: Rewards, Punishments and Cooperation* (University of Oregon, Department of Economics Working Paper, 2002); Herbet Gintis, *The Bounds of Reason*: Game Theory and the Unification of the Behavioral Sciences (Princeton, Princeton University Press, 2014); Werner Güth, Rolf Schmittberger e Bernd Schwarze, "An Experimental Analysis of Ultimatum Bargaining", *Journal of Economic Behavior & Organization*, v. 3, 1982, p. 367-88; John Gale, Kenneth G. Binmore e Larry Samuelson, "Learning to be Imperfect: The Ultimatum Game",

trar um grau razoável de consideração pelo bem-estar de seus colegas, mesmo em contextos em que não há benefícios materiais para tal comportamento[39]. Além disso, em jogos em que os respondentes desfavorecidos só podem aceitar ou recusar a oferta dos proponentes, eles optam em geral por perder tudo para punir a suposta atitude arrogante e injusta dos proponentes[40]. Essa postura não pode ser interpretada como um comportamento cooperativo relativamente direto e coletivamente racional. Ao contrário, ela reflete uma estrutura ética interna evolucionária e culturalmente moldada, que atribui um peso importante a valores morais como justiça, equidade, dignidade e, talvez, vingança[41].

Devemos creditar aos jogos de barganha o mérito da primeira contestação de peso ao princípio do *homo economicus*, e a partir de um flanco totalmente inesperado: o da ciência experimental – contra a qual a economia neoclássica, uma disciplina orgulhosa que tradicionalmente se vangloriava de representar uma forma de conhecimento tão científica quanto a física, dificilmente poderia criar um muro sólido. No entanto, a robustez dessas metodologias é limitada, pois os resultados dos experimentos comportamentais não podem ser fácil e mecanicamente transpostos para o mundo real[42].

Um dos problemas foi o viés de seleção. A maioria desses experimentos foi realizada em universidades norte-americanas, com participantes predominantemente jovens,

---

Games and Economic Behavior, v. 8, 1995, p. 56-90; Varda Liberman, Steven M. Samuels e Lee Ross, "The Name of the Game", cit.; J. Mark Weber e J. Keith Murnighan, "Suckers or Saviors? Consistent Contributors in Social Dilemmas", *Journal of Personality and Social Psychology*, v. 95, n. 6, 2009, p. 1340-53; Cristina Bicchieri e Jiji Zhang, "An Embarrassment of Riches: Modeling Social Preferences in Ultimatum Games", em Uskali Mäki (org.), *Handbook of the Philosophy of Economics* (Amsterdã, Elsevier, 2008); Jay van Bavel, Yael Granot e William A. Cunningham. "The Psychology of Hate", cit.

[39] Múltiplas repetições do jogo em diferentes contextos mostraram que, estatisticamente, até os ditadores tendem a oferecer quase 30% da quantia aos seus colegas impotentes (Jay van Bavel, Yael Granot e William A. Cunningham. "The Psychology of Hate", cit.).

[40] Idem; James Grayot, "The Quasi-Economic Agency of Human Selves", cit.; Matthew Feinberg; Robb Willer e Michael Schultz, "Gossip and Ostracism Promote Cooperation in Groups", *Psychology Science*, v. 25, n. 3, 2014, p. 656-64, disponível em: <https://journals.sagepub.com/doi/10.1177/0956797613510184>, acesso em: 20 jul. 2020.

[41] Essa observação prática não deve ser interpretada como uma visão idealista ou moralista ingênua da natureza humana. De uma perspectiva social e dinâmica, há uma ligação clara entre comportamentos punitivos aparentemente niilistas e cooperação. Nas sociedades humanas e não humanas, punir e eliminar os *free riders* é uma condição necessária para que a cooperação prevaleça, melhorando assim a aptidão evolucionária baseada no grupo.

[42] Robert McMaster e Marco Novarese, "Neuroeconomics: Infeasible and Underdetermined", *Journal of Economic Issues*, v. 50, n. 4, 2016, p. 963-83.

brancos, protestantes, altamente educados e idealistas[43], que podiam ser induzidos pela dinâmica de grupo a se comportar com justiça. Esse problema poderia ter sido mitigado, mas não eliminado, se os pesquisadores tivessem consciência dele: por exemplo, negros poderiam ter sido incluídos na amostra. No entanto, a realidade do racismo não poderia ser adequadamente representada em grupos tão pequenos e em um contexto cultural como o das universidades anglo-saxônicas do fim do século XX.

Em suma, em uma extensão difícil de avaliar adequadamente, as interações em pequenos grupos e a natureza artificial dos experimentos tendem a mostrar um comportamento mais ético e altruísta do que o dos seres humanos reais no mundo real, onde:

1) o comportamento egoísta pode ser mais facilmente justificado para o próprio indivíduo e para os outros, graças ao anonimato das trocas de mercado, ao véu da ignorância e a muitos outros fatores;

2) a ganância, os limites familiares, a busca pela melhoria do bem-estar material ou a simples reprodução dos meios de subsistência agem com mais força do que nos experimentos, nos quais os indivíduos são expostos a pequenas quantias de dinheiro;

3) várias construções e estruturas sociais e culturais relacionadas à raça, nacionalidade, religião e classe facilitam e sustentam fortemente o egoísmo individual e de grupo;

4) os pobres são física, geográfica e culturalmente separados dos ricos, a ponto de ser facilmente induzidos a acreditar que estes pertencem a uma elite antropologicamente superior e merecedora dos privilégios que têm[44].

Devemos reconhecer honestamente o viés de seleção e a diferença intrínseca e ontológica entre a vida social real e os experimentos comportamentais controlados, assim como a impossibilidade de superá-los completamente, sobretudo no que diz respeito à dialética do egoísmo/altruísmo. No entanto, os avanços nas *hard sciences* permitiram grandes progressos em outro pilar da crítica ao *homo economicus*: a suposição de informação e racionalidade perfeitas. Tradicionalmente, os cientistas sociais experimentais tinham de confiar quase exclusivamente no comportamento dos participantes e/ou na interpretação subjetiva de suas raízes. Paradoxalmente, a busca para demonstrar que a racionalidade limitada era um fato científico era minada pela própria racionalidade limitada.

---

[43] Eles provavelmente teriam optado pelas escolas de *business*, e não pelas ciências sociais.

[44] Timothy Brezina e Kenisha Winder, "Economic Disadvantage, Status Generalization, and Negative Racial Stereotyping by White Americans", *Social Psychology Quarterly*, v. 66, n. 4, 2003. p. 402-18; Nicholas Heiserman e Brent Simpson, "Higher Inequality Increases the Gap in the Perceived Merit of the Rich and Poor", *Social Psychology Quarterly*, 8 ago. 2017, disponível em: <https://journals.sagepub.com/doi/10.1177/0190272517711919>, acesso em: 25 out. 2019.

2.5. Da economia comportamental à neuroeconomia

As novas e avançadas técnicas de neuroimagem e o surgimento da neuroeconomia – que não seriam possíveis sem os principais avanços científicos e tecnológicos da neurociência contemporânea – percorreram um longo caminho para permitir que os cientistas sociais superassem alguns dos seus principais problemas metodológicos. A neuroeconomia dá uma grande contribuição à compreensão do comportamento econômico humano com base em sólidos fundamentos científicos[45], desestruturando assim os fundamentos idealistas da economia neoclássica[46]. Segundo Peter Kenning e Hilke Plassmann:

> Embora seja ainda uma disciplina jovem, a neuroeconomia deu algumas contribuições interessantes à teoria econômica. Para compreender mais profundamente o "homem econômico", a neuroeconomia amplia os conceitos de economia comportamental por meio de ferramentas neurocientíficas. Essas ferramentas permitem uma pesquisa econômica sobre processos cerebrais até então desconhecidos. A neuroeconomia lida com medições do comportamento real do homem e das funções cerebrais relacionadas. Tendo isso em mente, os pesquisadores neuroeconômicos podem alcançar seu objetivo: fornecer uma teoria descritiva da tomada de decisão que não se restrinja à teoria econômica e seja mais realista do que a do *homo economicus*.[47]

Em uma importante contribuição publicada em 2005 no *Journal of Economic Literature*, três dos principais pioneiros da neuroeconomia, Camerer, Loewenstein e Prelec, observam:

> Nas duas últimas décadas, quase um século depois, a economia começou a incorporar ideias da psicologia. A "economia comportamental" é hoje um elemento proeminente

---

[45] A "solidez" de cada disciplina não é independente da natureza e complexidade dos fenômenos estudados e do grau de separação entre os objetos e os observadores. Alguns fenômenos (como o movimento das estrelas), em razão do conjunto relativamente pequeno de variáveis que os influenciam e do afastamento (também relativo, *Galileo docet*) dos interesses subjetivos dos cientistas, são mais passíveis de uma modelagem matemática precisa do que outros (por exemplo, a evolução das sociedades humanas). Contudo, também no campo das ciências sociais, é possível e necessário manter, tanto quanto possível, uma abordagem científica materialista e objetiva.

[46] Usamos o termo idealista para nos referirmos a uma abordagem que afirma metafisicamente que a essência dos fenômenos sociais reside em estruturas mentais arbitrariamente construídas (como a mentalidade do *homo economicus*) que são postas apoliticamente para governar o comportamento de agentes representativos, reciprocamente indistinguíveis. Essa abordagem idealista é justaposta à materialista, baseada empiricamente, e típica da ciência moderna.

[47] Peter H. Kenning e Hilke Plassmann, "Neuroeconomics: An Overview from an Economic Perspective", cit., p. 352-3.

no cenário intelectual e gerou aplicações em questões da economia, como finanças, teoria dos jogos, economia do trabalho, finanças públicas, direito e macroeconomia.[48]

Para os autores, a neuroeconomia dá um passo além:

> Embora não negue que a deliberação faça parte da tomada de decisão humana, a neurociência aponta duas inadequações genéricas dessa abordagem [ortodoxa] – sua incapacidade de lidar com os papéis cruciais dos processos automáticos e emocionais. Primeiro, grande parte do cérebro executa põe em marcha processos "automáticos" que são mais rápidos que as deliberações conscientes e ocorrem com pouca ou nenhuma consciência ou percepção de esforço [...] Como as pessoas têm pouco ou nenhum acesso introspectivo a esses processos, ou controle volitivo sobre eles, e esses processos foram desenvolvidos para resolver problemas de importância evolucionária, e não para respeitar postulados lógicos, o comportamento desses processos não segue axiomas normativos de inferência e escolha.
> Segundo, nosso comportamento é fortemente influenciado por sistemas afetivos (emoções) precisos, cujo *design* básico é comum a humanos e muitos animais [...] muitos comportamentos que emergem dessa interação são geralmente e falsamente interpretados como sendo produto apenas da deliberação cognitiva [...] temos muito mais acesso introspectivo a processos controlados do que a processos automáticos. Como vemos apenas o topo do iceberg automático, naturalmente tendemos a exagerar a importância do controle.[49]

Os economistas ortodoxos tendem a ver as preferências como o ponto de partida do comportamento humano e o prazer como o seu ponto final. Os neurocientistas, ao contrário, não consideram o prazer o verdadeiro objetivo final do comportamento humano. A evolução não aumentou progressivamente a nossa capacidade de ser feliz – apenas de sobreviver e se reproduzir. O prazer é apenas uma sugestão homeostática[50], ou seja, um sinal informativo.

A importância da neurociência para a ciência econômica não pode ser exagerada, pois, segundo Camerer, Loewenstein e Prelec:

---

[48] Colin Camerer, George Loewenstein e Drazen Prelec, "Neuroeconomics: How Neuroscience Can Inform Economics", *Journal of Economic Literature*, v. 43, 2005, p. 9, disponível em: <https://fdocuments.in/document/neuroeconomics-how-neuroscience-can-inform-economics-55845b9796bd4.html>, acesso em: 28 maio 2021.

[49] Ibidem, p. 10-1.

[50] A homeostase é um processo quase inconsciente que envolve mecanismos que procuram descobrir se um sistema biológico está se afastando da rota adequada e, se necessário, levá-lo de volta ao equilíbrio. "A homeostase envolve detectores que monitoram quando a partida de um sistema de 'determinado ponto' e mecanismos que restauram o equilíbrio quando essas partidas são detectadas. Alguns – na verdade a maioria – desses mecanismos não envolvem ação deliberada" (Colin Camerer, George Loewenstein e Drazen Prelec, "Neuroeconomics", cit., p. 27).

as descobertas da neurociência levantam questões sobre a utilidade de algumas das construções mais comuns que os economistas costumam usar, como aversão ao risco, preferência de tempo e altruísmo [...] a existência de sistemas especializados desafia as premissas comuns sobre o processamento de informações humanas e sugere que a inteligência e seu oposto – a racionalidade limitada – provavelmente são altamente específicas.[51]

Uma definição mais recente de neuroeconomia, de sua estreita relação com a neurociência e de sua utilidade para a ciência econômica foi fornecida por George Lazaroiu:

> A neuroeconomia investiga como os indivíduos fazem escolhas baseadas em valor e como estas são transmitidas neuralmente, cognitivamente e comportamentalmente (o maior avanço realizado foi na compreensão do sentido dos estímulos recompensadores e no modo como o cérebro discerne ao atribuir-lhes valor). A neuroeconomia melhora de duas maneiras significativas a proposta econômica estabelecida para moldar a decisão: (I) integrando a investigação à psicologia, as violações do bom senso são identificadas e admitidas como pervasivas (os indivíduos dependem em geral de preconceitos e heurísticas que são promovidas e influenciadas por experiências prévias); e (II) a neurociência de sistemas provou que o cérebro opera de maneira correspondente e distribuída para que a entrada de informação seja tratada de forma síncrona por diversos sistemas especialmente projetados [...] A neuroeconomia abrange a investigação das microfundações biológicas da cognição e conduta econômica.[52]

A neurociência possibilita, pela primeira vez, formas diretas e objetivas de identificação e quantificação de pensamentos e sentimentos, abrindo a "caixa-preta" da mente humana. Esse avanço metodológico, por sua vez, permite a identificação científica de regularidades psicológicas e lança luz sobre as raízes de muitos fenômenos e anomalias econômicas pouco compreendidos em muitas áreas, principalmente nas finanças, com toda a sua exuberância e irracionalidade. Agora nossos "instintos animais" podem ser fotografados e medidos.

---

[51] Ibidem, p. 31-2. Camerer, Loewenstein e Prelec antecipam que, no longo prazo, abandonar a teoria econômica atualmente dominante será uma necessidade científica, e conceitos-chave como preferência, otimização restrita e equilíbrio (teórico ou de mercado) serão considerados obsoletos. Novos modelos radicalmente diferentes, baseados em evidências neurocientíficas verificadas, serão aplicados para prever respostas comportamentais a restrições, preços e outras variáveis e informar a formulação de políticas econômicas.

[52] George Lazaroiu et al., "Can Neuroscience Assist Us in Constructing Better Patterns of Economic Decision-Making?", *Frontiers in Behavioral Neuroscience*, v. 11, n. 188, 2017, p. 1-2, disponível em: <https://www.ncbi.nlm.nih.gov/pmc/articles/PMC5641305/>, acesso em: 2 jun. 2020.

2.6. Neuroeconomia vs. *homo economicus*

A neuroeconomia identificou dois limites principais na tradição econômica[53] ortodoxa. O primeiro decorre de sua incapacidade de reconhecer o papel crucial dos processos mentais automáticos e emocionais na tomada de decisão. Esses processos se desenrolam mais rápido do que as deliberações conscientes e não são percebidos introspectivamente pela mente racional autoconsciente, tampouco controlados voluntariamente. O comportamento humano é fortemente condicionado por rotinas afetivas e emocionais essenciais à sobrevivência, moldadas nos milhões de anos de evolução humana e animal. Como esses processos operam abaixo do nível da consciência, é natural que o indivíduo ignore sua existência e atribua falsamente a sua produção ao pensamento deliberativo.

A superestimação do papel dos processos mentais racionais e autoconscientes na tomada de decisão anda de mãos dadas com a absolutização e a universalização do papel biológico e evolutivo das preferências inatas e do princípio do prazer. Esse viés, por sua vez, leva à hipostatização do *homo economicus* como um perseguidor racional e individualista da utilidade. Essa é a segunda grande falácia da abordagem ortodoxa. Uma perspectiva baseada na neurociência, por outro lado, deve levar em conta que o comportamento consciente é apenas um dentre vários mecanismos do cérebro e considerar as preferências como variáveis transitórias que contribuem para a sobrevivência e a reprodução.

Essa abordagem, mais razoável cientificamente, também é consistente com as evidências cada vez maiores sobre a propensão dos cérebros humanos ao raciocínio moral e altruísta – mesmo que (conjuntamente com a experiência do senso comum) a ética e o altruísmo humanos, não muito diferentes da racionalidade, sejam limitados[54].

Como mencionamos anteriormente, a neurociência enfatiza a relevância do afeto – com seu potencial de distorcer os julgamentos cognitivos – para os recursos comportamentais opcionais das pessoas, inclusive a tomada de decisão. As emoções (juntamente com o contexto cultural) moldam a percepção de risco, a preferência temporal e as preferências altruístas. A cognição motivada e o pensamento positivo são difundidos – especialmente nos mercados financeiros. O processamento de in-

---

[53] Como dissemos anteriormente, o termo economia tornou-se progressivamente identificado com a economia neoclássica. Por esse motivo, os economistas progressistas tendem a evitá-lo, preferindo a expressão "ciência econômica" ou o termo clássico "economia política".

[54] Felix Warneken e Michael Tomasello, "The Roots of Human Altruism", *British Journal of Psychology*, v. 100, n. 3, 2009, p. 455-71; Megan M. Filkowski, R. Nick Cochran e Brian W. Haas, "Altruistic Behavior: Mapping Responses in the Brain", *Dove Medical Press*, v. 2016, n. 5, 2016, p. 65-75.

formações específicas do domínio e a racionalidade limitada são a norma. Mercados de otimização restritos ou algoritmos de equilíbrio teórico dos jogos, indevidamente baseados em racionalidade perfeita ou quase perfeita, não são mais concebíveis como a suposição comportamental "normal" que governa o raciocínio econômico humano. Abordagens radicalmente diferentes – endogenizando o fato científico comprovado de que o funcionamento do cérebro envolve processos controlados e automáticos que operam tanto na cognição quanto no afeto – são necessárias para o avanço da compreensão do comportamento econômico dos indivíduos.

A principal lição decorrente da crítica apresentada pela economia comportamental e pela neuroeconomia é direta e inequívoca. As evidências fornecidas por essas duas disciplinas, juntamente com outras abordagens teóricas e aplicadas, vêm se acumulando nos últimos anos, desconstruindo definitivamente o caráter fictício do *homo economicus*, base da narrativa econômica neoclássica desde o século XIX.

Alan Sanfey discute algumas ideias sobre a tomada de decisão social decorrentes de uma abordagem interdisciplinar baseada em uma nova geração de modelos teóricos que partem da teoria dos jogos e incorporam as restrições impostas por mecanismos neurais conhecidos que limitam a racionalidade[55]. Essas descobertas melhoram nossa compreensão a respeito de vários mecanismos mentais subjacentes à tomada de decisões sociais, como a ação direta da troca social no sistema de recompensas do cérebro, a influência de fatores afetivos na negociação e nos jogos competitivos e a dependência do jogo estratégico em relação à capacidade de avaliação das intenções dos outros.

Michael Shermer expõe os resultados de um estudo focado na ressonância magnética, que, como diz abruptamente o título do artigo, "desmascara o mito de que somos maximizadores de dinheiro por utilidade racional"[56]. Francesco Bogliacino e Cristiano Codagnone[57] revisam os resultados de muitas experiências sob o ângulo do comportamento humano em complexos ambientes em evolução. Mostram que a difusão da racionalidade é limitada, mas também que os seres humanos são

---

[55] Alan. G. Sanfey, "Social Decision-Making: Insights from Game Theory and Neuroscience", *Science*, v. 318, n. 5850, 2007, p. 598-602; Alan. G. Sanfey et al., "Neuroeconomics: Cross-Currents in Research on Decision-Making", *Trends in Cognitive Sciences*, v. 10, n. 3, 2006, p. 108-16, disponível em: <https://www.sciencedirect.com/science/article/abs/pii/S1364661306000271>, acesso em: 2 jun. 2020.

[56] Michael Shermer, "The Prospects for Homo Economicus: A New fMRI Study Debunks the Myth that We Are Rational-Utility Money Maximizers", *Scientific American*, v. 297, n. 1, 2007, p. 40-2.

[57] Francesco Bogliacino e Cristiano Codagnone, *Microfoundations, Behaviour, and Evolution: Evidence from Experiments*, MPRA Paper n. 82479, 8 nov. 2017, disponível em: <https://mpra.ub.uni-muenchen.de/82479/1/MPRA_paper_82479.pdf>, acesso em: 2 jun. 2020.

correspondentes potencialmente fortes e tendem a agir como indivíduos confiáveis, incorporados a normas sociais, e concluem que uma alternativa de microfundação ao *homo economicus* pode e deve ser identificada.

Tamotsu Onozaki analisa intrinsecamente a natureza das economias de mercado como sistemas complexos e caoticamente dinâmicos, governados sobretudo por três forças fundamentais: a não linearidade, a racionalidade limitada e a heterogeneidade[58]. Ming-Jin Jiang analisa estudos neuroeconômicos recentes que observam "como fatores sociais, econômicos e ambientais se vinculam à função cerebral e como essas mudanças na função cerebral afetam nossa tomada de decisão", e conclui que essas descobertas podem contribuir substancialmente para um projeto mais eficaz de políticas públicas[59]. Key Yoshida também analisa muitas contribuições e argumenta que o surgimento da neuroeconomia levou ao declínio do *homo economicus*[60].

Maciej Meyer apresenta uma ampla revisão da pesquisa clássica e moderna sobre o *homo economicus*. Fazendo um balanço de suas descobertas, o autor argumenta que:

> O paradigma do *homo economicus* está presente na teoria econômica há mais de um século. É abstrato e pervasivo por natureza e tem sido amplamente discutido na literatura. No entanto, muitos pesquisadores o consideram imperfeito e um número crescente de artigos mostram falhas por trás do raciocínio desse paradigma. Chegou a hora de reavaliar sua utilidade.[61]

---

[58] Tamotsu Onozaki, *Nonlinearity, Bounded Rationality, and Heterogeneity: Some Aspects of Market Economies as Complex Systems* (Chiyoda, Springer Japan, 2018).

[59] Ming-Jin Jiang, "Neuroeconomics: Economists Perhaps Need Brains", *MIUC*, 18 maio 2017, disponível em: <https://www.miuc.org/neuroeconomics-economists-perhaps-need-brains/>, acesso em: 2 jun. 2020.

[60] Key Yoshida, *Altruistic Behavior: Lessons from Neuroeconomics*. Pesquisa (Pós-Doutorado), University of Tokyo Center for Philosophy, 2019, disponível em: <https://utcp.c.u-tokyo.ac.jp/from/blog/080228_Yoshida_Presentation.pdf>, acesso em: 2 jun. 2020.

[61] Maciej Meyer, "Is Homo Economicus a Universal Paradigm in Economic Theory?", cit., p. 433. Retomando uma linha de raciocínio que inicialmente se tornou famosa com Weber, Meyer também destaca a importância das diferenças culturais, que contribuem para tornar o estereótipo do *homo economicus* mais implausível em algumas sociedades (geralmente não ocidentais) do que em outras: "um fato bem conhecido é que o conceito de *homo economicus* é muito teórico e ao mesmo tempo imperfeito. Essa ideia é abstrata [...] acontece que também é relativa e não deve ser aplicada acriticamente nas teorias do mundo inteiro. O fator das diferenças culturais, entre outros, faz diferença. Os indivíduos se comportam racionalmente em uma cultura, mas isso não é tão óbvio, se considerarmos o processo de tomada de decisão em várias culturas. É por isso que o paradigma do *homo economicus* não é universal. Como foi demonstrado, pode ser discutido do ponto de vista das diferenças de valores" (Ibidem, p. 441).

Peter Fleming também argumenta que o *homo economicus* deve ser abandonado. Em seu livro *The Death of Homo Economicus* [A morte do *homo economicus*], afirma que o "*homo economicus*" não existe no mundo real.

O "*homo economicus*" é um sujeito totalmente inventado [...] herói da economia do século XX: vive o dia a dia com uma racionalidade incontestável, calculando eficientemente maneiras de maximizar seu interesse próprio. Mas as pessoas não vivem assim, como apontaram os economistas comportamentais Amos Tversky e Daniel Kahneman. Trata-se de um modelo refutado e, no entanto, sua influência maligna persiste.[62]

Lentamente uma grande parte da comunidade internacional de ciências sociais deu-se conta de que as microfundações do *homo economicus* não são mais sustentáveis como baluarte ideológico credível do capitalismo liberal ocidental no século XXI[63]. Parece haver uma conscientização crescente de que é impossível salvar o *homo economicus*, apesar da extraordinária contribuição que vem fornecendo há muito tempo para a defesa do individualismo, do utilitarismo e do capitalismo.

Um barômetro interessante dessa tendência foram as atribuições do prêmio Nobel de Economia a dois estudiosos que, embora estejam longe de uma postura

---

[62] Peter Fleming, *The Death of Homo Economicus* (Chicago, University of Chicago Press, 2017). É claro que, se a crítica radical de Fleming não pudesse ser falsificada, os "agentes representativos" onipresentes em muitos modelos neoclássicos modernos não poderiam mais sobreviver lógica e cientificamente à ruptura de sua base.

[63] Uma nova linha de pesquisa, que vem surgindo com força, tenta ir além da crítica do *homo economicus* e fornecer uma teoria moderna e holística da tomada de decisões econômicas individuais, levando em ampla consideração os resultados da economia comportamental e da neuroeconomia: "Uma parcela significava de indivíduos doa tempo e dinheiro, troca a conveniência econômica pela satisfação de contribuir para uma boa causa e simplesmente se afasta da própria racionalidade em experimentos de laboratório. Essa evidência deve nos levar a rejeitar o paradigma convencional em favor de um mais amplo que dê conta de outros padrões de preferência (que podem ser especificados como altruísmo condicional ou incondicional, aversão à iniquidade, reciprocidade etc.). Uma vez que tais desvios permitem alcançar resultados pessoais e sociais superiores em dilemas sociais conhecidos, típicos de vida econômica (como jogos de confiança, dilemas dos prisioneiros e jogos de bens públicos), devemos nos perguntar se o eu enquanto racionalidade não é uma forma inferior de racionalidade em comparação com uma atitude de trabalho em equipe socialmente mais rica, e se na vida real as pessoas não são mais capazes do que os teóricos de compreender tal racionalidade superior [...] O paradigma consistente com as evidências fornecidas neste artigo deve levar em conta que a maioria dos indivíduos tem de alguma maneira o bem-estar dos outros em suas funções de utilidade (aversão à iniquidade, altruísmo puro ou estratégico, bondade ou reciprocidade) ou, em termos negativos, não tem apenas argumentos autorreferentes sobre a sua função de utilidade" (Leonardo Becchetti, "Beyond the Homo Economicus", *Working Papers 97*, Facoltà di Economia di Forlì, Itália, 2011, p. 18). Ver também Leonardo Becchetti e Massimo Cermelli, "Civil Economy: Definition and Strategies for Sustainable Well-Living", *International Review of Economics*, v. 65, 2018, p. 329-57.

socialista ou anticapitalista radical, deram grandes contribuições à crítica da abordagem econômica e antropológica da teoria neoclássica tradicional[64]. Robert Shiller recebeu o prêmio em 2003 por corroborar uma famosa intuição de Keynes: os mercados não são racionais e sua instabilidade é rotineiramente dirigida pelo chamado *animal spirit*, ou seja, são movidos pela emoção. Richard Thaler, um dos pais da economia comportamental, recebeu o prêmio em 2007, depois de travar uma "guerra de toda uma vida contra o *homo economicus*, essa espécie mítica de hominídeos puramente racionais que habitam exclusivamente os modelos da teoria econômica clássica"[65].

Com base em estudos na área da psicologia e da sociologia, e outros movidos pela curiosidade, Thaler demonstrou que a humanidade é afetada pela emoção e pela irracionalidade, e isso influencia a tomada de decisão em tudo, desde a poupança para a aposentadoria até políticas de assistência médicas e esportes profissionais.[66]

2.7. Neuroeconomia e cooperação

Do ponto de vista da economia política contemporânea, a desconstrução do *homo economicus* é a conquista mais notável da neuroeconomia. No entanto, as descobertas possibilitadas pelos rápidos avanços nos domínios da neurociência e da neuroeconomia também estão lançando os alicerces do que pode ser considerado um *pars construens* desse importante empreendimento intelectual. De fato, eles permitem que os pesquisadores compreendam melhor a lógica interna da tomada de decisão e a consistência dela baseada em mecanismos neurais que levam o cérebro humano a um comportamento complexo não totalmente egoísta e que – sob

---

[64] Vários outros economistas podem ser identificados como economistas comportamentais: George Akerlof, Robert Fogel, Daniel Kahneman e Elinor Ostrom já obtiveram o prêmio Nobel antes. Ver Robert Shiller, *Exuberância irracional* (São Paulo, Makron Books, 2000); *Narrative Economics: How Stories Go Viral and Drive Major Economic Events* (Princeton, Princeton University Press, 2019); George A. Akerlof e Robert J. Shiller, *Animal Spirits: How Human Psychology Drives the Economy, and why it Matters for Global Capitalism* (Princeton, Princeton University Press, 2009).

[65] Derek Thompson, "Richard Thaler Wins the Nobel in Economics for Killing Homo Economicus", *The Atlantic*, 9 out. 2017, disponível em: <https://www.theatlantic.com/business/archive/2017/10/richard-thaler-nobel-economics/542400/>, acesso em: 2 jun. 2020; tradução nossa. Como já observamos, muitos economistas e jornalistas econômicos contemporâneos têm propensão a excluir a história da ciência econômica anterior à (contra)revolução marginalista. Assim, tendem a usar o termo "clássico" quando se referem à teoria econômica neoclássica.

[66] Idem. Ver também, entre outros, Richard H. Thaler, *Advances in Behavioral Finance* (Nova York, Russell Sage Foundation, 1993-2005), v. 1 e 2; *Quasi Rational Economics* (Nova York, Russell Sage Foundation, 1994).

condições endógenas e exógenas favoráveis – podem sustentar uma conduta social orientada para a cooperação.

A esse respeito, vale ressaltar que a aceleração dos grandes avanços nesse campo é muito recente e, portanto, a interpretação geral de descobertas específicas varia entre os próprios neurocientistas. Em um nível mais alto de abstração, *a fortiori*, os pontos de vista de psicólogos e psiquiatras sobre uma nova teoria da mente humana ainda não se sedimentaram em pleno consenso. Obviamente, em um nível ainda mais alto de abstração, antropólogos, economistas e filósofos têm opiniões em grande parte divergentes.

Para não "cavar muito fundo", seria suficiente mencionar que evidências crescentes sobre a multiplicidade de áreas do cérebro, suas funções e intricadas interações reavivaram o antigo debate entre os defensores da unidade substancial e da consistência relativa da personalidade humana e seus oponentes, entre os quais alguns chegam a postular a existência de múltiplos "eus" em disputa perpétua pela permanência no *teatro cartesiano*[67].

Do ponto de vista do nosso argumento, no entanto, achamos melhor manter uma visão mais conservadora acerca da mente humana. Fugindo em certo grau da intuição do senso comum[68], preferimos abordar nossas contradições internas como conflitos de valores inerentes ao funcionamento de um eu unitário, embora essencialmente contraditório. Essa visão é baseada no conceito de valor. Segundo Julian Wills:

> Uma abordagem central da neuroeconomia analisou como o valor é representado no cérebro humano e como é utilizado para orientar a tomada de decisão. Em vez de conceituar a cooperação como decorrente de sistemas psicológicos distintos e concorrentes, argumentamos que a cooperação, e as preferências sociais em geral, devem ser situadas em uma estrutura de decisão com base em valores. O ponto central dessa estrutura é a suposição, encontrada na maioria das teorias econômicas e psicológicas, de que, antes de decidir entre uma ou várias alternativas, um organismo determina o valor subjetivo de cada alternativa. O valor subjetivo permite comparações entre alternativas complexas e qualitativamente diferentes, colocando-as em uma escala

---

[67] Ver Daniel Dennett, *Consciousness Explained* (Boston, Little, Brown, 1991); Don Ross, "The Economics of the Sub-Personal: Two Research Programs", em Mark D. White e Barbara Montero (orgs.), *Economics and the Mind* (Londres, Routledge, 2007); "Two Styles of Neuroeconomics", *Economics and Philosophy*, v. 24, n. 3, 2008, p. 473-83; "The Economic Agent: Not Human, but Important", em Uskali Mäki (org.), *Handbook of Philosophy of Science* (Amsterdã, Elsevier, v. 13, 2010), p. 627-71; James Grayot, "The Quasi-Economic Agency of Human Selves", cit.

[68] Estamos cientes de que o senso comum e a intuição costumam ser heuristicamente eficazes, mas às vezes entram em conflito com as descobertas demonstráveis (mas difíceis de entender) da ciência. Um exemplo óbvio é a teoria da relatividade.

comum. [...] O campo da neuroeconomia tem se dedicado a entender como o cérebro calcula o valor de ações alternativas durante as decisões, como quando são obrigadas a decidir entre buscar o próprio interesse ou cooperar.[69]

Estudos neurocientíficos baseados em uma abordagem intuitiva vs. deliberativa também mostraram um padrão que sugere que um procedimento decisório mais intuitivo-heurístico e mais curto tende a ser mais pró-social, enquanto processos mentais racional-deliberativos mais longos levam a resultados mais egoístas[70]. Em suma, parece haver alguma verdade no famoso ditado: "Quem não é socialista aos vinte anos não tem coração. Quem ainda é socialista aos quarenta não tem cabeça"[71].

Esse resultado, no entanto, não deve ser superestimado, pois sugere uma espécie de superioridade intelectual do egoísmo em comparação com a ingenuidade das atitudes cooperativas. De fato, processos decisórios rápidos, baseados na intuição, tendem a ser privilegiados em situações em que as recompensas de qualquer escolha (egoísta ou pró-social) são relativamente claras e observáveis em um curto período de tempo. Além disso, é cientificamente plausível uma interpretação menos reacionária desses fenômenos. Em diversas circunstâncias, os instintos inatos pró-sociais humanos tendem a favorecer um comportamento cooperativo, mas podem ser

---

[69] Julian A. Wills et al., "The Social Neuroscience of Cooperation", cit., p. 6-7. Ver também Antonio Rangel, Colin F. Camerer e Pendleton R. Montague, "A Framework for Studying the Neurobiology of Value-Based Decision Making", *Nature Reviews Neuroscience*, v. 9, n. 7, 2008, p. 545-56, disponível em: <https://www.researchgate.net/publication/5310519_Rangel_A_Camerer_C_Montague_PR_A_framework_for_studying_the_neurobiology_of_value-based_decision_making_Nat_Rev_Neuro_9_545-556>, acesso em: 20 jul. 2020; Dino J. Levy e Paul W. Glimcher, "The Root of All Value: A Neural Common Currency for Choice", *Current Opinion in Neurobiology*, v. 22, 2012, p. 1027-38; Oscar Bartra, Joseph T. McGuire e Joseph W. Kable, "The Valuation System: A Coordinate-Based Meta-Analysis of BOLD fMRI Experiments Examining Neural Correlates of Subjective Value", *Neuroimage*, v. 76, 1º ago. 2013, p. 412-27.

[70] "Os modelos mais proeminentes de cooperação de processos duplos mostraram que as decisões pró-sociais derivam principalmente da intuição [...]. Por exemplo, a hipótese das heurísticas sociais [...] faz três suposições básicas: (1) agentes racionais de interesse próprio nunca devem cooperar em jogos anônimos de tentativa única; (2) a cooperação deriva de intuições propensas a erros, enquanto interesse próprio deriva de uma deliberação mais corretiva; e (3) o aumento experimental da confiança na intuição (vs deliberação) deve resultar apenas em cooperação estática ou aumentada" (Julian A. Wills et al., "The Social Neuroscience of Cooperation", cit., p. 9).

[71] Várias versões desse ditado "extremamente eficaz" foram atribuídas a muitas personalidades eminentes, entre elas Churchill, Clemenceau e Guizot. Ver Kate Carruthers, "Alleged Quote by Churchill: On Being a Socialist or Conservative", *Aide Mémoire*, 11 fev. 2005, disponível em: <https://katecarruthers.com/2005/02/11/alleged-quote-by-churchill-on-being-a-socialist-or-conservative/>; acesso em: 2 jun. 2020.

progressivamente enfraquecidos e eventualmente oprimidos por um raciocínio cínico, mas realista, se os benefícios esperados da cooperação não se concretizam.

A validade dessa dupla abordagem foi ela própria criticada por estudos neurocientíficos recentes. Wills et al.[72] ilustram o sistema neural subjacente envolvido em cálculos de valores e mostram que estudos recentes demonstraram que uma estrutura decisória baseada em valores é mais adequada para explicar a cooperação humana do que uma estrutura dualista relativamente mecanicista, indevidamente fixada na alternativa e incompatível com a ativação de uma ou outra área do cérebro[73].

De fato, as técnicas de neuroimagem demonstraram que diferentes áreas do cérebro desempenham papéis distintos no processo decisório baseado em valores, e que a ativação do córtex pré-frontal ventromedial (vmCPF), em particular, está fortemente associada a avaliações baseadas em valores envolvidas em decisões cooperativas[74]. No entanto, o papel proeminente do vmCPF nos processos decisórios orientados para a cooperação não implica uma natureza dicotômica do processo de decisão: este é complexo, envolve a interação de várias áreas e parece predicado em uma estrutura mental preexistente, que pode ser interpretada como o *hardware* subjacente à atitude moral de cada indivíduo[75].

Para concluir esta seção, descobertas recentes da neuroeconomia:

1) parecem confirmar, em geral, que a cooperação não é menos natural para as mentes humanas do que o egoísmo;

---

[72] Julian Wills, Leor Hackel, Oriel Feldman Hall et al, "The Social Neuroscience of Cooperation", *PsyArXiv*, 2 nov. 2018.

[73] Daniel Balliet, Craig Parks e Jeff Joireman, "Social Value Orientation and Cooperation in Social Dilemmas: A Meta-Analysis", *Group Processes & Intergroup Relations*, v. 12, n. 4, jun. 2009, p. 533-47; Dino J. Levy e Paul W. Glimcher, "The Root of All Value", cit.; Oscar Bartra, Joseph T. McGuire e Joseph W. Kable, "The Valuation System", cit.; Joaquin Navajas, Bahador Bahrami e Peter E. Latham, "Post-Decisional Accounts of Biases in Confidence", *Current Opinion in Behavioral Sciences*, v. 11, 2016, p. 55-60.

[74] Oriel Feldmanhall et al., "Empathic Concern Drives Costly Altruism", *NeuroImage*, v. 105, n. 15, 2015, p. 347-56; Cendri A. Hutcherson, Benjamin Bushong e Antonio Rangel, "A Neurocomputational Model of Altruistic Choice and Its Implications", *Neuron*, v. 87, n. 2, 2015. p. 451-62; Jamil Zaki, Gilberto López e Jason Mitchell, "Activity in Ventromedial Prefrontal Cortex Co-Varies with Revealed Social Preferences: Evidence for Person-Invariant Value", *Social Cognitive and Affective Neuroscience*, v. 9, n. 4, 2014, p. 464-9.

[75] A estrutura mental baseada em valor preexiste ao momento em que o processo decisório ocorre, mas não é totalmente inata, pois é moldada pelas experiências do indivíduo. O adjetivo "moral" deve ser entendido em sentido diferenciado, como referindo-se a uma condição mental *ex ante*, relativamente estável, que leva a uma hierarquia interna (e em grande parte inconsciente) de valores, predispondo o indivíduo a um processo decisório mais ou menos pró-social ou egoísta, o que tem vários resultados *ex post* possíveis.

2) mostram que o contraste cooperação/egoísmo não é um confronto "branco ou preto" entre áreas boas (pró-sociais) e ruins (egoístas) do cérebro. Pelo contrário, assemelha-se mais a uma guerra dialética de posições[76] no contexto de um substrato constituído por uma estrutura hierárquica subjacente de valores internos;

3) sugerem que essa estrutura hierárquica é moldada ao longo do tempo pelo resultado de experiências antecedentes, que são levadas em consideração por processos mentais deliberativos.

A esse respeito, avançamos com uma conclusão interpretativa provisória. O cérebro humano é bastante orientado para a cooperação, mas tende a se tornar progressivamente mais egoísta, como resultado de uma reflexão deliberada baseada em *feedbacks* gerados pelo resultado de decisões passadas envolvendo a relação do indivíduo com a sociedade. No entanto, as interações entre indivíduo e sociedade são vias de mão dupla. O funcionamento do cérebro humano parece ser tal que o comportamento das pessoas é equipado com um potencial – até agora inexplorado – para responder positivamente (de maneira cooperativa) às progressivas mudanças sociais, econômicas e políticas que ocorrem em nível social, pois estas são percebidas como elementos que aprimoram as recompensas esperadas do comportamento cooperativo.

2.8. Neuroeconomia como microfundação de base da economia evolucionária

As principais descobertas interdisciplinares discutidas brevemente neste capítulo são inteiramente consistentes com a visão alternativa da economia que tem sido progressivamente desenvolvida pela escola da economia evolucionária[77]. Um de seus textos fundamentais, *Uma teoria evolucionária da mudança econômica*, de

---

[76] Ver Antonio Gramsci, *Selections from the Prison Notebooks* (Nova York, International, 2003); *Prison Notebooks* (trad. J. A. Buttigieg, Columbia, Columbia University Press, 2007), v. 3.

[77] Dentre as principais contribuições seminais da escola evolucionária, ver Sidney G. Winter, "Economic 'Natural Selection' and the Theory of the Firm", *Yale Economic Essays*, v. 4, n. 1, 1964; "Satisficing, Selection, and the Innovating Remnant", *The Quarterly Journal of Economics*, v. 85, n. 2, 1971, p. 237-61; "Natural Selection and Evolution", em John Eatwell, Murray Milgate e Peter Newman (orgs.), *The New Palgrave Dictionary of Economics* (Londres, Macmillan, 1987, v. 3, p. 614-17); Christopher Freeman, *A economia da inovação industrial* (trad. André Luiz Sica de Campos e Janaina Oliveira Pamplona da Costa, Campinas, Ed. Unicamp, 2008); Luigi L. Pasinetti, *Structural Change and Economic Growth: A Theoretical Essay on the Dynamics of the Welfare Nation* (Cambridge, Cambridge University Press, 1981); Richard Nelson e Sidney G. Winter, *An Evolutionary Theory of Economic Change* (Cambridge, Harvard University Press, 1982) [ed. bras.: *Uma teoria evolucionária da mudança econômica*, trad. Cláudia Heller, Campinas, Ed. Unicamp, 2005].

autoria de Richard Nelson e Sidney Winter, representou um divisor de águas na história do pensamento econômico, e abalou os pilares da ortodoxia neoclássica. Ao escrever esse livro, os autores estabeleceram como tarefa:

> desenvolver uma teoria evolucionária das capacidades e comportamentos das empresas de negócios que operam em um ambiente de mercado [...] analisando uma ampla gama de fenômenos associados à mudança econômica – a resposta das empresas e da indústria a mudanças nas condições de mercado, crescimento econômico e concorrência por meio da inovação.[78]

Para esse fim, argumentam que:

> antes de tudo, é necessária uma grande reconstrução dos fundamentos teóricos de nossa disciplina para que haja um crescimento significativo de nossa compreensão acerca das mudanças econômicas. A ampla teoria que desenvolvemos neste livro [...] incorpora suposições específicas que estão em desacordo com as da teoria ortodoxa sobre o comportamento de firmas e indústrias [...] Vários de nossos colegas economistas compartilham conosco um sentimento de mal-estar geral que afeta a teoria econômica contemporânea [...] a disciplina ainda não localizou um caminho que levará a um avanço coerente e sustentado, além da moderna teoria do equilíbrio geral. A descoberta de tal caminho exigirá [...] uma acomodação teórica com um ou mais dos principais aspectos da realidade econômica que são reprimidos na teoria do equilíbrio geral [...].[79]

Em *Uma teoria evolucionária da mudança econômica*, Nelson e Winter:

> tomam emprestado da biologia o conceito de seleção natural para construir uma teoria evolucionária precisa e detalhada do comportamento dos negócios [*marshalling*], assim como objeções significativas às premissas neoclássicas fundamentais da maximização do lucro e ao equilíbrio do mercado, que eles consideram ineficaz na análise da inovação tecnológica e da dinâmica da concorrência entre empresas [...] [essa] abordagem é compatível com os achados da psicologia e de outras ciências sociais.[80]

Em uma contribuição recente, Giovanni Dosi e Maria Enrica Virgillito propuseram uma versão mais completa dessa tradição intelectual[81]. Trata-se de:

---

[78] Richard Nelson e Sidney G. Winter, *An Evolutionary Theory of Economic Change*, cit., p. 3.

[79] Ibidem, p. 4-5.

[80] Ibidem, p. 29.

[81] Ver também Giovanni Dosi, "Technological Paradigms and Technological Trajectories: A Suggested Interpretation of the Determinants and Directions of Technical Change", *Research Policy*, v. 11, n. 3, 1982, p. 147-62; "Economic Coordination and Dynamics: Some Elements of an Alternative Evolutionary Paradigm", LEM Papers Series 2012/08, 2012; Giovanni Dosi et al. (orgs.), *Technical Change and Economic Theory* (Londres, Pinter, 1988); Christopher Freeman e

Uma visão alternativa [...] destinada a entender a economia como um complexo sistema em evolução [...] essa perspectiva tenta entender um amplo conjunto de fenômenos econômicos – desde comportamentos microeconômicos até características de estruturas e dinâmicas industriais, propriedades de crescimento e desenvolvimento agregados – como resultado de interações muito distante do equilíbrio entre agentes heterogêneos caracterizados por preferências endógenas, na maioria das vezes "racionalmente limitados", mas sempre capazes de aprender, adaptar e inovar no que diz respeito ao entendimento do mundo em que operam, às tecnologias que dominam, às suas formas organizacionais e aos seus repertórios comportamentais.[82]

Compartilhamos com os economistas evolucionistas as características essenciais de sua visão. A maioria das economias de mercado contemporâneas e as principais características do sistema econômico internacional são essencialmente o produto de uma sucessão aleatória, coletivamente não racional, de interações contraditórias, dialéticas e (muito menos) cooperativas entre grupos de seres humanos desigualmente poderosos. Há muito mais equilíbrio em um ecossistema de savana do que na parte humana digitalizada e cada vez mais interconectada e expansionista do planeta. No entanto, dada a história relativamente curta do caminho evolutivo determinado pela cultura humana em relação ao resto do mundo natural, ainda há a possibilidade de uma passagem em direção a um caminho racional, planejado, ecológico e coletivo de desenvolvimento de longo prazo – em teoria, pelo menos.

Do nosso ponto de vista, é importante enfatizar que a evolução das sociedades humanas, como a da biosfera pré-humana, prossegue rotineiramente por caminhos aparentemente estáveis, exibindo apenas mudanças marginais e incrementais, mas também está sujeita a grandes revisões – como a extinção dos dinossauros e o surgimento dos mamíferos. Uma característica fundamental da jornada da humanidade é o fato de que a sociedade e a cultura, elas próprias produto da evolução humana, geram estruturas sociais em diferentes níveis de generalização e abstração, e algumas se tornam características permanentes de épocas históricas inteiras. As mais importantes dessas estruturas são os modos de produção.

Francisco Louçã, *As Time Goes By: From the Industrial Revolutions to the Information Revolution* (Oxford, Oxford University Press, 2001); Sidney G. Winter, "Pursuing the Evolutionary Agenda in Economics and Management Research", LEM Papers Series 2016/22, 2016; Richard Nelson, "An Overview of Modern Evolutionary Economics", mimeo, 2016; Giovanni Dosi et al. "A Model of Cognitive and Operational Memory of Organizations in Changing Worlds", *Cambridge Journal of Economics*, v. 41, n. 3, 2017, p. 775-806; e Mario Pianta, "Innovation and Economic Change", *Economics of Innovation and New Technology*, v. 26, n. 8, 2016, p. 683-8, disponível em: <https://www.tandfonline.com/doi/abs/10.1080/10438599.2016.1257447?src=recsys&journalCode=gein20&>, acesso em: 20 jul. 2020.

[82] Giovanni Dosi e Maria Enrica Virgillito, "In Order to Stand Up You Must Keep Cycling", cit., p. 2.

2.9. Observações finais

Durante e mesmo antes da existência da humanidade como espécie, o individualismo genético e a cooperação sempre estiveram em tensão "dialética". Grandes avanços no campo da neurociência e da neuroeconomia mostraram que (consistentemente com a nossa formação comum com o resto da biosfera) nossa natureza é caracterizada por uma propensão limitada, mas inegável, ao altruísmo e à cooperação, e pela prevalência de racionalidade limitada em indivíduos marcados por emoções e informados de forma imperfeita. Devido a esses dois fatores cruciais e a outros fatores auxiliares, os processos de raciocínio econômico dos seres humanos e seu comportamento não podem ser simplesmente enquadrados no estereótipo da otimização mecânica do *homo economicus*. Isso enfraquece irremediavelmente as fundações da economia neoclássica. Os progressos na neurociência e na neuroeconomia também levaram à postulação de uma estrutura cerebral contraditória, baseada em valores, mas não dualista, lançando luz sobre os processos mentais que podem governar as tomadas de decisão egoísta e cooperativa.

Nesse contexto, acreditamos que os cientistas sociais progressistas contemporâneos devem fazer um balanço das descobertas científicas da neurociência e da neuroeconomia e harmonizá-las com a perspectiva holística e de longa duração fornecida pela economia evolucionária e pela tradição teórica marxista, com suas poderosas contribuições críticas e analíticas.

Diante disso, concluímos este capítulo com uma base *quase* filosófica fundamental. Em um alto grau de abstração, o princípio do egoísmo pode ser associado ao capitalismo e o da cooperação ao socialismo. O conceito de cooperação a que nos referimos é essencialmente o impessoal e o inconsciente esboçado neste capítulo é uma força funcional, impulsionada pela evolução, que opera espontaneamente na natureza. Como tal, o princípio da cooperação não pode deixar de condicionar também as sociedades humanas ligadas à natureza. Ele tende a ser incorporado de maneira desigual aos valores, instituições e relações de produção e troca de diferentes sociedades, e tem um impacto crucial em suas trajetórias históricas e em sua sustentabilidade final. Somente indiretamente e secundariamente o princípio da cooperação se manifesta sob uma forma de altruísmo baseada na ética ou na religião como construção cultural (embora a religião, como todas as categorias éticas e culturais, tenha um papel importante na história da humanidade).

Nesse contexto, podemos encarar o capitalismo e o socialismo como simbolicamente incorporando os dois princípios rivais – o egoísmo e a cooperação, respectivamente – que permeiam a história da Terra e a evolução da matéria viva, das bactérias aos seres humanos. A esse respeito, a experiência histórica e as descobertas das ciências sociais e das *hard sciences* mostram que não há elementos biológicos, históricos ou lógicos convincentes para afirmar que o capitalismo é natural e eterno, e que o socialismo não é compatível com a natureza humana.

A sociedade e a cultura, que são elas próprias um produto da evolução humana, geram estruturas sociais historicamente determinadas, hierarquicamente divididas, que podem vir a se tornar características permanentes de épocas inteiras[83]. Os sistemas sociais desenvolvem integridade estrutural e mutabilidade em resposta a fatores ambientais, e estabelecem padrões fundamentais e persistentes, como instituições de propriedade e troca nos mercados. Por outro lado, fatores transitórios, menos arraigados e mais periféricos são mais facilmente modificados ou descartados. Assim, rearranjos nas características estruturais dos sistemas sociais tenderão a ser dependentes do caminho escolhido[84].

A mais importante dessas estruturas, do nosso ponto de vista analítico, são os modos de produção. Diferentes modos de produção existiram e frequentemente coexistiram ao longo da história (assim como nos tempos pré-históricos), enraizando-se em várias formações econômico-sociais[85]. Capitalismo e socialismo são os dois principais modos de produção da nossa época. O capitalismo é dominante nos países mais ricos do mundo – em alguns manifesta-se em sua forma pura – e combina-se com outros modos de produção pré-capitalistas na maioria da periferia do sistema.

Atualmente, as relações capitalistas de produção e troca – e, portanto, as relações capitalistas de classe – são dominantes e hegemônicas em todo o mundo. No entanto, seu domínio não é incontestado, nem é histórica ou ecologicamente necessário por um período interminável de tempo. Além disso, é crucial que se distingam as bases duradouras do sistema internacional contemporâneo de relações comerciais e financeiras do capitalismo como tal. Os mercados não são uma característica exclusiva do capitalismo. Trata-se de um conceito histórico, logo demandam o surgimento de condições objetivas e subjetivas para a sua superação – a começar pelas imposições do metamodo de produção.

---

[83] Ver Francesco Bogliacino e Cristiano Codagnone, *Microfoundations, Behaviour, and Evolution*, cit.

[84] William N. Butos e Thomas J. McQuade, "Causes and Consequences of the Climate Science Boom", *The Independent Review*, v. 20, n. 2, 2015, p. 165-96, disponível em: <https://www.independent.org/pdf/tir/tir_20_02_01_butos.pdf>, acesso em: 2 jun. 2020; Salvatore Rizzello, "Knowledge as a Path-Dependent Process", *Journal of Bioeconomics*, v. 6, 2004, p. 255-74, disponível em: <https://link.springer.com/article/10.1007/s10818-004-2925-5#citeas>, acesso em: 2 jun. 2020. Segundo Butos e McQuade, essa perspectiva evolucionária moderna foi, em certa medida, antecipada por Hayek (*The Road to Serfdom*, cit.) em seu inovador livro de psicologia cognitiva, escrito no início dos anos 1950.

[85] Ver adiante os capítulos 3 e 4.

As fundações duradouras, baseadas no mercado, do sistema internacional contemporâneo de relações comerciais e financeiras não impedem, por si sós, a exploração de caminhos de desenvolvimento não capitalistas. Do ponto de vista teórico, o progresso em direção ao socialismo é conceitualmente possível em um contexto em que as interações do mercado e a lei do valor mantêm substancialmente seu papel e validade, mesmo que percam progressivamente a hegemonia autoritária de que gozam atualmente. Historicamente, muitos países desenvolvidos e em desenvolvimento experimentaram vários tipos de trajetórias de desenvolvimento nacional, relativamente circunscritas, radicais e moderadas, não capitalistas e de orientação socialista. Houve várias revoluções de larga escala na periferia e na semiperiferia desde as primeiras décadas do século XX. Em alguns casos, estabeleceram-se formações econômico-sociais de orientação socialista, das quais algumas acabaram por colapsar devido a fatores endógenos e exógenos, enquanto outras se mostraram resistentes e novas surgiram.

De fato, a menos que a humanidade supere urgentemente o saque capitalista dos recursos limitados do planeta, o período do Antropoceno pode marcar o fim da humanidade e de muitas outras espécies. O fim da nossa civilização será inevitável, se não houver uma grande mudança de ênfase do egoísmo para a cooperação, do hedonismo individual de curto prazo para o governo racional coletivo de longo prazo da vida social, da regulamentação descentralizada do mercado para o planejamento centralizado. Essas mudanças devem constituir os pilares de uma transição progressiva para uma forma mais justa e sustentável de lidar com as contradições entre classes – e entre a humanidade e o resto do planeta –, consistente com os princípios básicos do socialismo.

Até o momento, porém, elas são pouco mais do que *desiderata*, refletidas de maneira mais verbal do que substancial nos documentos das principais instituições internacionais, e somente realizadas na prática em uma extensão limitada e inadequada por parte de alguns países. Em alguns países em desenvolvimento, formas embrionárias de socialismo coexistem com o capitalismo e com modos de produção pré-capitalistas, no quadro de estratégias nacionais de desenvolvimento de orientação socialista. Pode ser que paulatinamente (devido ao pouco tempo de sua existência) em pelo menos alguns desses países surjam formações econômico-sociais socialistas, e que seu atual estado de desenvolvimento seja considerado um dia representativo de um estágio primitivo do socialismo. Uma condição necessária, mas não suficiente, para que essa evolução futura ocorra é a capacidade da humanidade de controlar, em nível global, o severo impacto das relações de produção e troca capitalistas predominantes no frágil ecossistema da Terra.

3
MODOS DE PRODUÇÃO E FORMAÇÕES ECONÔMICO-SOCIAIS

3.1. A CENTRALIDADE DO CONCEITO DE MODO DE PRODUÇÃO

Os economistas clássicos e Marx desenvolveram várias teorias acerca das forças que moldam a formação dos preços de produção e, portanto, do trabalho produtivo e improdutivo, a distribuição de renda e a dinâmica de acumulação de capital. Todas essas teorias, no entanto, compartilhavam um núcleo comum, que ainda é essencial para compreendermos as características básicas da economia globalizada contemporânea. Mais especificamente, as (poucas) observações de Marx sobre a maneira de lidar com a distribuição intersetorial e pessoal sob o socialismo são muito úteis para percebermos as restrições enfrentadas pelos planejadores socialistas atuais.

No entanto, um entendimento adequado das perspectivas de renovação, da sustentabilidade e da própria possibilidade de existência do socialismo no século XXI requer uma utilização nova e parcialmente modificada de algumas das categorias fundamentais de Marx. Iniciamos nosso argumento discutindo brevemente as categorias de modo de produção, formação econômico-social e lei do valor[1].

De fato, essas categorias são bem conhecidas, mas nem sempre são bem compreendidas. Trata-se de conceitos complexos e sofisticados, e difíceis de dominar

---

[1] Ver Karl Marx, *O capital*, Livro 1: *O processo de produção do capital* (trad. Rubens Enderle, São Paulo, Boitempo, 2013 [1867]); *O capital*, Livro 3: *O processo global da produção capitalista* (trad. Rubens Enderle, São Paulo, Boitempo, 2014 [1894]); *Contribuição à crítica da economia política* (trad. Florestan Fernandes, 2. ed., São Paulo, Expressão Popular, 2008 [1859]); *Grundrisse: manuscritos econômicos de 1857-1858* (trad. Mario Duayer e Nélio Schneider, São Paulo, Boitempo, 2011); "Carta a Vera Zasulich", em Theodor Shanin, *Marx tardio e a via russa: Marx e as periferias do capitalismo* (São Paulo, Expressão Popular, 2017 [1881]); e Karl Marx e Friedrich Engels, *A ideologia alemã* (trad. Luciano Cavini Martorano, Nélio Schneider e Rubens Enderle, São Paulo, Boitempo, 2007 [1845]).

e até identificar, porque podem ser interpretados de diferentes maneiras e em diferentes níveis de abstração e profundidade teórica. Em outro momento desenvolvemos o seguinte raciocínio:

> Cada um desses termos, como significante, refere-se a um significado muito complexo e holístico que abrange uma série de dimensões epistêmicas, como a econômica, a social, a antropológica, a histórica e a filosófica. Outra razão, é claro, é que (como ocorre na maioria de suas contribuições teóricas revolucionárias) Marx formulou os conceitos acima mencionados no curso de um projeto de pesquisa, evolutivo, inacabado, que se estendeu ao longo de toda a sua vida [...] Como resultado, seu significado às vezes pode ser interpretado como específico ao contexto econômico geral da contribuição científica de Marx. De fato, o próprio Marx estava bastante ciente do grau de desenvolvimento teórico pioneiro e embrionário de muitas de suas ideias [...] De qualquer forma, é uma necessidade teórica urgente reinterpretar e reelaborar esses conceitos para torná-los mais adequados à compreensão do mundo no século XXI, que é obviamente bem diferente daquele em que Marx e Engels viveram.[2]

O conceito marxiano de modo de produção refere-se à forma específica de interação entre forças produtivas e relações sociais de produção que caracterizam e moldam a base material e a reprodução das civilizações humanas por períodos muito longos[3]: "Um modo de produção é uma combinação articulada de relações e forças de produção estruturada pelo domínio das relações de produção"[4]. Portanto, modo de produção é o conceito mais crucial do materialismo histórico: "O dito de Marx: 'As relações de produção de toda sociedade formam um todo complexo'. Esse é o ponto de partida metodológico e a chave para a compreensão histórica das relações sociais"[5].

---

[2] Alberto Gabriele e Francesco Schettino, "Market Socialism as a Distinct Socioeconomic Formation Internal to the Modern Mode of Production", *New Proposals: Journal of Marxism and Interdisciplinary Inquiry*, v. 5, n. 2, 2012, p. 20-2.

[3] No entanto, modos de produção diferentes normalmente prevalecem numa mesma época, em diferentes partes do mundo. Além disso, vários modos de produção coexistem e interagem reciprocamente dentro de uma mesma formação social por longos períodos de tempo. Estabelecer qual modo de produção é de fato dominante, hegemônico ou prevalente em uma formação social específica, durante determinado período histórico, não é tarefa fácil.

[4] Barry Hindless e Paul Hirst, *Pre-Capitalist Modes of Production* (Victoria, AbeBooks, 1975), p. 9.

[5] Gyorgy Lukács, *History & Class Consciousness* (trad. Rodney Livingstone, Londres, Merlin Press, 1967) [ed. bras. *História e consciência de classe*, trad. Rodnei Nascimento, São Paulo, Martins Fontes, 2003].

3.2. A EVOLUÇÃO DA CONCEPÇÃO MARXIANA DE MODO DE PRODUÇÃO

Marx se concentra em graus variados de uma ou outra das múltiplas características e dimensões do conceito de modo de produção. Em *A ideologia alemã*, Marx e Engels referem-se ao modo de produção como uma categoria baseada nas condições materiais de reprodução da existência humana, mas que também abrange a totalidade da vida humana:

> Esse modo de produção não deve ser considerado meramente sob o aspecto de ser a reprodução da existência física dos indivíduos. Ele é, muito mais, uma forma determinada de sua atividade, uma forma determinada de exteriorizar sua vida, um determinado *modo de vida* desses indivíduos. [...] O que os indivíduos são, portanto, depende das condições materiais de sua produção.[6]

No *Manifesto Comunista*, Marx e Engels empregam repetidamente o conceito de modo de produção. O exemplo mais famoso é a passagem sobre o papel revolucionário mundial da burguesia: "Sob pena de ruína total, ela obriga todas as nações a adotar o modo burguês de produção, constrange-as a abraçar a chamada civilização, isto é, tornar-se burguesas. Em uma palavra, cria um mundo à sua imagem e semelhança"[7].

O conceito de modo de produção desempenha um papel fundamental em *Contribuição à crítica da economia política*, que foi central para a redação de *O capital*, assim como para os *Grundrisse*, no qual esse conceito é mais bem desenvolvido[8]. Observa que as formações econômicas que precederam o capitalismo compartilham a sua natureza sistêmica[9], mas, segundo ele, há uma grande diferença entre o modo de produção capitalista e todos os anteriores:

> Aqui, aparece a tendência universal do capital que o diferencia de todos os estágios de produção precedentes [...] o capital se empenha para [o] desenvolvimento universal das forças produtivas e, desse modo, devém o pressuposto de um novo modo de produção [...] Tal tendência – que o capital possui, mas que ao mesmo tempo o contradiz como modo de produção limitado e, por isso, o impele à sua própria dissolução – diferencia o capital de todos os modos de produção precedentes e, ao mesmo tempo, contém em si o fato de que o capital é posto como simples ponto de transição.[10]

---

[6] Karl Marx e Friedrich Engels, *A ideologia alemã*, cit., p. 87.

[7] Idem, *Manifesto Comunista* (trad. Álvaro Pina e Ivana Jinkings, São Paulo, Boitempo, 1998 [1848]), p. 44.

[8] Ron Kelch, "Marx's Grundrisse: Forms which Precede Capitalist Production", *An Introductory Lecture at Niebyl-Proctor Library*, 11 fev. 2007.

[9] Ver Barry Hindless e Paul Hirst, *Pre-Capitalist Modes of Production*, cit.

[10] Karl Marx, *Grundrisse*, cit., p. 445-6. Sobre o conceito de transição em Marx e sua possível interpretação moderna, ver seção 8.2.

Em *Contribuição à crítica da economia política*, Marx volta a se concentrar na complexa relação dialética entre a realidade material e a consciência humana no quadro do modo de produção:

> A totalidade dessas relações de produção constitui a estrutura econômica da sociedade, a base real sobre a qual se eleva uma superestrutura jurídica e política e à qual correspondem formas sociais determinadas de consciência. O modo de produção da vida material condiciona o processo de vida social, política e intelectual. Não é a consciência dos homens que determina o seu ser; ao contrário, é o seu ser social que determina sua consciência. Em uma certa etapa de seu desenvolvimento, as forças produtivas materiais da sociedade entram em contradição com as relações de produção existentes, ou [...] com as relações de propriedade no seio das quais elas se haviam desenvolvido até então. [...] A transformação que se produziu na base econômica transforma mais ou menos lenta ou rapidamente toda a colossal superestrutura.[11]

Para Marx e Engels, as relações sociais de produção são a totalidade das relações sociais em que as pessoas devem necessariamente entrar para garantir sua subsistência e reprodução em cada sociedade historicamente determinada. Segundo Donald Donham:

> As relações de produção não são, como sugere o inglês, simplesmente as relações sociais formadas no processo real de produção. São antes as relações de poder de fato que subjazem e são resultado da divisão dos frutos do trabalho total de uma sociedade. Chefe de família *versus* dependentes, chefe *versus* súditos, senhor *versus* escravos, senhor feudal *versus* camponeses e capitalista *versus* trabalhadores – as relações de produção são assimetrias básicas de poder fundamentadas na organização da vida material. No capitalismo, as relações de produção repousam sobre o controle real das forças produtivas no processo de produção, mas em outros modos de produção, como mostraram antropólogos e historiadores, esse não é necessariamente o caso.[12]

Esse conceito marxista foi e ainda é fundamental para analisarmos as sociedades humanas. No entanto, como Donham observou corretamente, foi indevidamente contaminado por uma aura de materialismo vulgar. Por esse motivo, neste livro preferimos utilizar o termo relações sociais de produção e troca, para enfatizar que reconhecemos plenamente a relevância do que Marx considerava a esfera da circulação de capital – juntamente com a da produção – e que na prática corresponde em grande parte ao domínio dos mercados (ou, em alguns casos, ao das instituições que se destinam a substituir os mercados).

---

[11] Idem, *Contribuição à crítica da economia política*, cit., p. 47-8.
[12] Donald L. Donham, "Modes of Production", em Neil Smelser e Paul B. Baltes (orgs.), *International Encyclopedia of the Social & Behavioral Sciences* (2. ed., Oxford, Pergamon, 2015), p. 714.

Marx se refere ao modo de produção – às vezes denominado de maneira ligeiramente diferente, como forma social da produção – em muitas passagens de sua obra principal, concentrando-se sobretudo, mas não exclusivamente, na dimensão econômica do conceito.

Diferentes modos de produção caracterizados pela exploração do homem pelo próprio homem aplicam formas de coerção direta ou indireta para induzir os trabalhadores a desempenhar suas funções. Para Marx:

> Mas o processo cuida para que esses instrumentos autoconscientes de produção não se evadam, e o faz removendo constantemente o produto desses instrumentos do polo que ocupam para o polo oposto, o polo do capital [...] O escravo romano estava preso por grilhões a seu proprietário; o assalariado o está por fios invisíveis.[13]

Sob o modo de produção capitalista, o cenário jurídico e ideológico permite que a apropriação do excedente ocorra como um ato de troca normal. Em Marx:

> Enquanto em cada ato de troca – tomado isoladamente – são conservadas as leis da troca, o modo de apropriação pode sofrer um revolucionamento total sem que o direito de propriedade adequado à produção de mercadorias se veja afetado de alguma forma [...] Mas é também somente a partir de então que a produção de mercadorias se generaliza, tornando-se a forma típica da produção; somente a partir de então cada produto passa a ser produzido, desde o início, para a venda, e toda a riqueza produzida percorre os canais da circulação. É apenas quando o trabalho assalariado constitui sua base que a produção de mercadorias se impõe a toda a sociedade; mas é também somente então que ela desdobra todas as suas potências ocultas [...] Na mesma medida em que, de acordo com suas próprias leis imanentes, ela se desenvolve até se converter em produção capitalista, as leis de propriedade que regulam a produção de mercadorias se convertem em leis da apropriação capitalista.[14]

O termo modo de produção é usado em *O capital* em muitas outras passagens, em relação com vários outros conceitos marxistas importantes, como mercadoria, acumulação, propriedade privada e pública, divisão do trabalho na produção industrial e produção de mais-valor.

3.3. Modos de produção como sistemas abstratos

Observamos na seção anterior que a categoria de modo de produção que herdamos da tradição intelectual marxiana é muito rica e complexa, e pode ser

---

[13] Karl Marx, *O capital*, Livro 1, cit., p. 648.

[14] Ibidem, p. 662.

legitimamente interpretada e utilizada de várias maneiras em diferentes contextos e para diferentes fins analíticos. Levando em conta que o termo pode assumir uma gama bastante ampla de significados, consideramos importante esclarecer ao máximo a concepção específica que atribuímos a ele neste livro.

Aqui, aplicamos a categoria de modo de produção em um nível muito alto de abstração, como um sistema, no qual este é entendido como um conjunto de regras e leis internamente consistentes de autopreservação e movimento. Essa interpretação é compatível com os princípios básicos da teoria do sistema[15] e segue as etapas de Donald McQuarie e Terry Amburgey:

> Marx pode, de fato, ser lido como um dos primeiros teóricos do sistema. Os principais elementos de seu trabalho teórico podem ser lidos como antecipações da abordagem dos sistemas modernos. Para citar apenas alguns, podemos listar: (1) a conceituação de Marx de modo de produção como um sistema teórico composto por elementos interdependentes [...].[16]

Há, no entanto, uma grande diferença entre o uso do termo "sistema" como proposto aqui e o que prevalece, principalmente, na abordagem da teoria dos sistemas. Por exemplo, segundo Rudolf Stichweh, Talcott Parsons:

> Identificou quatro aspectos funcionais universais, presentes em qualquer sistema social concreto: adaptação, realização de objetivos, integração, manutenção de padrões. Com frequência, esses aspectos constituem subsistemas autônomos do respectivo sistema.[17]

Em nossa abordagem, os sistemas de Parsons são muito semelhantes aos que chamamos de formações econômico-sociais. Por outro lado, identificamos modos de produção, também teoricamente, caracterizados por um certo grau de

---

[15] Ver Talcott Parsons, *The Social System* (Glencoe, Free Press, 1951); Herbert A. Simon, "The Architecture of Complexity", *Proceedings of the American Philosophical Society*, v. 106, n. 6, 1962, p. 467-82; Lotfi Zadeh, "From Circuit Theory to System Theory", *Proceedings of the IRE*, v. 50, n. 5, 1962, p. 856-65, disponível em: <https://cupdf.com/document/from-circuit-theory-to-system-theory-may1962.html>, acesso em: 24 maio 2021; Ludwig Von Bertalanffy, "General Systems Theory as Integrating Factor in Contemporary Science", em Atas do XIV Congresso Internacional de Filosofia, Alberta, Canadá, 1968, v. 2, p. 335-40; *General System Theory: Foundations, Development, Applications* (Nova York, George Braziller, 1969); Anatol Rapaport, *General System Theory: Essential Concepts and Applications* (Tunbridge Wells, Abacus, 1986).

[16] Donald McQuarie e Terry Amburgey, "Marx and Modern Systems Theory", *Social Science Quarterly*, v. 59, n. 1, 1978, p. 3.

[17] Rudolf Stichweh, "Systems Theory", documento eletrônico, [s.d.], p. 3, disponível em: <https://www.fiw.uni-bonn.de/demokratieforschung/personen/stichweh/pdfs/80_stw_systems-theory-international-encyclopedia-of-political-science_2.pdf>, acesso em: 2 jun. 2020.

consistência lógica interna[18] e leis específicas de movimento que informam em maior ou menor grau a formação e a evolução concretas de formações econômico-sociais historicamente existentes.

De maneira paralela, os modos de produção podem ser vistos também como estruturas que tanto interagem quanto estruturam e organizam as relações sociais de produção e troca em diferentes formações econômico-sociais que surgem, se desenvolvem e podem eventualmente declinar em diferentes épocas e em diferentes partes do mundo. A predominância/prevalência de um modo de produção específico, ou as interações específicas de dois ou mais modos de produção, determinam a configuração dinâmica, específica e única das relações sociais de produção e troca que caracterizam as condições materiais[19] de reprodução e desenvolvimento dos seres humanos.

A relação entre as características universais, estruturais e permanentes de um modo de produção, por um lado, e suas manifestações particulares, históricas e geograficamente específicas, por outro, está longe de ser simples. Propomos uma interpretação do conceito de modo de produção que enfatiza a interação dialética e hierárquica das relações de produção e troca típicas de diferentes modos de produção em diferentes dimensões da realidade econômico-social. No entanto, ele é concebido como uma ferramenta adequada para interpretar o mundo contemporâneo (que contém, entre muitas outras coisas, uma série de objetos que não existiam no século XIX, entre eles bombas nucleares, *smartphones* e formações econômico-sociais de orientação socialista), e não pretende ser a correta e definitiva interpretação do que Marx realmente quis dizer.

O modo de produção, como muitos dos conceitos de Marx, pode ser entendido de maneiras diversas, de acordo com o nível de abstração e generalidade do discurso em que é empregado. Entre elas, a mais importante e conhecida é muito ampla e incorpora o princípio da busca do universal no particular. Todo edifício do pensamento de Marx se constrói em torno desse princípio dialético, ao qual ele se refere na maioria de suas obras, concentrando-se em graus variados de uma ou outra de suas múltiplas características e dimensões. Essa denotação universal do conceito de modo de produção identifica a série de relações sociais de produção

---

[18] Estabelecer essa consistência lógica interna é condição necessária para identificar modos de produção como estruturas teóricas significativas e úteis para a interpretação do mundo real. De modo algum implica que o capitalismo ou o socialismo (como qualquer outro modo de produção) sejam isentos de grandes contradições.

[19] Usamos o termo "material" porque os modos de produção são estruturas que pertencem conceitualmente à esfera socioeconômica. Obviamente, a evolução das condições materiais de subsistência das pessoas interage dialeticamente, de maneira complexa, recíproca e bidirecional, com a sua evolução cultural.

e troca articuladas, (relativamente) sustentáveis e mutuamente consistentes que existem em determinada parte do mundo, durante determinado período de tempo.

Nossa visão do modo de produção incorpora o metamodo de produção. Basicamente essa é a nossa visão. No nível das formações econômico-sociais, cada "unidade" das relações sociais de produção e troca pode ser vista como o particular, a síntese de múltiplas determinações – inclusive dos diferentes modos de produção que coexistem em uma mesma formação econômico-social.

3.4. A prevalência absoluta ou relativa de um ou mais modos de produção

A primazia de um certo modo de produção em um contexto histórico específico pode ser absoluta ou relativa. Em algumas formações econômico-sociais, a supremacia de um único modo de produção e a difusão de suas relações sociais de produção e troca características são onipresentes. Elas não deixam espaço para que outras relações sociais de produção e troca floresçam (ou mesmo sobrevivam) e condicionam a totalidade da vida, tanto no reino da estrutura material como no da superestrutura cultural. Um caso bastante evidente são os atuais Estados Unidos, uma formação econômico-social na qual a supremacia absoluta do capitalismo em todas as esferas da existência humana é manifesta e quase completamente inquestionável.

Em outras formações econômico-sociais, dois ou mais modos de produção coexistem em um arranjo que combina elementos de unidade e luta. Os exemplos são numerosos na história e na geografia, entre eles a transição desigual das nações europeias do feudalismo para o capitalismo, a economia escravista-capitalista de *plantation* no sul dos Estados Unidos, no Brasil e em numerosas regiões da África e outras partes do Sul global, onde a agricultura de subsistência ainda é um elemento-chave para o sustento de grande parte da população, a China e o Vietnã do século XXI.

De fato, desde a Idade da Pedra, diferentes modos de produção coexistem na maior parte do tempo e na maior parte do mundo. Tanto no âmbito doméstico quanto no internacional, há uma estabilidade relativa predominante em alguns períodos, enquanto em outros destaca-se a transição de um modo de produção para outro. Como regra geral, em cada contexto histórico e geográfico específico, há um modo de produção dominante. No entanto, também houve longos períodos de transição em que a interação dialética entre diferentes modos de produção é tão complexa e intrincada que é muito difícil, se não impossível, avaliar qual predominava ou estava a caminho de predominar.

Em alguns casos, a trajetória histórica pode ser identificada em termos tendenciais e qualitativos – embora não seja evidenciada pela simples medição quantitativa dos dados econômicos e sociais –, mas nem sempre é o caso em todas as épocas, regiões e continentes do mundo[20]. Também é difícil considerar que a sucessão de modos de produção dominantes ao longo do tempo representa, inevitavelmente, um progresso, pois a história da humanidade não é teleológica. Por exemplo, Marx previu corretamente que o capitalismo estava a caminho de dominar todo o planeta, embora durante a sua vida o sustento da maior parte da população mundial dependesse de modos de produção pré-capitalistas. Contudo, seria uma questão muito mais complexa avaliar se os elementos do capitalismo financeiro presentes na Europa desde muitos séculos antes da Revolução Industrial podem ser vistos como precursores do modo de produção que estava por vir, ou como precondição secundária, que poderia ter existido indefinidamente como aspecto secundário de uma sociedade dominada por relações pré-capitalistas de produção e troca[21].

No entanto, em muitos outros casos, a primazia de um modo de produção é relativa, pois ele coexiste com outros. Logo, o próprio termo *primazia* se torna, em certa medida, relativo, e pode ser usado de vários modos. Portanto, os termos mais importantes são *dominância* e *prevalência*.

Como a dominância é por si só hierárquica e se desdobra por meio de procedimentos hierárquicos, o *status* dominante não exige necessariamente que a maioria da população esteja diretamente envolvida em atividades de produção e troca típicas de um determinado conjunto de relações sociais de produção e troca. Referimo-nos ao conjunto de relações sociais de produção e troca que possuem influência direta sobre os meios de subsistência da maioria da população como modo de produção *prevalente*.

Em muitas ocorrências históricas, o modo de produção prevalente (localmente) e o modo de produção dominante (localmente) são diferentes um do outro. O exemplo mais evidente é o dos estágios iniciais do desenvolvimento capitalista: mesmo abstraindo-se a função das formas transnacionais de dominação hierárquica criadas pelo colonialismo e pelo imperialismo, o capitalismo se tornou dominante

---

[20] Também devemos levar em consideração o fato de que a transição de um modo de produção para outro não representa necessariamente um progresso, mesmo se analisado apenas em termos de produtividade. Não há teleologia embutida na história humana.

[21] Formas embrionárias do capitalismo financeiro também existiam no Império Romano. Elas se deterioraram no início da Idade Média, sem definir nenhuma mudança sistêmica importante para o aumento de produtividade. É concebível que, se algumas condições auxiliares favoráveis não estivessem presentes, as formas medievais e modernas do capitalismo financeiro anterior à Revolução Industrial poderiam ter tido o mesmo destino, sem gerar por si mesmas uma evolução em direção ao capitalismo industrial moderno. Ver Giovanni Arrighi, *O longo século XX: dinheiro, poder e as origens de nosso tempo* (trad. Vera Ribeiro, Rio de Janeiro/São Paulo, Contraponto/Unesp, 1996).

na maioria dos países ora desenvolvidos em um estágio relativamente inicial, muito antes do desenrolar total do processo de "proletarização". Nesse estágio de desenvolvimento do capitalismo, a maioria da população ainda estava envolvida em formas pré-capitalistas de produção e troca[22]. De fato, esse ainda é o caso em muitas áreas do Sul global, especialmente na África.

Outro exemplo são as relações sociais de produção e troca características da maioria das áreas rurais da China (onde até recentemente vivia a maioria da população), Vietnã e Laos (dois países menos desenvolvidos, onde a maior parte da população ainda vive no campo). O Estado possui a maior parte da terra, e as famílias camponesas recebem direitos de uso dos governos locais, de acordo com regulamentações não mercadológicas que incentivam o autoconsumo ou a venda[23]. Assim, a maior parte da força de trabalho rural está envolvida em formas modernas de produção de mercadorias agrícolas. No entanto, esse modo de produção peculiar que prevalece no campo está inserido no contexto, desigualmente desenvolvido em nível nacional, de uma formação econômico-social socialista de mercado. As relações sociais de produção e troca típicas da produção rural de mercadorias estão hierarquicamente subordinadas[24] ao socialismo, ou seja, o modo de produção dominante (em sua forma primitiva) em nível nacional[25].

---

[22] De acordo com a exigência de qualquer análise específica, o adjetivo "dominante" pode ser pretendido global ou localmente dominante, com referência a uma região específica do mundo (ver adiante o capítulo 4). Assim, por volta de 1850, por exemplo, o capitalismo era o modo de produção dominante no Reino Unido e em vários outros países ocidentais, mas provavelmente não na Rússia. Globalmente, em meados do século XIX, o capitalismo já era indiscutivelmente o modo de produção dominante em todo o mundo, embora estivesse longe de ser prevalente na maioria dos países, inclusive no próprio Reino Unido.

[23] Na China, esse conjunto de relações sociais de produção e troca agrícolas foi introduzido desde o final da década de 1970, e o princípio central em torno do qual ele se organiza é o do sistema de responsabilidade familiar. Ver adiante o capítulo 11.

[24] Essa subordinação hierárquica não implica, por si só, que a população urbana explore os camponeses.

[25] Estamos cientes de que, ao contrário do caso acima mencionado dos Estados Unidos, esse ponto crucial, longe de ser evidente, é bastante controverso. Em nossa opinião, e como veremos mais adiante, o domínio nacional do socialismo como modo de produção na China deve ser entendido em uma ampla dimensão estratégica. Isso está longe de ser incontestado e estabelecido, e muitos observadores discordariam de nosso ponto de vista, argumentando que, de fato, o capitalismo é dominante na China, e não o socialismo. No entanto, mesmo que fosse esse o caso, nosso argumento sobre a possibilidade de não coincidência entre os modos de produção dominantes e prevalentes não seria fragilizado.

3.5. Formações econômico-sociais como objetos concretos historicamente existentes

Em uma famosa passagem de *Contribuição à crítica da economia política*, Marx identifica o capitalismo como o último estágio da pré-história humana:

> Em grandes traços, podem ser os modos de produção asiático, antigo, feudal e burguês moderno designados como outras tantas épocas progressivas da formação econômica da sociedade. As relações de produção burguesas são a última forma antagônica do processo de produção social, antagônica não no sentido de um antagonismo individual, mas de um antagonismo que nasce das condições de existência sociais dos indivíduos; as forças produtivas que se desenvolvem no seio da sociedade burguesa criam, ao mesmo tempo, as condições materiais para resolver esse antagonismo. Com essa formação social termina, pois, a pré-história da sociedade humana.[26]

Nessa passagem, os conceitos de modo de produção e formação econômico-social são praticamente indistinguíveis. No entanto, as abordagens interpretativas subsequentes – embora mantivessem a estreita relação entre as esferas social e econômica – tendiam a diferenciar os dois conceitos, de acordo com os diferentes significados dos termos "social" e "produção".

Lênin, em particular, utilizou o conceito de formação econômico-social para enfatizar o papel crucial da análise das condições sociais e econômicas específicas de cada país, em determinado período histórico, como base cognitiva para o entendimento científico e as atividades revolucionárias[27]. Essa abordagem enfatiza a objetividade, a longa duração e a exogeneidade das vontades e atividades subjetivas dos indivíduos como características cruciais do modo de produção, bem como a prevalência da dimensão econômica no país. Por outro lado, a formação econômico-social é vista como um objeto holístico, porém mais particularista, cujas dimensões sociais e culturais desempenharam um papel relativamente mais importante, dentro de certos limites políticos, geográficos e históricos. Algumas formações econômico-sociais podem ser dominadas por um único modo de produção, enquanto outras são caracterizadas por combinações de diferentes modos

---

[26] Karl Marx, *Contribuição à crítica da economia política*, cit., p. 48. Formação social e formação econômico-social têm sido utilizados como sinônimos na tradição teórica marxista. Preferimos o termo formação econômico-social, em vez de formação social, para enfatizar a estreita interação entre a dimensão social e econômica, central ao pensamento de Marx. Ver Doug Lorimer, *Fundamentals of Historical Materialism: The Marxist View of History and Politics* (Broadway, Resistance Books, 1999).

[27] Vladímir I. Lênin, "What the 'Friends of the People' Are and How They Fight the Social-Democrats", em *Collected Works* (Moscou, Progress, 2001 [1894]), v. 1, p 129-332, disponível em: https://www.marxists.org/archive/lenin/works/1894/friends/01.htm>, acesso em: 2 jun. 2020.

de produção que podem variar entre si. Na maioria das formações econômico-sociais, um modo de produção específico pode, em geral, ser identificado como dominante. Em outras, pode estar em andamento um processo de transição de um modo de produção dominante para outro.

As relações sociais de produção e troca no âmbito de cada formação econômico-social são fortemente restringidas – em uma dialética que combina as diferentes relações sociais de produção e troca que formam o conteúdo de determinado modo de produção – pelas leis do(s) modo(s) de produção que as estruturam. Nas formações econômico-sociais em que apenas um modo de produção é majoritariamente dominante e prevalente, as leis econômicas e sociais de movimento são, por todos os meios práticos, as desse modo de produção. O exemplo mais óbvio são os Estados Unidos. Nas formações econômico-sociais em que coexistem dois ou mais modos de produção, surge uma dinâmica dialética hierarquicamente ordenada entre as leis de movimento de cada modo de produção. Esse foi o caso na Rússia durante as primeiras décadas do século XX, tanto antes como depois da revolução, como Lênin observou acertadamente. Além disso, o funcionamento de todos os diferentes modos de produção em todas as formações econômicos-sociais é condicionado, em um nível hierárquico mais alto, pelas restrições decorrentes da existência em cada época de um modo de produção globalmente dominante ou, no máximo, de dois modos de produção rivais em disputa pelo domínio global.

No entanto, indivíduos e grupos mantêm certo grau de liberdade enquanto se esforçarem para entender e modificar essas relações. Eventualmente, indivíduos organizados podem conseguir uma mudança sistêmica (por meios revolucionários ou reformistas), subvertendo a própria estrutura social e econômica de uma formação econômico-social, a ponto de direcioná-la para um processo de transição de um modo de produção para outro. Tal feito só é possível se o objetivo necessário (relacionado ao grau de desenvolvimento das relações sociais de produção e troca domésticas e externas) e as condições subjetivas forem cumpridos[28].

Líderes revolucionários como Lênin e Mao se referiram implícita ou explicitamente à categoria de formação econômico-social em seus esforços para entender concretamente a realidade social e econômica de seus respectivos países no período histórico dos processos revolucionários. Entre os principais estudiosos marxistas modernos, Louis Althusser forneceu a mais valiosa contribuição para desenvolver o conceito de formação social:

> Em seu trabalho filosófico, Althusser procura tornar explícitos a epistemologia marxista e os axiomas fundamentais para o estudo das formações sociais [...] [Estas]

---

[28] De acordo com critérios positivos, normativos e históricos, essas mudanças sistêmicas podem ser consideradas progressivas ou regressivas por diferentes observadores em diferentes épocas.

também podem ser encontradas na análise de Lênin da situação revolucionária na Rússia em 1917 ou na distinção de Mao entre os aspectos primários e secundários da contradição.[29]

Em *Ler O capital*, Althusser refere-se às formações econômico-sociais como uma "totalidade de instâncias articuladas com base em um determinado modo de produção"[30] e propõe uma "teoria do tempo histórico" que permite "estabelecer a possibilidade de uma história dos diferentes níveis considerados em suas autonomias relativas"[31], focando na "forma peculiar de existência histórica de uma formação social, decorrente de um modo determinado de produção"[32]. Seguindo abordagem semelhante, Doug Lorimer argumenta:

> A formação social é [...] um sistema social integrado [...] a totalidade das relações de produção em uma formação social baseada em um modo de produção distinto quase nunca é homogênea – em conjunto com a forma dominante de produção existem [...] outras relações de produção.[33]

Em suma, em Marx o conceito de formação econômico-social desempenha um papel comparativamente menor e quase não se distingue do conceito de modo de produção, mas pode ser reinterpretado em um sentido mais restritivo, de acordo com as linhas propostas por Althusser e outros marxistas do século XX.

Em conformidade com a abordagem descrita nas seções anteriores, consideramos cada formação econômico-social um subconjunto internamente consistente[34], em grande parte, mas não totalmente contido e restrito por um conjunto social e econômico maior, predominante em todo o mundo, isto é, o modo de produção

---

[29] Liam O'Ruairc, "Reading Is an Argument: Althusser's Commandment, Conjecture and Contradiction", *Variant*, n. 32, 2008, disponível em: <http://www.variant.org.uk/32texts/althuser32.html>, acesso em: 2 jun. 2020.

[30] Louis Althusser, Étienne Balibar e Roger Establet, *Ler O Capital* (Rio de Janeiro, Zahar, 1980), p. 104. Ver também Robert Paul Resch, "Althusser: The Social Formation as a Totality of Instances", documento eletrônico, 2008, disponível em: <http://www.faculty.umb.edu/gary_zabel/Courses/Spinoza/Texts/Chapter%206_files/view(1).htm>, acesso em: 2 jun. 2020.

[31] Louis Althusser, Étienne Balibar e Roger Establet, *Ler O capital*, cit., p. 105. Nesse contexto, os autores sustentam que, em virtude de suas propriedades estruturais, a história permite desenvolvimentos desiguais em diferentes domínios de diferentes países, durante um mesmo período.

[32] Ibidem, p. 105.

[33] Doug Lorimer, *Fundamentals of Historical Materialism*, cit., p. 109-11.

[34] Se faltar certo grau de consistência interna, o modo de produção localmente dominante em um país durante determinado período carecerá da propriedade de relativa estabilidade e sustentabilidade, que é uma das condições necessárias para a identificação de um país como uma formação econômico-social.

globalmente dominante[35]. O primeiro corresponde à essência do conceito de modo de produção em seu sentido marxiano original, ou seja, uma forma de organização das relações de produção e troca de determinado momento histórico. É modelado predominantemente pelos países e grupos de países mais fortes e avançados e pelos interesses hegemônicos de suas classes dominantes e/ou grupos sociais. O segundo é um conceito abrangente referente ao período de longa duração, que é dominado pelo princípio da necessidade[36].

Em contrapartida, a existência e a evolução de formações econômico-sociais por períodos relativamente mais curtos, e dentro dos limites impostos pelas características estruturais do modo de produção de mudança lenta, são fortemente afetadas por mudanças na superestrutura, na consciência e na organização das classes sociais. Portanto, as formações econômico-sociais são apenas parcialmente caracterizadas pelo princípio da liberdade[37]. No restante deste livro, vamos nos referir ao conceito de formação econômico-social como o complexo específico de relações sociais de produção e troca obtido em determinado país e/ou grupo de países durante um longo período de tempo. Essas relações sociais podem ser bastante diferentes daquelas existentes em outros países, em um mesmo período. Em escala global, as relações sociais de produção e troca dominantes são indubitavelmente (mas não exclusivamente) influenciadas pelos países e/ou grupos de países mais fortes e avançados e pelos interesses de suas classes dominantes ou grupos sociais[38].

---

[35] No capítulo 5, argumentamos que os modos de produção dominantes local e globalmente são limitados por um nível mais alto de leis sistêmicas.

[36] Fernand Braudel, "A longa duração", em *Escritos sobre a História* (trad. Antonio Guerreiro, Lisboa, Presença, 1992), p. 41-78.

[37] O conceito de liberdade em Marx é complexo e não pode ser completamente analisado aqui. Essencialmente, no entanto, para ele a liberdade (no campo da produção) é a liberdade da necessidade material: "Com efeito, o reino da liberdade só começa onde cessa o trabalho determinado pela necessidade e pela adequação a finalidades externas [...] Aqui, a liberdade não pode ser mais do que o fato de que o homem socializado, os produtores associados, regulem racionalmente esse seu metabolismo com a natureza, submetendo-o a seu controle coletivo, em vez de serem dominados por ele como por um poder cego [...] o verdadeiro reino da liberdade [...] no entanto, só pode florescer tendo como base aquele reino da necessidade. A redução da jornada de trabalho é a condição básica" (Karl Marx, *O capital*, Livro 3, cit., p. 884-5). É importante notar que, para Marx, a verdadeira liberdade só poderia resultar do reconhecimento consciente da necessidade e da imprescindibilidade da emancipação progressiva da humanidade, por meio de ações políticas e sociais coletivas. Em nossa opinião, diferentes formações econômico-sociais são historicamente possíveis, sendo algumas mais avançadas do que outras.

[38] As formações econômico-sociais de orientação socialista não são dominadas por uma classe dominante exploradora, tampouco incorporam, em sua totalidade, princípios socialistas puros. Portanto, são hegemonizadas por alguns grupos sociais e, em particular – no caso daquelas que atualmente

3.6. Rumo a uma categorização de formações econômico-sociais

De acordo com a nossa definição de formação econômico-social, apresentamos uma sugestão metodológica geral. Caso se considere que um sistema social nacional específico é dotado estruturalmente de propriedades de estabilidade adequada, pode-se argumentar que constitui uma formação econômico-social. Além disso, ainda de acordo com o critério epistemológico baseado no julgamento acima mencionado, as formações econômico-sociais podem ser classificadas como pertencentes a várias tipologias, classes, grupos ou famílias. Esse exercício pode adotar abordagens taxonômicas alternativas ou complementares. No que diz respeito ao posicionamento de determinada formação econômico-social como capitalista ou socialista, em particular, e para separar as características cruciais de diferentes tipos de sistemas não capitalistas, é significativo e útil, a nosso ver, aplicar conceitos qualificados como de orientação socialista e socialista de mercado.

A primeira tentativa de construção socialista ocorreu nos territórios eurasiáticos do Império Russo. Este era uma potência mundial importante, ainda que de segunda linha, atrasada e pouco industrializada, cujos trabalhadores industriais eram relativamente poucos e a maior parte da população era constituída por agricultores apenas parcialmente ligados às relações capitalistas de produção e troca. Após a Segunda Guerra Mundial, outros partidos comunistas chegaram ao poder e estabeleceram economias de orientação socialistas planejadas, mais ou menos centralizadas. A maioria, em conjunto com a União Soviética, estabeleceu também um sistema alternativo de comércio internacional. A União Soviética e a maioria dos países socialistas do Leste Europeu atingiram, de início, altas taxas de crescimento econômico, mas a trajetória de desenvolvimento declinou. Por fatores internos, isolamento tecnológico e pressão externa implacável, a União Soviética e seus aliados jamais conseguiram superar completamente suas contradições internas e acabaram por colapsar, apesar de terem conseguido romper o domínio exclusivo das potências capitalistas na economia mundial[39]. Uma combinação única de

---

existem – por uma organização social dominante específica (o Partido). Além disso, todas incluem em seu tecido social uma classe capitalista não hegemônica. Esta última é relativamente mais forte na China e no Vietnã, mas também está presente (e prosperando) em Cuba. As formações econômico-sociais de orientação socialista podem (ou não) evoluir para formas mais avançadas de socialismo de mercado, nas quais a presença e o papel dos capitalistas são minimizados.

[39] Após o desastre da Segunda Internacional às vésperas da Primeira Guerra Mundial, as forças social-democratas conseguiram se aproximar significativamente dos objetivos normativos do socialismo em algumas partes do mundo – em especial na Suécia e em outros países do Norte europeu. Do ponto de vista sistêmico, no entanto, o modelo social-democrata mostrou-se insuficientemente resiliente e relativamente instável e sofreu severos golpes após a última crise capitalista global. A maioria dos partidos social-democratas do mundo são agora forças quase neoliberais.

fatores históricos levou a China a se tornar também uma formação econômico--social socialista de planejamento central (em 1949) e depois (no final da década de 1970) o primeiro experimento bem-sucedido de economia socialista de mercado em todo o mundo[40]. As reformas orientadas para o mercado levaram a retrocessos no que diz respeito à natureza socialista do sistema social da República Popular da China, mas resultaram num extraordinário desenvolvimento de suas forças produtivas e a transformaram, conforme demonstraremos, em uma nova classe de formação econômico-social[41].

Esse sistema apresenta uma série de características estruturais únicas que o tornam superior aos (existentes) sistemas capitalistas (nacionais) no que tange ao desenvolvimento das forças produtivas domésticas (como mostra o crescimento acelerado do PIB e o rápido progresso técnico), articuladas às redes financeiras e comerciais globais.

A experiência chinesa está indissociavelmente ligada a um conjunto de fatores nacionais únicos. Não pode e não deve ser copiada cegamente por outros países. No entanto, não é um acidente histórico. Representa, de certa forma, uma necessidade histórica. Essa experiência envolve algumas lições importantes, universais e inevitáveis. Essas lições exigem uma reconsideração, uma atualização e um aperfeiçoamento do próprio conceito e essência do socialismo[42]. Se a experiência chinesa for bem entendida, pode indicar o caminho para qualquer outra tentativa de avanço em direção ao socialismo. Essas lições também estabelecem os limites do que é e do que não é viável e auspicioso nos empreendimentos revolucionários da nossa época, por um período de tempo que pode ser estimado como longo ou muito longo.

Eles também se retiraram para a sua fortaleza escandinava – que, no entanto, permanece objetivamente a região mais socialmente avançada do mundo e, curiosamente, uma das poucas regiões do Norte onde uma versão econômica do capitalismo parece manter um certo grau de dinamismo. O modelo social-democrata incorpora algumas lições universais, especialmente na área da regulação (via tributação progressiva) da relação entre setores produtivos e improdutivos, fortalecendo e expandindo os setores improdutivos e melhorando a prestação de serviços sociais em uma base não comercial, sem comprometer a viabilidade financeira e o crescimento dos setores produtivos.

[40] Depois de alguns anos, o caminho chinês foi seguido pelo Vietnã, que adotou um modelo muito semelhante.

[41] Na segunda parte deste livro dedicaremos amplo espaço à análise de alguns dos principais recursos da experiência de reforma da China, tentando mostrar que o sistema econômico e social chinês é de fato um modelo novo, relativamente consistente e sustentável (embora em constante evolução). É por isso que a RPC pode ser identificada como um novo tipo de formação econômico-social.

[42] O socialismo não pode mais ser recuperado e não é mais sustentável ou passível de se desenvolver em suas modalidades tradicionais de estilo soviético ou social-democrata.

4
TRABALHO E VALOR

4.1. Trabalho produtivo e improdutivo

Este capítulo:

1) discute sumariamente dois conceitos importantes, consagrados pelo tempo, pertencentes à tradição clássica e marxiana;

2) tenta fazer um balanço dos resultados dos debates que se desenrolaram em torno deles;

3) propõe uma interpretação específica dos resultados desses debates, fundamental para o restante do argumento desenvolvido neste livro.

Como premissa geral, subscrevemos uma antiga declaração básica: todo valor econômico nas sociedades humanas é, em última instância, gerado pelo trabalho[1]. Em nossa opinião, essa afirmação é intuitiva e filosoficamente autoevidente. No entanto, isso não implica que, sob cada modo de produção específico ou combinação de modos de produção historicamente predominantes em determinada

---

[1] "Qualquer criança sabe que uma nação morreria se parasse de trabalhar, não direi por um ano, mas por algumas semanas. Sabe igualmente que as massas de produtos correspondentes a diferentes massas de necessidades requerem massas diferentes e quantitativamente determinadas do trabalho social total. É *self-evident* que esta necessidade de repartição do trabalho social em proporções determinadas não pode de modo nenhum ser suprimida por uma forma determinada da produção social, mas apenas pode alterar o seu modo de aparecimento. Leis da natureza não podem de modo nenhum ser suprimidas. Aquilo que em situações historicamente diversas se pode alterar é apenas a forma pela qual essas leis se impõem. E a forma pela qual essa repartição proporcional do trabalho se impõe numa situação social em que a conexão do trabalho social se faz valer como troca privada de produtos do trabalho individual é precisamente o valor de troca desses produtos" (Karl Marx, "Carta a Ludwig Kugelmann", em Karl Marx e Friedrich Engels, *Obras escolhidas*, trad. José Barata Moura, Lisboa, Avante, 1982-1985 [1868], v. 2, p. 455-6, disponível em: <https://www.marxists.org/portugues/marx/1868/07/11.htm>, acesso em: 28 abr. 2019).

formação econômico-social, as leis de movimento típicas desse sistema específico sejam tais que o valor social global seja espelhado em preços relativos que refletem exatamente em cada mercadoria a mesma quantidade de trabalho despendida em seu processo de produção. Assim, como tal, o axioma é de pouca utilidade para determinarmos a lógica interna e as leis de reprodução e movimento dos sistemas sociais do mundo real[2].

Em razão de sua complexidade e papel crucial na definição de nossa abordagem analítica, devemos deixar clara a acepção específica dos termos trabalho e valor neste livro.

Vamos começar com o conceito de trabalho. Ele não se refere exclusivamente à grande maioria dos trabalhadores comuns e não pressupõe que a produtividade de cada trabalhador corresponde exatamente ao número de horas que ele trabalha, ao seu esforço subjetivo e ao capital humano do qual ele é dotado. O trabalho social inclui as atividades de outros atores, como empreendedores e gerentes[3]. Isso, é claro, não significa que esses atores tenham algum tipo de qualidade sobrenatural. No entanto, eles ocupam uma posição central no sistema capitalista que lhes confere um papel especial na definição do resultado no curto e médio prazo do processo turbulento e conflitante da concorrência real (ver capítulo 6) – assim como fazem os generais na guerra[4]. Os CEOs são de fato uma subclasse intermediária e pequena, porém única, que pertence substancialmente à burguesia. Determinar qual parcela do salário, dos bônus e das regalias que eles recebem decorre de sua contribuição real para a produção e lucratividade da empresa, e deve ser considerada parte do excedente produzido por outros trabalhadores, não é tarefa fácil e não pode ser analisada sem julgamentos subjetivos. Contudo, podemos sintetizar o conceito de trabalho a qualquer atividade produtiva de um determinado tipo que visa um determinado objetivo.

Todas as formas de trabalho, em princípio, implicam esforço humano e, portanto, valem o mesmo respeito e consideração do ponto de vista ético[5]. No entanto,

---

[2] Ernesto Screpanti, *Labour and Value: Rethinking Marx's Theory of Exploitation* (Cambridge, OpenBook, 2019), disponível em: <https://www.openbookpublishers.com/reader/1066#page/1/mode/2up>, acesso em: 2 jun. 2020.

[3] Capitalistas e rentistas, na medida em que não realizam nenhum tipo de trabalho, não contribuem de maneira alguma para a criação de valor.

[4] Em uma perspectiva de longa duração, à maneira de Braudel, nem CEOs nem generais importam muito para a determinação da trajetória da história socioeconômica. Ver Fernand Braudel, "A longa duração", em *Escritos sobre a História* (trad. Antonio Guerreiro, Lisboa, Presença, 1992).

[5] Aqui, referimo-nos implicitamente ao trabalho empregado em atividades produtivas do ponto de vista capitalista. Por definição, o trabalho empregado em atividades improdutivas não gera (diretamente) nenhum excedente, embora possa contribuir (indiretamente) para a manutenção

em qualquer sistema socioeconômico moderno que gire em torno da produção e acumulação de excedentes, existe uma distinção funcional importante entre trabalho produtivo e trabalho improdutivo. Aqui, empregamos o termo mão de obra produtiva para nos referir ao trabalho exercido em atividades geradoras de valor[6].

A distinção entre atividades produtivas e improdutivas desempenha um papel importante no trabalho de Marx, assim como no de outros economistas clássicos[7]. Na história do pensamento econômico, a distinção entre setores produtivos e improdutivos tem variado muito: algumas atividades são vistas como produtivas por um autor e improdutivas por outro. Em geral, as atividades que contribuem diretamente para o crescimento econômico capitalista são consideradas produtivas.

No entanto, indicar precisamente quais atividades são produtivas é uma tarefa complexa. No século XIX, Marx argumentou que apenas as atividades diretamente voltadas para a produção material eram realmente produtivas, enquanto outras, indispensáveis do ponto de vista capitalista (como transporte, administração ou venda) eram improdutivas, pois pertenciam ao domínio da circulação. Por outro lado, o capitalismo moderno está mudando seu eixo cada vez mais para uma direção hiperfinanceira e baseada na terceirização. Portanto, uma adesão estrita ao critério de Marx levaria os observadores contemporâneos a concluir que a maioria dos trabalhadores do setor privado nos Estados Unidos e nos países ocidentais mais avançados estão de fato engajados em atividades improdutivas – ou seja, não produzem mais-valor. Em nossa opinião, essa perspectiva não é realista. Assim, no restante deste livro, não seguiremos Marx nesse ponto e consideraremos produtivas todas as atividades que produzem mais-valor – sejam elas de natureza agrícola, industrial ou de serviços, materiais ou não materiais, que pertençam à esfera da produção *stricto sensu* ou da circulação/distribuição. Assim, no capitalismo, todo o trabalho empregado em atividades capitalistas e geradoras de excedente é trabalho produtivo.

---

    das condições necessárias (como segurança, aprimoramento das habilidades dos trabalhadores) à produção capitalista. Além disso, é claro, o trabalho improdutivo gera diretamente valor de uso.

[6] Atividades produtivas são aquelas que geram um excedente monetário mensurável, realizado de forma explícita ou implícita nos mercados domésticos ou internacionais, ou seja, é efetivamente obtido por meio da venda da mercadoria ou pode ser potencialmente obtido se o proprietário optar por se abster do ato de vender.

[7] Karl Marx, *O capital*, Livro 1: *O processo de produção do capital* (trad. Rubens Enderle, São Paulo, Boitempo, 2013 [1867]); *Teorias da mais-valia* (trad. Reginaldo Sant'Anna, Rio de Janeiro, Difel, 1980 [1861-1863]); Ian Gough, "Marx's Theory of Productive and Unproductive Labour", *New Left Review*, v. 1, n. 76, 1972, p. 47-72; Mick Brooks, "Productive and Unproductive Labour", *In Defence of Marxism*, 14 jul. 2005, disponível em: <https://www.marxist.com/unproductive-labour1981.htm>, acesso em: 28 abr. 2016.

Esse critério é claro no caso da maioria dos serviços comerciais (por exemplo, turismo ou comércio varejista), em que a criação de valor de troca está ligada a uma atividade que, de maneira direta, também gera valor de uso ou entra como insumo em um processo de produção que eventualmente o faz (como no caso de um caminhoneiro autônomo que transporta mercadorias primárias em nome de um fabricante). O cenário é mais complicado no caso de outros serviços, por exemplo, o financiamento privado em larga escala. Esse setor não gera valor de uso direto. E, mais importante, no capitalismo é muito difícil distinguir qual parte do PIB, formalmente produzida pelo financiamento privado em larga escala, está de fato contribuindo como insumo para outros processos produtivos e qual parte é de fato uma transferência, uma espécie de renda extraída de outros setores produtores de excedentes. Tendemos a considerar a maior parte do setor financeiro privado no capitalismo como essencialmente não produtivo.

Contudo, algumas atividades não produtivas (como a manutenção da ordem e da segurança pública e a defesa das fronteiras nacionais) são obviamente necessárias para garantir a viabilidade e sustentabilidade da própria produção capitalista. Com o tempo, os países capitalistas modernos desenvolveram um sistema de bem-estar público ou semipúblico em que parte do superávit social é destinada ao fornecimento direto de serviços básicos (e, mais raramente, mercadorias), em uma base total ou parcialmente não comercial.

4.2. Preços de produção

Valor, consistentemente com a abordagem clássica, deve ser entendido como valor de troca expresso nos preços de produção. Em outras palavras, esses preços (depurados do impacto de choques contingentes na demanda ou na oferta por meio de uma abstração teórica e/ou por um longo processo de convergência no mundo real)[8] são decorrentes das relações sociais de produção em condições capitalistas normais.

---

[8] Se levarmos em consideração a contribuição de Piero Sraffa (*Produção de mercadorias por meio de mercadorias*, trad. Elisabeth Machado Oliveira, Paulo de Almeida e Christiano Monteiro Oiticica, São Paulo, Nova Cultural, 1997), podemos ver teoricamente os preços de produção como decorrentes da resolução de um sistema de equações simultâneas que definem conjuntamente uma fotografia do sistema capitalista em determinado momento (e, assim, ignoram elegantemente a necessidade de assumir retornos constantes à escala). Como tal, podem ser interpretados formalmente como restrições lógicas intrínsecas necessárias ao funcionamento do sistema, e não como objetos econômicos reais empiricamente observáveis. Essa visão foi apresentada, entre outros, por Alessandro Roncaglia, que mantém essa posição consistentemente desde a década de 1970. Em um artigo recente, refere-se a ela como: "minha interpretação do sistema

No entanto, além do próprio capitalismo, Marx considerava a categoria de valor pertencente a qualquer sistema no qual mercadorias são produzidas para serem trocadas. Segundo Ernesto Screpanti:

> O valor é definido no mais alto nível de generalização, isto é, referindo-o à produção simples de mercadorias, um "modo de produção no qual o produto toma a forma de mercadoria ou é produzido diretamente para troca". Isso deveria ser "a forma mais geral e mais embrionária da produção burguesa". Na realidade, [...] Marx postula um sistema hipotético de "produção em geral" – um processo de produção "comum a todas as condições sociais, isto é, sem caráter histórico" [...] Essa noção de "produção em geral" se encontra em vários trabalhos, especialmente em *Grundrisse* e *Contribuição à crítica da economia política*.[9]

Screpanti e outros estudiosos parecem criticar explícita ou implicitamente essa posição de Marx, pois estão interessados sobretudo em demonstrar a validade do conceito (moderno) de exploração. Eles argumentam (com razão) que esse conceito não pode ser discutido e analisado adequadamente em um domínio abstrato, em que as condições sociais específicas do capitalismo não são explicitadas[10].

Para o nosso argumento, no entanto, a suposição de Marx sobre a produção em geral, aplicada a todas as realidades produtoras de mercadorias, é muito válida e útil. Ou seja, há valor sempre que houver produção mercantil. De fato, nosso principal objetivo é explorar como as principais leis de movimento da produção em geral se aplicam não ao capitalismo, mas a outro sistema social (o socialismo), o qual tentamos analisar em dois níveis diferentes:

---

de Sraffa como uma fotografia" (Alessandro Roncaglia, "A Revolution in Economic Theory: The Economics of Piero Sraffa", *Contributions to Political Economy*, v. 36, n. 1, jul. 2017, p. 5). Para uma exposição completa, ver Alessandro Roncaglia, *Sraffa and the Theory of Prices* (Nova York, Wiley, 1978); *Piero Sraffa: Great Thinkers in Economics* (Londres, Palgrave Macmillan, 2009). Essa interpretação diverge da de Pierangelo Garegnani ("Value and Distribution in the Classical Economists and Marx", *Oxford Economic Papers*, v. 36, n. 2, 1984, p. 291-325), que vê os preços de produção como "posições de longo prazo" mais concretas, o que implica interpretar os preços de produção como centros de gravitação para os quais o sistema de fato tende a convergir com o tempo. De acordo com Roncaglia, a interpretação de Garegnani é realmente alternativa à sua, e ele provavelmente tem um bom argumento quando diz que o que está em jogo é especificamente a interpretação do legado sraffiano. No que diz respeito à validade do entendimento do mundo real, estamos bastante inclinados a ver mérito em ambas as visões e não as consideramos mutuamente incompatíveis, pois pertencem a níveis analíticos diferentes.

[9] Ernesto Screpanti, *Labour and Value*, cit., p. 17.

[10] Idem, "Freedom of Choice in the Production Sphere: The Capitalist Firm and the Self-Managed Firm", *Review of Political Economy*, v. 23, n. 2, 2011, p. 267-79; *Labour and Value*, cit.; Naoki Yoshihara, "A Progress Report on Marxian Economic Theory: On the Controversies in Exploitation Theory since Okishio", *Journal of Economic Surveys*, v. 31, n. 2, 2017, p. 632-59.

1) como modo de produção puro, com suas próprias leis de consistência interna identificadas abstratamente;

2) como um conjunto de manifestações históricas imperfeitas e parciais em formações econômico-sociais simples ou complexas que surgiram nos séculos XX e XXI.

Em particular, estamos interessados em explorar como (e se) a lei do valor se desdobra no socialismo e as diferenças (se houver) na maneira como esse processo se manifesta no capitalismo e no socialismo.

4.3. Força de trabalho e lei do valor

Sob o capitalismo, relações sociais desiguais induzem alguns indivíduos (trabalhadores) a aceitar um contrato pelo qual vendem a outros indivíduos (capitalistas) parte de seu tempo, e durante a vigência do qual aceitam seguir instruções e ordens no desempenho das várias tarefas necessárias para a produção de mercadorias. Em termos marxianos, os trabalhadores vendem sua força de trabalho pelo preço (salário) estabelecido pelo mercado. Essa relação contratual foi conceituada por Marx como subsumida ao capital. Os trabalhadores agem sob o controle dos capitalistas, não por livre-arbítrio, e os deveres que cumprem são muito concretos (mesmo quando se trata de tarefas intelectuais). Essa passagem do poder (sobre os trabalhadores conferido ao capitalista pelo contrato de trabalho) ao agir anuncia a passagem da subsunção formal para uma subsunção real do trabalho.

A geração de mais-valor e sua captura pelo capitalista como lucro não é, por si só, sinônimo de exploração. É evidente que o ato de explorar pode ser diretamente definido como o ato de retirar valor trabalhado maior do que o entregue, sob a forma de salários, aos trabalhadores. Enfim, afirmar que todo valor econômico é, em última análise, gerado pelo trabalho não implica provar formalmente a existência de exploração, e menos ainda a possibilidade de quantificá-lo exatamente. A exploração não é uma magnitude micro ou macroeconômica, mas sim uma relação social. Como tal, deve ser considerada essencialmente uma categoria sociológica que envolve intrinsecamente considerações éticas de julgamento de valor. A realidade da exploração só pode ser posta como resultado das relações de poder severamente assimétricas entre capitalistas e trabalhadores.

Em uma estrutura sistêmica clássica que considera o capitalismo um modo de produção historicamente determinado, os preços das mercadorias e as taxas de salário e lucro não podem resultar de um processo aleatório. Eles devem resultar de uma lei de movimento[11] – a lei do valor – que determina a formação do valor

---

[11] Em um artigo apropriadamente intitulado "Are there laws of motion of capitalism?" ["Existem leis de movimento do capitalismo?"], Robert Boyer enfatiza o conflito de paradigmas entre uma

(de troca) e garante a consistência e a sustentabilidade básicas de cada modo de produção. No entanto, não há razões para acreditar que o desenrolar concreto da formação de preços sob diferentes modos de produção deve necessariamente exigir uma correspondência direta entre a quantidade de mão de obra empregada no processo de produção, por um lado, e a magnitude monetária dos principais agregados macroeconômicos, por outro.

Sob modos de produção diferentes, a lei do valor poderia, em princípio, ser relativamente simples ou complexa. O que é fundamental, porém, é que ela seja consistente com a essência do núcleo de cada modo de produção. A essência do capitalismo consiste, por definição, na competição (turbulenta) dos capitais. Assim, a lei do valor sob o capitalismo (e mesmo sob o socialismo) deve, em primeiro lugar, garantir um grau mínimo de consistência e capacidade de gerenciamento para que haja coexistência competitiva de diferentes capitais e unidade de autovalorização.

Os economistas clássicos conheciam muito bem essa característica fundamental do capitalismo e, portanto, procuravam elaborar suas versões da lei do valor para analisar cientificamente o processo objetivo de formação de preços (de produção). De fato, todas essas versões repousavam sobre o trabalho, e as semelhanças entre elas superavam em muito as diferenças (especialmente quando vistas com o benefício da retrospectiva)[12].

---

abordagem de economia de mercado e uma abordagem capitalista, argumentando que esta última deve necessariamente postular a existência de leis do movimento. Em sua opinião, uma revisão da multiplicidade de significados e conceituações de "leis econômicas" sugere que a existência de regularidades quantitativas gerais, das quais os economistas gostam, é bastante improvável. No entanto, é possível identificar regularidades parciais e temporárias explícitas, indexadas a uma dada configuração institucional do capitalismo (Robert Boyer, "Are There Laws of Motion of Capitalism?", *Socio-Economic Review*, v. 9, n. 1, 2011, p. 59-81, disponível em: <https://doi.org/10.1093/ser/mwq026>, acesso em: 20 jul. 2020).

[12] Um ponto de divergência são os conceitos de trabalho comandado e corporificado. Nesse sentido, sem aprofundar o argumento, apenas mencionamos que, em nossa opinião, o trabalho ordenado de Smith pode apresentar a vantagem de ser intrinsecamente mais prospectivo e mais consistente com a natureza central do capitalismo. De fato, no capitalismo, o que é crucial é o poder imediato que o dinheiro confere a alguns indivíduos privilegiados para comprar todas as mercadorias, inclusive a força de trabalho que representa a própria vida de outras pessoas, expressa em horas, dias e meses, e o sofrimento passado de gerações de seres humanos explorados é facilmente esquecido. Certamente, esse curso de raciocínio não é formalmente analítico e deve ser tomado com cuidado. Uma tentativa contemporânea muito interessante de recuperar e aprimorar o conceito de trabalho comandado em uma rigorosa estrutura de modelagem formal é realizada por Ernesto Screpanti, "Marx's Theory of Value, the 'New Interpretation', and the 'Empirical Law of Value': A Recap Note", *Quaderni del Dipartimento di Economia Politica e Statistica*, n. 708, 2015.

A abordagem clássica da lei do valor baseou-se na assunção de um tipo de princípio de conservação do valor[13] durante todo o processo de produção, por meio do qual uma correspondência numérica clara poderia ser estabelecida entre quantidade de trabalho, renda e preço de produção das mercadorias. No entanto, os economistas clássicos não afirmaram exogenamente e axiomaticamente uma espécie de princípio ontológico de conservação perpétua da essência do trabalho através do processo geral de produção e troca. Eles tomaram o princípio da conservação do valor como uma suposição de trabalho que se esperava permitisse explorar o processo concreto de formação dos preços de produção, e que precisou ser verificada nesse esforço. Ao fazer isso, tentaram analisar uma área social, como é a economia política, em uma estrutura totalmente científica.

Em nossa opinião, o principal elemento que diferenciava a visão de Marx a respeito do funcionamento geral do capitalismo daquelas de Smith e Ricardo era sua insistência no papel específico da força de trabalho como uma mercadoria única, distinta do trabalho em si (o ato físico de trabalhar). Esse *insight* permitiu um grande avanço no entendimento científico do funcionamento do capitalismo, que mantém sua validade até hoje[14].

Segundo Marx, a geração de excedente é possível porque a taxa de salários é inferior à produtividade do trabalho[15], graças à propriedade especial de uma

---

[13] Gérard Duménil e Dominique Lévy, "The Conservation of Value: A Rejoinder to Alan Freeman", *Review of Radical Political Economics*, v. 32, n. 1, 2000, p. 119-46.

[14] De acordo com algumas interpretações, a solução simultânea de Sraffa (*Produção de mercadorias por meio de mercadorias*, cit.) para o problema da determinação dos preços de produção torna redundante e sem sentido a própria distinção entre trabalho e força de trabalho (Robin Hanhel, *Radical Political Economy: Sraffa versus Marx*, Abingdon, Routledge, 2018). Discordamos veementemente, pois acreditamos que a distinção identifica corretamente uma característica central do capitalismo como um modo de produção, baseando-se na existência conflitante de duas classes muito diferentes que permanece válida independentemente da solução específica do problema de transformação. Especificamente, o chamado teorema fundamental *sraffiano* – se e somente se os trabalhadores tiverem negado todos os bens que produzem, a taxa de lucro será positiva – não exige per se uma teoria do valor do trabalho, tampouco que os capitalistas considerem a força de trabalho diferente de outras mercadorias (Robin Hanhel, *Radical Political Economy*, cit.). No entanto, longe de transmitir o poder extraordinário atribuído a ele por alguns estudiosos, esse "teorema" é essencialmente um truísmo. Como tal, é totalmente compatível com o axioma que introduzimos no início desta seção: todo valor econômico nas sociedades humanas é, em última análise, gerado pelo trabalho. Há no cerne das diferentes interpretações divergências epistêmicas e filosóficas que não podem ser totalmente resolvidas no nível da análise econômica. No entanto, essa questão não é central para o nosso argumento principal e não será aprofundada no restante deste livro.

[15] Os capitalistas compram força de trabalho a um nível de salário determinado pelo mercado, correspondente a uma cesta de mercadorias básicas. Por conseguinte, estão em posição de induzir

mercadoria única: a força de trabalho. A visão de Marx é expressa com particular clareza, por exemplo, na seguinte passagem:

> A utilização da força de trabalho é o próprio trabalho. O comprador da força de trabalho a consome fazendo com que seu vendedor trabalhe. Desse modo, este último se torna *actu* [em ato] aquilo que antes ele era apenas *potentia* [em potência], a saber, força de trabalho em ação, trabalhador. Para incorporar seu trabalho em mercadorias, ele tem de incorporá-lo, antes de mais nada, em valores de uso, isto é, em coisas que sirvam à satisfação de necessidades de algum tipo. Assim, o que o capitalista faz o trabalhador produzir é um valor de uso particular, um artigo determinado.[16]

Força de trabalho e trabalho são duas coisas diferentes, com dois valores diferentes:

> o trabalho anterior, que está incorporado na força de trabalho, e o trabalho vivo que ela [a força de trabalho] pode prestar, isto é, seus custos diários de manutenção e seu dispêndio diário, são duas grandezas completamente distintas. A primeira determina seu valor de troca, a segunda constitui seu valor de uso. O fato de que meia jornada de trabalho seja necessária para manter o trabalhador vivo por 24 horas de modo algum o impede de trabalhar uma jornada inteira. O valor da força de trabalho e sua valorização no processo de trabalho são, portanto, duas grandezas distintas. É essa diferença de valor que o capitalista tem em vista quando compra a força de trabalho. Sua qualidade útil, sua capacidade de produzir fio ou botas, é apenas uma *conditio sine qua non* [condição indispensável], já que o trabalho, para criar valor, tem necessariamente de ser despendido de modo útil. Mas o que é decisivo é o valor de uso específico dessa mercadoria, o fato de ela ser fonte de valor, e de mais valor do que aquele que ela mesma possui.[17]

Se a distinção entre trabalho e força de trabalho é aceita, o princípio da conservação do valor não se aplica mais. O valor é gerado no processo de produção, no qual os trabalhadores aplicam seu esforço utilizando máquinas e insumos em um contexto geral dominado pelo capital, de acordo com regras que devem ser consistentes com a lógica intrínseca do próprio capital. Portanto, essas regras devem ser compatíveis com uma taxa de lucro tendencialmente uniforme, que, por sua vez, deve ser validada pela estrutura dos preços de produção. Não há uma relação vinculativa fixa entre o salário (ou seja, o valor de mercado do trabalho) e o valor

---

os trabalhadores a trabalhar por muito mais tempo que o necessário para produzir um valor igual ao da cesta básica.

[16] Karl Marx, *O capital*, Livro 1, cit., p. 255.

[17] Ibidem, p. 269-70. Ver também "Results of the Direct Production Process", em *Marx/Engels Collected Works* (MECW), v. 19, 1984, disponível em: <https://www.marxists.org/archive/marx/works/1864/economic/index.htm>, acesso em: 2 jun. 2020.

das mercadorias produzidas por cada trabalhador – desde que, é claro, este seja mais alto que aquele e o excedente seja positivo.

Vemos que essa interpretação do papel da distinção conceitual entre trabalho e força de trabalho é compatível com os fundamentos básicos do pensamento de Marx e com o consenso (relativo) alcançado pelos proponentes da teoria clássica moderna.

5
CONCORRÊNCIA REAL, QUESTÕES PENDENTES E AS PRINCIPAIS PROPOSIÇÕES DA ABORDAGEM DO EXCEDENTE

5.1. Concorrência real e equilíbrios turbulentos

É sabido que a realidade do capitalismo contemporâneo está a anos-luz da abstração da concorrência perfeita. Portanto, para compreender algumas de suas características cruciais, vale a pena irmos além dos exercícios tradicionais de modelagem baseados nesse pressuposto. O objetivo seria o de lançar luz sobre um sistema global altamente complexo, adaptável e de rápida evolução, no qual o capital financeiro (ou seja, a fração de capital ainda não incorporada em máquinas e outros meios de produção) persegue incessantemente empreendimentos de risco com promessa de altas taxas de lucro. O ambiente dessa grande tomada de risco é o de uma estrutura global caracterizada por incertezas, rápidas mudanças técnicas, reestruturação e realocação industrial perpétuas, e uma tendência constante à centralização do capital e à concorrência oligopolista.

A contribuição recente mais importante para esse esforço é o livro de Anwar Shaikh, *Capitalism: Competition, Conflict, Crisis* (2016). O autor faz uma atualização da abordagem clássica e introduz adequadamente uma interpretação crítica dos conceitos de competição e equilíbrio, centrais para as visões clássica e neoclássica do capitalismo.

Na primeira parte, Shaikh defende a noção clássica de equilíbrio, aludindo a um processo gravitacional. No Capítulo 6, fornece uma definição analítica do conceito de capital e discute a determinação do lucro agregado e os problemas de medição. Com esse aparato analítico, identifica na segunda parte a "competição real" como o principal impulsionador da acumulação capitalista:

> O capital é uma forma social específica de riqueza impulsionada pelo lucro. Com esse incentivo, surge uma unidade correspondente de expansão, de conversão de capital em mais capital, de lucro em mais lucro. Cada capital individual opera sob esse imperativo, colidindo com outros que tentam fazer o mesmo, às vezes com sucesso,

às vezes apenas sobrevivendo e às vezes fracassando. É uma competição real, antagônica por natureza e turbulenta em operação. É tão diferente da chamada competição perfeita quanto a guerra do balé [...] A competição real é o mecanismo regulador central do capitalismo. A competição [...] pode ocorrer por meio de redução salarial, aumento da duração ou intensidade da jornada de trabalho e mudanças técnicas. Esse último meio se torna central a longo prazo.[1]

Shaikh destaca ainda as implicações da concorrência real, sendo a mais importante delas a ideia do equilíbrio turbulento:

> A competição real gera padrões característicos. Os preços definidos por vendedores diferentes são grosseiramente equalizados, pois cada um tenta levar vantagem sobre o outro. As taxas de lucro em novos investimentos também são grosseiramente equalizadas em períodos um pouco mais longos. Ambos os processos resultam em flutuações perpétuas em torno de vários centros de gravidade móveis. Essa é a noção clássica de equilíbrio turbulento, muito diferente da noção convencional de equilíbrio como um estado de repouso. A oferta e a demanda fazem parte da história, mas seus papéis não são decisivos, pois ambos podem mudar em resposta às oportunidades de lucro. Táticas, estratégias e perspectivas de crescimento resultantes são as preocupações centrais da empresa competitiva. [...] o lucro relevante deve ser aquele que é defensável no médio prazo, o que é bem diferente da noção de lucro máximo de curto prazo enfatizada pela teoria neoclássica [...] Os preços tendem a se igualar porque os compradores gravitam em torno do menor preço, o que força os outros vendedores a ajustar o próprio preço. Da mesma forma, as taxas de lucro tendem a se igualar porque os investidores encontram taxas de retorno mais altas [...] [a mobilidade do capital] fecha as lacunas que inicialmente motivaram os agentes, ao mesmo tempo que abre novas lacunas que alimentam novos movimentos. As equalizações turbulentas de preços e taxas de lucro são propriedades emergentes por excelência.[2]

5.2. A LEI DO VALOR APÓS A CONCORRÊNCIA PERFEITA

A natureza desequilibrada da competição e os equilíbrios turbulentos que ela gera são consistentes com outras características típicas do capitalismo, como a distribuição de renda e a riqueza altamente desiguais (baseadas em classes), e uma desigualdade cada vez maior (como tendência de longo prazo)[3]. Além disso,

---

[1] Anwar Shaikh, *Capitalism: Competition, Conflict, Crises* (Oxford, Oxford University Press, 2016), p. 260.

[2] Idem.

[3] Thomas Piketty, *O capital no século XXI* (trad. Monica Baumgarten de Bolle, Rio de Janeiro, Intrínseca, 2014); *Top Incomes in France in the Twentieth Century: Inequality and Redistribution*

a trajetória dinâmica do capitalismo é caracterizada por longas ondas de desenvolvimento e crises recorrentes, que levam a períodos breves ou longos de depressão e estagnação, caracterizados por alto índice de desemprego e queda do padrão de vida.

No mundo real, não há concorrência perfeita e equilíbrio estático, e a competição real e o equilíbrio turbulento são a norma. Exercícios de simulação baseados em modelos matemáticos e investigações empíricas mostraram consistentemente que o problema da transformação, teoricamente crucial, é de escassa relevância quantitativa, pois preços diretos (aqueles que podem ser calculados proporcionalmente ao tempo de trabalho), preços de produção e preços de mercado estão muito próximos uns dos outros, com desvios proporcionais aos diferenciais de intensidade de capital entre indústrias. Esses estudos também descobriram que os preços de produção tendem a se comportar como funções monótonas da taxa de lucro, e as curvas salário-lucro são quase lineares. Sob concorrência real, a equalização de lucro entre setores é apenas uma tendência (que pode ser contradita na prática por longos períodos de tempo), e os valores baseados no trabalho transformam-se continuamente em produção e, eventualmente, em preços de mercado, num perpétuo processo final de ajuste e interações[4].

No entanto, substituir a suposição da concorrência perfeita por uma visão mais realista do "capitalismo do mundo real" não implica, é claro, que a lei de valor seja menos importante e válida. Shaikh apresenta uma interpretação semelhante à de Garegnani[5], quando argumenta que, embora o trabalho social excedente permaneça a única fonte de lucro, a tendência turbulenta de equalização das taxas de lucro entre setores com diferentes proporções de intensidade de capital é afetada pelas mudanças nos preços. Isso ocorre devido a mudanças técnicas e outros fatores, nos quais os preços de produção atuam realmente como pontos centrais em torno dos quais gravitam os preços de mercado. Shaikh interpreta a lei de valor de maneira muito concreta. Vê a diferença entre os preços diretos (que corresponderiam

---

(1901-1998) (Cambridge, Harvard University Press, 2018); *Capital e ideologia* (trad. Dorothée de Bruchard e Maria de Fátima Oliva Do Coutto, Rio de Janeiro, Intrínseca, 2020).

[4] Ver Deepankar Basu, *A Selective Review of Recent Quantitative Empirical Research in Marxist Political Economy*, Working Paper 2015-05, Amherst, University of Massachusetts, 2015, disponível em: <https://www.umass.edu/economics/publications/2015-05.pdf>, acesso em: 2 jun. 2020; Theodore Mariolis e Lefteris Tsoulfidis, *Modern Classical Economics and Reality: A Spectral Analysis of the Theory of Value and Distribution* (Nova York, Springer, 2016); Luiz D. Torres González, "Modern Classical Economics and Reality: A Spectral Analysis of the Theory of Value and Distribution, by Theodore Mariolis and Lefteris Tsoulfidis", *Investigación Económica*, v. 75, n. 298, 2016.

[5] Pierangelo Garegnani, "Value and Distribution in the Classical Economists and Marx", *Oxford Economic Papers*, v. 36, n. 2, 1984, p. 291-325.

ao tempo de trabalho necessário para produzir cada mercadoria) e os preços monetários do mundo real (que tendencialmente igualam a taxa de lucro em toda a economia) como resultado de uma transferência de valor. A transferência ocorre entre o "circuito de capital", que abrange os lucros, e o "circuito de receita", que inclui o pagamento de salários e a compra de bens salariais. Além disso, "ele também fornece evidências empíricas de que, como sugerido por Ricardo, a derivação quantitativa dos preços de produção dos preços diretos é limitada, de modo que levar em conta a transformação não agrega muito poder explicativo à simples teoria do valor-trabalho"[6].

5.3. Questões pendentes

A lógica e os fundamentos empíricos da abordagem do excedente da teoria clássica moderna são sólidos e bem estabelecidos. No entanto, várias questões teóricas importantes ainda não foram resolvidas. Entre as mais relevantes, podemos citar as seguintes:

1) A teoria do valor-trabalho de Marx (com sua clara distinção entre trabalho e força de trabalho sendo alvo exclusivo de transformação em mercadoria)[7] e a essência do valor poderiam ser mantidas em sua totalidade como uma maneira de prever como os preços de produção são formados no capitalismo?

2) Para alcançar esse objetivo teórico crucial, a teoria do valor-trabalho deve ser reformulada, a partir da recuperação do conceito smithiano de trabalho comandado[8] ou do relaxamento da estrita aderência à premissa fundamental da equalização das taxas de lucro (que obviamente não corresponde à observação dos fatos empíricos), em favor de abordagens intertemporais mais complexas, probabilísticas ou dinâmicas[9]?

---

[6] John Grahl, "A New Economics: Anwar Shaikh, *Capitalism: Conflict, Competition, Conflict, Crisis*", *New Left Review*, n. 104, 2017, disponível em: <https://newleftreview.org/issues/II104/articles/john-grahl-a-new-economics>, acesso em: 2 jun. 2020.

[7] Segundo Marx, a força de trabalho e os produtos do trabalho são "mercantilizados". O trabalho em si, não.

[8] Ver Ernesto Screpanti, "Marx's Theory of Value, the 'New Interpretation', and the 'Empirical Law of Value': A Recap Note", *Quaderni del Dipartimento di Economia Politica e Statistica*, n. 708, 2015; "Karl Marx on Wage Labour: From Natural Abstraction to Formal Subsumption", *Quaderni del Dipartimento di Economia Politica e Statistica*, n. 720, 2015.

[9] Ver Emmanuel D. Farjoun e Moshé Machover, *Laws of Chaos: A Probabilistic Approach to Political Economy* (Londres, Verso, 1983); "Probability, Economics and the Labour Theory of Value", *New Left Review*, v.1, n. 152, 1985, disponível em: <https://newleftreview.org/issues/I152/articles/

3) Ainda faz sentido promover pesquisas para testar a validade empírica da teoria por meio de modernos algoritmos quantitativos baseados em *input-output*, contas nacionais ou outros bancos de dados disponíveis?

4) Ou, mais radicalmente, a teoria do valor-trabalho deve ser aceita apenas em um contexto interpretativo mais limitado? Isso envolve adotar uma postura filosófica humanística e antifetichista e sustentar que somente o trabalho pode ser fonte de qualquer valor real para a sociedade humana? Simultaneamente, devemos aceitar como fato científico que (os capitalistas que maximizam o lucro não estando interessados em filosofia moral) qualquer mercadoria que entra no processo de formação do preço dos bens salariais desempenha um papel substancialmente semelhante?

5) Se aceitamos a interpretação de Piero Sraffa[10], devemos abandonar a identificação tradicional, a da exploração com a apreensão do excedente de trabalho? Se sim, a captura privada do excedente produzido socialmente poderia ser reinterpretada como decorrente da relação extremamente desigual que indivíduos pertencentes a classes sociais diferentes experimentam na reprodução de seus meios de subsistência. Essa relação desigual é gerada por um conjunto de relações sociais de produção e troca baseadas na propriedade privada dos meios de produção por parte de uma pequena minoria.

Não esgotamos todos os pontos da controvérsia. Apenas apresentamos um balanço dos principais resultados desse debate, visando um "mínimo denominador comum", um núcleo da moderna abordagem do excedente, consensual entre seus proponentes.

Em suma, sustentamos que a lei do valor e, de maneira mais geral, a abordagem do excedente são ferramentas analíticas totalmente legitimadas pelos resultados da ciência econômica teórica do século XX e do início do século XXI. São essenciais para a compreensão dos princípios básicos que governam as economias contemporâneas. No entanto, no curso deste livro, a lei do valor não deve ser identificada de maneira estrita e formal com o conceito proposto por Marx em sua contribuição pioneira no século XIX. Também não deve ser considerada um algoritmo formal,

---

emmanuel-farjoun-moshe-machover-probability-economics-and-the-labour-theory-of-value>, acesso em: 2 jun. 2020; Alan Freeman e Guglielmo Carchedi (orgs.), *Marx and Non-Equilibrium Economics* (Cheltenham, Elgar, 1996); Andrew Kliman e Ted McGlone, "A Temporal Single--System Interpretation of Marx's Value", *Review of Political Economy*, v. 11, n. 1, 1999, p. 33-59, disponível em: <http://gesd.free.fr/kliglo99.pdf>; Gary Mongiovi, "Vulgar Economy in Marxian Garb: A Critique of Temporal Single System Marxism", *Review of Radical Political Economics*, v. 34, n. 4, 2002; e Andrew Kliman, *Reclaiming Marx's Capital: A Refutation of the Myth of Inconsistency* (Lanham, Lexington, 2007).

[10] Piero Sraffa, *Produção de mercadorias por meio de mercadorias* (trad. Elisabeth Machado Oliveira, Paulo de Almeida e Christiano Monteiro Oiticica, São Paulo, Nova Cultural, 1997).

destinado a calcular uma correspondência exata entre quantidades de trabalho e preços (de produção)[11].

5.4. Proposições centrais da abordagem do excedente

A visão consensual sobre a abordagem do excedente pode ser resumida nas seguintes proposições:

1) O capitalismo é um sistema baseado em classes, isto é, na justaposição de uma classe proprietária muito pequena (a burguesia) e de uma classe não proprietária (tradicionalmente denominada proletariado ou classe trabalhadora), que constitui a grande maioria da população.

2) Os ricos, como classe, têm vários métodos para manter seu sustento. Os trabalhadores não têm alternativa, a não ser vender sua força de trabalho no mercado em troca de um salário.

3) Em conformidade com o cenário institucional que gira em torno da propriedade privada, a maior parte dos meios de produção, bem como o acesso desigual às vantagens oferecidas por educação, *know-how* sistêmico, acesso aos mercados financeiros etc., a burguesia domina efetivamente as relações sociais de produção e troca baseadas no mercado capitalista. Portanto, estabelece uma relação desigual com a classe trabalhadora. A classe burguesa tem o direito coletivo de capturar (sob a forma de lucro ou aluguel) uma parcela do produto socialmente gerado muito maior do que se poderia justificar pela simples contribuição de seus membros na forma de trabalho especializado. Essa parcela constitui o excedente.

4) As leis de movimento intrínsecas ao modo de produção capitalista são tais que os preços de mercado – a expressão do valor de troca de bens e serviços produzidos de forma capitalista – tendem a convergir para os preços de produção. Em condições normais, permitem determinar a consistência *ex post* dos preços de produção com relação à taxa salarial predominante e à faixa amplamente convergente de taxas de lucro. Esse mecanismo é a lei do valor.

5) O conceito de lei do valor decorre de sua natureza e função como mecanismo endógeno baseado em preço para governar a formação do valor de troca de cada mercadoria.

6) Por ser de mercado e consubstancial com o próprio mercado, a lei do valor atribui o valor de troca de cada mercadoria a cada insumo de trabalho e não trabalho necessário à sua produção, de acordo com o seu preço. O salário é o preço de mercado da força de trabalho e, no contexto da produção capita-

---

[11] Não criticamos essa extensão formal da análise *per se*. Afirmamos apenas que sua natureza e seu nível de profundidade teórico e epistemológico são diferentes do escopo de nossa pesquisa.

lista, é subordinado ao comando dos capitalistas (que procura extrair da força de trabalho o máximo de produtividade possível). O preço de outros insumos (que também são mercadorias) entra na formação do preço de produção, de acordo com o seu próprio preço. Como esses insumos também são produzidos pela força de trabalho, em princípio é possível calcular a quantidade de trabalho que eles "incorporam".

5.5. Uma definição sintética da lei do valor

Para concluir, e antes de propor uma definição sintética da lei do valor, devemos fazer algumas advertências:

1) Nossa definição é consistente com o que consideramos o núcleo da abordagem do excedente e não tenta ser uma nova teoria do valor. É uma definição sintética essencialmente operacional e tem como objetivo o estudo das propriedades do socialismo, foco central deste livro.

2) O adjetivo sintético refere-se ao conteúdo mínimo, e menos controverso, passível de substanciar operacionalmente nossa pesquisa, como uma espécie de mínimo denominador comum. Nosso objetivo é procurar uma formulação viável e sintética que possa ser aceita por todos os cientistas sociais que adotam a abordagem do excedente.

3) O conceito de lei do valor refere-se à lei básica do movimento que garante e restringe, na prática e de maneira lógica, a formação de preços, salários e taxas de lucro e a geração de excedentes, bem como um grau viável de estabilidade sistêmica e a reprodução simples e ampliada do modo de produção. A lei do valor caracteriza qualquer forma de produção de mercadorias que gira em torno das relações monetárias de produção e troca – essencialmente o capitalismo e o socialismo.

4) Os preços devem ser entendidos como preços de produção, de acordo com a tradição clássica.

5) Valor significa valor de troca.

6) O excedente é uma quantidade residual de valor (expressa em preços) absorvido pelo ator que contrata a força de trabalho. O ator pode gozar de um grau maior ou menor de liberdade na disposição do excedente, de acordo com a sua natureza e com as leis e construções culturais localmente específicas.

7) Por si só, a existência de excedente não prova a existência ou inexistência de exploração de classe e não permite determinar com precisão o grau de justiça e equidade em determinada sociedade.

Levando em consideração essas advertências, nossa interpretação sintética da lei clássica do valor é a seguinte: a lei do valor é uma lei sistêmica de movimento e uma condição básica de consistência interna de cada formação econômico-social moderna. Ela implica que o preço (de produção) de bens e serviços:

1) seja compatível com o nível do salário real e a taxa de lucro;

2) corresponda amplamente à quantidade de trabalho e de outras mercadorias necessárias para produzi-los, levando-se em consideração a tecnologia predominante.

6
CAPITALISMO REAL, SOCIALISMO REAL E A LEI DO VALOR

Como vimos na seção 3.4, no momento da publicação de *O capital*, o capitalismo já era o modo de produção dominante no mundo. No entanto, na maioria dos países, as relações sociais de produção e troca capitalistas não eram predominantes, embora exercessem indiretamente, por meio das relações coloniais, comerciais e financeiras, um alto e crescente grau de hegemonia sobre os modos de produção pré-capitalistas. No caso específico da Rússia, o capitalismo era dominante, mas não prevalente. A grande maioria dos russos estava inserida em relações sociais de produção e troca pré-capitalistas, e a simbiose tradicional dos modos de produção camponeses e feudais era predominante na maior parte dos países, ainda que estivesse subordinada à rede nacional e internacional de relações comerciais e financeiras capitalistas.

O modo de produção capitalista ainda é dominante em todo o mundo. Pelo menos até muito recentemente, antes do início do período de crise sistêmica e sanitária, exibiu uma notável capacidade de desenvolver forças produtivas. No entanto, em concordância com sua própria natureza, continua alternando períodos de crescimento e estabilidade com outros de estagnação ou até mesmo de crescimento negativo e instabilidade na produção, emprego, níveis de preços e outros fatores econômicos importantes. Além disso, é cada vez mais propenso a gerar outros resultados negativos, como desigualdades sociais extremas, contradições entre centro e periferia, assim como insustentabilidade ecológica.

A crítica do capitalismo levou, desde o século XIX, a muitas tentativas teóricas e práticas de projetar e implementar um sistema alternativo (o socialismo), caracterizado por planejamento racional de longo prazo, relações sociais não antagônicas e justas e convivência harmoniosa com o meio ambiente.

Evidentemente, a aparente conveniência dessa caracterização ideal do socialismo, construída dialeticamente com base na negação dos piores aspectos do capitalismo, não demonstra por si só que o socialismo pode funcionar na prática. Sem subestimar a legitimidade e a utilidade da elaboração de novos modelos teóricos do socialismo, o verdadeiro teste será a prática. A sustentabilidade e a eficácia do socialismo como alternativa ao modo de produção capitalista, em última análise, só podem ser avaliadas a partir das experiências do socialismo real. No entanto, é importante que os resultados dessas experiências sejam interpretados dentro de um arcabouço teórico baseado em uma visão de processo histórico.

Nesse sentido, de maneira consistente com a abordagem teórica baseada no modo de produção, adotamos uma abordagem braudeliana da *longue durée*[1] que nos permite entender que a história do socialismo ainda está em seus primórdios. Contudo, mesmo depois de mais de um século desde 1917, ainda é em grande parte verdade que a maioria dos esforços para identificar as principais características do socialismo baseia-se em uma negação dialética, e relativamente abstrata, do capitalismo, enquanto a análise das experiências do socialismo real – com todos os seus limites e erros – são muitas vezes descartadas como desvios fatais e traiçoeiros do que deveria ser o "verdadeiro caminho"[2].

Em nossa opinião, qualquer discurso sobre as características centrais do socialismo real deve ter como ponto de partida uma análise do capitalismo. Portanto, deve partir das categorias de valor e excedente, e em particular da questão espinhosa da validade permanente da lei do valor.

Embora nem sempre tenha sido claro sobre esse assunto, Marx percebeu que a lei do valor não pode ser substituída no socialismo – pelo menos, em sua fase inicial. De fato, o próprio socialismo foi concebido por ele como uma fase intermediária da transição para o comunismo[3].

---

[1] Fernand Braudel, "A longa duração", em *Escritos sobre a história* (trad. Antonio Guerreiro, Lisboa, Presença, 1992), p. 41-78.

[2] Não é surpreendente, em particular, que muitas análises críticas antigas e mais recentes ao capitalismo não ofereçam diretrizes para a construção de sociedades pós-capitalistas. Nesse sentido, as melhores servem para avançar argumentos *pars destruens*. Eles não parecem oferecer muito em termos de *pars construens*. Começamos, portanto, nos limites dessas análises – que são úteis, em graus variados, em seus próprios termos, mas não fazem as perguntas que fazemos neste livro. Ao mesmo tempo, as análises avançadas do capitalismo como um sistema adaptativo e complexo, com ajustes e instabilidades turbulentas que levam a tendências recorrentes de crise, podem de fato abrir caminho para a análise do socialismo.

[3] Segundo Marx e Engels, em algumas passagens, o próprio socialismo deveria ser uma espécie de transição imperfeita no caminho da humanidade em direção ao comunismo. Na verdade, a própria razão de ser do socialismo é a impossibilidade de saltar diretamente do capitalismo para o comunismo. Assim, na visão de Marx, a prevalência da lei do valor seria dominante nos estágios iniciais do socialismo e desapareceria progressivamente à medida que a sociedade se aproximasse do comunismo. No entanto, é seguro reconhecer que Marx e a maioria de seus seguidores parecem

6.1. Socialismo, comunismo e transição

Apesar de algumas ambiguidades, Marx parecia acreditar que o comunismo era uma meta do mundo real que devia ser perseguida no tempo histórico com ações políticas e fortalecimento institucional, após um período de transição socialista. Esse estado de coisas, em que a produção e a troca de mercadorias seriam substituídas, se caracterizaria pelo desaparecimento da escassez. As necessidades e contribuições individuais para a sociedade seriam reguladas pelo princípio: "De cada um segundo suas capacidades, a cada um segundo suas necessidades"[4].

Em nossa opinião (produto do benefício da retrospectiva, após mais de um século de experiência histórica), isso foi um erro, possivelmente devido à formação de Marx como jovem idealista hegeliano e à tensão entre o Marx cientista social e o Marx militante político.

O comunismo deve ser considerado um estado utópico significativo e desejável, do qual as sociedades do mundo real podem aproximar-se por um processo histórico muito longo, graças ao progresso técnico e à progressiva transferência de recursos para o setor improdutivo. Este último permite canalizar recursos para a provisão de bens e serviços não mercantilizados e não mercadológicos, com base nos princípios da universalidade, do quase igualitarismo[5] e da necessidade. Paralelamente, durante esse processo, o tempo de trabalho socialmente necessário para a produção de necessidades históricas diminui, assim como a razão de ser do próprio trabalho.

O advento do comunismo representaria para a humanidade uma passagem do reino da necessidade para o reino da liberdade[6]. Como outros estados utópicos em que uma ou várias formas de solidariedade (como santidade, ausência de dor, amor e vida eterna, além de liberdade) seriam perfeitas e universalmente alcançáveis, o comunismo não deve ser visto pelos materialistas e cientistas sociais como um estado social que pode ser alcançado em sua totalidade, mas sim como um ideal que pode guiar as ações políticas, econômicas e sociais com o intuito de melhorar o bem-estar das pessoas.

Tal tarefa é certamente viável e vale a pena persegui-la. Na verdade, muitas sociedades atualmente existentes, mesmo capitalistas, estão muito mais próximas

---

acreditar que, após uma revolução socialista, o comunismo poderia ser alcançado em um período relativamente curto de tempo (possivelmente em apenas uma geração). A experiência histórica no século XX e no início do século XXI mostrou que eles eram demasiado otimistas.

[4] Karl Marx, *Crítica ao Programa de Gotha* (trad. Rubens Enderle, São Paulo, Boitempo, 2012 [1875]), p. 32.

[5] A igualdade material é impossível, dadas as diferentes necessidades.

[6] Friedrich Engels, *Anti-Dühring* (trad. Nélio Schneider, São Paulo, Boitempo, 2015 [1878]).

em termos práticos do ideal comunista do que poderiam ter sonhado muitos revolucionários da época de Lênin. Pensemos, por exemplo, na possibilidade de erradicação da fome e do analfabetismo em muitas partes do mundo, e na duplicação virtual da expectativa de vida com relativamente pouca correlação com a classe social na maior parte do Ocidente, mas também em países muito mais pobres, como Cuba e Costa Rica.

No entanto, dada a sua natureza, o comunismo não deve ser considerado algo tão concreto e real como um modo de produção no tempo histórico. Mas o socialismo – um estado de coisas em que prevalece o princípio de cada um segundo o seu trabalho e a anarquia capitalista do mercado é substituída pelo planejamento consciente compatível com o mercado (ver seção 8.4) – provou ser um modo de produção intrinsecamente dotado de propriedades lógicas, cientificas e historicamente viáveis.

No entanto, o próprio Marx – e, mais ainda, a maioria de seus seguidores – não pensava nesses termos. Ele via o socialismo apenas como uma fase de transição para o comunismo, este sim um modo de produção de abundância. De muitas maneiras, ele e seus seguidores nem sequer consideravam o socialismo um modo de produção. Além disso, acreditavam que a superação da exploração capitalista poderia rapidamente criar uma grande mudança antropológica, transformando os seres humanos em seres totalmente cooperativos e altruístas.

A experiência mostrou que os pais do socialismo científico estavam enganados a esse respeito. O socialismo é um objetivo cientificamente razoável a ser perseguido no tempo histórico, e a implementação de um modo de produção substancialmente socialista em um número cada vez maior de países é um objetivo político, econômico e social válido – e, em alguns aspectos, uma necessidade de nosso tempo. Inversamente, o comunismo deve ser colocado em sua perspectiva utópica (em sentido virtuoso), pois não pode constituir um modo de produção *de per si*, mas apenas um princípio de reorganização da esfera distributiva, até que o desenvolvimento das forças produtivas e a substituição das contradições de classe típicas dos modos de produção pré-socialistas tornem essa tarefa prática, material e culturalmente possível[7].

Sem abandonar uma perspectiva internacionalista, socialistas e comunistas[8] devem:

---

[7] Uma sociedade substancialmente socialista pode funcionar razoavelmente, sem implicar grandes mudanças antropológicas na humanidade. O oposto seria verdadeiro em uma sociedade que se aproxima dos ideais comunistas.

[8] Vistos como socialistas que mantêm como princípio fundamental a aspiração à construção de uma sociedade que se aproxime o máximo possível do modelo comunista – tanto quanto os liberais de boa-fé aspiram a uma sociedade na qual a liberdade é maximizada.

a) introduzir, expandir e generalizar as relações sociais de produção e troca típicas do modo de produção socialista com o objetivo de minimizar (e, eventualmente, em grande parte substituir) a prevalência das de tipo capitalistas[9]. Nesse domínio, são fundamentais o aprimoramento do princípio do *planejamento compatível com o mercado* em relação ao *laissez-faire* e o princípio da minimização da relevância dos rendimentos não trabalhistas decorrentes da captura de mais-valor. O socialismo deve ser visto como um conjunto de princípios que visam reorganizar o tecido econômico e social no longo prazo – uma vez que a longa duração é uma propriedade intrínseca e fundamental de qualquer modo de produção. No entanto, uma grande diferença separa o socialismo de todos os modos de produção antecedentes. Estes se originaram do desdobramento autônomo das forças produtivas e das relações sociais de produção e troca preexistentes, aceleradas em algumas circunstâncias históricas importantes pela ação política e militar de uma classe dominante interessada. Por outro lado, o socialismo é o primeiro modo de produção a emergir como produto consciente de um intelecto coletivo agindo em nome da maioria da população;

b) deslocar progressivamente cada vez mais recursos para o setor improdutivo, a fim de aumentar a parcela da economia que trabalha de acordo com o princípio comunista. Esse segundo objetivo, no entanto, só pode ser perseguido dentro dos limites orçamentários impostos pelo desenvolvimento das forças produtivas. Tais limites são uma imposição do crescimento do setor produtivo.

Como corolário dessa perspectiva estratégica, a expectativa determinista de uma fase de transição relativamente breve deve ser superada, tanto no que diz respeito ao socialismo quanto ao comunismo. Até agora, as experiências de orientação socialista mais importantes e radicais originaram-se principalmente de revoluções violentas. Esse não tem necessariamente de ser o caso no futuro, uma vez que a correlação global de forças sob o metamodo de produção mudou com a presença relativamente estável da China etc. Porém, desde a época de Lênin, está claro que, mesmo depois de uma revolução, uma transição rápida e sustentável em direção ao socialismo é tarefa de difícil realização. A reforma profunda e interminável do socialismo de estilo soviético na maioria dos países onde não houve uma

---

[9] "Não há sociedades comunistas no mundo hoje, mas uma série de sociedades socialistas que comportam elementos capitalistas, mantidos em relação conflituosa com tendências econômicas mais progressistas, como a propriedade pública de alguns meios de produção. Não existe um 'modo de produção socialista', e o que devemos fazer com essas sociedades socialistas? [...] precisamos distinguir se os elementos capitalistas ou comunistas são a principal força do desenvolvimento" (Haines Brown, "Dominant and Other Modes of Production: A Discussion from the Marxism List", *Hartford Web Publishing*, dez. 2006, disponível em: <http://www.hartford-hwp.com/archives/10/160.html>, acesso em: 2 jun. 2020).

contrarrevolução capitalista parece mostrar que o desenvolvimento orientado para o socialismo é um processo bastante longo, e não uma transição simples e rápida.

Se estivermos certos, não se deve esperar uma transição rápida do socialismo para o comunismo. Todavia, não seria mais realista termos como único horizonte uma transição retrógrada do socialismo para o capitalismo, como na vulgada propagada por Banco Mundial, Fundo Monetário Internacional (FMI) e Organização para a Cooperação e Desenvolvimento (OCDE) sobre a "economia de transição"[10].

6.2. INSIGHTS DE MARX SOBRE O SOCIALISMO EM CRÍTICA DO PROGRAMA DE GOTHA

No socialismo, com a socialização da produção, a exploração capitalista é eliminada e o princípio da distribuição socialista – "a cada um segundo o seu trabalho" – prevalece[11]. Em outras palavras, o excedente não é mais capturado de modo privado. No entanto, longe de desaparecer, ele é coletivizado sob várias formas de investimento e consumo social. De fato, na *Crítica do Programa de Gotha*, Marx previa que a sociedade socialista primitiva precisaria dividir o produto social total entre um fundo de consumo (individual, distribuído de acordo com o trabalho de cada um) e um excedente. O excedente deveria ser usado para financiar vários "fundos" necessários à reprodução e acumulação econômica e social. Vejamos:

[…] o fruto do trabalho coletivo é *o produto social total*.
Dele, é preciso deduzir:
Primeiro: os recursos para a substituição dos *meios de produção* consumidos.
Segundo: a parte adicional para a expansão da produção.
Terceiro: um fundo de reserva ou segurança contra acidentes, prejuízos causados por fenômenos naturais etc.
Essas deduções do "fruto integral do trabalho" são uma necessidade econômica […].
Resta a outra parte do produto total, que é destinada ao consumo.
Mas antes de ser distribuída entre os indivíduos, dela são novamente deduzidos:
Primeiro: os custos gerais da administração, que não entram diretamente na produção.
[…]

---

[10] Uma discussão mais longa e outras citações de Marx e Engels sobre o socialismo e o comunismo estão em Alberto Gabriele e Francesco Schettino, "Market Socialism as a distinct socioeconomic formation internal to the modern mode of production", *New Proposals*, v. 5, n. 2, mai. 2012, p. 20-50.

[11] Obviamente, isso não é o mesmo que dizer que cada trabalhador obtém pessoalmente todo o produto de seu trabalho.

Segundo: o que serve à satisfação das necessidades coletivas, como escolas, serviços de saúde etc.
Essa parte crescerá significativamente, desde o início, em comparação com a sociedade atual e aumentará na mesma medida em que a nova sociedade se desenvolver[12].
Terceiro: fundos para os incapacitados para o trabalho etc., em suma, para o que hoje forma a assim chamada assistência pública à população carente.
Apenas agora chegamos àquilo que o programa [...] contempla de modo isolado e limitado – a "distribuição", mais precisamente, a parte dos meios de consumo que são repartidos entre os produtores individuais [...].
Aqui impera, é evidente, o mesmo princípio que regula a troca de mercadorias, na medida em que esta é troca de equivalentes. Conteúdo e forma são alterados, porque, sob as novas condições, ninguém pode dar nada além de seu trabalho e, por outro lado, nada pode ser apropriado pelos indivíduos fora dos meios individuais de consumo. No entanto, no que diz respeito à distribuição desses meios entre os produtores individuais, vale o mesmo princípio que rege a troca entre mercadorias equivalentes, segundo o qual uma quantidade igual de trabalho em uma forma é trocada por uma quantidade igual de trabalho em outra forma.[13]

Em *O Estado e a revolução*, Lênin se referiu aprobatoriamente à *Crítica do Programa de Gotha* e compartilhou seus argumentos e conclusões:

Nosso objeto aqui é uma sociedade comunista, *não como ela se desenvolveu* a partir de suas próprias bases, mas, ao contrário, como ela acaba de *sair* da sociedade capitalista, portanto trazendo de nascença as marcas econômicas, morais e espirituais herdadas da velha sociedade de cujo ventre ela saiu.
Por conseguinte, o produtor individual – feitas as devidas deduções – recebe de volta da sociedade exatamente aquilo que lhe deu [...] A mesma quantidade de trabalho que ele deu à sociedade em uma forma, agora ele a obtém de volta em outra forma.
Aqui impera, é evidente, o mesmo princípio que regula a troca de mercadorias, na medida em que esta é troca de equivalentes. Conteúdo e forma são alterados, porque, sob as novas condições, ninguém pode dar nada além de seu trabalho e, por outro lado, nada pode ser apropriado pelos indivíduos fora dos meios individuais de consumo. No entanto, no que diz respeito à distribuição desses meios entre os produtores individuais, vale o mesmo princípio que rege a troca entre mercadorias equivalentes, segundo o qual uma quantidade igual de trabalho em uma forma é trocada por uma quantidade igual de trabalho em outra forma.[14]

---

[12] A experiência histórica confirmou essa previsão. Governos de orientação socialista e, de maneira mais geral, progressistas sempre atribuíram alta prioridade aos gastos sociais.
[13] Karl Marx, *Crítica ao Programa de Gotha*, cit., p. 28-9 e 30.
[14] Vladímir I. Lênin, *O Estado e a revolução* (trad. Paula Vaz de Almeida, São Paulo, Boitempo, 2017 [1917]), p. 52.

6.3. Lei do valor e o socialismo do século XXI

Como discutido, o debate sobre a abordagem do excedente se concentra quase exclusivamente no capitalismo. No entanto, como estamos principalmente interessados no desenvolvimento socialista, tentamos ir além do consenso atualmente existente.

A lei do valor opera de maneira fundamentalmente semelhante nos países capitalistas e nas formações econômico-sociais de orientação socialista de mercado. A principal diferença é que, nestas, a influência do planejamento no mercado é maior do que nos países capitalistas. A lei do valor deve ser entendida como um princípio imanente que governa a criação e a troca de valor em todas as economias capitalistas e socialistas modernas, sustentadas pela produção e pelo mercado. Por isso, podemos afirmar com segurança que, como a lei do valor "não é totalmente superada" no socialismo, essa relação entre setores produtivos e não produtivos aplica-se também às economias socialistas. A experiência do início do século XXI mostra que a resiliência da lei do valor foi severamente subestimada. De fato, como veremos na Parte II deste livro, mesmo na China contemporânea, a lei do valor, longe de ser "totalmente superada", é ainda o princípio organizativo predominante na formação dos preços de produção nos setores produtivos, apesar de crescentemente restringida.

Por outro lado, como também veremos na Parte II deste livro, embora o planejamento desempenhe um papel macroeconômico e estratégico essencial, especialmente na governança da taxa de investimento e da demanda efetiva, ele não está em posição de superar a lei do valor. Por exemplo, em Cuba, onde as distorções nominais de preços, produzidas por tentativas de planejamento equivocadas e excessivas, são praticamente a norma, a lei do valor não é menos operacional do que na China e no Vietnã – na verdade, é ainda mais vinculativa, em virtude do pequeno tamanho da economia e do seu baixo grau de autossuficiência. A tensão entre os preços planejados e a lei do valor gera incentivos imprecisos e ineficiência generalizada[15]. A esse respeito, é útil voltarmos à distinção entre trabalho produtivo e improdutivo (e, consequentemente, entre setores produtivos e improdutivos).

O trabalho improdutivo é empregado em atividades públicas e privadas. As atividades públicas abrangem todos os serviços públicos, inclusive aqueles social-

---

[15] Aqui, antecipamos essa observação prática sobre a economia de Cuba em prol de nosso argumento teórico sobre a permanência da lei do valor sob o socialismo. Não ignoramos que, em grande parte, a incapacidade de Cuba de superar, até o momento, as distorções tradicionais do planejamento excessivamente centralizado deve-se à pressão extrema do embargo, juntamente com uma infinidade de outras medidas hostis promulgadas pelo imperialismo. Essas medidas restringiram o grau de liberdade dos formuladores de políticas cubanos, tornando a tarefa muito mais difícil do que no caso dos chineses ou vietnamitas.

mente valiosos e essenciais, como saúde e educação. Esses serviços são cruciais para o desenvolvimento humano e – na maioria dos países – são públicos, isto é, não vendem a maior parte de sua produção a preços de mercado. Algumas organizações não governamentais (ONGs) e outras organizações de capital privado sem fins lucrativos também podem ser consideradas prestadoras de serviços improdutivos socialmente úteis.

Por outro lado, atividades não produtivas privadas, legais e ilegais, como a maior parte dos serviços financeiros privados, corrupção, tráfico de drogas etc., são formas socialmente prejudiciais de redistribuição do excedente para atores improdutivos. Em suma, podemos considerar que qualquer economia capitalista é composta por dois macrossetores: o produtivo e o improdutivo. Nesse sentido, uma economia socialista não é diferente. A distinção entre trabalho produtivo e improdutivo e, portanto, entre os macrossetores produtivo e improdutivo, também se aplica ao socialismo. A estratégia socialista, tanto quanto a capitalista, deve procurar aumentar progressivamente o tamanho relativo do setor improdutivo. No entanto, é necessário que haja um equilíbrio adequado entre os dois macrossetores, a fim de evitar perturbações no bom funcionamento da lei do valor. O tamanho do excedente atua como uma restrição ao crescimento do macrossetor improdutivo, tanto no capitalismo quanto no socialismo.

Em ambos os modos de produção, a única maneira de permitir o funcionamento das atividades improdutivas é atribuir-lhes financiamento (direta ou indiretamente) através de parte do excedente gerado no setor produtivo. Portanto, a viabilidade do macrossetor improdutivo depende da transferência de fundos do produtivo e, portanto, está restrita à capacidade de geração de excedentes deste último. O governo deve projetar uma transferência líquida de um macrossetor para outro, via tributação direta e indireta. O manejo adequado dessa relação entre os macrossetores é uma questão estratégica e política importante. O macrossetor improdutivo, diferentemente do produtivo, deve, na medida do possível, ser gerenciado e regulado diretamente pelo Estado. Os serviços financeiros, em particular – em virtude do seu papel central na determinação de investimento, emprego e crescimento – devem, na medida do possível, ser parte da propriedade pública.

Proporções intersetoriais e intrassetoriais entre insumos trabalhistas e não trabalhistas decorrentes da lei do valor – naturalmente gerados por forças de mercado e refletidos na estrutura de preços relativos – em geral não podem ser modificados arbitrariamente sem causar sérias perturbações no funcionamento de todo o sistema.

A distinção entre trabalho produtivo e improdutivo, como aquela entre os macrossetores produtivo e improdutivo, aplica-se aos sistemas capitalista e de orientação socialista (ou socialista), pois, embora busquem caminhos diferentes de desenvolvimento, compartilham das restrições básicas impostas pela onipresença da lei do valor. Como tal, a distinção é independente não apenas da natureza técnica do trabalho envolvido (produção de bens ou serviços materiais), mas também da estrutura dos direitos de propriedade. O único critério discriminatório é se uma mercadoria ou serviço é produzido por uma empresa para ser vendido a preço de mercado, gerando um excedente que é capturado pelo proprietário da empresa. Somente no primeiro caso a atividade pode ser vista como produtiva. Portanto, o critério se aplica tanto quando o excedente é capturado por agentes privados, sob a forma de lucros ou aluguéis, como quando é capturado por agentes públicos, na forma de tributos. A distinção também é independente da natureza física material (bens) ou imaterial (serviços comerciais) da mercadoria (ou serviço) produzida. O principal objetivo das empresas do setor produtivo é gerar cada vez mais valor para o proprietário do capital empregado no processo de produção. Se o proprietário for um agente público, a geração de valor tem de ser concebida, projetada e implantada em uma perspectiva de longo prazo, além de consistente com a maximização do desenvolvimento econômico nacional.

Por outro lado, as atividades do setor improdutivo (atualmente compostas, sobretudo, por serviços públicos não comerciais[16], como saúde pública, educação etc.) não são necessárias para a geração de excedentes. Consistentemente, as organizações do setor improdutivo devem ser guiadas principalmente pelo princípio da relação custo-benefício, fornecendo a satisfação direta das necessidades humanas (básicas e, quando possível e aconselhável, não básicas)[17]. No entanto, ao destinar uma

---

[16] As atividades não produtivas também compreendem o fornecimento não mercantil de bens materiais (como moradias públicas) por parte do Estado ou ONGs. De maneira complementar, os Estados relativamente fracos podem optar por um compromisso subótimo, permitindo que os atores privados, com fins lucrativos, atuem como fornecedores em uma estrutura de subsídios regulamentados.

[17] Como regra geral, nenhuma atividade é produtiva ou improdutiva por si só: é produtiva quando é deixada para o mercado. Por exemplo, uma clínica de saúde privada é uma empresa produtiva e assim permaneceria, mesmo se – num cenário bizarro, mas teoricamente concebível, que já se materializou no mundo real – fosse assumida por uma organização pública, mas continuasse trabalhando de maneira totalmente orientada para o mercado com o objetivo principal de maximizar seus lucros. Algo semelhante poderia acontecer se, mantido pelo argumento o mesmo pressuposto, o Estado fornecesse subsídios à clínica e ao mesmo tempo lhe impusesse um conjunto de regulamentos que induzissem seus gerentes a buscar e equilibrar metas de lucro e bem-estar público. Essa escolha de política seria subótima, mas justificável sob algumas circunstâncias e restrições do mundo real. Se uma atividade não básica específica deve ser realizada como produtiva ou improdutiva é uma questão de escolha política pragmática, levando em consideração fatores como o grau geral de desenvolvimento socioeconômico do país, a disponibilidade de múltiplas alternativas, a capacidade do Estado de captar um nível adequado de recursos fiscais, considerações ambientais e de distribuição etc.

parcela apropriada do PIB de um país a atividades improdutivas, os planejadores também devem levar em consideração seu impacto indireto na produtividade do trabalho presente e futuro, assim como no progresso técnico da área produtora de excedentes da economia.

6.4. Quatro proposições sobre o capitalismo e o socialismo

Com base nas considerações expostas anteriormente, apresentamos quatro proposições adicionais que serão a base fundamental de nosso argumento nos capítulos seguintes:

1) As controvérsias sobre se a operacionalidade ou não da lei de valor sob o socialismo desdobram-se desde o século XIX. Podemos considerar essa questão a partir da experiência histórica centenária de muitos países europeus, asiáticos e latino-americanos, que iniciaram seu caminho socialista em diferentes níveis de desenvolvimento. Percebemos inequivocamente que a vigência da lei do valor[18] é em geral independente da estrutura dos direitos de propriedade e, portanto, constitui uma característica comum do capitalismo e do socialismo.

2) A distinção sistêmica entre os macrossetores produtivos e improdutivos – e, com isso, a necessidade de gerar excedentes suficientes no primeiro para financiar, entre outros aspectos, o funcionamento do último – também é uma característica comum do socialismo e do capitalismo.

3) Mesmo que o capitalismo caminhe em direção ao socialismo e, portanto, o excedente não seja mais capturado de maneira privada, as proporções sistêmicas intersetoriais e intrassetoriais e a estrutura de preços relativos devem ser mantidas sob o socialismo. Essa restrição se aplica a qualquer tipo de socialismo, seja planejado centralmente, seja orientado para o mercado. No entanto, no caso deste último, é evidente que a manutenção de proporções intersetoriais e intrassetoriais no macrossetor produtivo deve ser essencialmente garantida, por padrão, pela estrutura de preços relativos.

As formas administrativas e outras formas de intervenção pesada do Estado na economia, contrárias aos sinais decorrentes da estrutura dos preços relativos, não devem ser a norma e não devem ser aplicadas rotineiramente *ad hoc*, sobretudo nas áreas de nível meso e microeconômicas. Devem ser utilizadas com moderação em caso de necessidade[19] e, se preciso, para levar a cabo políticas industriais e afins.

---

[18] Em um mundo limitado pelo metamodo de produção (ver seção 7).

[19] Por exemplo, para conter perigos criados pelo mercado, como grandes falhas (bolhas financeiras e imobiliárias), ou para responder prontamente a quedas inesperadas na demanda efetiva nacional ou estrangeira.

Políticas baseadas em metas de produtividade do trabalho devem levar, no longo prazo, a resultados superiores aos que seriam obtidos se fossem seguidos apenas os sinais do mercado, em uma estrutura de otimização intertemporal que se baseia em informações, recursos de computação e planejamento do Estado[20]. Somente uma vez que o socialismo tenha atingido um grau de maturidade bastante avançado, pode-se estabelecer a primazia do planejamento em relação ao mercado – desde que permaneça compatível *ex post* com o mercado. Trata-se da chegada ao socialismo em um estágio superior: a *Nova Economia do Projetamento* (ver Parte II, capítulo 16).

4) Há uma grande diferença entre capitalismo e socialismo em relação ao comando e ao destino do excedente. Em princípio, no socialismo, a parcela do excedente[21] direcionada ao consumo de luxo é eliminada[22]. A parte correspondente do excedente pode ser destinada a investimentos sociais ou para o desenvolvimento.

---

[20] Essas intervenções não devem desafiar a lei do valor em um grau insustentável nem sucumbir à tentação do planejamento prepotente.

[21] Outros subconjuntos devem ser destinados à manutenção, investimento e financiamento do setor improdutivo e afins.

[22] Por definição, nesse quadro analítico abstrato e estilizado, apenas os capitalistas têm acesso ao consumo de luxo. Essa observação é independente do fato óbvio de que o crescimento econômico sob premissas distributivas favoráveis leva a um aumento dos salários reais, permitindo assim que os trabalhadores (ou pelo menos alguns deles) acessem bens que antes eram considerados luxuosos.

7
O METAMODO DE PRODUÇÃO

7.1. O METAMODO DE PRODUÇÃO COMO ESTRUTURA

Nos capítulos anteriores, discutimos o conceito de modo de produção (MP) e propusemos duas caracterizações diferentes, identificando em cada nível (local, nacional ou global) um MP dominante e um prevalente. Em diversos casos, o MP dominante e o prevalente não coincidem.

Podemos atribuir uma conotação adicional ao conceito. O MP dominante globalmente é ainda o capitalista. No entanto, podemos argumentar que existe outra estrutura social parecida com um MP, embora mais abstrata e longeva historicamente do que o próprio MP capitalista. Trata-se de uma estrutura histórica de longo prazo abstraída de uma situação na qual:

1) um MP é dominante em nível global;

2) dois ou mais MP coexistem em alguns países e contam com níveis desiguais de desenvolvimento, estabilidade e evolução. Qual deles acabará prevalecendo nacionalmente (e, possivelmente, em uma perspectiva de longo prazo, internacionalmente) é algo indefinido;

3) o grau de liberdade desfrutado por cada MP (inclusive o dominante) é finito. Eles são limitados não apenas pela prevalência global do MP dominante, mas também por restrições estruturais imanentes e universais que se aplicam a todos os MP que possam surgir e se consolidar durante um período histórico. Como tal, esse conjunto de restrições se aplicaria a todas as tentativas nacionais de implantar e desenvolver um MP específico, até que este se tornasse progressivamente hegemônico em escala global (sinalizando uma lenta transição para um novo MP dominante).

Nessas circunstâncias, o conjunto de restrições acima mencionado atua como uma espécie de metaestrutura, que impede cada MP de se diferenciar internamente dos demais. Essa estrutura é uma característica do mundo real e influencia fortemente as escolhas dos formuladores de políticas e seus resultados. Referimo-nos a ela com o conceito de metamodo de produção (MMP). O MMP não é, em si, um MP.

Abrimos um necessário parêntese aqui: o prefixo grego *meta* significa "depois, ao lado, com, sobre, além". Quando aplicado a um substantivo, gera um novo objeto que pode ou não compartilhar a natureza do original. Aplicado ao substantivo modo, tem o significado de "além", como em metafísica, metaeconomia, metalinguagem e, *a fortiori*, metanível. Todos esses termos se referem a objetos que estão além ou acima de outros objetos pertencentes a um nível mais baixo de abstração e generalização e, como tal, não são especificações desses objetos: por exemplo, a metafísica, em oposição à física nuclear, não é uma forma específica de física. Assim, o MMP não é um MP, e postular sua existência não requer uma revisão ou crítica do significado e definição de MP discutidos anteriormente.

Por outro lado, quando dizemos que o MMP é uma metaestrutura, usamos *meta* no sentido de "depois, ao lado", implicando que – como o MP – ele é uma estrutura de um nível mais alto de abstração. Escolhemos o termo metaestrutura também para evitar a palavra superestrutura, pois esta tem um significado importante e bem diferente na tradição marxista.

O MMP é uma estrutura fundamental do mundo real. Ele opera em um nível de generalidade e abstração superior ao dos MP, ao longo das dimensões do espaço (todo o planeta) e do tempo (em uma perspectiva de longo prazo), como uma restrição à evolução de todos os MP historicamente existentes. Portanto, sobrepõe-se ao capitalismo e ao socialismo.

7.2. Quatro características fundamentais do metamodo de produção

O MMP é caracterizado pela prevalência de:

1) produção de mercadorias e relações monetárias de produção e troca;

2) a vigência da lei do valor e, por praticamente todos os meios práticos, a existência de mercados[1];

---

[1] Como argumentaremos adiante, a lei do valor é uma força reguladora intrínseca primária que substitui a instituição do mercado. Aplica-se universalmente (embora com força desigual) tanto ao capitalismo quanto a qualquer forma de socialismo atualmente concebível. Historicamente, aplicava-se também à ex-União Soviética, à China pré-reforma e a todos os países socialistas anteriormente organizados sob planejamento central, e continua aplicável a países como Cuba e Coreia do Norte, onde o predomínio de mercados é particularmente limitado. Sob uma forma nova e eficiente teoricamente imaginável de socialismo futurista, totalmente planejado por

3) extração, acumulação e investimento de excedente;

4) a existência mutuamente compatível e complementar de dois macrossetores: o macrossetor produtivo e o macrossetor improdutivo.

O MMP é baseado em relações sociais de produção e troca (RSPT) de mercado. O conjunto de restrições que constituem o MMP permanecerá operacional enquanto a produção de mercadorias persistir[2]. Consequentemente, também a produção e a circulação de valores de troca, a existência de um excedente e de um setor produtivo e a restrição orçamentária que ele impõe ao desenvolvimento do setor improdutivo não desaparecerão tão cedo.

Para permanecer sustentável, todo sistema socioeconômico deve estar de acordo com o MMP e a LV, isto é, deve garantir que o excedente seja extraído no macrossetor produtivo[3] e distribuído em proporções adequadas para novos investimentos no mesmo macrossetor (produtivo) e na reprodução do macrossetor improdutivo[4].

No nível global, o estado desse relacionamento fundamental evolui ao longo da *longue durée* da história. Suas fundações baseadas no mercado tendem a prevalecer em todo o mundo por um período indefinidamente longo, justificando assim o termo categórico e holístico de MMP.

O MMP é a única metaestrutura regulatória concebível e viável na prática e de forma lógica em nível global. Logo, qualquer tentativa de reformulá-lo por meio de ação política subjetivista seria inútil e contraproducente. Ele não pode ser radicalmente derrubado ou substituído em um período histórico curto[5]. No entanto, não é imóvel, pois está em constante evolução – embora nem sempre de maneira branda. Nesse contexto, diferentes formações econômico-sociais surgem,

---

inteligência artificial, com planejamento centralizado, a lei do valor também se aplicaria, apesar da inexistência de mercados. No entanto, as lições da história nos obrigam a considerar um cenário puramente acadêmico e a reconhecer que existem mercados que permanecerão conosco por um tempo considerável.

[2] Afirmar que a análise das leis do movimento que governam o modo de produção capitalista inclui, necessariamente, ao menos alguns elementos essenciais da análise dos fenômenos econômicos válidos para todo o período histórico no qual existe produção de mercadorias amplia a validade de partes de *O capital*, não apenas no passado, mas também no futuro.

[3] Obviamente, devemos entender que essa afirmação supõe implicitamente a ausência de entradas permanentes e consideráveis de transferências líquidas do exterior.

[4] Alguns gastos no macrossetor improdutivo podem ser considerados investimentos, embora (em oposição aos do macrossetor produtivo) não sejam diretamente produtivos. Por exemplo, a expressão popular "investimento em educação" transmite corretamente a ideia de que a educação contribui para promover a acumulação de capital humano.

[5] No entanto, o MMP pode ser arruinado por guerras, desequilíbrios ambientais etc., levando a um cenário semelhante ao do filme *Blade Runner*. Tal ocorrência é provável e provavelmente inevitável, se o sistema econômico mundial continuar sendo guiado pelo impulso capitalista.

desenvolvem-se, atingem um certo grau de dominância/hegemonia global, podem entrar em decadência e extinguir-se. É de conhecimento público que os Estados Unidos, nos primeiros cinquenta anos do século XIX, foram um dos lugares do mundo onde as RSPT capitalistas estavam mais avançadas. Contudo, em mais da metade do país, o capitalismo era sustentado por uma versão moderna do MP escravista. Hoje, são a FES mais poderosa do planeta e a mais próxima do modelo capitalista puro.

Existem outras FES essencialmente capitalistas mais e menos avançadas no mundo, porém suas características estruturais se afastam em graus variados do modelo capitalista puro, com resultados mais progressivos ou regressivos. Por exemplo: Itália, Canadá, Japão e muitos outros países da OCDE ainda têm sistemas de saúde públicos e universais relativamente fortes e eficazes. A Arábia Saudita e outros exportadores de petróleo são FES *rentistas*, sobrevivem graças a fatores geopolíticos, têm estruturas sociopolíticas feudais e dependem principalmente de uma força de trabalho estrangeira, mantida em "semiapartheid" no mercado de trabalho doméstico hipersegmentado. Na maior parte da África e em grande parte da Ásia e América Latina, parcelas da população se engajam inteiramente em redes de relações pré-capitalistas de produção e troca – mas a quase totalidade delas implica a existência de mercados[6].

Como sempre foi o caso na história do capitalismo, essas redes se subordinam às relações capitalistas domésticas e globais de produção e troca, mas de maneira relativamente estável. Substancialmente, pouco há de novo sobre a última onda de globalização. No entanto, desde o início do século, FES de orientação socialista vêm surgindo na periferia do sistema.

7.3. Diversidade de modelos de desenvolvimento sob o metamodo de produção

O MMP fundado no mercado e na LV não será superado no futuro previsível, pois corresponde intrinsecamente ao grau histórico e à forma de desenvolvimento das RSPT em nível global e da relação dos seres humanos com a natureza. No entanto, dizer que o MMP se baseia no mercado não quer dizer que ele seja sinônimo de capitalismo (e muito menos da variante neoliberal). De fato, várias formas alternativas de sistemas sociais podem se desenvolver no âmbito do MMP como fruto de vários fatores, inclusive análise científica e ação coletiva consciente.

---

[6] Com exceção de algumas tribos de caçadores e coletores que ainda sobrevivem na Amazônia, Papua Nova Guiné e África Subsaariana.

A experiência histórica confirma isso. Atualmente, as relações capitalistas de produção e troca e, portanto, de poder de classe, são dominantes e hegemônicas em todo o mundo, mas a dominação não é completa, incontestável ou inevitável por um período interminável. No entanto, RSPT embrionárias não capitalistas têm surgido em algumas áreas do Sul global, seguindo um padrão desigual, desde as primeiras décadas do século XX. Em algumas dessas áreas, FES de orientação socialista foram estabelecidas. Algumas entraram em colapso por fatores endógenos e exógenos, enquanto outras se mostraram resistentes (pelo menos até agora) e novas surgiram. Em muitos outros países da periferia, prevalecem as formas não socialistas de economias mistas e, em algumas, o poder político é mantido por partidos progressistas que buscam novas estratégias de desenvolvimento nacional centradas no desenvolvimento humano. Os países capitalistas tradicionalmente dominantes têm produzido uma parcela cada vez menor do PIB mundial (bem abaixo de 50%). Além disso, esses países estão passando pela crise mais longa e profunda de sua história e, em alguns casos, estão retornando a variantes pré-modernas e regressivas de RSPT.

7.4. Compatibilidade com o mercado e planejamento baseado no valor

As economias modernas são caracterizadas por um grau crescente de complexidade, pois seu funcionamento repousa sobre o acúmulo contínuo e estratificado de conhecimento por parte de numerosos e diversos agentes (inclusive governos e outras organizações) e em suas interações recíprocas. O grau de complexidade e a dispersão relativa de informações relevantes podem ser parcialmente neutralizados, mas não totalmente anulados pela crescente sofisticação das tecnologias da informação e da computação. E soluções simplistas e centralizadas demais para o problema central da governança e do planejamento econômicos não são eficientes nem sustentáveis[7].

Avançar para o socialismo sob as restrições intransponíveis impostas pelo metamodo de produção exige uma abordagem de planejamento solidamente fundamentada em uma vasta gama de informações e previsões, que deve necessariamente

---

[7] As economias de estilo soviético eram muito rígidas e, portanto, fracas na principal área de absorção, geração e disseminação de inovações. Essa deficiência estrutural foi agravada pelas contradições empíricas e conceituais decorrentes da própria tentativa de se construir um país socialista isolado no meio de um mundo capitalista (Alberto Gabriele e Francesco Schettino, "Market Socialism as a Distinct Socioeconomic Formation Internal to the Modern Mode of Production", *New Proposals: Journal of Marxism and Interdisciplinary Inquiry*, v. 5, n. 2, 2012, p. 20-50).

ser *compatível com o mercado*. Uma intervenção política *compatível com o mercado* é aquela que, embora possivelmente ineficiente segundo a estrutura atualmente existente de preços relativos, visa alcançar resultados socioeconômicos superiores no longo prazo.

Uma atividade econômica *compatível com o mercado* é aquela que, mesmo que não seja voltada diretamente para a venda nos mercados, é orientada para a criação de futura competitividade em setores avançados, em geral por meio de um longo processo de produção e inovação[8]. Os planejadores podem realizar intervenções que influenciem a atual distribuição de recursos, de acordo com um exercício de otimização que internaliza a estrutura futura de preços determinada exogenamente, utilizando informações de previsão superiores não disponíveis para atores individuais. Alternativamente, ou paralelamente, podem internalizar, em certa medida, o próprio processo de formação de preços no exercício de otimização, orientando-o para resultados mais consistentes com os objetivos socioeconômicos e ambientais finais do que aqueles que seriam produzidos pelo trabalho espontâneo das forças de mercado[9]. O planejamento compatível com o mercado não é exclusivo do socialismo, mas é particularmente crucial em um contexto socialista ou de orientação socialista.

O conceito de compatibilidade de mercado leva ao conceito de *planejamento baseado em valor* (PbV), uma forma de planejamento que se aplica sobretudo ao macrossetor produtivo. Ao contrário do planejamento de estilo soviético, ele emprega, predominantemente, ferramentas políticas compatíveis com o mercado, valor[10] e preço, para orientar o desenvolvimento de setores produtivos. O PbV incorpora ao seu *design* a restrição da compatibilidade de mercado e visa resultados de desenvolvimento que sejam de fato compatíveis com o mercado. No entanto, não renuncia às intervenções de planejamento, quando necessário ou preferível (ou seja, na área de grandes projetos de infraestrutura). O PbV é totalmente compatível

---

[8] Alberto Gabriele, *Enterprises, Industry and Innovation in the People's Republic of China: Questioning Socialism from Deng to the Trade and Tech War* (Nova York, Springer, 2020).

[9] Por exemplo, os planejadores podem subsidiar investimentos em pesquisa e produção de energia renovável, promovendo atividades que não são utilizadas por investidores públicos sob a atual estrutura de preços. Se bem estabelecida, essa política levará a um preço relativo à energia renovável menor do que aquele que seria obtido em um cenário de *laissez-faire*, usando uma técnica totalmente competitiva.

[10] Os planejadores, além de levar em consideração os preços futuros praticados e sinalizados pelo mercado, podem usar seus exclusivos recursos informacionais e de tecnologia da informação para estimar, prever e "cutucar" os mecanismos que regem o desenvolvimento da lei do valor. É por isso que preferimos o planejamento mais abrangente baseado em valores ao planejamento baseado em preços.

com a adoção de mecanismos – parcial ou completamente não mercadológicos e não guiados em preços – orientados para o planejamento físico centralizado e para a distribuição universal, gratuita ou quase gratuita, tendo por base necessidades, em setores improdutivos (como saúde e educação), fiscalmente financiados, sobretudo via tributação progressiva geral. Além disso, a adoção do PbV não implica, por si só, uma escolha a favor de alocar para esses setores uma parcela relativamente baixa do PIB.

Com relação aos agentes privados, os planejadores podem aproveitar os recursos potencialmente superiores (embora não infinitos) de coleta, processamento e previsão de informações do Estado. Essa vantagem de conhecimento pode fornecer as bases para um esforço consciente e prospectivo para orientar as tendências endógenas emergentes do mercado a partir de uma variedade de ferramentas políticas que visa moldar de maneira otimizada as trajetórias de investimento, inovação e preços relativos. A condição de compatibilidade de mercado, no entanto, impõe uma limitação prudencial significativa aos graus de liberdade dos formuladores de políticas. Em particular, a estrutura de preços no mercado interno não deve divergir indevidamente da estrutura global de preços relativos.

Finalmente, vale ressaltar que o próprio MMP é, em última análise, um produto da evolução histórica humana. Assim, ao contrário das leis da física, não é imutável nem eterno. Pode-se conceber que, se for evitada uma catástrofe global que ponha fim à civilização humana, haverá no futuro um aumento contínuo da produtividade do trabalho (possibilitada pela inovação técnica) e cada vez mais países adotarão modos de produção de orientação socialista, deslocando progressivamente o eixo das atividades humanas em direção ao setor improdutivo. Se esse for o caso, o próprio MMP global mudará profundamente, criando um cenário em que o princípio da liberdade prevalecerá cada vez mais sobre o da necessidade[11], e o próprio ideal do comunismo não aparecerá mais como utópico[12], mas como uma maneira civilizada e normal de organizar a sociedade *pós-pré-história*[13].

---

[11] Nossa visão é, portanto, diametralmente oposta à abstração neoclássica que postula um conjunto natural, eterno e único de regras endógenas que governam qualquer sociedade humana povoada por uma infinidade de agentes representativos e idênticos (ao estilo do *homo economicus*) que maximizariam automaticamente a utilidade pública e privada, caso não fossem atormentados pela imposição irracional ou maliciosa de encargos regulatórios ineficientes por parte do Leviatã.

[12] A abolição da escravidão não pareceria menos utópica para qualquer observador dos tempos clássicos. No entanto, agora é fato consumado quase universal e incontestável, depois de pouco mais de 2 mil anos.

[13] Na famosa passagem da *Contribuição à crítica da economia política* já citada, Marx argumenta que a sociedade burguesa representa o último estágio da pré-história humana, e que a humanidade a substituirá assim que as condições estiverem maduras: "as forças produtivas que se desenvolvem

Contudo, esse cenário somente pode ocorrer a partir de uma perspectiva de longo prazo, e qualquer suposição ou presunção sobre sua natureza não pode deixar de ser altamente especulativa[14].

> ## BOX 2. O DEBATE CAPITALISMO DE ESTADO VS. SOCIALISMO DE MERCADO
>
> No Box 1 já afirmamos o papel proeminente dos planejadores nas EPOSM em comparação com suas contrapartes nas economias capitalistas. Anteriormente apontamos a possibilidade (conservadora) de que "até certo ponto, o sistema socioeconômico da China atual também poderia ser objetivamente caracterizado como capitalismo de Estado", apesar de preferirmos não tratar o fenômeno dessa forma. Em grande medida, as constatações feitas por nós neste livro deveriam guardar certa suficiência, quando o assunto é se a experiência chinesa constitui uma variante de capitalismo de Estado ou, conforme nossa hipótese, ela inaugura uma nova classe de FES – que definimos como "socialismo de mercado". Esse debate vem ocorrendo em um problemático ambiente político e intelectual no qual a lógica dialética e o "historicamente construído" dão lugar a juízos de valor e visões de socialismo muito próximas de formas utópicas e carregadas do chamado "dever ser" positivista. Nesse aspecto, o debate não ocorre em um ambiente saudável, no qual a rigidez conceitual e histórica é a métrica regedora da discussão. Por outro lado, entre economistas liberais que sustentam a hipótese da China como "capitalismo de Estado"[15], a discussão ocorre sob formas conceituais previsíveis, cujo traço metodológico

---

no seio da sociedade burguesa criam, ao mesmo tempo, as condições materiais para resolver esse antagonismo. Com essa formação social termina, por isso, a pré-história da sociedade humana" (Ibidem, p 48). Aqui, como na maior parte de sua obra, Marx propõe uma sociedade pós-burguesa, uma sociedade não antagônica, mas, como sugere sua profecia quase escatológica sobre o advento final da verdadeira história humana, ele não distingue claramente a sociedade socialista da comunista. De fato, ele parece ver a primeira como um estágio provisório e de transição não muito interessante que leva à segunda. Nós, ao contrário, concentramo-nos no socialismo, que consideramos ainda em um nível embrionário de desenvolvimento, mas ainda assim um MP que pode se desenvolver progressivamente, durante um período muito longo.

[14] Por enquanto, os esforços progressivos de análise e elaboração de políticas devem se concentrar na tarefa relativamente humilde, mas nada fácil, de estabelecer e desenvolver modos de produção de orientação socialista com base no Estado-nação, ao mesmo tempo que apoiam iniciativas internacionais destinadas a impedir o colapso ambiental global, ou o *Armagedom* nuclear.

[15] Por exemplo, Barry Naughton e Kellee S. Tsai (orgs.), *State Capitalism, Institutional Adaptation, and the Chinese Miracle* (Cambridge, Cambridge University Press, 2015).

essencial é a separação entre poder político e base material. O mesmo não poderia suceder aos marxistas, pois o capitalismo pressupõe o exercício do poder político por parte dos donos privados dos meios de produção. Ou seja, política e economia são um único organismo – não separáveis.

Na verdade, o próprio conceito de capitalismo de Estado é vago, e seu sentido se esvai na medida em não somente o capitalismo, mas também as instituições de mercado e a moeda são criações estatais. Logo o conceito em si se reduz a uma falácia. Nesse caso, os economistas do desenvolvimento deveriam guardar maior rigor teórico do que demonstram ter acerca das noções de "variantes de capitalismo". Se o sentido de nomear a experiência chinesa como um caso de "State-Led Development" é suficiente, ficaria de fora – para fins de comparação – o crescente papel direto e indireto do Estado chinês (e principalmente do Partido Comunista Chinês), ao contrário de Alemanha, Japão, Coreia do Sul e Índia.

Por outro lado, se é o caso de comparar a China com experiências anteriores de "State-Led", é bom deixarmos claro que teoria e história formam um único organismo, e que a China certamente tem muitas características de Estados desenvolvimentistas, mas em seu próprio processo tem criado marcos institucionais que têm elevado sobremaneira a capacidade de coordenação e domínio do ser humano sobre a natureza.

Todos os casos de "State-Led" passaram por profundas mudanças ao longo dos últimos quarenta anos, das quais a principal é o enfraquecimento da propriedade pública dos meios de produção e finança. Na China ocorre o contrário: além do papel crescente do Estado, o Partido Comunista Chinês tem tido uma influência cada vez maior e mais decisiva sobre o próprio poder de decisão acerca das empresas privadas. Trabalhamos com a hipótese de que a China é uma FES de novo tipo justamente pelo fato de o núcleo da grande base material e financeira estar sob controle público em um Estado dirigido por uma força política que reivindica o socialismo como estratégia a ser viabilizada. O critério inicial e final para caracterizar uma dada FES é puramente político. Nunca é demais lembrar: na China a burguesia não tem poder sobre os destinos políticos e econômicos do país. Muito pelo contrário.

Enfim, a distância entre o horizonte empresarial, a capacidade de planificação e o tipo de poder político praticado pelo socialismo de mercado na China torna essa experiência não somente única, mas muito distante de qualquer "capitalismo de Estado" ou "State-Led" já surgido na história.

8
O SOCIALISMO SOB O METAMODO DE PRODUÇÃO

8.1. A MUDANÇA DA RACIONALIDADE ECONÔMICA: DO INDIVÍDUO PARA A SOCIEDADE E O PAPEL FUNDAMENTAL DO PLANEJAMENTO

No capítulo 2, apresentamos algumas das principais descobertas científicas surgidas nas últimas duas décadas do século XX nos domínios da biologia, da ciência evolucionária e da neurociência, e relatamos brevemente como algumas foram fundamentais para a constituição de um novo campo interdisciplinar, a neuroeconomia. Mostramos que, do ponto de vista das ciências sociais, os dois resultados centrais decorrentes dessa grande revolução científica foram:

1) a importância central do princípio da cooperação;

2) a onipresença e a centralidade de mecanismos e procedimentos inconscientes e não racionais no funcionamento da mente humana e de suas maneiras de lidar com decisões baseadas em valores economicamente relevantes.

Por sua vez, essas descobertas ajudam a desmascarar dois mitos acerca da assim chamada natureza humana, a saber:

1) a exclusividade do princípio da competição como única força motriz e reguladora dos sistemas econômicos das sociedades humanas, em qualquer lugar e a qualquer momento;

2) o falso fetiche do *homo economicus* como representação válida do raciocínio econômico individual.

Como um *pars destruens* óbvio, esses desenvolvimentos científicos refutam irremediavelmente os fundamentos naturalistas, antropológicos e filosóficos da economia neoclássica. No entanto, eles também abrem caminho para um *pars construens* que reconsidera o papel da racionalidade nas sociedades humanas. Ou seja, a ciência moderna não permite que a racionalidade individual e o princípio da competição sejam postulados como base credível para alcançarmos automaticamente, por intermédio dos mercados, um equilíbrio social panglossiano, caracterizado por ótimos resultados econômicos e sociais.

Portanto, necessitamos de uma "revolução copernicana" que transfira para a própria sociedade o papel de condutor final que hoje é atribuído à racionalidade social do indivíduo – a qual tem se mostrado incapaz de tal feito. O único âmbito em que os seres humanos podem se esforçar para maximizar racionalmente o bem-estar social é o planejamento, ou seja, uma atividade focada e baseada na ciência, realizada por profissionais altamente treinados em instituições especializadas, aproveitando todo o conhecimento coletivo relevante, dados disponíveis e o poder de plataformas computacionais (Big Data)[1].

A mudança do direcionador racional da atividade econômica, dos indivíduos maximizadores de utilidade atomizados para instituições organizadas da sociedade moderna, permite em princípio resultados muito superiores e é consistente com uma das intuições básicas dos fundadores do movimento socialista internacional. O planejamento é, por si só, um princípio fundamental do socialismo.

No entanto, esse argumento não deve ser levado ao extremo. O planejamento não deve ser transformado, de maneira idealista, em sinônimo de socialismo, de acordo com uma espécie de superstição tecnocrática ou científica. Por si só, como regra geral, o planejamento é obviamente preferível à anarquia do mercado, mas o planejamento equivocado e espontaneísta pode levar a resultados negativos ou até catastróficos, mais do que a interação espontânea das forças do mercado. Muitos exemplos históricos comprovam esse ponto. Além disso, mesmo um planejamento tecnicamente impecável pode ser usado por uma minoria privilegiada como meio para aumentar seu poder e explorar ainda mais o restante da sociedade[2].

O objetivo deste capítulo (e da maior parte deste livro) é explorar características que o planejamento deve incorporar para ser propício ao desenvolvimento socialista eficaz e sustentável.

---

[1] Alguns críticos do planejamento econômico afirmam que ele é intrinsecamente antidemocrático e ditatorial. Em nossa opinião, esse argumento é muito frágil. Em todos os Estados capitalistas, pré-capitalistas e pós-capitalistas mais ou menos democráticos, sempre houve formas de planejamento e regulação econômica. Referimo-nos aqui a uma forma de planejamento nova, aprimorada e mais eficaz, e não a uma tomada do poder total por uma seita de tecnocratas. Como outras funções sociais importantes, o planejamento econômico deve ser executado por instituições especializadas, com quadros altamente treinados – *a fortiori*, deve-se levar em consideração sua natureza imbricada no conhecimento. O mesmo símbolo se aplica, por exemplo, a outras funções sociais importantes, como P&D, saúde pública e defesa nacional. Em princípio, uma instituição de planejamento forte e avançada pode agir sob a orientação e o comando de qualquer tipo de governo, seja ele democrático ou não.

[2] Não pode haver socialismo sem planejamento, mas pode haver planejamento sem socialismo.

8.2. Duas lições preocupantes

Nos capítulos anteriores, expusemos seletivamente alguns princípios básicos do pensamento marxista em algumas categorias cruciais (como modo de produção, formação econômico-social, lei do valor, trabalho produtivo e improdutivo, persistência no socialismo de princípios de troca e distribuição baseados na mercadoria), que consideramos ainda muito relevantes para a compreensão da economia mundial globalizada no século XXI. Além disso, sustentamos que várias lições históricas do século XX e início do século XXI exigem uma revisão da natureza dessas categorias e de suas interações dinâmicas na era contemporânea.

O século decorrido desde a Revolução Russa ensina duas lições básicas aos progressistas:

1) as tentativas de provocar uma revolução global de orientação socialista, que pretendia levar quase contemporaneamente as forças socialistas ao poder em todos (ou muitos) países capitalistas avançados não tiveram êxito. Uma superação completa do modo de produção dominante no mundo, em um período historicamente muito curto (isto é, em uma ou duas gerações), parece impossível hoje em dia, ao contrário da crença de muitos marxistas e outros revolucionários do século XIX e início do século XX;

2) a própria concepção da natureza e viabilidade do socialismo (que antes era fortemente imbuída de uma aura holística e, em alguns casos, milenar e escatológica) deve ser interpretada de maneira mais limitada e menos ambiciosa, reconhecendo a inevitabilidade da persistência no longo prazo de múltiplas contradições no contexto de qualquer processo histórico socialista. Portanto, é preferível evitar discussões essencialistas ou maniqueístas em termos de socialismo e não socialismo. É necessário ter em mente que, em muitos casos, a avaliação de realidades socioeconômicas concretas é uma questão de grau e julgamento de valor, e que uma grande lacuna muitas vezes separa a realidade das intenções (subjetiva e objetivamente).

8.3. Após a queda da União Soviética, não voltamos à estaca zero

Desde a Revolução Russa, houve muitos casos em que as forças socialistas ascenderam ao poder em países periféricos relativamente atrasados, caracterizados por formas embrionárias, imaturas, dependentes e/ou coloniais de desenvolvimento capitalista. Tentativas de construir economias socialistas nesses países enfrentaram obstáculos extraordinários, decorrentes em grande parte do próprio subdesenvolvimento das forças produtivas. Além disso, eles estavam em condições muito severas de isolamento e hostilidade por parte das potências capitalistas avançadas[3]. No entanto, pelo menos em alguns casos, esses experimentos nacionais exibiram um grau bastante alto de profundidade, radicalidade, consistência e resiliência. Por isso constituem (ou constituíram) exemplos de formações econômico-sociais de orientação socialista.

A maioria dessas tentativas colapsou sob a pressão combinada de agressividade externa e contradições internas. Sem subestimar o peso do fator exógeno, ou as importantes realizações da União Soviética e de outros países socialistas europeus em áreas como provisão universal de moradia, alimentação e serviços básicos, "as economias geridas no estilo soviético se mostraram rígidas demais para poderem absorver de fora, gerar internamente e difundir inovações de maneira satisfatória"[4].

Por outro lado, os partidos comunistas apoiados pela União Soviética mantiveram o poder na China e em alguns outros países em desenvolvimento. Nestes, as forças socialistas chegaram ao governo por meio de eleições e adotaram estratégias de desenvolvimento amplamente orientadas para o socialismo, com diferentes graus de sucesso e sustentabilidade. Na grande maioria dos casos (e, sem dúvida, especialmente nos mais bem-sucedidos), as estratégias de desenvolvimento socialista são implementadas em condições muito diferentes das do passado. No âmbito internacional, mesmo após o lançamento da guerra comercial, tecnológica e de "direitos humanos" contra a China, esses países são agora muito menos isolados do mundo capitalista do que a União Soviética e a China de Mao e esforçam-se ativamente para integrar suas economias nacionais ao comércio global e aos fluxos financeiros e tecnológicos. Já no âmbito doméstico, como veremos na Parte II deste livro, eles reintroduziram (ou mantiveram) vários mecanismos de regulamentação baseados no mercado e direitos de propriedade privada em alguns meios de produção. Os resultados em termos de desenvolvimento das forças produtivas e redução da pobreza foram espetaculares no caso da China, muito favoráveis no Vietnã e mistos em outros casos.

É justo reconhecer, no entanto, que as reformas orientadas para o mercado contribuíram para o aumento da desigualdade social, e que o tecido das economias

---

[3] Em geral, essa desvantagem ainda se aplica à maioria dos países de orientação socialista atualmente existentes. As poucas exceções são constituídas por países de orientação socialista que, por circunstâncias históricas peculiares e idiossincráticas, e graças à extraordinária capacidade diplomática de seus líderes, são capazes de tirar proveito das tentativas das potências capitalistas de jogá-las, como peões, contra outros países de orientação socialista. Exemplos são a Iugoslávia até o fim da União Soviética (quando o Ocidente contribuiu rápida e decisivamente para destruí-la, recorrendo à desestabilização econômica, à subversão secreta, ONGs de direitos humanos e campanhas de bombardeio), China (do início dos anos 1970 ao fim dos anos 1980) e o Vietnã atual.

[4] Alberto Gabriele e Francesco Schettino, "Market Socialism as a Distinct Socioeconomic Formation Internal to the Modern Mode of Production", *New Proposals: Journal of Marxism and Interdisciplinary Inquiry*, v. 5, n. 2, 2012, p. 28.

da China e do Vietnã é tão complexo que a natureza socialista desses dois países está longe de ser clara. De fato, ninguém – nem mesmo os seus próprios governos – afirma que constituem exemplos de socialismo puro.

Muitos observadores reconheceriam que ambos os países exibem elementos do socialismo (o grande peso do Estado na economia, o papel relevante das empresas estatais, das empresas mistas controladas pelo Estado e outras empresas não privadas), mas também do capitalismo e até de modos de produção pré-capitalistas (nas áreas rurais mais atrasadas). Portanto, veem a China e o Vietnã como economias mistas, com características socialistas e capitalistas. Outros analistas tendem a acreditar que esses países se tornaram totalmente capitalistas, exceto no nome – ou que, de qualquer maneira, enveredaram por um caminho que levará a esse resultado.

Um quarto de século após o fim da Guerra Fria, a correlação de forças na economia mundial não voltou à situação anterior a 1917. O colonialismo em sua forma tradicional está morto. As relações comerciais e financeiras entre países em diferentes níveis de desenvolvimento econômico e tecnológico são governadas predominantemente por relações de mercado baseadas em regras, e não em pura espoliação imperialista. Em virtude da ascensão da China, da Índia e de outros países em desenvolvimento, a distribuição do poder econômico e financeiro no mundo pode ser considerado, em certa medida, menos unipolar do que na década de 1990.

Assim, as profundas mudanças ocorridas em todo o mundo desde a época de Marx sugerem que as relações internacionais contemporâneas de produção e troca são predominantemente baseadas no mercado, mas não mais se assemelham àquelas típicas do século XIX ou da primeira metade do século XX. Por um lado, não se pode mais esperar que essas relações mudem radicalmente em um período relativamente curto de tempo e sejam substituídas por um modo de produção socialista em escala mundial. Por outro, muitos elementos da ordem capitalista tradicional foram modificados pela história, e a viabilidade de caminhos de desenvolvimento nacionais, ao menos em parte não capitalistas, cresceu em muitas regiões do mundo.

Essas considerações sugerem – como suposição provisória de trabalho – que o capitalismo ainda é o modo de produção dominante e prevalente no mundo, mas seu grau de dominância não é absoluto e hoje é muito mais débil do que no passado[5]. Além disso, o processo de globalização oferece oportunidades de integração econômica internacional aos países de orientação socialista – embora ao mesmo tempo diminua o grau de liberdade dos planejadores no caminho do desenvolvimento não capitalista.

---

[5] Por outro lado, o capitalismo agora é mais prevalente globalmente do que antes do fim da União Soviética.

As principais mudanças (em muitos casos contraditórias) ocorridas no tecido econômico global do mundo desde a Revolução Russa corroeram a supremacia absoluta do capitalismo, mas não prejudicaram substancialmente a validade e a natureza vinculativa do metamodo de produção. Essa característica do desenvolvimento socioeconômico da humanidade está ligada às relações sociais de produção e troca baseadas no mercado. Como o estado dessas relações no mundo só pode evoluir na *longue durée* da história, suas fundações no mercado tendem a prevalecer globalmente por um período indefinidamente longo, o que justifica o termo sólido e holístico de metamodo de produção. Se essa suposição abrangente for verdadeira, implica como corolário que qualquer tentativa de revisá-la por meio de uma ação política subjetiva e idealista seria fútil e contraproducente.

Os argumentos apresentados nas seções anteriores sugerem que as categorias de formação econômico-social, modo de produção e metamodo de produção devem ser entendidas como ferramentas destinadas à análise de algumas características estruturais das sociedades humanas existentes como objetos pertencentes ao domínio do tempo histórico.

A natureza fundamentalmente baseada no mercado e na lei do valor do metamodo de produção não pode e não será prejudicada no futuro próximo, pois corresponde intrinsecamente ao grau histórico e à forma de desenvolvimento da evolução das relações sociais da humanidade e à sua relação com a natureza. No entanto, no nível teórico, é crucial reiterarmos que as fundações do metamodo de produção não são sinônimo de capitalismo (e muito menos de sua variante neoliberal). De fato, no contexto das compatibilidades globais básicas determinadas pelo metamodo de produção, formas diversas de sistemas socioeconômicos podem se desenvolver em diferentes pontos do espaço e do tempo como resultado de vários fatores, entre eles a análise científica e a ação coletiva consciente.

A experiência histórica é consistente com esse arcabouço teórico. Atualmente, as relações capitalistas de produção e troca (que levam a formas – principalmente oligopolistas – de concorrência) e, portanto, de poder de classe são dominantes e predominantes, e a *weltanschauung* (visão de mundo) burguesa é amplamente hegemônica em todo o mundo. No entanto, desde as primeiras décadas do século passado, formas embrionárias de poder de classe e de relações não capitalistas de produção e troca surgiram em áreas da periferia.

8.4. "Leis" do desenvolvimento econômico de orientação socialista?

Indicar a existência de "leis" de desenvolvimento socioeconômico de orientação socialista e de aplicabilidade geral pode ser considerado, até agora, pouco mais do que um mero projeto de trabalho. Na verdade, ainda está para surgir uma síntese detalhada e atual de todas as regularidades percebidas nos processos históricos em curso na China, Vietnã e outras formações econômico-sociais de orientação socialista.

A economia política desenvolvida neste livro não nos permite uma análise aprofundada das reformas extremamente complexas e contraditórias implementadas ou tentadas em todos os países de orientação socialista atualmente existentes e de seus resultados em termos de desenvolvimento econômico, social e humano. Uma análise completa, mas inevitavelmente parcial, dos elementos fundamentais do socialismo de mercado será realizada apenas para a formação econômico-social mais avançada de todas, a China (ver Parte II). Alguns indicadores sintéticos e gráficos são apresentados no Apêndice, principalmente sobre China, Vietnã e Cuba. É sabido que os dois países asiáticos embarcaram, do final dos anos 1970 até o início dos anos 1980, no socialismo de mercado, enquanto Cuba (em parte por restrições objetivas impostas pelo embargo dos Estados Unidos e em parte pela atitude subjetiva da liderança da ilha) ainda mantém um modelo muito centralizado de economia planejada.

Dentro dos limites impostos por tais opções metodológicas, argumentamos que, após quase um século de tentativas de estabelecimento e desenvolvimento de sistemas econômicos de orientação socialista em várias partes do mundo, podemos sintetizar algumas leis de aplicabilidade geral e universal.

A economia de qualquer país é constituída por dois macrossetores: o produtivo e o improdutivo. O macrossetor produtivo gera superávit. O macrossetor improdutivo (que abrange todos os serviços públicos, inclusive os essenciais, como saúde e educação) não. A única maneira de manter um equilíbrio socioeconômico sustentável é transferir parte do excedente produzido pelo macrossetor produtivo para o macrossetor improdutivo.

Dentro dos limites impostos por essa restrição contábil (que corresponde formalmente a uma identidade semelhante à das contas nacionais padrão), a essência do planejamento consiste em uma série de intervenções orquestradas pelo Estado que são compatíveis com o objetivo de mudar o que, na ausência de tais ações políticas, seria resultado "espontâneo" da interação das forças do mercado interno e externo. Essa atitude proativa do Estado induz transferências de recursos que beneficiam setores, subsetores ou grupos populacionais à custa de outros e visam objetivos distributivos, sociais e ambientais (como diminuição das desigualdades, promoção dos serviços públicos ou proteção da natureza) ou de aceleração do desenvolvimento econômico. Esse último tipo de objetivo é comumente referido como "política industrial" e pode incluir ações destinadas a alocar recursos (por meio de ferramentas administrativas ou relacionadas a preços) em setores estratégicos, como infraestrutura, bens de capital, indústrias de alta tecnologia, P&D e atividades de C&T. Se formuladas e implementadas de maneira adequada, as políticas industriais podem realmente ser bastante eficazes. Para que isso aconteça, no entanto, os planejadores devem:

1) basear suas ações em um conjunto de informações que vão muito além dos sinais do mercado (sem, é claro, ignorar a necessidade de analisar e interpretar adequadamente esses sinais);

2) ser dotados de um conjunto adequado e eficaz de ferramentas políticas administrativas e não administrativas, diretas e indiretas.

Os formuladores de políticas devem sempre ter em conta que as capacidades de planejamento dos Estados nacionais são limitadas – especialmente nos países em desenvolvimento. A estrutura doméstica dos preços relativos (inclusive o salário real) e a taxa de câmbio real devem ser amplamente consistentes com a estrutura dos preços internacionais. Como o Estado não pode controlar e gerenciar diretamente toda a economia, deve concentrar seus limitados recursos de planejamento naquilo que é crucial. Entre outras coisas, isso implica que as relações monetário-comerciais devem prevalecer em setores não estratégicos.

As considerações apresentadas na seção anterior aplicam-se em geral a qualquer economia e, portanto, também às de orientação socialista. Por isso, podem ser entendidas como princípios básicos que restringem vinculativamente o espaço político dos planejadores socialistas. No entanto, os argumentos teóricos e empíricos discutidos nas outras seções nos permitem identificar outras "leis" econômicas que se aplicam especificamente ao subconjunto de países em desenvolvimento constituídos por uma formação econômico-social de orientação socialista. As principais são as seguintes:

1) A lei do valor não pode ser completamente superada no socialismo. Os formuladores de políticas que operam em contexto socialista devem reconhecer que a tentativa de planejar as restrições implícitas da lei do valor gera inevitavelmente tensões e problemas que podem ser satisfatoriamente governados apenas até certo ponto. Do ponto de vista prático da formulação de políticas, os planejadores socialistas podem percorrer um longo caminho se basicamente:

a) respeitarem o princípio socialista da distribuição (ou seja, tentar favorecer o surgimento de uma estrutura de salários que seja aproximadamente consistente com a produtividade do trabalho dos indivíduos);

b) não exagerarem nas transferências intersetoriais exigidas pelo Estado e, portanto, não permitirem que a estrutura doméstica de preços relativos se afaste excessivamente da dos preços internacionais.

2) A alocação de trabalho, capital e outros recursos nos setores produtivos não deve ser um subproduto mecânico da lei do valor. No entanto, os planejadores devem evitar contestar a lei do valor além do razoável. Tentativas bem-intencionadas de penalizar excessivamente o macrossetor produtivo para financiar o risco dos serviços públicos causam uma descapitalização progressiva do primeiro, enfraquecendo a capacidade de geração de excedentes de todo o país e levando à deterioração econômica.

3) Na medida em que sejam financeiramente sustentáveis, as transferências centralizadas e tradicionais do macrossetor produtivo para o improdutivo devem ser mantidas e possivelmente fortalecidas, enquanto o primeiro é reformado. Essas transferências são indispensáveis para garantir a prestação pública gratuita ou quase gratuita de serviços básicos, como saúde e educação, de acordo com o princípio de acesso universal não baseado no mercado. Como regra geral, não se devem poupar esforços para evitar qualquer forma de privatização e o estabelecimento de taxas pesadas para os usuários. A esse respeito, as experiências negativas da China e do Vietnã nas décadas de 1980 e 1990 não devem ser esquecidas.

4) Resistir a qualquer sugestão de privatização e liberalização arbitrária dos serviços financeiros. Um controle muito centralizado sobre o núcleo estratégico do sistema financeiro doméstico – constituído predominantemente por bancos públicos e outras instituições financeiras não privadas – deve ser reforçado.

5) As reformas orientadas para o mercado devem se concentrar essencialmente no macrossetor produtivo. Os países de orientação socialista onde as distorções alocativas gritantes não foram adequadamente abordadas até o momento devem restabelecer com urgência (formalmente e na prática) os princípios básicos da lei do valor. Os preços relativos devem ser racionalizados e os principais mercados indispensáveis devem ser reconstituídos (inclusive os mercados atacadistas e de insumos e os mercados para, pelo menos, alguns bens de capital). Pouco pode ser realizado em termos de melhoria sistêmica substancial até que essa condição necessária seja satisfeita.

6) As empresas estatais, com poucas exceções, não são uma forma de empresa propícia ao desenvolvimento da agricultura (ou, pelo menos, da maioria dos subsetores agrícolas, em especial os produtores de alimentos) em países atrasados, onde uma grande parcela da população ainda vive em áreas rurais. Tentativas de promulgar a transformação de empresas estatais rurais em cooperativas formais, mesmo que não sejam realmente cooperativas autônomas, estão fadadas ao fracasso, especialmente se ocorrerem na ausência de mercados parcialmente funcionais.

7) Embora haja profundas diferenças na estrutura agrária de cada país em desenvolvimento de orientação socialista, as experiências divergentes da China e do Vietnã, por um lado, e de Cuba, por outro, parecem fornecer uma lição clara.

Durante o estágio inicial das reformas, o caminho mais viável e promissor para aumentar a produtividade agrícola e a autossuficiência alimentar foi a concessão de direitos de propriedade individuais amplos, porém não absolutos, aos agricultores, promovendo as propriedades rurais como produção básica no campo, sem abrir mão das vantagens regulatórias e de planejamento decorrentes da manutenção do Estado como proprietário final da terra. Paralelamente, pode-se promover a formação de cooperativas "de baixo para cima" (principalmente orientadas para o crédito, o comércio e outros serviços) e outras formas de associação. A esse respeito, é importante notar que nenhuma cooperativa pode funcionar adequadamente, seja em que setor for, na ausência de autonomia e de mercados. Posteriormente, uma vez garantida a segurança alimentar em todo o país, o avanço suficiente das forças produtivas e a migração para as zonas urbanas, diminuindo o peso da população rural, uma transição para um conjunto mais avançado de relações sociais de produção e troca rurais deve ser promovida, centrada na consolidação de unidades produtivas e no estabelecimento de empresas agrícolas modernas articuladas em torno de uma mistura de modalidades de propriedade estatal, cooperativa e de propriedade privada.

8) As empresas estatais industriais e de infraestrutura devem ser profundamente reestruturadas. Nesse contexto, a validade geral e universal do lema "manter as grandes e deixar as pequenas" deve ser totalmente assumida pelos formuladores de políticas. O número de empresas estatais deve ser drasticamente reduzido e as demais (exclusivamente de setores estratégicos)[6] devem ser fortalecidas, capitalizadas e completamente reformadas, estabelecendo uma estrutura de incentivos adequada para gerentes e trabalhadores e aumentando a autonomia da empresa.

9) O papel dos mecanismos de mercado deve aumentar em setores estratégicos não intrinsecamente monopolistas, para que se estabeleçam formas de competição oligopolística gerenciada e regulamentada entre as (poucas) estatais no mercado doméstico. Empresas estatais fortes podem competir com empresas multinacionais estrangeiras em mercados internacionais cada vez mais concentrados. Empresas privadas nacionais e estrangeiras podem competir com empresas estatais em alguns desses mercados, sob condições bem regulamentadas.

10) A estrutura dos direitos de propriedade das empresas estatais em mercados não monopolistas deve sofrer uma transformação gradual. Formas tradicionais, centralizadas e administrativas de controle estatal devem ser substituídas, assim como a maioria das formas de planejamento físico. Tendo em conta o restabelecimento progressivo da lei do valor, o controle estatal das empresas estatais deve passar progressivamente para mecanismos modernos, flexíveis, indiretos e baseados

---

[6] Os setores estratégicos devem ser entendidos em sentido amplo e incluem aqueles que são essenciais para sustentar e aprimorar o progresso técnico, a competitividade internacional e a balança de pagamentos, e diminuir a dependência de tecnologia estrangeira.

em finanças, a fim de que se estabeleçam vários níveis de empresas controladas pelo Estado como a estrutura principal do setor público.

11) A maioria das pequenas e médias empresas industriais e de serviços não pode ser gerenciada com sucesso como empresa estatal. Portanto, devem ser transformadas em outros tipos de empresas coletivas, cooperativas ou privadas. No pior cenário – se são irremediavelmente deficitárias e não há solução melhor –, devem ser fechadas. Em alguns casos, a privatização pode ser, na prática, a melhor solução. A transformação de algumas pequenas e médias empresas estatais em cooperativas autênticas pode ser ativamente promovida, mas deve-se sempre levar em consideração a grande ressalva mencionada no item 4. Obrigar (formal ou informalmente) os trabalhadores das pequenas e médias empresas a assumir o empreendimento – muitas vezes problemático – como proprietários coletivos inevitavelmente fracassaria, comprometendo assim as perspectivas de uma futura recuperação do movimento cooperativo.

12) A estratégia de reforma descrita acima implica inevitavelmente uma deterioração significativa na distribuição dos rendimentos primários, com um aumento acentuado da desigualdade. Tal deterioração se deve apenas em parte à aplicação do princípio socialista "a cada um segundo o seu trabalho" e à substituição do excessivo igualitarismo. Na prática, é possível controlar, mas não evitar totalmente, o reaparecimento de formas de renda não trabalhista em áreas da economia em que as relações capitalistas de produção e troca podem se restabelecer.

13) No entanto, é bem sabido que o grau de desigualdade em uma economia de orientação socialista operada de maneira indevida pode ser bastante alto, entre outras razões, pela proliferação de comportamentos ilegais e informais de agentes econômicos individuais em busca de renda[7]. Se gerenciada adequadamente, a transição para um novo modelo econômico de orientação socialista pode diminuir substancialmente a difusão desses fenômenos negativos e controlar o aumento da renda geral e da desigualdade social.

14) Os governos dos países de orientação socialista dispõem, em princípio, de um espaço político relativamente amplo e várias ferramentas potencialmente bem direcionadas e aperfeiçoadas para controlar, parar e eventualmente inverter a tendência de aumento da desigualdade. Há duas principais. Nenhuma delas é nova, mas seu potencial é frequentemente subestimado. Uma é a consolidação e (uma vez que a recuperação econômica dos setores produtivos disponibilize recursos suficientes) o fortalecimento e a expansão dos serviços públicos prestados fora do mercado, de acordo com princípios como necessidade e/ou acesso universal. O outro é o estabelecimento de um sistema moderno e eficaz de tributação progressiva.

---

[7] Francesco S. Romano, *Storia dei fasci siciliani* (Bari, Laterza, 1959).

PARTE II
A CHINA COMO A PRIMEIRA EXPERIÊNCIA DE UMA NOVA CLASSE DE FORMAÇÕES ECONÔMICO-SOCIAIS: A CONSTRUÇÃO DE SEU MACROSSETOR PRODUTIVO

9
INTRODUÇÃO À PARTE II

Após um longo preâmbulo teórico, no qual novos desenvolvimentos de conceitos basilares do marxismo foram apresentados a fim de nos condicionar a uma compreensão mais lúcida do processo chinês como a primeira experiência de uma nova classe de formações econômico-sociais, dedicaremos este espaço à demonstração do processo de constituição do macrossetor produtivo na China, assim como seus desdobramentos na forma de políticas industriais, macroeconômicas e de inovação tecnológica.

O leitor terá talvez um choque inicial, ou um sentimento de desamparo, com a mudança brusca de linguagem, agora menos filosófica e mais concentrada em conceitos relacionados à chamada "economia do desenvolvimento". Por exemplo, ao tratar da estratégia chinesa para compor seu macrossetor produtivo, apresentaremos conceitos que guardam certa complexidade, embora estejam presentes no nosso dia a dia. Ou, ao analisar a estratégia de desenvolvimento chinesa, dissertaremos sobre a necessidade de uma "taxa de câmbio" desvalorizada (depreciada ou "competitiva"), o que significa que o país que opera dessa forma facilita as exportações e reduz as chamadas importações predatórias, isto é, aquelas que podem destruir suas cadeias produtivas internas. Em suma, apresentaremos o socialismo como um projeto de caráter desenvolvimentista e, portanto, alicerçado em um Estado com capacidade política e institucional de gerar demanda para suas empresas e utilizar seus bancos como financiadores de grandes empreendimentos.

Nesta Parte II, os conceitos elaborados e apresentados anteriormente serão operacionalizados para demonstrar o processo de formação de um macrossetor produtivo de uma formação econômico-social orientada para o socialismo. Por isso, ao apresentar a dinâmica econômica chinesa, tendemos a "conversar" mais com conceitos próprios da economia. Por exemplo, podemos identificar um processo no qual um "núcleo duro" se formou ao longo do tempo e, na atualidade, se exprime na existência de diversas formas públicas e não capitalistas de organização industrial e financeira[1]. O desenvolvimento de um grande setor público na economia, gerador de efeitos de encadeamento por todo o organismo econômico, é a grande característica da nova classe de formações econômico-sociais inaugurada pela China. Em outras palavras, o metamodo de produção comporta a existência desse novo tipo de formação econômico-social em seu interior e, aqui, ao falarmos de efeitos de encadeamento (*spillover*), estamos demonstrando que a dominância do setor público da economia se expressa pela capacidade de geração de demanda para os outros setores da economia, sobretudo o privado. Isso nada mais é que uma caraterística de uma formação econômico-social de orientação socialista: a dependência do setor privado da geração de impulsos pelo setor público da economia.

Para tal, conforme já adiantamos, será necessário um enfoque que clareie as linhas gerais da estratégia de desenvolvimento e das instituições que dão contorno e forma à mudança estrutural da economia do país e, consequentemente, ao próprio socialismo de mercado. A estrutura da análise será composta por algumas linhas introdutórias gerais sobre a dinâmica de desenvolvimento e mudança estrutural da economia chinesa. Esta introdução é parte da nossa argumentação, que pretende ressignificar o socialismo como projeto desenvolvimentista[2].

Nesse sentido, como em muitos países capitalistas que se tornaram desenvolvidos com o passar do tempo, trata-se de um processo que envolve a capacidade de quebrar o círculo vicioso das *leis das comparativas*[3] por intermédio de projetos nacionais aptos a formar margem de manobra (*policy space*) para a consecução de políticas fiscais, cambiais e monetárias expansionistas cujo objetivo estratégico é fazer o *catching-up* (emparelhamento) com os países capitalistas centrais. Demonstraremos as características principais da estratégia chinesa.

A abordagem teórica escolhida para a leitura dessa dinâmica de desenvolvimento (ou "macroeconomia do desenvolvimento") é a síntese novo-desenvolvimentista

---

[1] Evidentemente, há um grande setor privado na China, que também será objeto de análise aqui, mas ele não compõe o "núcleo duro" do macrossetor nacional.

[2] A nosso ver, o desenvolvimento recente chinês ocorre e lança o desafio teórico mais importante dos nossos tempos: a ressignificação do socialismo e do marxismo à luz de um mundo ainda marcado pela: 1) emergência de novos paradigmas tecnológicos; 2) a financeirização como dinâmica dominante de acumulação; 3) modernas formas de dominação imperialista, sob a forma de "guerras híbridas", "*lawfare*", e a transformação do dólar em arma de destruição em massa; e 4) novas e superiores formas de planificação econômica (nova economia do projetamento).

[3] Ou seja, o socialismo também se caracteriza por um processo revolucionário de rompimento do elo de uma cadeia caracterizada pela posição periférica de um país outrora "condenado" a exportar matérias-primas e importar produtos manufaturados.

desenvolvida pelo economista brasileiro Luiz Carlos Bresser-Pereira e outros[4]. Por exemplo, dados os limites e a prevalência do metamodo de produção e a tendência crônica à deterioração dos termos de troca[5] é sabido que uma taxa de câmbio apreciada no longo prazo é um fator determinante do baixo investimento, na medida em que nega acesso à demanda às empresas produtoras de bens *tradables* (que podem ser comercializados mundialmente) que utilizam a melhor tecnologia disponível. Ao mesmo tempo, surgiu uma ampla literatura que mostra haver uma relação robusta de longo prazo entre taxa de câmbio competitiva e crescimento econômico[6].

Após as notas introdutórias, ficará evidente a mudança de enfoque. Nosso eixo central será o desenvolvimento das diferentes formas de propriedade existentes na China atual. É bom deixarmos claro que, em uma sociedade moderna, as empresas e os bancos são um dos agentes econômicos mais importantes. Por outro lado, concordamos com Barry Naughton que, além do domínio estatal sobre os meios

---

[4] Luiz Carlos Bresser-Pereira e Paulo Gala, "Novo desenvolvimentismo e apontamentos para uma macroeconomia estruturalista do desenvolvimento", em José Luiz Oreiro, Luiz Fernando de Paula e Flavio Basilio (orgs.), *Macroeconomia do desenvolvimento* (Recife, Ed. Universitária, 2012); Luiz Carlos Bresser-Pereira, *Globalization and Competition: Why Some Emergent Countries Succeed while Others Fall Behind* (Cambridge, Cambridge University Press, 2009); "From Old to New Developmentalism in Latin America", em José António Ocampo e Jaime Ros (orgs.), *The Oxford Handbook of Latin American Economics* (Oxford, Oxford University Press, 2011); Luiz Carlos Bresser-Pereira, "Resumo do novo-desenvolvimentismo em 2015", em José Luiz Oreiro, Luiz Fernando de Paula e Nelson Marconi, *A teoria econômica na obra de Bresser-Pereira* (Santa Maria, Ed. UFSM, 2015); Luiz Carlos Bresser-Pereira, José Luiz Oreiro e Nelson Marconi, *Develomental Macroeconomics as a Growth Strategy* (Abington, Routledge, 2015); Luiz Fernando de Paula, "Macroeconomia do desenvolvimento de Bresser-Pereira: para além da ortodoxia e do keynesianismo vulgar", em José Luiz Oreiro, Luiz Fernando de Paula e, Nelson Marconi, *A teoria econômica na obra de Bresser-Pereira* (Santa Maria, Ed. UFSM, 2015). Há uma série de indicações que toda *formação econômico-social de orientação socialista* deve seguir, e que já foi objeto de análise neste livro. Porém, há indicações que nem todos os países capitalistas precisam seguir, notadamente os de caráter desenvolvimentista: por exemplo, uma taxa de câmbio que induza exportações ou controle sobre o fluxo de capitais externos. Por outro lado, como toda experiência socialista deve ser observada como variantes de Estados desenvolvimentistas, acreditamos que a abordagem novo-desenvolvimentista pode atender aos nossos objetivos teóricos.

[5] Raul Prebisch, "O desenvolvimento econômico da América Latina e seus principais problemas", *Revista Brasileira de Economia*, v. 3, n. 3, 1949, p. 47-111, disponível em: <http://bibliotecadigital.fgv.br/ojs/index.php/rbe/article/view/2443/1767>, acesso em: 20 jul. 2020.

[6] Luiz Carlos Bresser-Pereira e Paulo Gala, "Novo desenvolvimentismo e apontamentos para uma macroeconomia estruturalista do desenvolvimento", cit.; Dani Rodrik, "The Real Exchange Rate and Economic Growth", *Brookings Papers on Economic Activity*, v. 2, 2008, p. 365-412; Martin Guzman, José António Ocampo e Joseph Stiglitz, "Real Exchange Rate Policies for Economic Development", *World Development*, v. 110, 2018, p. 51-62.

de produção, estende a definição de socialismo ao que chamamos de "capacidades estatais": "A definição tradicional de socialismo inclui 'propriedade pública dos meios de produção', mas 'capacidade' é aqui ampliada para incluir a capacidade de controlar ativos e fluxos de renda por meio de tributação e autoridade reguladora"[7].

Partindo desse enfoque, que relaciona propriedade pública dos meios de produção e desenvolvimento de capacidades estatais, ancoraremos esta Parte II na análise de instituições que foram construídas ao longo dos últimos quarenta anos na China. Formas de propriedades capitalistas e não capitalistas surgiram desde o início das reformas econômicas, após a institucionalização dos contratos de responsabilidade entre o Estado e a unidade familiar camponesa, autorizando a venda no mercado dos excedentes agrícolas[8]. A formação de grandes conglomerados empresariais estatais levou à criação de uma instituição chamada Comissão de Supervisão e Administração de Ativos do Estado (Sasac, em inglês), que, a nosso ver, é uma instituição-chave. Trata-se do que chamamos de *manager* da economia socialista de mercado[9].

A análise do desenvolvimento das diferentes formas de propriedade inerentes ao processo chinês será fundamental para identificarmos as lógicas de funcionamento que diferenciam essa nova formação econômico-social de outras de tipo capitalista e socialista existentes no mundo. Certamente, a performance econômica chinesa – que já a coloca como a mais avançada formação econômico-social existente no âmbito do metamodo de produção – sugere que uma nova engenharia social está emergindo no mundo. O que não significa que o *socialismo com características chinesas* já pode ser considerado pronto e acabado. Ao contrário, como demonstraremos, essa experiência ainda está em seus primórdios.

---

[7] Barry Naughton, "Is China socialist?", *Journal of Economic Perspectives*, v. 31, n. 1, 2017, p. 3-4.

[8] Usaremos a sigla Encom para designar as "empresas não capitalistas orientadas para o mercado". Entre essas empresas, elencamos as unidades familiares que operam a pequena produção agrícola e as Township and Village Enterprises (TVE) que tiveram um papel importante nos estágios iniciais das reformas econômicas chinesas.

[9] Outro exemplo de elevação das "capacidades do Estado" que surgiu durante o processo recente de desenvolvimento na China foram as instituições relacionadas ao que Keynes denominou "socialização do investimento" (Elias Jabbour e Luiz Fernando de Paula, "A China e a 'socialização do investimento': uma abordagem Keynes-Gerschenkron-Rangel-Hirschman", *Revista de Economia Contemporânea*, v. 22, v. 1, 2018). Trata-se de mecanismos que permitem ao Estado conceber e coordenar, por exemplo, a execução de grandes políticas fiscais para gerar demanda nos setores produtivos do país.

10
DINÂMICA MACROECONÔMICA: FUNDAMENTOS DA ESTRATÉGIA NOVO-DESENVOLVIMENTISTA DA CHINA

A estratégia novo-desenvolvimentista supõe que os países que adotaram um regime de política econômica desenvolvimentista e realizaram o *catching-up* enfrentam uma tendência de sobrevalorização da taxa de câmbio. Essa tendência deriva de dois fatores estruturais: a "doença holandesa", ou seja, uma apreciação cambial adicional causada pelo fluxo líquido de capital externo, estimulado pela política de crescimento com poupança externa; e, consequentemente, o ambiente de não indução da industrialização, dado o papel preponderante da renda obtida com exportação de produtos primários.

Para se contrapor a ela o novo desenvolvimentismo preconiza uma política cambial baseada em: 1) controle de capitais; 2) neutralização da "doença holandesa"; 3) e rejeição de duas políticas habituais que implicam aumento da taxa de juros e entradas indesejadas de capitais no país: a política de crescimento com endividamento externo e a da taxa de câmbio como âncora nominal para controlar a inflação. O objetivo é uma "taxa de câmbio de equilíbrio industrial", isto é, aquela necessária para que empresas industriais, utilizando a tecnologia mais moderna, sejam competitivas internacionalmente[1].

Em geral, os déficits em conta corrente não financiam os investimentos, mas o consumo. Entretanto, os formuladores de políticas econômicas tendem a rejeitar políticas que apreciam a taxa de câmbio em virtude de seu "populismo cambial": uma taxa de câmbio apreciada facilita a reeleição dos governantes, porque o salário dos trabalhadores e o rendimento dos rentistas (juros, dividendos e aluguéis) aumentam "artificialmente".

---

[1] Luiz Carlos Bresser-Pereira, "From Old to New Developmentalism in Latin America", em José António Ocampo e Jaime Ros (orgs.), *The Oxford Handbook of Latin American Economics* (Oxford, Oxford University Press, 2011).

A nosso ver a taxa de câmbio é vista como uma variável estratégica de qualquer política macroeconômica, sendo fundamental à abordagem novo-desenvolvimentista. Uma taxa de câmbio competitiva pode estimular tanto as exportações de maior valor agregado quanto o investimento no mercado interno. A expansão estimulada apenas pelo consumo tem efeitos limitados:

> consumo pode gerar crescimento econômico somente temporariamente, uma vez que seja política e economicamente possível induzir a redistribuição da renda em favor da classe trabalhadora. A existência de limites definidos para o aumento dos salários na renda nacional faz da expansão das exportações, no longo prazo, o agente do crescimento econômico.[2]

A política cambial deve assegurar que as boas empresas localizadas no país tenham acesso à demanda interna e externa – algo que a teoria econômica convencional supõe assegurado, desde que haja demanda. Mas se a taxa de câmbio tende a permanecer cronicamente apreciada, desvalorizando-se apenas nas crises, esse acesso torna-se condição para o investimento e o desenvolvimento econômico.

Bresser-Pereira[3] assinala que países de renda média que enfrentavam o problema da "doença holandesa" e, não obstante, realizaram seu *catch-up* neutralizaram de alguma forma essa desvantagem competitiva. Na prática, vários países que estabeleceram a industrialização como objetivo fizeram isso intuitivamente, usando taxas múltiplas de câmbio, tarifas de importação e subsídios às exportações que implicavam um imposto disfarçado sobre as *commodities*. Cabe assinalar que, segundo a estratégia novo-desenvolvimentista, a política industrial não compensa uma taxa de câmbio apreciada.

Por fim, o novo desenvolvimentismo rejeita o financiamento externo, que só é benéfico quando o crescimento entra em ritmo de "milagre", a taxa de lucro esperada aumenta, a propensão marginal a investir aumenta em consequência, e a taxa de substituição da poupança interna pela externa cai[4]. Fora dessa condição especial, o endividamento externo, mesmo sob a forma de investimentos diretos, apenas aprecia a taxa de câmbio no longo prazo (enquanto o déficit em conta corrente

---

[2] Luiz Carlos Bresser-Pereira, José Luiz Oreiro e Nelson Marconi, *Develomental Macroeconomics as a Growth Strategy* (Abington, Routledge, 2015), p. 29.

[3] Luiz Carlos Bresser-Pereira, *Globalization and Competition: Why Some Emergent Countries Succeed while Others Fall Behind* (Cambridge, Cambridge University Press, 2009).

[4] Luiz Carlos Bresser-Pereira e Paulo Gala, "Novo desenvolvimentismo e apontamentos para uma macroeconomia estruturalista do desenvolvimento", em José Luiz Oreiro, Luiz Fernando de Paula e Flavio Basilio (orgs.), *Macroeconomia do desenvolvimento* (Recife, Ed. Universitária, 2012).

exige influxo adicional de capitais para financiá-lo) e o resultado é o aumento do consumo de trabalhadores e rentistas.

O financiamento interno dos investimentos, por outro lado, é essencial. Keynes, em um debate logo após a publicação de sua *Teoria geral* em 1936, fez uma importante distinção entre poupança e financiamento: o que o empresário precisa para concretizar suas decisões de investimento é ter acesso a liquidez, provida pelo setor bancário ou pela renúncia à liquidez por parte dos agentes, e não poupança prévia[5]. Para tanto, é necessário um setor bancário com capacidade de criar poder de compra novo por intermédio do crédito.

Nesse sentido, um sistema financeiro funcional para o desenvolvimento econômico é aquele capaz de prover financiamento que permita aos empresários fazer gastos com investimentos e canalize poupança para financiar suas dívidas (*funding*). As experiências do século XX mostram que, em todos os países que realizaram seu *catching-up*, houve intervenção do Estado na questão do financiamento do investimento, seja diretamente por intermédio dos bancos públicos, seja indiretamente por meio de linhas de crédito subsidiadas operadas pelos bancos privados. Não há razão para supormos que os mecanismos de financiamento surjam espontaneamente pelo simples funcionamento do mercado[6].

10.1. Observações sobre a estratégia de desenvolvimento chinês pós-1978

O crescimento econômico chinês de 1980 a 2019 foi excepcional: a média de crescimento do PIB real nesse período foi de 9,2% a.a. Há mais de quatro décadas, o país cresce acima da média internacional, de forma quase ininterrupta (Gráfico 1). Por mais de 35 anos, a taxa média de crescimento do PIB per capita na China alcançou a média de 9% a.a. A renda per capita (por Paridade de Poder de Compra) passou de apenas US$ 250,00 em 1980 para US$ 8.827,00 em 2018, isto é, cresceu 36 vezes! Esse processo foi acompanhado de uma elevada taxa de investimento, com média de 36,9% do PIB entre 1982 e 2011 e acima de 40% a partir de 2004 (Gráfico 2).

---

[5] John M. Keynes, *A teoria geral do emprego, juros e moeda* (Rio de Janeiro, Fundo de Cultura, 1970 [1936]).

[6] Luiz Fernando de Paula, "Financiamento, crescimento econômico e funcionalidade do sistema financeiro: uma abordagem pós-keynesiana", *Estudos Econômicos*, v. 43, n. 2, 2013, p. 363-96.

Gráfico 1: Crescimento do PIB real, em % (China, 1960-2017)

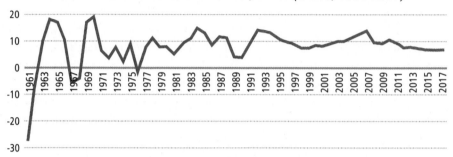

Fonte: Elaboração própria, com dados do Banco Mundial[7].

Gráfico 2: Formação bruta de capital fixo/PIB, em % (China, 1960-2017)

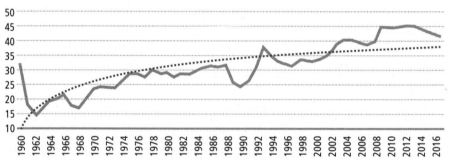

Fonte: Elaboração própria, com dados do Banco Mundial[8].

Desde 2013, a China é o país com o maior volume de comércio exterior no mundo, desempenho que tem provocado fortes efeitos sobre praticamente todas as economias nacionais. Tornou-se também grande exportadora de capitais por investimentos direto no exterior (US$ 0,8 bilhão em 1990 para US$ 101,9 bilhões em 2017). Como receptora de capitais externos, teve investimentos diretos estrangeiros (IDE) no valor de US$ 1,4 bilhão em 1984, saltando para US$ 168,2 bilhões em 2017. Até 1991 os investimentos diretos na China eram voltados exclusivamente para os setores exportadores, com elevada concentração em Guangdong; desde então, uma parcela crescente de IDE sob a forma de *joint ventures* foi direcionada para a construção e ampliação da capacidade produtiva voltada para o mercado interno.

---

[7] World Bank, "GDP Growth (Annual %): China", *The World Bank*, 2019, disponível em: <https://data.worldbank.org/indicator/NY.GDP.MKTP.KD.ZG?locations=CN>, acesso em: 2 jun. 2020.

[8] Idem, "Gross Capital Formation (% of GDP): China", *The World Bank*, 2018, disponível em: <https://data.worldbank.org/indicator/NE.GDI.TOTL.ZS?locations=CN>, acesso em: 2 jun. 2020.

Não se conclua, porém, que a China cresceu com base na política de crescimento com endividamento externo. Entre 1980 e 2018, o país só apresentou déficit em conta corrente (ou seja, usou sua poupança externa) em três anos. A China não cometeu o erro de tentar crescer com poupança externa, assim evitou que a taxa de câmbio se apreciasse e as empresas nacionais perdessem competitividade.

O peso da influência internacional da China e a combinação de modelo *export--led* com desenvolvimentismo (exportações acima de 30% do PIB, ver Gráfico 3) podem ser notados na evolução da pauta comercial chinesa[9]. Em 1978, as exportações foram da ordem de US$ 9,75 bilhões, passando em 2017 para US$ 2,42 trilhões. A China teve déficits comerciais até 1989, em razão do maior crescimento das importações (alimentos, bens de capital etc.) em relação às exportações. Estas, favorecidas pela desvalorização cambial, cresceram fortemente a partir de 1995, acompanhadas pelas importações (um pouco abaixo). Isso estimulou um processo vigoroso de substituição das importações e de forte empuxe das exportações.

Gráfico 3: Relação entre exportações e PIB, em % (China, 1960-2017)

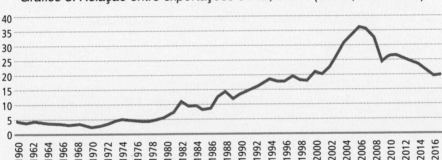

Fonte: Elaboração própria, com dados do Banco Mundial[10].

As reservas cambiais, apesar dos grandes investimentos da China no exterior, saltaram de US$ 1,6 bilhão em 1978 para US$ 3,09 trilhões em março de 2019.

---

[9] A pauta de exportações da China reflete o grau crescente de complexidade de sua indústria. O peso dos produtos manufaturados de maior valor agregado, como produtos eletrônicos e maquinário, aumentou significativamente. As exportações de produtos eletrônicos passaram de US$ 19,4 bilhões em 1991 para US$ 83,8 bilhões em 1997, US$ 174 bilhões em 2002 e US$ 718 bilhões em 2014. As exportações de maquinário totalizaram US$ 18,7 bilhões em 1997, mais do que decuplicando em dez anos, chegando a US$ 215 bilhões em 2008 e US$ 318 bilhões em 2014 (Ver *OEC China*, disponível em: <https://oec.world/en/profile/country/chn>, acesso em 15 mar 2019).

[10] World Bank, "Exports of Goods and Services (% of GDP): China", *The World Bank*, 2019, disponível em: <https://data.worldbank.org/indicator/NE.EXP.GNFS.ZS?locations=CN>, acesso em: 2 jun. 2020.

Propiciadas pelo desempenho comercial e pelo afluxo de IDE, são de longe as maiores do mundo. O resultado se deve ao fato de que as exportações, desde o início da década de 1990, ultrapassam as importações e a relação entre ambas obedecem a uma verdadeira "linha de proximidade".

Os dados sobre os juros reais e a inflação corroboram a relação entre essas variáveis em um país em *catching-up*: os juros reais, reagindo ao aumento da oferta de moeda e refletindo a estratégia de mudança do *drive* de investimento para consumo, caíram de 7,2% a.a. em média em 1997-1999 para 2,1% a.a. em 2000-2018. A inflação, medida pelo índice de preços ao consumidor, após o repique em 1993-1995 com taxa média de 18,6% a.a., mantém-se em patamares baixos desde o fim da década de 1990, com média de 1,9% em 1997-2017[11]. A partir de 1997, a combinação de taxa de câmbio estável, liberalização comercial gradual, crescimento da produtividade do trabalho e forte aumento da capacidade produtiva exerceu forte pressão para baixo sobre a inflação.

10.2. Desenvolvimento das capacidades estatais

Em grande medida, a dinâmica macroeconômica exposta demonstra que a política de reforma e abertura valeu-se intensamente de mecanismos de controle e coordenação estatais característicos de formações econômico-sociais que se transformaram em Estados desenvolvimentistas no pós-Segunda Guerra Mundial, notadamente o Japão e a Coreia do Sul: crescimento econômico acelerado, baseado em altas taxas de investimentos, que se refletem em exportações com cada vez maior valor agregado, formação de grandes reservas cambiais, controle sobre o fluxo externo de capitais, taxa de câmbio e juros. Isso caracteriza a nova classe de formações econômico-sociais inaugurada pela China: trata-se de uma variante socialista de Estado desenvolvimentista de tipo asiático[12].

No que tange à capacidade de intervenção estatal, houve, desde a década de 1990, dois grandes movimentos desse tipo na economia chinesa. O primeiro grande registro data do lançamento do Programa de Desenvolvimento do Grande Oeste, em 1999, que rapidamente se converteu na maior transferência territorial de renda do mundo moderno[13]. Esse programa foi o primeiro grande passo para a unificação do território econômico da China, à semelhança do que ocorreu nos

---

[11] Idem.

[12] No processo histórico, as reformas econômicas chinesas sintetizam uma fusão entre o Estado Revolucionário, fundado em 1949, e o Estado de caráter desenvolvimentista.

[13] Elias Jabbour, *China: infraestruturas e crescimento econômico* (São Paulo, Anita Garibaldi, 2006).

Estados Unidos na segunda metade do século XIX[14]. Tratou-se também de uma resposta aos impactos da crise financeira asiática de 1997-1998 sobre a economia e o nível de emprego no país.

O segundo grande movimento ocorreu como resposta à crise internacional de 2008. Naquele mesmo ano, no dia 5 de novembro, o Conselho de Estado da China anunciou ao mundo um vigoroso pacote de estímulos à economia da ordem de US$ 586 bilhões – o que, na época, correspondia a 12,6% do PIB. Foi uma verdadeira intervenção em massa do Estado na economia, diga-se de passagem. Em apenas alguns anos, milhares de novos quilômetros de linhas de trens de alta velocidade, metrôs e estradas cortavam o país[15].

Ao lado da construção de institucionalidades, diferentes dinâmicas de acumulação embutiam novas políticas econômicas e industriais encetadas pelo Estado. A cada ciclo de inovações institucionais[16], houve um aumento qualitativo do papel do Estado, acompanhando a elevação quantitativa do mercado/setor privado[17]. Nesse sentido, políticas de "socialização do investimento" e seus mecanismos seriam a expressão máxima de um processo de construção de instituições capazes de refletir, ao longo do tempo, a estratégia do país.

A solução da "grande questão" (relação entre Estado e mercado/setor privado) e a preparação para os dois grandes movimentos de intervenção do Estado aludidos acima foram acompanhadas de três reformas: 1) uma reforma fiscal que revertia a tendência anterior de descentralização e inaugurava um processo de construção de condições fiscais que posteriormente permitiram a implementação de políticas anticíclicas; 2) a instituição de mecanismos de controle de fluxo de capitais,

---

[14] Amaury P. de Oliveira, "O salto qualitativo de uma economia continental", *Política Externa*, v. 11, n. 4, 2003, p. 6-13.

[15] Cabe destacar que: 1) a relação investimento/PIB chegou à impressionante marca de 47,6% em 2011, configurando uma capacidade produtiva instalada pronta para responder não somente aos desafios internos, como também aos externos, como a proposta de uma nova rota da seda (terrestre e marítima) lançada pelo presidente chinês Xi Jinping em setembro de 2013; e 2) dados do National Bureau of Statistics of China (CSY) mostram que a malha ferroviária chinesa saltou de 86 mil para 121 mil km de extensão entre 2009 e 2015.

[16] Sobre os ciclos de inovações institucionais e sua ocorrência na China, ver Elias Jabbour e Luiz Fernando Paula, "A China e a 'socialização do investimento': uma abordagem Keynes-Gerschenkron-Rangel-Hirschman", *Revista de Economia Contemporânea*, v. 22, v. 1, 2018.

[17] Não é de espantar que o capítulo mais recente desse tipo de ciclo institucional seja o surgimento de um novo tipo de propriedade privada, no qual a participação estatal, por intermédio de ações, tem crescido de forma contínua. Sobre isso, ver Chong-En Bai et al., "Special Deals from Special Investors: The Rise of State-Connected Private Owners in China", *NBER Working Paper* n. 28170, 2020.

entendidos como necessários para controlar a taxa de câmbio[18]; e 3) a unificação da taxa de câmbio, que passou por uma maxidesvalorização em 1994.

A experiência chinesa demonstra quão fundamental é a *taxa de câmbio* e o superávit em conta corrente para o processo de desenvolvimento. O comportamento de um e outro é sugestivo sobre os *ciclos de mudanças institucionais* pelas quais a economia chinesa tem passado desde o início das reformas econômicas. Foi contínua a tendência de desvalorizações do yuan desde 1981 (até a maxidesvalorização de 1994), *pari passu* com um forte ajuste fiscal interno. Uma taxa fixa (1 US$ = 8,3 RMB) vigorou de 1995 a 2006. A partir de 2006, foi implantado um regime cambial semifixo. Desde 2015, o Banco Popular da China (BPC) vem intervindo no mercado cambial, depreciando o yuan de forma controlada. O Gráfico 4 mostra o comportamento da taxa de câmbio real na China de 1980 a 2017. Podemos observar uma tendência clara e gradual de forte depreciação no câmbio real entre 1980 e 1992, mantendo-se mais ou menos estável até meados da década de 2010 (em níveis considerados subvalorizados), com tendência de apreciação real (e gradual), passando a se depreciar a partir de então.

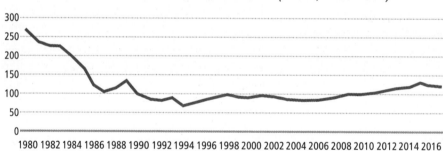

Gráfico 4: Taxa de câmbio real efetiva (China, 1980-2017)

Fonte: Elaboração própria, com dados do Banco Mundial[19].

---

[18] O objetivo desses controles mudou ao longo do tempo, mas, de modo geral, visavam: 1) ajudar a canalizar a poupança externa para o objetivo desejado; 2) manter a política monetária livre da influência internacional; 3) evitar que empresas e instituições financeiras assumissem um risco externo excessivo; 4) manter em equilíbrio o balanço de pagamentos e a estabilidade da taxa de câmbio; e 5) isolar a economia dos efeitos das crises financeiras internacionais (Min Zhao, "External Liberalization and the Evolution of China's Exchange System: An Empirical Approach", World Bank China Office Research Paper n. 4. *The World Bank*, 1º nov. 2005, p. 8, disponível em: <https://documents1.worldbank.org/curated/en/162201468236960426/pdf/418560CHA0Liberalization0WP401PUBLIC1.pdf>, acesso em: 24 maio 2021).

[19] World Bank, "Real Effective Exchange Rate Index (2010 = 100)", *The World Bank*, 2019, disponível em: <https://data.worldbank.org/indicator/PX.REX.REER?locations=CN&view=chart>, acesso em: 2 jun. 2020.

A administração do balanço de pagamentos – por meio de vários instrumentos (em particular, taxas de câmbio competitivas) – tem sido uma característica importante do processo de desenvolvimento chinês. O Gráfico 5 mostra que, a partir de 1990, a economia chinesa apresentou superávits expressivos em transações correntes quase todos os anos.

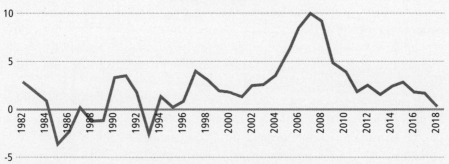

Gráfico 5: Transações correntes do balanço de pagamentos, em % do PIB (China, 1982-2018)

Fonte: Elaboração própria, com dados do Banco Mundial[20].

O ciclo de inovação institucional dos anos 1990 abriu as portas para um crescimento caracterizado pela "combinação de duas dinâmicas": uma dinâmica de *export-led* e outra de *investment-led*, tendo o comportamento da taxa de investimentos como base fundamental do processo de acumulação[21].

Essa combinação foi articulada por uma política industrial que determinou uma elevação da capacidade produtiva atrelada à expansão dos investimentos estrangeiros diretos: de US$ 4,3 bilhões em 1991 para US$ 44,3 em 1997[22]. No início da década de 2000, um novo salto de qualidade é percebido na economia chinesa com a ampliação da política de substituição de importações, agora nos novos setores ligados à indústria mecânica pesada (trens de alta velocidade, por

---

[20] Idem, "Current Account Balance (BoP, Current US$): China", *The World Bank*, 2020, disponível em: <https://data.worldbank.org/indicator/BN.CAB.XOKA.CD?locations=CN>, acesso em: 20 jul. 2020.

[21] A relação entre exportações e PIB passa de 7,5% em 1980 para 10,5% em 1986, 17,5% em 1991, e alcança 20,4% em 1995, 26,5% em 2003 e 35,7% em 2006, passando a cair desde então, até chegar a 22,6% em 2015. A taxa de investimentos, como vimos, passa por um forte processo de aceleração a partir do fim da década de 1990.

[22] Idem, " Foreign Direct Investment, Net Inflows (BoP, Current US$)", *The World Bank*, 2019, disponível em: <https://data.worldbank.org/indicator/BX.KLT.DINV.CD.WD>, acesso em: 2 jun. 2020.

exemplo)[23]. Conforme desenvolveremos mais adiante, desde então amplas políticas industriais direcionadas para os setores de ponta da economia têm sido elaboradas e implementadas. Combinadas com uma política cambial ativa, elas evitaram que o país se tornasse mais uma maquiladora do tipo mexicano e rompesse a fronteira prebischiana da antiga condição periférica, entrando no centro do sistema[24].

Devemos abrir um parêntese aqui: o *catching-up* chinês tem hoje a forma de grandes planos, como o *Made in China 2025* e os que envolvem o desenvolvimento de tecnologias relacionadas à plataforma 5G e à IA. A incorporação dessa gama de novos aportes tecnológicos ensejam o surgimento e a aplicação de novas e superiores formas de planificação econômica (que nomeamos neste livro "nova economia do projetamento"), distinguindo o socialismo de mercado chinês das formações econômico-sociais de caráter capitalista e desenvolvimentista (como Japão, Coreia do Sul e até mesmo Alemanha).

É sugestiva a relação entre o forte ajuste fiscal de 1994 e a criação de um ambiente propício ao lançamento de um grande pacote fiscal para o enfrentamento da crise asiática de 1997 por meio do fortalecimento da demanda doméstica. Essa política econômica não se restringiu às boas condições fiscais, inflação controlada, taxas de juros convidativas para a expansão da capacidade produtiva e acesso das empresas nacionais à demanda doméstica (proporcionada pela instituição de um câmbio fixo e depreciado). Houve também um salto de qualidade na ação do Estado sobre a economia: a formação de um sistema financeiro público voltado para o investimento de longo prazo.

A evolução institucional do sistema financeiro acompanhou e até mesmo se antecipou às exigências do processo de reforma econômica, entre elas a superação do alto grau de repressão financeira. Entre 1978 e 1984, o Banco Popular da China tornou-se o responsável pela regulação do sistema financeiro, regendo comissões, como a Regulação Bancária da China (CBRC), a Regulação dos Valores Mobiliários da China (CSRC) e a Regulação de Seguros da China (Circ). Ao mesmo tempo,

---

[23] Antecipando a grande demanda doméstica e garantindo acordos de transferência de tecnologia de ponta nesse setor, com contratos que datam da segunda metade da década de 1990, a China deixou de ser um país importador de tecnologia de trens de alta velocidade para se tornar líder no mercado mundial a partir de 2011.

[24] Sobre as diferentes políticas industriais executadas pelo governo chinês desde o início dos anos 2000, ver Alberto Gabriele, "The Role of State in China's Industrial Development: A Reassessment", *Comparative Economic Studies*, v. 52, n. 3, 2010, p. 325-50; e Dic Lo e Mei Wu, "The State and Industrial Policy in Chinese Economic Development", em José M. Salazar-Xirinachs, Irmgard Nübler e Richard Kozul-Wright (orgs.), *Transforming Economies: Making Industrial Policy Work for Growth, Jobs and Development* (Genebra, International Labour Office, 2014), p. 314, disponível em: <https://www.ilo.org/wcmsp5/groups/public/---dgreports/---inst/documents/publication/wcms_315676.pdf>.

quatro grandes bancos estatais foram criados (*Big Four*)[25] e surgiram inúmeros bancos nacionais e regionais de vários tipos de controle de capital, atendendo às exigências da agricultura, construção civil, infraestrutura e financiamento de exportações e importações, além de um gradual desenvolvimento do mercado de capitais.

Fica evidente que a China criou um sistema de financiamento voltado para a atividade produtiva e para a transformação estrutural da economia que se revelou bastante funcional para o processo de desenvolvimento do país, transformando-se em parte fundamental do "núcleo duro" da nova formação econômico-social. O Gráfico 6 mostra que a relação entre crédito doméstico para as empresas e PIB (incluindo empresas mistas e estatais, além de privadas propriamente ditas) manteve-se na ordem de 50% a 70% no período de 1977 a 1985, e desde então cresceu fortemente, acompanhando o acelerado processo de crescimento econômico do país, chegando a mais de 100% do PIB em 1998 e mais de 130% a partir de 2012. De fato, o sistema financeiro chinês e sua forte expansão creditícia permitiu o financiamento de investimentos em setores e empresas selecionadas, regiões e infraestrutura, tornando-se "a coluna vertebral do dinamismo quantitativo e qualitativo do investimento" no país[26].

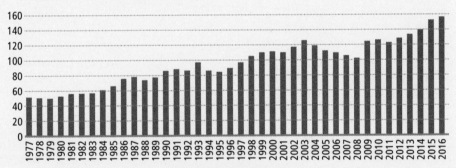

Gráfico 6: Crédito doméstico para o setor privado (China, 1977-2016)

Fonte: Banco Mundial[27].

---

[25] São eles: Banco Chinês da Indústria e Comércio, Banco Chinês da Construção, Banco Chinês da Agricultura e Banco da China. Além deles, há dois bancos de desenvolvimento públicos: Banco Chinês de Desenvolvimento e Banco Chinês de Importação e Exportação, voltados para a infraestrutura, a agricultura e o comércio exterior.

[26] Marco Antonio M. Cintra e Edison B. da Silva Filho, "O sistema financeiro chinês: a grande muralha", em Marco Antonio M. Cintra, Edison B. da Silva Filho e Eduardo C. Pinto (orgs.), *China em transformação: dimensões econômicas e geopolíticas do desenvolvimento* (Brasília, Ipea, 2015), p. 448.

[27] World Bank, "Domestic Credit to Private Sector (% of GDP): China", *The World Bank*, 2017, disponível em: <https://data.worldbank.org/indicator/FS.AST.PRVT.GD.ZS?end=2019&locations=CN&start=1977&view=chart>, acesso em: 2 jun. 2018.

Em suma, a estratégia chinesa de desenvolvimento e capacidade estatal pode ser caracterizada pela combinação dos seguintes elementos: 1) ocorrência de ciclos de inovações institucionais, que recolocou estrategicamente o papel do Estado e assim permitiu soluções de continuidade ao processo de desenvolvimento; 2) política cambial associada a uma política de superávits em conta corrente e controle do fluxo de capitais para manter a taxa de câmbio competitiva, garantindo: a) acesso à demanda interna e externa pelas empresas nacionais; b) correta administração do balanço de pagamentos; c) formação de um *policy space* (pela formação das maiores reservas cambiais do mundo); 3) política de juros baixos, desestimulando os influxos de capitais e estimulando, juntamente com o aumento dos salários reais, o papel do consumo no conjunto da demanda; 4) combinação de uma correta estratégia de adensamento produtivo nas exportações com altas taxas internas de investimento; e 5) importante controle do Estado sobre a grande propriedade estatal nos setores estratégicos e no sistema financeiro.

11
AS REFORMAS A PARTIR DA AGRICULTURA E O SURGIMENTO DAS "EMPRESAS NÃO CAPITALISTAS ORIENTADAS PARA O MERCADO"

A partir de agora abordaremos a dinâmica da base econômica chinesa, sob o ponto de vista da evolução da estrutura de propriedade do país. Partiremos da dinâmica de acumulação. Ou seja, não partiremos dos elementos da demanda agregada como forma de caracterizar o processo de desenvolvimento chinês, segundo o padrão estabelecido pelos trabalhos focados nas dinâmicas e trajetórias de desenvolvimento. Nosso objetivo é mostrar de que maneira a evolução das formas de propriedade no setor produtivo chinês foi ensejando, e acompanhando, as mudanças em matéria de dinâmica de acumulação ao longo dos últimos quarenta anos.

Não é novidade que, desde 1978, a China passou por uma profunda mudança em sua estrutura de propriedade. Segundo Piketty, Yang e Zucman:

> A participação da propriedade pública na riqueza nacional caiu de 70% em 1978 para cerca de 30% em 2015. Mais de 95% das residências pertencem agora a famílias particulares, em comparação com cerca de 50% em 1978. As empresas chinesas, no entanto, ainda são predominantemente de propriedade pública: cerca de 60% das ações chinesas pertencem ao governo (com uma pequena, mas significativa recuperação desde 2009), 30% a proprietários privados chineses e 10% a estrangeiros – menos do que nos Estados Unidos, e muito menos do que na Europa.[1]

É interessante notar que, apesar de concentrar em suas mãos "apenas" 30% das propriedades, ainda assim o Estado chinês tem um controle maior da riqueza nacional do que alguns países ocidentais na "era de ouro do capitalismo" (1950--1980). Nos Estados Unidos, França, Japão e Grã-Bretanha, em meados dos anos

---

[1] Thomas Piketty, Li Yang e Gabriel Zucman, "Capital Accumulation, Private Property and Rising Inequality in China", *NBER Working Paper* n. 23368, 2017, p. 5.

de 1970, o controle estatal sobre a estrutura completa de propriedade variou entre 15% e 25%[2].

Podemos afirmar, antes de mais nada, que nos anos pré-reformas prevaleceu um grande compromisso com o igualitarismo típico do camponês asiático e o princípio socialista de distribuição em concordância com o trabalho em nível local. Esse compromisso se manifestou em uma estrutura de "planificação central", cujo braço produtivo eram as grandes empresas públicas e coletivas, e estendia-se à quase totalidade da economia. Após esse período, essa estrutura foi substituída por outra, marcada por diferentes formas de propriedade pública e privada: a forma pública é dominante e tem capacidade cada vez maior de intervenção sobre a realidade. Porém, como veremos, mesmo a estrutura capitalista, não pública, da economia chinesa tem laços de dependência com a grande estrutura estatal existente[3], em particular o sistema financeiro.

Tendo em vista a necessária análise da evolução da propriedade na China, examinaremos agora o impacto das reformas rurais e sua relação dialética com o próprio desempenho econômico e a mudança estrutural da economia chinesa desde então.

Iniciaremos essa seção com uma análise de conjuntura, internacional e nacional, que condicionou as reformas econômicas chinesas.

***

As reformas econômicas iniciadas na China em 1978 coincidem com uma série de eventos cujo sentido se expressou em uma nova divisão internacional do trabalho. Os Estados Unidos estavam perdendo espaço econômico e político, em razão da ascensão econômica da Alemanha e do Japão, da derrota militar que haviam sofrido no Vietnã em 1975 e de sua crescente perda de influência no Terceiro

---

[2] Isabela Nogueira, João Vitor Guimarães e João Pedro Braga, "Inequalities and Capital Accumulation in China", *Brazilian Journal of Political Economy*, v. 39, n. 3, 2019, p. 457. Caso interessante é o da Noruega, onde o Estado controla praticamente 60% da riqueza nacional. Porém, segundo Piketty, Yang e Zucman, "a principal diferença entre a riqueza pública na Noruega e na China é que a maior parte da riqueza pública da Noruega é investida no exterior. A grande riqueza pública líquida positiva da Noruega gera renda de capital que é usada principalmente para financiar a acumulação de capital estrangeiro, que no longo prazo pode ser usada para reduzir a carga tributária e financiar mais gastos públicos. Nesse sentido, é uma forma de propriedade pública muito diferente da da China: na Noruega, a propriedade pública tem principalmente uma dimensão fiscal e financeira, não tanto uma dimensão industrial ou de controle" ("Capital Accumulation, Private Property and Rising Inequality in China", cit., p. 23).

[3] Ao longo dos últimos vinte anos, e sobretudo na última década, o setor privado chinês tornou-se um setor ancilar do setor público da economia, beneficiando-se dos efeitos de encadeamento gerados pelos grandes investimentos estatais.

Mundo, encetando uma contraofensiva em nível internacional. Dois outros fatores foram determinantes para a realização das reformas econômicas: a percepção de atraso do país em relação aos Estados desenvolvimentistas ao seu redor, entre eles as suas duas grandes pendências históricas: Hong Kong e Taiwan; e o surgimento de um novo paradigma tecnológico no Japão, seu rival histórico. No campo do socialismo real, é grande a tentação de relacionar a decadência do fordismo à perda de dinamismo econômico da União Soviética e de seus sócios no Conselho de Assistência Econômica Mútua (Comecon), alguns deles atraídos para a órbita da fase b do Ciclo Longo de Kondratiev, iniciada em 1973, com cataclismos políticos amplificados pela crise da dívida mexicana em 1982[4].

Do ponto de vista da grande política interna, no entanto, o principal fator para as reformas de modernização foi a recomposição do pacto de poder em 1949, praticamente desmantelado por uma lógica de crescimento econômico baseado em excedentes da agricultura e do radicalismo antimercantil, atrelada ao Grande Salto Adiante (1956-1961) e à Revolução Cultural (1966-1976)[5]. Deng Xiaoping percebeu, de maneira muito sagaz, que as mesmas forças (camponeses) que haviam levado o Partido Comunista Chinês (PCCh) ao poder em 1949 seriam o motor das reformas econômicas. Em princípio, essas reformas se concentrariam no estabelecimento de um sistema de abastecimento capaz de superar a era da escassez na produção de alimentos e, ao mesmo tempo, garantir condições mínimas para o surgimento de um amplo mercado de consumo de bens manufaturados. Política, estratégia e economia deveriam se fundir – inicialmente – para reverter a lógica – desfavorável à agricultura – das relações campo-cidade intrínsecas ao modelo soviético[6].

Padrões clássicos de divisão social do trabalho exigiam instalação urgente de um processo caracterizado pela *liberalização sem privatização*.

---

[4] É o caso sobretudo de Polônia e Iugoslávia.

[5] O pacto de poder que levou o PCCh ao poder em 1949 tinha sua principal base apoio nos camponeses, ampla maioria da população.

[6] Não é incomum a associação dos contratos de responsabilidade instituídos na China pós-reformas aos mecanismos de acumulação inseridos na curta experiência russa da Nova Política Econômica (NEP), proposta por Lênin em 1921. Domenico Losurdo (*Fuga da história? Revolução russa e chinesa vistas de hoje*, trad. Luiz Mario Gazzaneo e Carolina Muranaka Saliba, Rio de Janeiro, Revan, 2004, p. 57) chega a classificar as próprias reformas chinesas como uma "grande NEP". A nosso ver, a existência de recursos ociosos é um pressuposto básico do desenvolvimento: em uma sociedade agrária, a própria agricultura é fonte de recursos ociosos cuja plena utilização demanda mudanças institucionais como ponto de partida para o processo de acumulação, atingindo qualitativamente a economia como um todo. Esse é o caso da China nos estertores das reformas econômicas. Sobre a NEP, ver Vladímir I. Lênin, "Sobre o imposto em espécie: o significado da Nova Política e as suas condições", em *Obras escolhidas* (Lisboa, Progresso, 1977 [1921]), v. 3, p. 492-520, disponível em: <https://www.marxists.org/portugues/lenin/1921/04/21.htm>, acesso em: 2 set. 2019.

11.1. A EVOLUÇÃO DA "PEQUENA PRODUÇÃO MERCANTIL" COMO DISTINTO MODO DE PRODUÇÃO INTERNO À NOVA FORMAÇÃO ECONÔMICO-SOCIAL

Se, do ponto de vista político, as reformas no campo tinham o objetivo de recompor o pacto de poder de 1949, do ponto de vista econômico seu sentido básico era a garantia de abastecimento alimentar das cidades. Para que toda uma pequena produção mercantil[7] fosse recomposta, foi necessário um processo de descoletivização da estrutura de propriedade no campo. Isso, no entanto, não implicou um processo clássico de privatização. O núcleo da organização empresarial passou da comuna rural para a unidade familiar a partir de experimentos iniciados ainda na década de 1970 na província de Anhui: ali se permitiu a criação de um mercado local de excedentes agrícolas, o que gerou um aumento significativo na produtividade do trabalho agrícola. É importante notar que, em 1978, cerca de 80% da população chinesa vivia em áreas rurais.

O experimento inicial na província de Anhui espalhou-se pelo país com a implantação de contratos de responsabilidade entre as famílias camponesas e o Estado. Por esses contratos, as famílias entregavam cotas de produção ao Estado e podiam comercializar o excedente. Como resultado, a produção de cereais alcançou o recorde de 407,3 milhões de toneladas em 1984, um aumento de 33,6% em relação à colheita de 1978[8]. O Gráfico 7 oferece um panorama do aumento da produtividade agrícola chinesa.

É bom frisar que o PIB agrícola chinês cresceu em média 2% ao ano, entre 1952 e 1978, e acelerou para 4,5% ao ano entre 1978 e 2018[9]. A razão desse crescimento médio está na recomposição da pequena produção mercantil[10], que gerou desenvolvimento econômico em relação de causa e consequência da expansão da economia de mercado.

---

[7] *Pequena produção mercantil* é um nome genérico para o que Engels chamou, no prefácio do Livro 3 de *O capital*, de "produção simples de mercadorias" (Karl Marx, *O capital*, Livro 3: *O processo global da produção capitalista*, trad. Rubens Enderle, São Paulo, Boitempo, 2014 [1894], p. 42). As reformas rurais chinesas refletem, de forma ampla, nossa visão sobre o encaminhamento de um desenvolvimento rural não conduzido por empresas estatais ou GCEE, dado o nível de desenvolvimento tecnológico e a tendência à superpopulação agrária em países como a China.

[8] Rong Zhou et al., *Agriculture in Contemporary China* (Pequim, Contemporary China Press, 1992), p. 375.

[9] Jikun Huang, Jun Yang e Scott Rozelle, "China's 40 Years of Agricultural Development and Reform. Research Gate", 2018, p. 487. Disponível em: <https://www.researchgate.net/publication/326492289_China's_40_years_of_agricultural_development_and_reform>; acesso em: 20 jul. 2020.

[10] Trata-se de um exemplo de "crescimento fora do plano". Ver Barry Naughton, *Growing Out of the Plan: Chinese Economic Reform (1978-1993)* (Cambridge, Cambridge University Press, 1996).

Gráfico 7: Produção de cereais, em milhões de toneladas (China, 1961-2017)

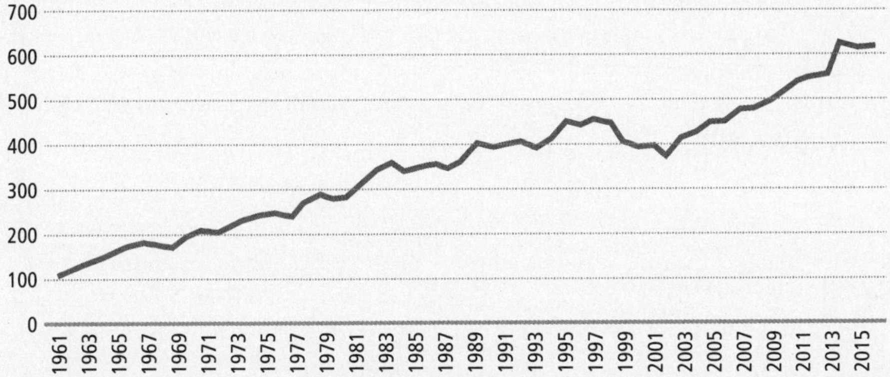

Fonte: Banco Mundial[11].

Essa expansão ocorreu em detrimento não somente das estáticas e das formas rústicas de planificação características do complexo agroindustrial das comunas instituídas na era Mao Tse-Tung, mas também da pressão exercida por essa nova economia de mercado sobre a economia natural de subsistência, com efeitos expansivos na própria economia de mercado. Segundo Jikung Huang e Scott Rozelle:

> Nas últimas quatro décadas, o valor da produção agrícola em termos reais cresceu a uma taxa média de 5,4% ao ano, enquanto o crescimento anual da produção de grãos foi de 2,1%. A prioridade da economia agrícola da China tem mudado constantemente do setor de grãos para a produção de culturas comerciais e produtos hortícolas de maior valor. Nos últimos quarenta anos, a taxa média de crescimento do algodão chegou a 3,8% ao ano, a cana-de-açúcar a 5,3%, os óleos comestíveis a 6,4% e as frutas 11,5%. Os produtos de pecuária e aquicultura têm crescido ainda mais rapidamente. A produção anual de carne aumentou em média 5,9% e o peixe 7,3%. Os laticínios aumentaram mais rapidamente, 9% ao ano.[12]

Sob outro enfoque, as reformas rurais, além de incrementar os mecanismos de alocação de recursos e elevar a produtividade do trabalho, evitaram a ocorrência de processos muito comuns, por exemplo, na América Latina, onde o processo de industrialização e o desmonte do complexo rural foi acompanhado de uma polarização social. Segundo Nogueira, Guimarães e Braga:

---

[11] World Bank, "Cereal Production (Metric Tons): China", *The World Bank*, 2018, disponível em: <https://data.worldbank.org/indicator/AG.PRD.CREL.MT?locations=CN>, acesso em: 6 fev. 2018.

[12] Huang, Yang e Rozelle, "China's 40 Years of Agricultural Development and Reform. Research Gate", cit., p. 489.

O sucesso da vida de desenvolvimento da China em comparação com o da Índia ou da América Latina no que diz respeito à questão agrária tem sido evitar uma população rural sem terra ou miserável. A agricultura chinesa se estabeleceu com características marcantes de pequena escala e base familiar que contribuíram para sustentar o rápido crescimento econômico e alcançar a autossuficiência em arroz, trigo e milho.[13]

Aspecto essencial para a compreensão das reformas econômicas chinesas é uma particularidade do processo de desenvolvimento do país. A China pós-1978 pode ser vista como uma variante da *via americana*[14], ou seja, um processo de industrialização apoiado em uma ampla economia de mercado que se expande do campo para as cidades, e cujas induções de tipo institucionais reforçam a transformação de pequenos e médios produtores em potenciais industriais, numa espécie de *acumulação sem desapropriação*[15]. Eis o *start* para uma nova configuração da divisão social do trabalho, assim como de esquemas regionais articulados tanto com a economia nacional quanto com a internacional.

Estritamente acerca das novas formas de propriedade que emergiram dessas reformas no campo, isto é, as "empresas não capitalistas orientadas para o mercado" (Encom), é necessário dizer que, imediatamente após o desmonte das comunas, a pequena produção mercantil foi pioneira no pós-Revolução de 1949. Seu surgimento não pode ser desvinculado dos limites impostos pelas comunas rurais à ampliação da *divisão social do trabalho*, dadas as suas características, que negavam um elemento essencial no processo de desenvolvimento e mudança estrutural: a especialização produtiva, fruto do progresso técnico. Novos arranjos em matéria de divisão social do trabalho demandariam uma reorganização das atividades na agricultura. E o surgimento de ao menos dois tipos de Encom: a própria pequena produção mercantil e as Township and Village Enterprises (TVEs), foi fundamental[16].

***

---

[13] Isabela Nogueira, João Vitor Guimarães e João Pedro Braga, "Inequalities and Capital Accumulation in China", cit., p. 461.

[14] Sobre a "via americana de desenvolvimento", ver Barrington Moore Jr., *As origens sociais da ditadura e da democracia: senhores e camponeses na construção do mundo moderno* (trad. Maria Ludovina Figueiredo Couto, São Paulo, Martins Fontes, 1966).

[15] Giovanni Arrighi, *Adam Smith em Pequim: origens e fundamentos do século XXI* (trad. Beatriz Medina, São Paulo, Boitempo, 2007), p. 361-7. A noção de "acumulação sem desapropriação" como forma de caracterizar o estágio inicial das reformas econômicas chinesas pode servir de demonstração para quem acreditava que a desapropriação já havia ocorrido em 1949. Sobre isso, ver Amaury P. de Oliveira, "O salto qualitativo de uma economia continental", *Política Externa*, v. 11, n. 4, 2003, p. 6-13.

[16] Como dissemos, a não classificação das pequenas unidades mercantis familiares como empresas de tipo capitalista deve-se ao fato de o Estado não ter passado os direitos de propriedade para os

Como dissemos anteriormente, as reformas no campo prescindiram da privatização das terras, ao menos em sua maior parte. Isso significa que a principal característica da agricultura chinesa não é a produção orientada para o mercado, mas sim a predominância da propriedade estatal da terra[17]. Aparentemente essa característica poderia ser um entrave ao processo de centralização do capital, à especialização e ao crescimento da produtividade agrícola. Mas, como mostra o Gráfico 7, a produção de cereais na China chegou a 618 milhões de toneladas em 2017. No mesmo ano, a produção nos Estados Unidos foi de 440,1 milhões de toneladas, 117,1 no Brasil e 313,6 na Índia. Em relação às terras aráveis na China, elas correspondiam a 12,6% do território em 2016, enquanto nos Estados Unidos, no Brasil e na Índia correspondia a 16,6%, 9,7%, e 52,6%, respectivamente[18]. O Gráfico 8 é ilustrativo da evolução das terras aráveis na China.

Gráfico 8: Terras aráveis em % (China, 1961-2016)

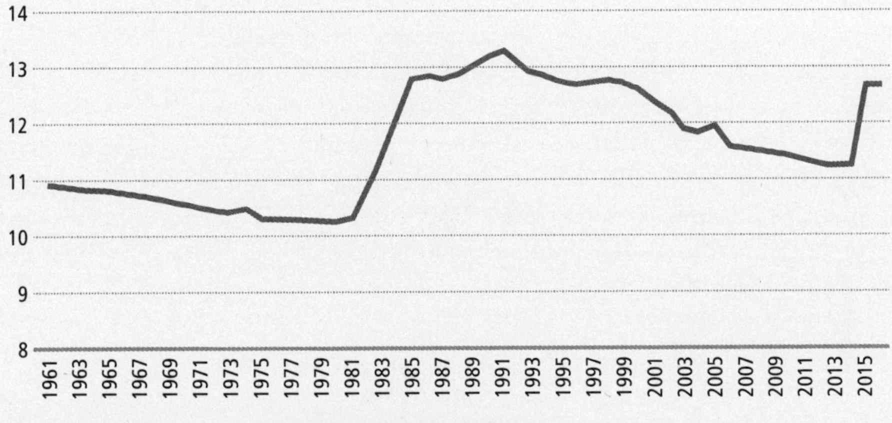

Fonte: Banco Mundial[19].

Para ilustrar melhor a importância da agricultura na China, vale lembrar que o processo de urbanização foi acelerado nos últimos quarenta anos: em 1978

---

agricultores, que, portanto, são concessionários. Essas concessões iniciais eram de quinze anos e, desde então, têm sido renovadas.

[17] É interessante notar que esse mercado de compra e venda de excedentes não foi acompanhado, integralmente, da implantação de outros dois mercados fundamentais nos processos de transição para o capitalismo em outras partes do mundo: o mercado de terras e o de trabalho.

[18] World Bank, "Global Insights Initiative", *The World Bank*, 2015, disponível em: <https://live.worldbank.org/global-insights-initiative>, acesso em: 8 fev. 2016.

[19] Idem.

apenas 17,9% da população chinesa vivia nas cidades, contra 59,1% em 2017[20]. Nos Estados Unidos, no Brasil e na Índia esse índice era, em 2017, de 82%, 87% e 34%, respectivamente.

Outra gama de dados pode indicar não somente a relação entre o aumento da produtividade agrícola e a elevação da composição orgânica do capital na China, mas também a transição (planificada) da pequena produção mercantil para formas superiores de estrutura de propriedade. Por exemplo, o total de eletricidade consumida nas áreas rurais passou de 2.421,3 em 2000 para 9.524,4 em 2017 (em 100 milhões de kWh); o consumo de fertilizantes químicos foi de 4.146,6 em 2000 para 5.859,4 em 2017 (em 10 mil toneladas)[21]; a área de agricultura irrigada foi de 45 milhões de hectares em 1978 para 67 milhões de hectares em 2016[22]. Atualmente, mais da metade da terra cultivada na China é irrigada, bem acima da média internacional.

Reforça essa tendência o papel crescente dos investimentos em ciência e tecnologia aplicados à agricultura. O país, principalmente a partir da segunda metade da década de 1990, conseguiu desenvolver o maior sistema nacional de inovação tecnológica agrícola do mundo[23]. O investimento na área cresceu constantemente e chegou a US$ 6 bilhões em 2015; na última década, um número crescente de empresas engajou-se em atividades relacionadas à ciência e tecnologia agrícolas[24].

Algumas sínteses podem ser extraídas desses dados e observações:

1) ainda é fortemente persistente a chamada "questão agrária" na China, pois, apesar da queda da participação da agricultura no PIB, o número de pessoas ocupadas nesse setor é ainda muito elevado em comparação com outros países de tamanho semelhante;

---

[20] Idem, "Urban Population (% of Total Population)", *The World Bank*, 2019, disponível em: <https://data.worldbank.org/indicator/SP.URB.TOTL.IN.ZS>, acesso em: 2 jun. 2020.

[21] CSY, *China Statistical Yearbook* (Pequim, National Bureau of Statistics of China, 2018), disponível em: <http://www.stats.gov.cn/tjsj/ndsj/2018/indexeh.htm>, acesso em: 2 jun. 2020.

[22] Idem, *China Statistical Yearbook* (Pequim, National Bureau of Statistics of China, 2017), disponível em: <http://www.stats.gov.cn/tjsj/ndsj/2017/indexeh.htm>, acesso em: 2 jun. 2020.

[23] Rajesh Babu et al., "Effect of Feeding Solvent Extracted and Detoxified Karanj (Pongamia Glabra Vent) Cake on Egg Quality Parameters in Commercial Layer Chicken", *International Journal of Agricultural Science Research*, v. 5, n. 6, 2015, p. 289-92.

[24] Ruifa Hu et al., "Privatization, Public R&D Policy, and Private R&D Investment in China's Agriculture", *Journal of Agricultural and Resource Economics*, v. 36, n. 2, 2011, p. 416-32; Rajesh Babu et al., "Effect of Feeding Solvent Extracted nd Detoxified Karanj (Pongamia Glabra Vent) Cake on Egg Quality Parameters in Commercial Layer Chicken", cit. O crescimento da produtividade agrícola da China também se baseou em tecnologias relacionadas à biotecnologia. O "algodão Bt" é exemplo de um dos usos mais bem-sucedidos da tecnologia de modificação genética no mundo (Huang, Yang e Rozelle, "China's 40 Years of Agricultural Development and Reform. Research Gate", cit., p. 489).

2) o sistema *hukou*, caracterizado pela quase proibição de migração interna, embora esteja em processo de relaxamento, é ainda um elemento fundamental de planificação da transição populacional do campo para a cidade, pois os direitos de propriedade (concessão da terra) são uma *importante política social* e servem de base para a referida planificação. Esta, por sua vez, pode ser caracterizada como um dos atributos distintivos da *nova formação econômico-social*;

3) a relação do processo de urbanização com a produção agrícola e a porcentagem das terras aráveis confirma: a) as estatísticas oficiais chinesas sobre a existência de cerca de 200 milhões de pessoas empregadas na agricultura no país, o que nos permite afirmar que a pequena produção mercantil é um dos modos de produção internos à nova formação econômico-social, porém já em fase de transição para estruturas superiores de propriedade; b) que a *planificação* do processo de urbanização se estende ao processo de mecanização da agricultura, pois a urbanização foi acompanhada de elevação da produtividade do trabalho, apesar da queda da porcentagem das terras aráveis entre 1991 e 2014, de 13,3% para 11,2%[25];

4) a agricultura chinesa, conforme os dados sobre o aumento de produtividade, passou por um razoável processo de tecnificação e especialização produtiva, o que indica uma tendência histórica de transformação da agricultura em um ramo da indústria.

5) amplas mudanças na estrutura de propriedade são uma necessidade histórica, pois acompanham ganhos de escala na produção. Isso indica uma tendência – e uma ambição nacional – da China de tornar-se um *global player* agroindustrial, com controle sobre as cadeias globais de valor *agri-food*. Passo significativo nesse sentido foi a aquisição da Singenta – empresa integrante de um grande oligopólio internacional na área de insumos agrícolas – pela empresa estatal chinesa ChemChina por US$ 43 bilhões[26];

6) conclusão: mudanças na dinâmica dos modos de produção internos à nova formação econômico-social estão ocorrendo na China – e deverão continuar –, tendo como palco a sua estrutura agrária.

---

[25] Percebe-se uma tendência de recuperação da porcentagem das terras aráveis entre 2015 e 2016. Sobre a queda verificada sobretudo nos quinze primeiros anos do presente século, Qiao Liu diz o seguinte: "Entre 2003 e 2015, 11,6 milhões de hectares de terras agricultáveis foram convertidos em áreas não rurais e urbanizadas" (*Corporate China 2.0: The Great Shakeup*, Londres, Palgrave Macmillan, 2016, p. 429).

[26] Isabela Nogueira, João Vitor Guimarães e João Pedro Braga, "Inequalities and Capital Accumulation in China", cit., p. 465. Esse dado é de suma importância no que concerne à natureza do modo de produção que está substituindo a pequena produção mercantil na agricultura. O fato de uma empresa estatal ter se tornado detentora de um grande pedaço do oligopólio internacional de insumos agrícolas é um fato notável, tendo em vista o controle indireto (via controle de preços) que esse oligopólio tem sobre a produção de alimentação de países inteiros, inclusive o Brasil.

11.2. Tendências de mudança de natureza no modo de produção dominante na agricultura chinesa

Não são de natureza aparente as transformações que a agricultura chinesa vem sofrendo ao menos nos últimos quinze anos. O processo de urbanização recente serviu para diminuir o *gap* de renda entre o campo e a cidade, mas ainda existe uma grande população rural no país. Investimentos em ciência e tecnologia aplicados à agricultura permitiram saltos de produtividade, contudo o caminho percorrido foi repleto de contradições. Acreditamos que existem contradições de três naturezas interligadas nesse processo:

1) as relacionadas ao desmonte das comunas rurais e de todo o aparato de serviços sociais a ela vinculados;

2) as diretamente ligadas ao processo de urbanização e obras de infraestrutura no interior do país;

3) as surgidas ao longo do processo de mudança da natureza do modo de produção dominante na agricultura.

As duas primeiras manifestam a essência da "questão agrária" na China. Contradições de grande envergadura surgiram com a mudança da política de preços mínimos na agricultura e o desmantelamento das comunas. Conforme Nogueira, Guimarães e Braga:

> A mudança demográfica provocada pelas más condições nas áreas rurais e pelo emprego remunerado nas cidades foi acompanhada pelo que a literatura chama de "carga camponesa": desapropriações maciças de terra, juntamente com impostos excessivos e arbitrários impostos pelos governos locais à agricultura e às casas rurais como fonte de receita fiscal. A China passou pelo que [se] chamou de "epidemia" de expropriação, alimentada tanto pela expansão do mercado imobiliário (inflado pela urbanização e pela especulação) quanto pelas necessidades fiscais dos governos locais. Estima-se que um total de 70 milhões de agricultores tenham perdido suas terras em 2006 e tenham recebido uma compensação "totalmente inadequada".[27]

A resposta do governo veio em 2004, quando todos os impostos sobre a produção camponesa foram abolidos, em um claro sinal político de mudança de prioridades. A tendência de implantação de serviços públicos cooperativos espraiou-se do campo para a cidade. Em 2008 havia implantados no país 9.506 centros de medicina cooperativa, número que chegou a 38.010 em 2013[28].

---

[27] Isabela Nogueira, João Vitor Guimarães e João Pedro Braga, "Inequalities and Capital Accumulation in China", cit., p. 464.

[28] Sha Lai et al., "The Distribution of Benefits under China's New Rural Cooperative Medical System: Evidence from Western Rural China", *International Journal for Equity in Health*, v. 17,

O atual governo alcançou uma grande meta: superou a pobreza extrema no país em 2020. Outras institucionalidades foram criadas ou estão em desenvolvimento, como sistemas de pensão rural social e políticas de salário mínimo[29]. Na questão agrária propriamente dita, desafios foram enfrentados com relativo sucesso desde 2004. Certamente o fim da pobreza extrema em um país ainda com uma grande população rural e o incremento de um Estado de bem-estar com características chinesas são um importante contraponto à tendência de amplos ataques aos direitos sociais e trabalhistas no mundo capitalista. Talvez nas próximas décadas – e com a consolidação da nova economia do projetamento na China – o socialismo se torne um importante contraponto às formações sociais capitalistas.

***

A análise mais importante a ser feita aqui diz respeito às tendências de mudança na estrutura de propriedade e na natureza do modo de produção dominante na agricultura chinesa. Tais tendências têm relação com as ações governamentais tomadas desde 2004-2005. Os investimentos em infraestruturas rurais, estradas e ferrovias no interior do país aceleraram a necessidade de mudanças institucionais. A tendência à existência de *hinterlands*, inerentes às comunas rurais ou mercados limitados regionalmente, fruto das reformas no campo e do surgimento das TVEs, foi eliminada. Novas e superiores formas de divisão social do trabalho manifestaram-se no país após o surgimento de um mercado nacional unificado.

Em grande medida, as reformas institucionais realizadas desde então têm servido para legitimar a ação do Estado sobre a agricultura no sentido de:

1) promover novas modalidades de contrato de responsabilidade entre as famílias camponesas e o Estado, possibilitando a transferência de direitos de propriedade a terceiros ou a utilização desse direito como garantia para empréstimos bancários. Ao fim e ao cabo, isso indica uma tendência de desenvolvimento de um outro tipo de Encom: cooperativas de trabalhadores voltadas para grandes produções destinadas ao mercado. Um dado fundamental, no entanto, é que a natureza da propriedade da terra não muda: ela continua sendo estatal, os camponeses têm apenas a concessão do direito de propriedade;

---

n. 137, 2018, p. 21, disponível em: <https://equityhealthj.biomedcentral.com/articles/10.1186/s12939-018-0852-7>, acesso em: 20 jul. 2020.

[29] Qian Forrest Zhang, Carlos Oya e Jingzhong Ye, "Bringing Agriculture Back: The Central Place of Agrarian Change in Rural China Studies", *Journal of Agrarian Change*, v. 15, n. 3, 2015, p. 299-313, disponível em: <https://onlinelibrary.wiley.com/doi/abs/10.1111/joac.12115>, acesso em: 20 jul. 2020.

2) impulsionar empresas rurais que podem variar para formas capitalistas, cooperativas ou um misto de ambas. O objetivo, porém, é elevar a escala de produção. Essa reestruturação da propriedade rural é estimulada por empresas de tipo "cabeças de dragão", em geral de propriedade de capitalistas citadinos, que contratam agricultores e/ou trabalhadores organizados em cooperativas. Em alguns casos, os trabalhadores alugam suas terras e participam dos lucros das empresas. Em 2013, havia 120 mil "cabeças de dragão" na China, as quais absorviam 40% dos agricultores sob contrato de responsabilidade com o Estado[30];

3) substituir a pequena produção mercantil na agricultura pelo modo de produção estatal/cooperativo por intermédio de cooperativas de crédito rural e do Banco Agrícola da China e subsídios variados. Na verdade, a China tornou-se o país que mais subsidia a agricultura no mundo. Em 2016, os aportes materiais sob a forma de subsídios foram de US$ 216 bilhões[31].

Uma análise de conjunto da evolução do sistema de propriedade na China, em particular na agricultura, mostra que as cidades possuem um centro nervoso de produção amplamente estatal, ancorado em 96 conglomerados empresariais do Estado, com alcance em cada centímetro quadrado do país. Essa forma de propriedade socialista foi desenvolvida ao longo de toda a década de 1990 e início da de 2000, já estando em fase adiantada.

Voltemos à questão da tendência de cooperativização da propriedade rural. Um passo importante nesse sentido foi a Lei de Fazendas Coletivas Especializadas, promulgada em 2007, que institucionaliza as operações comerciais desse tipo de organização da produção[32]. Desde então, o governo realizou inúmeras mudanças institucionais, como a que sistematizou as ações cooperativizadas[33]. Em 2015, iniciou uma ampla reforma do mercado de insumos agrícolas para permitir que os camponeses vendam sua produção de forma coletiva. Em novembro de 2016, novas "leis sobre o uso da terra" foram aprovadas, consolidando a tendência de cooperativização em "vilas" de várias famílias camponesas[34].

---

[30] Isabela Nogueira, João Vitor Guimarães e João Pedro Braga, "Inequalities and Capital Accumulation in China", cit., p. 465.

[31] "The 1619 Project", *New York Times Magazine*, 2019, disponível em: <https://www.nytimes.com/interactive/2019/08/14/magazine/1619-america-slavery.html>, acesso em: 2 jun. 2020.

[32] Yiching Song et al., "Farmer Cooperatives in China: Diverse Pathways to Sustainable Rural Development", *International Journal of Agricultural Sustainability*, v. 12, n. 2, 2014, p. 95-108, disponível em: <https://doi.org/10.1080/14735903.2013.858443>, acesso em: 20 jul. 2020.

[33] Idem; Andrea Bernardi e Mattia Miani, "The Long March of Chinese Cooperatives: towards Market Economy, Participation and Sustainable Development", *Asia Pacific Business Review*, v. 20, 2014, disponível em: <https://doi.org/10.1080/13602381.2014.931044>, acesso em: 20 jul. 2020.

[34] Zhou Li, *Reform and Development of Agriculture in China* (Singapura, Springer, 2017).

Essas leis e regulamentos legitimam um movimento que já estava ocorrendo. No fim da década de 2010, já existiam cerca de 25 mil cooperativas na China, abrangendo mais de 21 milhões de famílias. Estimativas recentes apontam que 32 milhões de camponeses são membros de cooperativas agrícolas (orientadas para o mercado). No início de 2010, a gigante Federação Chinesa de Cooperativas de Abastecimento representava cerca de 22 mil cooperativas primárias de suprimento, as quais reivindicavam 160 milhões de membros. Como desenvolveremos mais adiante, a China possui uma rede de cooperativas rurais de crédito amplamente dispersa, com 200 milhões de famílias participantes. Também conta com cooperativas de artesanato organizadas na vanguarda da Federação Chinesa de Artesanato e Cooperativas Industriais[35].

Essas cooperativas se desenvolveram na esteira da legalização da transferência dos direitos de concessão da terra, via *leasing*, subcontratos, formação de sistema de ações etc. Um desses métodos é muito bem descrito por Huang, Guan e Jin:

> O primeiro [método] é a transferência das terras agrícolas de uma vila inteira. Isso é aplicado em áreas economicamente desenvolvidas, onde o chefe da vila tem grande capacidade de persuasão. Por exemplo, 118 vilas responderam por mais de 80% da taxa de transferência de terras agrícolas na cidade-prefeitura de Shaoxing, província de Zhejiang; 28 transferiram todas as terras (100%) da vila em 2014. No contexto do desenvolvimento relativamente rápido da indústria local e do aumento da transferência de mão de obra rural, a vila de Yaobang, na cidade administrativa de Xindai, subordinada à prefeitura de Pinghu, província de Zhejiang, formulou um documento intitulado "Regras de execução para a transferência de terras em toda a vila de Yaobang". Depois que o documento foi aprovado por votação no Congresso dos Membros Representantes da Aldeia, os contratos de transferência de direitos de gestão das terras agrícolas foram assinados por 488 famílias – ou seja, todas as famílias da vila. Assim, 100% das terras agrícolas da vila, com a área total de 172 hectares, foram transferidas para entidades agrícolas voltadas para operação em escala; isso permitiu alcançar o objetivo de implementar operações agrícolas em escala.[36]

Como vemos, as reformas na agricultura começaram mais tarde, porém a uma velocidade considerável. Tendo em vista os dados aqui expostos e as reformas institucionais recentes, podemos afirmar que a pequena produção mercantil – que foi o modo de produção dominante na China desde 1978 – está em franco processo de

---

[35] "China Pushes Development of Modern Agriculture", *The State Council the People's Republic of China*, 7 ago. 2015, disponível em: <http://english.www.gov.cn/policies/latest_releases/2015/08/07/content_281475163054256.htm>, acesso em: 20 jul. 2020.

[36] Zuhui Huang, Lijun Guan e Shaosheng Jin, "Scale Farming Operations in China", *International Food and Agribusiness Management Review*, v. 20, n. 2, 2016, p. 196.

substituição por um novo tipo de Encom. Esse tipo de Encom tem caráter superior, complexo e afeito a economias de escala. Não se trata de uma forma socialista de produção no apogeu de seu desenvolvimento, tampouco um modo de produção capitalista – apesar da presença de investidores capitalistas no processo. Trata-se de uma Encom com acento predominantemente cooperativo/estatal.

11.3. Uma outra modalidade de Encom: a ascensão e o destino das Township and Village Enterprises (TVEs)

O papel do Estado no processo de desenvolvimento econômico é senso comum nos diferentes ramos da heterodoxia econômica. Em grande medida, desde os clássicos da economia política, como Marx, Friedrich List, Alexander Hamilton, Thorstein Veblen, Michal Kalecki, Keynes, Schumpeter, Gerschenkron, até os autores pioneiros do estruturalismo anglo-saxão e latino-americano, o papel do Estado na promoção do crescimento econômico não é algo a se inventar, principalmente em relação aos chamados *latecomers*, nos quais a promoção de instituições é fundamental, por exemplo, para o financiamento de longo prazo. O que mudam são as condições sob as quais os grandes processos políticos são conduzidos. Não existe "milagre chinês", o que existe é o correto manejo das teorias à disposição. Sobre o desenvolvimento chinês e as teorias do desenvolvimento, Wan-Wen Chu diz o seguinte:

> Em relação às implicações para as teorias econômicas, o desempenho excepcional da economia chinesa durante a crise financeira global tem três implicações diferentes. Uma é confirmar que a economia keynesiana é necessária para gerenciar a demanda agregada. Isso é amplamente atestado pelo recente renascimento do keynesianismo. Por exemplo, no artigo de Paul Krugman, "Como os economistas puderam errar tanto?", A última seção é intitulada "Retornando a Keynes".[37]

O desenvolvimentismo recente chinês é o resultado de escolhas racionais do PCCh em relação a determinados objetivos estratégicos definidos desde 1949. A internalização do "Estado desenvolvimentista de tipo asiático" em 1978 foi fundamental para a definição de uma trajetória de precoce inserção no comércio internacional, como foi nos casos japonês e coreano. Além da instalação de Zonas

---

[37] Wan-Wen Chu, "Market Socialism, Chinese Style: Bringing Development Back into Economic Theory", *China Economic Journal*, v. 3, n. 3, 2010, p. 309, disponível em: <https://www.tandfonline.com/doi/abs/10.1080/17538963.2010.562044>, acesso em: 20 jul. 2020. Ver também Paul Krugman, "Como os economistas puderam errar tanto?", *Econômica*, v. 11, n. 2, 2009, p. 15-35, disponível em: <https://periodicos.uff.br/revistaeconomica/article/view/34876/20132>, acesso em 7 jun. 2021.

Econômicas Especiais (ZEEs), o surgimento e o desenvolvimento das Township and Village Enterprises (TVEs) são motivo de controvérsias e debates não encerrados sobre o processo de desenvolvimento chinês. As TVEs estão no centro do debate entre economistas que acreditam ser a China um laboratório de políticas de "terapia de choque"[38].

Nossa visão se assenta na noção de que o processo de desenvolvimento na China não foi acompanhado de um colapso do poderio estatal. Ao contrário, o Estado foi, e é, o ente dirigente do processo nos seguintes sentidos *estratégicos*:

1) domínio do mercado;

2) liberalização do comércio, abrindo possibilidades de aprofundamento de formas superiores de divisão social do trabalho, e em concomitância com o plano;

3) direcionamento das energias para a formação de um mercado consumidor interno;

4) industrialização, também baseada no empreendedorismo camponês;

5) indução de ampla concorrência entre pequenas, médias e grandes empresas, e estímulo à educação como base atenuante dos efeitos do próprio mercado sobre o corpo social;

6) planificação de saltos, primeiro na própria indústria e em seguida no comércio exterior, não tradicional e sim como bem público, planificado e de Estado.

Esse processo, na China, tem intimidade com o próprio andar das reformas rurais, anabolizadas por duas elevações nos preços agrícolas e o consequente aumento de produtividade e renda, além da autorização – desde 1983 – de busca de mercado, pelos camponeses, fora de suas aldeias[39]. Isso deu início a uma nova configuração da divisão social do trabalho, assim como de esquemas regionais articulados com a economia nacional e internacional. O principal exemplo dessa dinâmica é a mudança de natureza do emprego no país e sua relação direta com o maior poder de decisão econômica das províncias e das empresas, a liberação da mão de obra excedente da agricultura e o fortalecimento das TVEs. Uma das características fundamentais do processo de desenvolvimento recente na China é o caráter rural da grande manufatura expandida na década de 1980.

---

[38] Dentre eles, Jeffrey D. Sachs e Wing Thye Woo ("Understanding China's Economic Performance", NBER Working Paper n. 5935, 1997, disponível: <https://www.nber.org/papers/w5935>, acesso em: 20 jul. 2020) e Jiayang Fan ("Xiaomi and Hugo Barra: a homegrown apple in China?", *The New Yorker*, 3 out. 2013) e outros, adeptos de noções gradualistas, como Gary H. Jefferson e Thomas G. Rawski ("Enterprise Reform in Chinese Industry", *Journal of Economic Perspectives*, v. 8, n. 2, 1994, p. 47-70), Barry Naughton (*Growing Out of the Plan*, cit.) e Peter Nolan (*China and the Global Economy: National Champions, Industrial Policy and the Big Business Revolution*, Houndsmill, Palgrave, 2001).

[39] Giovanni Arrighi, *Adam Smith em Pequim*, cit, p. 366-7.

O aumento da renda e da produtividade do trabalho agrícola – e o consequente aumento da demanda por bens industriais – foi fator de deslocamento de mão de obra sobrante não para as grandes cidades litorâneas, mas sim para o próprio entorno. Isso conformou uma divisão social/regional do trabalho mais ampla, fundada na transferência de atividades industriais outrora localizadas no complexo comunal para o âmbito do vilarejo, dando relevo às três principais características da expansão da economia de mercado, a saber:

1) a especialização produtiva;
2) a diferenciação entre agricultura e indústria;
3) a superação de barreiras que inibiam a conexão de mercados regionais em um único e integrado mercado nacional.

A expansão das TVEs dá guarida à tomada da divisão social do trabalho como um dos conceitos nodais de análise na compreensão do desenvolvimento chinês. Em 1978, o número total de empregados nas TVEs era de 28,265 milhões, triplicando nos dez primeiros anos após as reformas econômicas, chegando a 93,667 milhões, e em 2004 saltando para 138,661 milhões[40]. Entre 1978 e 2004, a queda da participação do emprego agrícola foi de 242%, enquanto o emprego rural não agrícola subiu 471% na indústria, 582% na indústria de construção e acima de 3.000% no setor de serviços[41]. Essa transferência de atividades teve efeito direto na estrutura de renda camponesa: em 1978, 7,92% da renda provinha de atividades não agrícolas, saltando para 30,61% em 1996, com a consequente queda de renda agrícola de 90,08% em 1978 para 69,39% em 1996[42].

As TVEs foram um elemento essencial no reordenamento da divisão social do trabalho e no rumo da unificação do mercado nacional chinês. Porém, sua ação acompanhou a própria estratégia de Estado, passando a servir de ponte para a inserção internacional do país, sobretudo a partir da década de 1990: no fim da década, as TVEs eram responsáveis por 40% de toda a produção industrial da China[43] e cerca de 40% de suas exportações[44]. Em 1989, as TVEs foram responsáveis por 47,7% das exportações de têxteis e calçados, 29,1% em 2002 e 23% em 2007, e tiveram participação de 14,4% nas exportações de bens duráveis de

---

[40] CSY, *China Statistical Yearbook* (Pequim, National Bureau of Statistics of China, 2005), disponível em: <http://www.stats.gov.cn/tjsj/ndsj/2005/indexeh.htm>, acesso em: 2 jun. 2020.

[41] He Kang, *China's Township and Village Enterprises* (Pequim, Foreign Language Press, 2006), p. 291.

[42] Ministério da Agricultura: Desenvolvimento da Agricultura na China, 1995-1996.

[43] Gilmar Masiero, "Origens e desenvolvimento das Township and Village Enterprises (TVEs) chinesas", *Revista de Economia Política*, v. 26, n. 103, 2006, p. 432, disponível em: <https://www.scielo.br/j/rep/a/LDw3fSVTngXjj4LKkzm58Gr/?lang=pt&format=pdf>, acesso em 7 jun. 2021.

[44] He Kang, *China's Township and Village Enterprises*, cit., p. 137.

consumo em 1989, chegando a 29,1% em 2002 e 30,3% em 2007[45]. Os exemplos de expansão global das TVEs são inúmeros: a Haier, com 50% do mercado de pequenos frigoríficos nos Estados Unidos; a Galanz, com 33% do mercado mundial de micro-ondas; a Legend, com 20% do mercado mundial de placas para computadores; e a China International Marine Containers, com 40% do mercado internacional de contêineres refrigerados[46].

11.4. A HISTÓRIA E A COMPLEXA NATUREZA DA PROPRIEDADE DAS TVEs

Os termos do debate sobre a natureza do desenvolvimento chinês propostos por gradualistas e adeptos das "terapias de choque" não são suficientes para tomar o fenômeno em sua totalidade, observando a origem e o desenvolvimento das TVEs como parte desse todo. Aspectos puramente políticos do processo devem ser levados em consideração, e o principal deles é a ocupação pelos dirigentes dos distritos (*townships*) e das vilas (*villages*) do espaço político outrora sob controle dos administradores das comunas, dissolvidas pelas reformas a partir de 1978.

Do ponto de vista histórico, esse tipo de empresa de caráter municipal tem forte relação com um tipo de estrutura industrial que lembra muito as unidades de produção que surgiram antes da ocupação japonesa (década de 1930), voltadas sobretudo para a produção de têxteis. Essas unidades tiveram um grande declínio durante a ocupação japonesa e ressurgiram com força durante a Revolução Cultural (1966-1976), quando a ideologia da "autossuficiência", expressa na divisão regional do país em *comunas* e, destas, em *brigadas de produção*, foi levada às últimas consequências.

Houve uma dispersão territorial dos complexos industriais e o interior foi beneficiado pelas escolhas político-militares. Cada comuna teria de implementar tudo o que fosse possível para garantir sua autossuficiência em estado de guerra. As TVEs e seu desenvolvimento provaram que as comunas se dissolveram, porém não as unidades em seu interior. Segundo John Fairbank e Merle Goldman:

> A industrialização rural da China começara com a dinastia Song, ou até antes, quando as famílias aldeãs usavam a força de trabalho de mulheres e crianças para aumentar a renda da fazenda [...] Na época das fábricas, indústrias, indústrias rurais de pequeno porte [...] eram um pilar central na estratégia de desenvolvimento de Mao. Em 1979, cerca de 800 mil indústrias e quase 90 mil estações hidrelétricas de pequeno

---

[45] CSY, *China Statistical Yearbook* (Pequim, National Bureau of Statistics of China, 2008), disponível em: <http://www.stats.gov.cn/tjsj/ndsj/2008/indexeh.htm>, acesso em: 2 jun. 2020.

[46] Gilmar Masiero, "Origens e desenvolvimento das Township and Village Enterprises (TVEs) chinesas", cit., p. 441.

porte empregavam 24 milhões de trabalhadores e eram responsáveis por 15% da produção industrial da China. Isso incluía todas as ferramentas agrícolas e a maioria do maquinário de pequeno e médio porte, metade do fertilizante químico, dois terços do cimento e 45% do carvão.[47]

Esse "novo" tipo de empresa ganha impulso e força no pós-1978, respondendo tanto aos impulsos vindos das próprias aldeias, como a dispensa de mão de obra voltada para a agricultura e o aumento da capacidade de consumo das famílias aldeãs. As aldeias, por sua vez, levaram ao surgimento de novos arranjos *institucionais* potencializados pela descentralização fiscal, conferindo maior capacidade de gerenciamento às províncias. É muito evidente que as TVEs ocuparam inicialmente um nicho de mercado não explorado pelas empresas estatais. As potencialidades desse tipo de empresa, em relação às estatais chinesas da época, estão diretamente relacionadas ao seu pequeno porte, à pouca interferência estatal (o que lhes garantia maior flexibilidade) e, principalmente, à vocação de produzir diretamente para o mercado, sem mediações estatais ou obrigações de cotas, como na produção agrícola.

A natureza de propriedade das TVEs é de tipo Encom, com algumas características compartilhas. Segundo Finn Hallagan:

> A propriedade está no nível da comunidade. Não há proprietários de ações individuais e não se pode comprar ou vender ações. Agregados familiares que migrassem para trabalhar no setor urbano e deixassem de cumprir a "responsabilidade familiar" perderiam qualquer direito de pertencer ao município. Isso restringia a mobilidade rural para as cidades. Os lucros permaneciam na comunidade para 1) serem reinvestidos nas TVEs e 2) alocados no bem-estar social da comunidade (escolas, moradias, parques e apoio à renda para os menos favorecidos [...].[48]

Do ponto de vista do processo de produção, e dados os diferentes tamanhos das TVEs[49], a característica mais impressionante foi a sua clara, objetiva e agressiva orientação para o mercado. É evidente que o fato de as TVEs estarem sob a jurisdição dos distritos e das vilas foi fundamental em relação e em comparação com uma estrutura empresarial estatal preestabelecida, emaranhada em um corpo burocrático sem fim, desde a base até o governo central. Sob uma óptica mais histórica, em uma formação econômico-social na qual a economia de mercado

---

[47] John K. Fairbank e Merle Goldman, *China: A New History* (2. ed., Cambridge, Harvard University Press, 2006), p. 366.

[48] Finn Hallagan, "Town and Village Enterprise (TVE)", 2015, p. 3-4, disponível em: <https://public.wsu.edu/~hallagan/EconS391/weeks/week5/TVE.pdf>, acesso em: 20 jul. 2020.

[49] As TVEs variavam de dez trabalhadores por unidade fabril até 10 mil trabalhadores.

foi essencial para o seu desenvolvimento histórico[50], o surgimento desse tipo de iniciativa é assunto que deve ser mais e melhor explorado na literatura sobre as industrializações tardias. No mínimo, seria necessário um olhar mais atento ao desenvolvimento das TVEs, para trazer para o debate a visão de que a propriedade privada é um elemento básico, inerente e indispensável ao processo de desenvolvimento econômico.

O caráter coletivo da propriedade das TVEs tem expressão no fato de que milhares de camponeses acabaram por se envolver no processo de seu desenvolvimento, seja como acionista, seja como trabalhador direto. Sua orientação precoce e agressiva para o mercado externo é outra característica que distingue esse tipo de Encom de outras formas empresariais, como os *zaibatsus* e *keiretsus* no Japão e os *chaebols* na Coreia do Sul. O mercado externo indicou o rumo da especialização produtiva e do progresso técnico. Segundo Gilmar Masiero:

> As características das TVEs [...], aproveitando-se do processo de reformas iniciado em 1978, seguem, desde então, um padrão previsível de desenvolvimento. De pequenas empresas locais de utilização intensiva de mão de obra, expandem suas atividades para manufaturados de maior valor agregado, capitalizam-se e passam pouco a pouco a trabalhar em todo o mercado nacional, sendo que algumas delas, como a maior produtora de refrigeradores da China, com 20% do mercado, a Kelon, além de exportar para vários países asiáticos, possuem laboratórios de P&D no Japão.[51]

***

Não são poucos os observadores que apontam que, apesar de serem oficialmente empresas coletivas, na prática as TVEs se comportavam como empresas privadas. No fundo, essa confusão se estende às empresas estatais e à própria China, que "mantém um regime comunista, com economia capitalista". Na verdade, as TVEs tiveram sucesso porque são uma unidade de produção perfeita para um contexto específico e, muito em particular, para a China[52]. O que ocorre – não somente com as TVEs, mas também com as empresas estatais chinesas – é uma questão de comportamento tanto em relação aos objetivos estratégicos do país quanto em

---

[50] Registros de trocas mercantis datam de cerca de 3.500 anos atrás na China.
[51] Gilmar Masiero, "Origens e desenvolvimento das Township and Village Enterprises (TVEs) chinesas", cit., p. 432.
[52] Jason Field et al., "Chinese Township and Village Enterprises: A Model for Other Developing Countries", Prepared for the International Economic Development Program, Ford School of Public Policy, University of Michigan, 2006, p. 13, disponível em: <http://www.umich.edu/~ipolicy/IEDP/2006china/5)%20Chinese%20Township%20and%20Village%20Enterprises,%20A%20Model%20for%20Oth.pdf>, acesso em: 20 jul. 2020.

relação aos limites impostos pelo metamodo de produção: trata-se de empresas orientadas para o mercado, cujo objetivo é competir no mercado capitalista.

O caso das TVEs é tão interessante quanto peculiar, dependendo da área de atuação e da região do país. Vários modelos de TVEs surgiram ao longo de seu desenvolvimento, conforme Chu Daye e Zhang Dan:

> O desenvolvimento das TVEs não seguiu um modelo único. Ao contrário, vários modelos de TVEs surgiram e evoluíram, adaptando-se às vantagens e restrições comparativas locais. Os modelos mais conhecidos são o modelo do sul de Jiangsu (Sunan), o modelo Wenzhou, da província de Zhejiang, e o modelo Guangdong. Apesar das diferenças nos detalhes, as TVEs compartilham as seguintes características principais: todas foram lideradas por empreendedores; todas tinham uma definição vaga de propriedade no estágio inicial, refletindo certas restrições institucionais [...] e todas tinham uma relação íntima com os governos locais.[53]

***

Qual foi o destino das TVEs, após o papel fundamental que desempenharam nas duas primeiras décadas das reformas econômicas? Quais as causas de sua possível decadência? Esse tipo de propriedade coletiva, que surge em meio a um processo de transição *interna* no âmbito da agricultura de um país, com mão de obra abundante, não teria um prazo de validade? A *propriedade coletiva dos meios de produção* teria tendência a ser provisória, enquanto não estivesse consolidado um poderoso setor público?

Do ponto de vista da dinâmica do processo de desenvolvimento, é de se supor que, à medida que o setor público e o setor privado se consolidavam, com posições definidas no processo de acumulação, as TVEs perdiam sentido sob a sua antiga forma. É bem provável, e existe carência de dados nesse sentido, que as TVEs tenham perdido força na mesma proporção que um profundo *ajuste fiscal* e uma recentralização orçamentária, ocorridas no famoso ajuste fiscal de 1994, retiraram a autonomia concedida às províncias no início das reformas econômicas. Desde então o setor estatal passou por um intenso processo de reestruturação e o setor privado tornou-se ancilar nos primeiros 149 conglomerados empresariais que surgiram no fim da década de 1990. As TVEs também perderam espaço em virtude da entrada de empresas estrangeiras no país, como estratégia do governo para internalizar novas tecnologias e métodos de administração.

---

[53] Chu Daye e Zhang Dan, "China's Central SOEs Post Historic Profits in 2018, Providing Support to Economy Amid downward Pressure", *Global Times*, 17 jan. 2019, p. 2, disponível em: <http://www.globaltimes.cn/content/1136176.shtml>, acesso em: 2 jun. 2020.

É certo também que não havia espaço para as TVEs competirem pelos recursos dos grandes bancos de desenvolvimento em plena reestruturação industrial na segunda metade da década de 1990, nem sob a clarificação das distintas naturezas de propriedade que emergiram na China ao longo das reformas econômicas, quando se traçou o caminho de construção de dois grandes setores não pulverizados: o estatal e o privado. É legítimo dizer – em oposição ao que diz o senso comum privatizante – que os setores mais dinâmicos das TVEs foram absorvidos pelo grande setor estatal, "empresas privadas não são capazes de substituir as TVEs como novo motor de crescimento"[54]. Os mais frágeis foram privatizados. Os *managers* mais capazes, ungidos pelas TVEs, encaminharam-se para as gigantes estatais ou, em um processo muito semelhante e tão sujo quanto o que ocorreu na ex-União Soviética, muitos chefes de província e *managers* de TVEs tornaram-se capitalistas vermelhos, prontos para disputar o butim do setor público e coletivo da economia. Enfim, a natureza de propriedade das TVEs que resistiram ao processo de reestruturação industrial na segunda metade da década de 1990 tornou-se menos ambígua e mais clara.

Talvez não houvesse mais espaço para as TVEs nas prioridades do país, em especial na formação de *campeãs nacionais* equipadas com a fina flor da ciência, tecnologia e inovação. Ademais, ao que tudo indica, esse tipo de empresa, dada a *intensividade de trabalho* que a caracteriza, teria vida útil enquanto houvesse abundância de mão de obra, o que indica que as TVEs tiveram um papel fundamental na manutenção do sistema *hukou* justamente no momento em que o país estava caminhando para formar uma economia de mercado unificada e de caráter continental. Porém, o surgimento e o desenvolvimento das TVEs foram essenciais quando o país passou por uma dura transição em termos de custos sociais e políticos. As TVEs são um caso muito interessante de estudo: um país utiliza e maximiza o emprego de *vantagens competitivas*, entre as quais a abundância de mão de obra e a ampla cobertura de governos locais interessados em aumentar a riqueza social da região.

BOX 3. Sobre as cooperativas de crédito rural

Conforme apresentamos na introdução, o sistema financeiro chinês é, no essencial, muito diferente de seus congêneres ocidentais. Trata-se de um grande sistema público de financiamento de longo prazo voltado para setores específicos e estratégicos do organismo econômico do país, nos quais se inclui a agricultura. Um sistema financeiro de grande envergadura, talvez único no

---

[54] Lin Pingyao, "China's Economic Growth: New Trends and Implications", *China and World Economy*, n. 1, 2003, p. 15.

mundo, também possui suas fragilidades. Não estamos falando diretamente dos propalados "créditos podres" ou do comportamento *borderline* da grande finança chinesa. As reservas cambiais do país e a imensa oferta de bens e serviços garantem soberania monetária suficiente para que o sistema financeiro cumpra seu papel.

Um país com centenas de milhões de camponeses, em muitos casos organizados em pequenos negócios familiares, pode apresentar dificuldades, entre as quais a capilarização do sistema financeiro ao nível de base, para fins de capital de giro de pequenos e médios negócios. É o caso da China. Para termos uma ideia, em 2009 havia na China 2.792 cantões e povoados sem acesso a qualquer tipo de instituição financeira[55]. A reorganização das cooperativas de crédito rural (CCR) foi a forma encontrada, sobretudo a partir dos primeiros anos do presente século, para enfrentar esse problema. Ela também tem sido muito funcional para a erradicação da pobreza extrema no país, prevista para 2021[56].

A reestruturação das CCR remonta a 2006, dentro do escopo mais geral de prover o campo de mais e melhores condições de segurança social. O microcrédito rural voltou à ordem dos acontecimentos após uma queda de liquidez no fim da década de 1990, fruto da decadência das TVEs. As origens desse tipo de pequena finança remontam à década de 1950, ao "Grande Salto Adiante", e tiveram papel fundamental no *financiamento* das TVEs nas décadas de 1980 e 1990. A retomada demandou uma injeção financeira do Estado, com capitalização de US$ 25 bilhões, via Banco Popular da China, em 2007.

Na verdade, nesse processo, as maiores CCR se transformaram em *bancos comerciais rurais*. No fim de 2008 já estavam registrados 185 novos bancos, dos quais 163 eram *bancos cooperativos rurais* e 22 bancos rurais comerciais. Novas instituições financeiras surgiram desde então, como resultado parcial de uma política de longo prazo que tenta fundir 4.965 CCR.

---

[55] Cindy Marks, "Rural Banking in China", *Asia Focus, Federal Reserve of San Francisco*, 2010, disponível em: <https://www.frbsf.org/banking/files/Asia-Focus-Rural-Banking-in-China-5.2010.pdf>, acesso em: 2 jun. 2020.

[56] Tian Zijun, Niu Shaojie e Ma Xiaoran, "Across China: Rural Credit System Brings Financial Services to Farmers", *Xinhuanet*, 11 set. 2018, disponível em: <http://www.xinhuanet.com/english/2018-09/11/c_137460742.htm>, acesso em: 2 jun. 2020.

12
OS "GRANDES CONGLOMERADOS EMPRESARIAIS ESTATAIS" (GCEE): A VANGUARDA PRODUTIVA DA NOVA FORMAÇÃO ECONÔMICO-SOCIAL

> "A anatomia do homem é a chave da anatomia do macaco. [...] A economia burguesa fornece a chave da economia antiga etc. Porém, não conforme os métodos dos economistas, que fazem desaparecer todas as diferenças históricas e veem a forma burguesa em todas as formas de sociedade."
> Karl Marx, *Contribuição à crítica da economia política*, p. 264

> "Para William Easterly, ex-economista do Banco Mundial e professor de economia da Universidade de Nova York, o 'histórico de ditadores escolhendo campeões é muito pobre, então por que temos tanta certeza de que esse fator contribuiu para o sucesso da Gangue dos Quatro [Tigres Asiáticos]?' [...] Um entrevistador quis saber como ele conciliou sua fé no mercado livre com as evidências de que os países tipicamente desenvolvimentistas tiveram melhor desempenho econômico nas décadas de 1960 e 1970, quando os governos intervinham mais, em comparação com as décadas posteriores, quando os governos intervinham menos: 'É um pouco um mistério por que eles se saíram bem [...] havia muito de mistério no crescimento para mim [...] É um mistério para quem defende a mão invisível do mercado'."
> Robert Wade, "Role of the State in (1) Middle-Income Trap & (2) Climate Disruption", p. 67

Antes de abordar o objeto desta seção, acreditamos ser necessária uma pequena discussão sobre o papel do Estado, do mercado e das instituições no processo de desenvolvimento econômico. Essa discussão é muito oportuna aqui, apesar da nota introdutória, na qual deixamos claro o papel central do Estado no processo chinês, ainda mais por envolver polêmicas de diferentes ordens sobre os verdadeiros, ou não, objetivos das reformas econômicas chinesas.

***

A crise da dívida do México (1982), os resultados econômicos da Endaka japonesa (1985) e o fim da União Soviética fizeram com que surgisse com bastante força toda uma literatura de caráter ortodoxo na década de 1990. A noção de "fim da história" apresentada por Francis Fukuyama chegou à literatura econômica com uma miríade de pesquisas cujo objetivo era consagrar o "livre mercado" e o "Estado mínimo" como o deus *ex machina* da ciência econômica. A agenda de pesquisas do professor Douglas North, fundador da chamada "nova economia institucional", pintou um quadro teórico no sentido de demonstrar que o processo de desenvolvimento econômico é resultado de determinada evolução institucional, que amplia a eficiência dos mercados e reduz os custos de transação[1].

A generalização desse apontamento na esfera política levou North a concluir a superioridade do modelo político ocidental. De acordo com ele:

> A estrutura institucional mais favorável para nos aproximarmos de tais condições é uma sociedade democrática moderna com sufrágio universal. A negociação de votos, a transferência de registros e o incentivo dos oponentes para que o titular do cargo mostre suas deficiências aos eleitores e, portanto, reduza os problemas de agência, contribuem para melhores resultados.[2]

Mesma linha de raciocínio pode ser observada na extensa agenda de pesquisas do economista Daron Acemoglu, autor do best-seller *Por que as nações fracassam*[3], que se tornou leitura obrigatória em grande parte dos departamentos de ciência política e economia de todo o mundo. O deducionismo e o "reducionismo institucional" são característicos de um tempo em que a "globalização" era uma política intelectual e cultural patrocinada pelos Estados Unidos como forma de demonstrar a máxima de Margaret Thatcher ("Não existe alternativa") em relação às políticas de "livre mercado".

Porém, em algum momento, a força das circunstâncias se impõe. O capitalismo moderno nunca admitiu o "Estado mínimo" para si mesmo, a começar pelos Estados Unidos de Reagan e seu projeto nada *laissez-faire* de "Guerra nas Estrelas". Em uma economia capitalista moderna, na qual o Estado tem o monopólio da emissão e da precificação da moeda, o próprio Estado é o mercado. O surgimento da economia monetária moderna transforma o Estado e o mercado em um elemento único.

---

[1] Carlos Aguiar de Medeiros, "Instituições, Estado e mercado no processo de desenvolvimento econômico", *Revista de Economia Contemporânea*, v. 5, n. 1, 2001, p. 49-76.

[2] Douglas North, *Institutions, Institutional Change and Economic Performance* (Cambridge, Cambridge University Press, 1990), p. 109.

[3] Daron Acemoglu, *Por que as nações fracassam: as origens do poder, da prosperidade e da pobreza* (trad. Cristiana Serra, Rio de Janeiro, Elsevier, 2012).

Está cada vez mais claro que o que importa é a suposição de que a estrutura não determina diretamente a ação política, mas sim a leitura que se faz dela e das leis que governam seu movimento. Dessa forma, não é difícil perceber que a leitura intelectual de determinado movimento é a expressão de determinado pensamento dominante. Segundo Carlos Medeiros:

> A "leitura" dos interesses capitalistas feita pelos mercantilistas ingleses e franceses guiava uma ação estatal muito mais favorável ao desenvolvimento do capitalismo industrial nesses países e, simultaneamente, de afirmação do poder dos Estados nacionais. A "síntese histórica" entre os interesses do poder estatal e os do capitalismo foi uma construção intelectual sofisticada – como evidente em Quesnay, Petty, Steuart, Colbert e triunfante durante todo o período da hegemonia inglesa – e não brotou direta e espontaneamente da estrutura ou do ruído dos interesses privados. A glória da Inglaterra dos séculos XVIII e XIX não pode ser desvinculada das imensas transformações sociais e econômicas provocadas pela Revolução do século XVII e da rara capacidade do Estado inglês de promover a expansão de seu poder sobre as outras nações em articulação com os interesses industriais e mercantis do seu capitalismo.[4]

Indo diretamente ao ponto, seria diferente em relação à China que seu renascimento enquanto potência econômica mundial seja resultado de uma leitura do PCCh que guiou uma ação estatal amplamente efetiva para elevar suas próprias capacidades? Existe uma fronteira entre as boas intenções dos governos que financiam agendas de pesquisa como as de Douglas North e os reais interesses de seus oligopólios quando o assunto foi – e é – o futuro da economia chinesa e, mais diretamente, o papel das grandes empresas estatais e do controle de ferro sobre os alicerces fundamentais do *processo de acumulação* exercido pelo PCCh?

***

O objetivo deste capítulo não é fazer uma análise pormenorizada das políticas industriais institucionalizadas pelo Estado chinês desde 1978. É evidente que será necessária uma passagem descritiva sobre pontos fundamentais de algumas políticas gerais implementadas. Mas o importante é situar o atual estágio de desenvolvimento dos GCEE e como eles se transformaram na vanguarda do setor produtivo chinês, cuja anatomia – aludida na epígrafe de Marx – é de fundamental importância para termos uma seta indicativa do restante do conjunto do setor produtivo chinês.

---

[4] Carlos Aguiar de Medeiros, "Instituições, Estado e mercado no processo de desenvolvimento econômico", cit., p. 59-60.

Para situar o atual estágio de desenvolvimento dos GCEE, escolhemos conceitos que podem servir de parâmetro ao nosso propósito. O primeiro é o de "socialização do investimento" cunhado por Keynes, para quem:

> O Estado terá que exercer uma influência-guia sobre a propensão a consumir parcialmente através de seu esquema de tributação, em parte, talvez, de outras formas. [...] Penso, portanto, que uma socialização de investimento um tanto abrangente será o único meio de garantir uma aproximação ao pleno emprego; embora isso não precise excluir todos os tipos de compromissos e dispositivos dos quais a autoridade pública cooperará com a iniciativa privada.[5]

O conceito de socialização do investimento é apenas uma primeira aproximação, pois são claras em Keynes as recomendações para uma maior participação do Estado no investimento, o que não significa necessariamente uma operação direta; pelo contrário, uma combinação entre Estado, instituições semiautônomas e formas mistas de capital[6]. Na *Teoria geral*, Keynes identifica as flutuações no investimento como a "causa *causans*" do nível de investimento. Por isso, para ele, a estabilização do investimento é o objetivo primário da política de governo, tendo papel fundamental, nesse sentido, um programa de investimento público: "um programa de longo prazo de caráter estável deve ser capaz de reduzir a faixa potencial de flutuações a limites muito mais estreitos do que antigamente, quando um volume menor de investimento estava sob controle público [...]"[7].

Políticas de socialização do investimento adaptam-se a determinadas especificidades. Uma característica chinesa é o fato de a *socialização do investimento* combinar uma política econômica mais favorável ao investimento privado com o fato de o próprio Estado tomar a si mesmo o papel tanto "de emprestador de última instância quanto de investidor de primeira instância", o que não exclui cooperação com a iniciativa privada[8].

Assim colocado, a aproximação conceitual mais apropriada para descrever o papel dos GCEE – e que pode desvelar o mistério daqueles que defendem visões minimalistas de Estado na economia quando o assunto são as razões do desenvolvimento do Leste Asiático e da China em particular – é assim definida por Hendersen: "o que realmente sugiro é que o Estado assuma o papel de empreen-

---

[5] John M. Keynes, *A teoria geral do emprego, juros e moeda* (Rio de Janeiro, Fundo de Cultura, 1970 [1936]), p. 378.

[6] Jan Kregel. "Budget deficits, stabilization policy and liquidity preference: Keynes's post-war policy proposals" em F. Vicarelli (org.), *Keynes relevance today* (Macmillan, Londres, 1985), p. 37.

[7] John M. Keynes, *A teoria geral do emprego, juros e moeda*, cit., p. 352.

[8] Elias Jabbour e Luiz Fernando Paula, "A China e a 'socialização do investimento': uma abordagem Keynes-Gerschenkron-Rangel-Hirschman", *Revista de Economia Contemporânea*, v. 22, v. 1, 2018.

dedor em chefe, dirigindo o fluxo de recursos produtivos para onde possam servir melhor às necessidades humanas"[9].

Ora, partindo do princípio do Estado chinês como "empreendedor em chefe", por meio de seus GCEE, podemos inferir uma diferença fundamental entre a estrutura produtiva chinesa e a dos grandes países capitalistas no mundo. Somente na aparência essas diferenças parecem ter caráter quantitativo:

1) em nenhum lugar do atual mundo capitalista grandes e numerosas empresas estatais estão localizadas no núcleo produtivo nacional;

2) em nenhum grande país capitalista do mundo o Estado tem tamanha capacidade de coordenação do investimento por meio de empresas públicas como a China;

3) em nenhum país do mundo dezenas de empresas estatais estão a serviço de uma estratégia global que envolva investimentos da ordem de trilhões de dólares, conforme o exemplo do projeto "Um Cinturão, Uma Rota".

4) Em nenhum país do mundo o controle sobre este tipo de ativo tem obedecido a critérios puramente políticos e estratégicos em detrimento do lucro, puro e simples.

12.1. O CAMINHO INICIAL DAS REFORMAS NAS EMPRESAS ESTATAIS

Na introdução, chamamos a atenção para dois movimentos de intervenção em massa do Estado chinês na economia; ambos respostas a duas crises financeiras, sendo a última com soluções ainda em aberto, encetando no mundo a possibilidade de uma estagnação quase secular. Nos estertores da crise financeira de 1997, a China ainda se via diante de dilemas nada razoáveis, dentre os quais o próprio destino de suas empresas estatais. Um dilema tão político quanto econômico que dominou os debates sobre a governança chinesa dentro e fora do país. Para o cientista ocupado com as questões intrínsecas do processo de desenvolvimento, o que fica – após a China ter se tornado a segunda maior economia do mundo e ter GCEE na fronteira tecnológica – é a busca pelo caminho percorrido e, principalmente, como as contradições foram e têm sido enfrentadas.

***

Não é difícil concluir que o contexto que serve de base para a formação econômico-social chinesa transformou-se de forma impressionante. O crescimento econômico verificado no período inaugura uma série de transições de diferentes

---

[9] Hubert D Henerson. "Note on the Problem of Maintaining Full Employment", em *The Inter-War Years and Other Essays* (Oxford, Oxford University Press, 1951), p. 234.

níveis que pode ser resumida da seguinte maneira: uma imensa economia de orientação socialista e de planejamento central, baseada em uma grande indústria pesada estatal com empresas ancilares de caráter coletivo de médio e grande porte, na qual tanto o mercado quanto a iniciativa privada praticamente inexistiam, deu lugar à primeira experiência de um novo tipo de formação econômico-social que classificamos como "socialista de mercado". Essa nova formação econômico-social, aberta – de maneira planificada – para o mundo capitalista, tem sua evolução potencializada e restringida pelo metamodo de produção e comporta diferentes modos de produção, inclusive formas capitalistas, não capitalistas e a socialista. Esta última foi sendo remoldada à luz da evolução de uma economia de mercado que permitiu mudanças institucionais que, por sua vez, criaram poderosos mecanismos de socialização do investimento e de transformação do modo de produção socialista no setor mais importante da economia chinesa.

Para Barry Naughton, a China está colhendo os frutos de uma transição do socialismo para uma economia de mercado[10]. Acreditamos que isso é somente parte da verdade, pois se a economia de mercado é um instrumento funcional para o revigoramento de setores inteiros da economia chinesa diante da predominância do metamodo de produção, é verdade que a própria existência, hoje, de um setor socialista na economia sob a forma de GCEE e de um sistema financeiro nacional estatal – além de uma série de formas de controle direto e indireto do Estado sobre a economia – é um instrumento que restringe potencialmente a ação da lei do valor. Chang-Tai Hsieh e Zheng Song mostram que a queda da participação estatal na composição do PIB nacional, e o consequente aumento da presença do setor privado, é o argumento muito utilizado para afirmar que o sucesso chinês reside na expansão do setor privado em detrimento do setor estatal. Mas há o "outro lado da moeda":

> Podemos apontar também a experiência de empresas estatais específicas. Considere-se, por exemplo, a experiência da Baoshan Steel Company. A Baoshan é uma grande fabricante de aço em Xangai e tornou-se uma empresa de capital aberto em 2000. O controle (75%) era exercido por uma *holding* (o grupo BaoSteel), de propriedade integral do governo central chinês. A Baoshan se saiu muito bem desde o fim dos anos 1990. As vendas totais aumentaram de US$ 2,8 bilhões em 1998 para US$ 17 bilhões em 2007. Os lucros aumentaram ainda mais: de US$ 122 milhões em 1998 para US$ 2,5 bilhões em 2007. Atualmente, a Baoshan é o maior produtor de aço da China e o segundo maior produtor de aço no mundo.[11]

---

[10] Barry Naughton, *The Chinese Economy: Transitions and Growth* (Londres, IMT, 2007), p. 7.

[11] Chang-Tai Hsieh e Zheng Song, "Grasp the Large, Let Go of the Small: The Transformation of the State Sector in China", *NBER Working Paper* n. 21006, mar. 2015, p. 2, disponível em: <https://www.nber.org/papers/w21006.pdf>, acesso em: 20 jul. 2020.

O caso da Baoshan Steel Company é sugestivo. Nossa posição é que o mercado foi fabricado pelo Estado, expandido e utilizado com finalidades estratégicas. No caso em questão, a estratégia era formar os GCEE. A planificação, como argumentaremos mais adiante, altera forma e conteúdo. A "planificação compatível com o mercado", consequência de operações institucionais inovadoras e complexas, pode ser tratada como uma das instituições mais importantes e estratégicas da economia chinesa.

As reformas das empresas estatais desde 1978 podem ser classificadas como um processo inicialmente lento, tendo em vista as injunções políticas, econômicas, sociais e ideológicas, que somente ganha força na segunda metade da década de 1990. Experimentos inovadores para dar conteúdo de ação mercantil a empresas estatais ocorreram já em 1978, em seis fábricas de Sichuan, onde o sistema de responsabilidade rural foi estendido à indústria, o que permitiu a retenção de parte dos lucros para reinvestimentos. Em 1983, essa proposta foi estendida a todo o setor industrial. Analisar o ambiente em que surgiram as primeiras tentativas de reforma no setor demanda que se mostre que, entre 1978 e 1994, o setor industrial chinês cresceu de forma exponencial, chegando a mais de 10 milhões de unidades. O número de empresas estatais cresceu muito pouco, de 83.700 para 102.200 unidades, enquanto as TVEs chegaram a 1,86 milhões de unidades e as unidades empresariais familiares tiveram um *boom*, alcançando 8 milhões de unidades[12]. O socialismo construiu uma economia de mercado que, por sua vez, "fabricou fabricantes".

Para termos noção do tamanho da transformação da estrutura de propriedade chinesa e do desafio que viriam a ser as transformações pelas quais, de forma necessária, as empresas estatais deveriam passar, é interessante este resumo de Naughton:

> No início da transição econômica, em 1978, a indústria chinesa era composta por milhares de organizações de propriedade pública similares. A empresa estatal tradicional – a "unidade de trabalho" integrada à burocracia governamental – dominava o cenário, como acontecia desde os anos 1950. As empresas estatais respondiam por 77% da produção industrial. "Empresas coletivas" eram fábricas que (a exemplo dos coletivos agrícolas) eram de propriedade nominal dos trabalhadores da empresa, mas, na verdade, eram controladas por governos locais ou outros órgãos estatais. Os coletivos urbanos respondiam por 14% da produção e as TVEs rurais pelos 9% restantes. A maior parte da indústria era urbana e de tamanho médio. Empresas muito pequenas eram praticamente inexistentes (menos de 5% da produção). As empresas estatais dominantes tinham muitos encargos. Como a unidade prototípica de trabalho urbano (*danwei*), as

---

[12] CSY, *Annual Data* (Pequim, National Bureau of Statistics of China, 2019), disponível em: <http://www.stats.gov.cn/english/Statisticaldata/AnnualData/>, acesso em: 2 jun. 2020; Alberto Gabriele, *Enterprises, Industry and Innovation in the People's Republic of China: Questioning Socialism from Deng to the Trade and Tech War* (Nova York, Springer, 2020).

empresas estatais eram responsáveis pelo bem-estar, pela saúde e pela doutrinação política de seus trabalhadores. Os gerentes tinham pouca flexibilidade e magras recompensas, e eram obrigados a cumprir as metas do plano e executar vários outros comandos dados por várias partes da burocracia. Havia pouca responsabilidade ou risco.[13]

Outro fenômeno a ser levado em consideração, quando o assunto é a evolução da natureza da propriedade da indústria chinesa, é o processo de transformação da China em "fábrica do mundo". Os primeiros passos das reformas econômicas criaram condições materiais e políticas para passos estratégicos condicionadores de escolhas ativas do país diante da crescente integração produtiva e financeira global. Os bancos norte-americanos passaram a acumular forte poder de gestão da moeda de reserva internacional, na tarefa de capitanear o intenso processo de liberalização financeira, notadamente nos países de moeda não conversível[14]. Essa mesma mobilidade foi conferida ao capital produtivo para buscar melhores condições de reprodução além das fronteiras da América do Norte, em movimento de causa e efeito de políticas monetaristas com impacto no custo da moeda e na crescente valorização cambial. É importante lembrar que, no início da década de 1980, as taxas de juros atingiram níveis sem precedentes nos Estados Unidos, na casa dos dois dígitos[15]. Além disso, a ofensiva norte-americana sobre as condicionantes macroeconômicas da economia japonesa (Acordos de Plaza de 1985) aceleraram o processo de reconfiguração da divisão internacional do trabalho sob comando da grande finança, promovendo rearranjos geográficos que, em última instância, beneficiaram a mediação entre os objetivos estratégicos chineses e a própria política de internalização de tecnologias e métodos avançados de gestão da produção.

Fenômeno correlato foi o entrelaçamento das reformas chinesas com o circuito ultramarino chinês, que tornou a recepção de investimentos estrangeiros diretos (IED) outro fator de mudança na estrutura de propriedade do país. As reformas econômicas na China e sua economia política são também a história da criação de condições objetivas para a solução de pendências históricas, em especial Hong Kong, Macau e Taiwan. Não é de se surpreender que o alvo primordial para o financiamento de projetos e formação de grandes *joint ventures* fosse a mobilização de imensos recursos financeiros de chineses ultramarinos. A formação de um círculo internacional chinês tornou-se a externalidade virtuosa anterior ao afluxo de IED dos Estados Unidos, União Europeia e Japão, o primeiro passo para a própria

---

[13] Barry Naughton, *The Chinese Economy*, cit., p. 299.

[14] Luiz G. Belluzzo, "Dinheiro e transformações da riqueza", em Maria da Conceição Tavares e José Luiz Fiori, *Poder e dinheiro* (Petrópolis, Vozes, 1997).

[15] John Kenneth Galbraith, *O pensamento econômico em perspectiva: uma história crítica* (trad. Carlos A. Malferrari, São Paulo, Pioneira/Edusp, 1989).

integração produtiva asiática centrada na China, num movimento de deslocamento para fora do antigo centro japonês. Entre 1990 e 2008, 45% dos IED realizados na China tinham origem no complexo formado por Hong Kong e Macau; em segundo lugar, vinham os Estados Unidos, empatados com Taiwan, com 9%; em seguida, Singapura com 6%, Alemanha com 2% e França com 1%[16]. Se tomarmos, no conjunto, o complexo Hong Kong e Macau, Taiwan e Singapura, concluímos que mais de 60% dos IED na China são executados por chineses.

Em menos de duas décadas, portanto, o ambiente industrial chinês mudou de forma drástica com o surgimento das TVEs, dos pequenos e médios empreendimentos privados e das grandes empresas estrangeiras atuando em *joint ventures* com o capital chinês. Esse ambiente complicou a atuação das empresas estatais. O ambiente de extrema concorrência não foi suficiente para que as empresas estatais mudassem drasticamente de postura na década de 1990. Houve reformas institucionais – como a ocorrida em 1984, quando um *dual track* (duas formas de regulação de preços) entre plano e mercado foi institucionalizado sob a forma de uma maior autonomia dada aos gerentes das empresas e permissão de venda de produtos no mercado com preços 20% maiores do que os indicados no plano. Em tese, um sistema rústico, e até primitivo, que combinava plano e mercado foi sendo implantado com o objetivo de impor direitos e deveres às empresas.

O sistema de contratos de responsabilidade se espraiou pouco a pouco e, mesmo em muitos casos, empresas foram sendo concedidas a grupos de coletivos e indivíduos[17]. Esse "sistema inicial de transição" pode ser considerado uma forma oposta aos programas de privatização em massa que ocorreram nos países do antigo bloco socialista. Esse sistema trazia consigo a passagem de um sistema que János Kornai[18] chamava de "Soft Budget Constraint" – aplicado ao modelo empresarial do mundo socialista – para outro em que os constrangimentos ao desenvolvimento – em uma

---

[16] Elias Jabbour, *China hoje: projeto nacional, desenvolvimento e socialismo de mercado* (São Paulo, Anita Garibaldi/EDUEPB, 2012).

[17] Sobre esse estágio inicial das reformas das empresa estatais, ver Barry Naughton, *The Chinese Economy*, cit.; Jinglian Wu, *Understanding and Interpreting Chinese Economic Reform* (Nova York, Texere, 2001); Jeffrey D. Sachs e Wing Thye Woo, "Understanding China's Economic Performance", *NBER Working Paper* n. 5935, 1997, disponível: <https://www.nber.org/papers/w5935>, acesso em: 20 jul. 2020; e Joshua Aizenman e Nan Geng, "Adjustment of State Owned and Foreign-Funded Enterprises in China to Economic Reforms (1980s-2007): A Logistic Smooth Transition Regression (Lstr) Approach", *Research Gate*, ago. 2009, disponível em: <https://www.researchgate.net/publication/46441017_Adjustment_of_State_Owned_and_Foreign-Funded_Enterprises_in_China_to_Economic_Reforms1980s-2007_A_Logistic_Smooth_Transition_Regression_Lstr_Approach>, acesso em: 20 jul. 2020.

[18] János Kornai, "Resource-Constrained Versus Demand-Constrained Systems", *Econometrica*, v. 47, n. 4, 1979, p. 801-19.

economia de mercado de tipo keynesiana – ocorram não pelo lado dos recursos e sim pela demanda. Voltaremos a esse ponto.

Se observarmos por outro ângulo, é muito provável que o gradualismo no processo de reforma das empresas estatais tenha sido também uma *estratégia* que envolvia o papel do setor público em geral no amortecimento dos custos sociais das reformas. Segundo Dic Lo e Mei Wu:

> A ação do Estado se concentrou na promoção da reforma do mercado, sendo as estatais designadas para assumir o ônus do ajuste associado à reforma. As empresas estatais, juntamente com os bancos estatais, ficaram responsáveis por manter o padrão existente de distribuição igualitária de renda. Deram segurança no emprego e forneceram serviços sociais para praticamente toda a população urbana, promovendo assim a "revolução do consumo", essencial para o impulso industrial naquele período.[19]

***

Inicialmente, a implementação dos contratos de responsabilidades e a competição com o setor privado e as TVEs levaram a uma maior diversificação da atuação das empresas estatais, mas não resolveram problemas fundamentais, que literalmente travavam o bom funcionamento dessas empresas[20]. Mas houve avanços, à medida que os lucros das empresas estatais passaram a ditar a relação entre o gerente da empresa e o seu chefe imediato[21]. Porém, o ambiente político pré-1992 não permitia maiores transformações na forma de funcionamento das empresas estatais. Na verdade, a lentidão inicial desse processo era reflexo também da luta interna no PCCh pelos rumos das reformas econômicas. A paralisia no processo entre 1988 e 1992 era consequência do ambiente político após os acontecimentos na Praça da Paz Celestial e o fim da União Soviética. Formalmente, a China voltar a operar como uma *economia de comando* em 1989, sendo esse processo revertido somente a partir de 1992, quando os *reformistas* – liderados por Deng Xiaoping – vencem a batalha em torno do XIV Congresso Nacional do PCCh[22].

---

[19] Dic Lo e Mei Wu, "The State and Industrial Policy in Chinese Economic Development", em José M. Salazar-Xxirinachs, Irmgard Nübler e Richard Kozul-Wright (orgs.), *Transforming Economies: Making Industrial Policy Work for Growth, Jobs and Development* (Genebra, International Labour Office, 2014), p. 314, disponível em: <https://www.ilo.org/wcmsp5/groups/public/---dgreports/---inst/documents/publication/wcms_315676.pdf>, acesso em: 8 jun. 2021.

[20] Alberto Gabriele, *Enterprises, Industry and Innovation in the People's Republic of China*, cit.

[21] Barry Naughton, *The Chinese Economy*, cit., p. 312.

[22] Sobre esse processo de luta interna, ver Michael E. Marti, *A China de Deng Xiaoping: o homem que pôs a China na cena do século XXI* (trad. Antonio Sepulveda, Rio de Janeiro, Nova Fronteira, 2004).

12.2. "Segurar as grandes": o processo de formação dos GCEE

Um retrato das empresas estatais chinesas na década de 1990 pode ser percebido em 1995. Nesse ano as empresas estatais ainda empregavam 70% dos trabalhadores industriais do país, operavam 60% das ações industriais, porém correspondiam a somente um terço dos ganhos industriais em relação às outras formas de propriedade que já operavam no país. A produtividade do trabalho nas estatais correspondia a um terço das TVEs, um décimo das empresas privadas individuais e estrangeiras[23]. O grande desafio era fazer frente à principal contradição da gestão das empresas estatais: deixar de ser lucrativas em um ambiente de total proteção do Estado para se tornar eficientes o suficiente para ser o núcleo de um sistema empresarial com capacidade tanto de servir de base para uma nova classe de formações econômico-sociais que estavam surgindo quanto de sobreviver às restrições impostas pelo metamodo de produção, e se sobressair. A travessia deveria ser – e foi – dura com custos sociais elevados.

***

As reformas nas empresas estatais se aceleraram graças a constrangimentos macroeconômicos criados pelo então primeiro-ministro Zhu Rongji a partir de um ciclo de inovações institucionais iniciado em 1994. Estava chegando ao fim o ambiente caracterizado pelo Soft Budget Constraint. A história do processo de desenvolvimento chinês mostra que uma economia de mercado de tipo keynesiana estava emergindo e demandaria um grande esquema empresarial estatal capaz de atender a uma demanda crescente, via urbanização, de grandes obras infraestruturais que conectassem todo o país e políticas industriais ousadas, que encetavam a fronteira tecnológica.

O ciclo de inovações institucionais lançado em 1994 fechou o cerco monetário sobre as empresas estatais por algumas vias, das quais:

1) uma dura reforma fiscal que reverteu a tendência anterior de descentralização, retirando margem de manobra financeira das províncias[24], o que dá veracidade a versões que afirmam que as reformas nas estatais de tipo "*grasping the large*" (segurar as grandes) começaram no nível das províncias;

2) uma reforma no sistema de subsídios das empresas estatais que, na prática, significou o fim da relação entre os chefes das empresas estatais e seus chefes superiores;

---

[23] Alberto Gabriele, *Enterprises, Industry and Innovation in the People's Republic of China*, cit., p. 88.
[24] Sobre a reforma fiscal de 1994, ver Tsang Shu-Ki e Cheng Yuk-Shing, "China's Tax Reforms of 1994: Breakthrough Compromise?", *Asian Survey*, v. 34, n. 9, 1994, p. 769-88.

3) uma redução do espaço de crédito pela formação de um sistema financeiro mais profissional que concedia maior autonomia a bancos comerciais e bancos de desenvolvimento;

4) permissão às empresas estatais de se ocupar somente de sua agenda nuclear, o que significou na prática o fim do sistema *danwei*, que concentrava nas empresas todas os encargos sociais. O custo social dessa medida foi enorme.

O principal ponto desse de ciclo de inovações institucionais, a nosso ver, não estava somente nas medidas acima expostas, mas sim no início de um processo de tomada de decisão sobre um debate que já ocorria em círculos políticos e intelectuais, tanto na China quanto no exterior. Pronunciamentos de altos dirigentes do país, como Wu Banggou e o próprio presidente Jiang Zemin – nos estertores da elaboração do 9º Plano Quinquenal (1996-2000) – já indicavam o rumo que seria tomado a respeito da necessidade de se formar um sistema novo, no qual o Estado se ocuparia somente da gestão e da administração das grandes estatais. Um documento do Banco Mundial datado de 1996[25] propunha que o governo tivesse o controle de somente mil empresas estatais de elite, mantivesse o controle de outras 14 mil e promovesse fusões, privatizações ou permitisse a falência de outras 96 mil. Outros estudos, como o promovido pelo Birô Nacional de Estatísticas da China, apontava que o controle do Estado sobre a economia não ficaria comprometido mesmo que fosse reduzido a somente 25%.

Essa estratégia de "segurar os grandes" foi confirmada em 1996 pelo Relatório sobre o 9º Plano Quinquenal de Desenvolvimento Econômico e Social, no qual se lê:

> A reforma institucional deve ser associada à otimização da estrutura de investimentos, a fim de apoiar seletivamente aqueles que são competitivos e fortes e permitir que os mais aptos sobrevivam e prosperem. Os fracos devem ser eliminados por fusões, aquisições e falências para melhorar a eficiência e reduzir o número de funcionários [...] Um determinado número de indústrias e grupos empresariais chave deve ser gerenciado de modo adequado para que seus capitais sejam usados para desencadear a reforma e o crescimento de outras empresas e assim impulsionar toda a economia.[26]

Em todo esse grande ciclo de inovações institucionais está incorporada uma ideia que se tornou fixa ao longo das reformas econômicas e que consistia na transformação dessas empresas estatais em GCEE, a partir de um processo de

---

[25] World Bank, "China: Reform of State-Owned Enterprises", *The World Bank*, 21 jun. 1996, disponível em: <http://documents.worldbank.org/curated/en/114421468770439767/China-Reform-of-state-owned-enterprises>, acesso em: 25 out. 2019.

[26] NPC, "Ninth Five-Year Plan' for Economic and Social Development", National People's Congress, 1996.

"corporatização" sustentado por leis e medidas lançadas entre 1993 e 1994. A ideia seria a de uma (lenta) substituição das empresas estatais por GCEE[27], que poderiam variar de espécie e chegar a ter ações na bolsa (*joint-stock corporation*). A Lei das Companhias consagrou a separação completa – ou ao menos a tentativa de separar – a gestão da propriedade. Por esse modelo, a gestão ficaria a cargo de administradores formados em gestão e com capacidade técnica comprovada.

Naughton mostra até que ponto a Lei das Companhias funcionava na prática, após dez anos de implementação:

> Apesar da importância fundamental da corporatização, a implementação efetiva da Lei das Sociedades Anônimas tem sido lenta. As empresas estatais tradicionais ainda estão longe da extinção. De fato, no final de 2003 ainda havia 23.000 empresas estatais industriais tradicionais, produzindo um terço da produção do setor estatal, enquanto havia 11.000 corporações controladas pelo estado produzindo dois terços da produção do setor estatal. As empresas corporatizadas eram quatro vezes o tamanho das controladas pelo estado, em média (SYC 2004, 513). Mesmo as empresas formalmente reorganizadas de acordo com a Lei das Sociedades por Ações não implementaram necessariamente as disposições de forma eficaz. Os conselhos de administração têm a posição central na estrutura legal delineada na Lei das Sociedades, mas a maioria das empresas reorganizadas de acordo com a Lei das Sociedades não tem realmente conselhos de administração em funcionamento.[28]

Evidentemente, uma reforma – que visava transformar um regime de propriedade que se desenvolvera durante décadas e comportava um tipo de economia não voltada para o mercado, com previsão de cargos vitalícios e controle estrito por meio de um emaranhado de instituições burocráticas – não poderia ocorrer da noite para o dia. Para isso, foi criada em 2003 a Comissão de Supervisão e Administração de Ativos do Estado (Sasac, na sigla em inglês), uma grande agência que, em grande medida, levou a cabo a Lei das Companhias. Porém, em trabalho publicado em 2010, já apontávamos muitos avanços em relação a 2003:

> As empresas estatais são agora menos numerosas, mas muito maiores, mais intensivas em capital e conhecimento, mais produtivas e mais lucrativas do que no fim dos anos 1990. Ao contrário do que reza a crença popular, sobretudo desde meados da década de 2000, o desempenho dessas empresas em termos de eficiência e lucratividade se compara favoravelmente ao das empresas privadas. O subsetor controlado pelo Estado, constituído por empresas estatais em particular, com os 149 grandes conglomerados administrados pela Sasac, é claramente o componente mais avançado da

---

[27] Barry Naughton, *The Chinese Economy*, cit., p. 314.

[28] Barry Naughton, *The Chinese Economy*, cit., p. 316.

indústria chinesa e aquele em que se desenvolve a maior parte das atividades internas de pesquisa e desenvolvimento.[29]

Por outro lado, implicações políticas e sociais devem ser levadas em consideração nesse tipo de análise. Dizemos isso para deixar claro que muitas vezes as análises acadêmicas pecam pela parcialidade, fixando-se somente em aspectos puramente econômicos/empresariais. Vejamos: não se tratou de uma reforma qualquer, mas de uma reforma com capacidade não somente de reorientar estratégias empresariais ou objetivos de curto, médio e longo prazos de um governo, como também de dar um contorno definitivo à essência da nova formação econômico-social que estava emergindo.

A análise da criação em 2003 e do desenvolvimento da Sasac poderá deixar mais claras determinadas tendências recentes dos GCEE.

12.3. Os GCEE: QUESTÕES TEÓRICAS FUNDAMENTAIS

A China convence poucos analistas, inclusive grande parte dos acadêmicos marxistas, sobre a natureza de seu sistema. Mas é interessante notar que essa noção, de difícil sustentação, de conversão da China ao capitalismo não é consenso. Mesmo economistas de inclinação liberal percebem que os chineses estão construindo algo diverso do senso comum. Convergindo com nosso ponto de partida, segundo o qual o controle da propriedade e o desenvolvimento de *capacidades estatais* são critérios fundamentais para distinguir diferentes sistemas socioeconômicos, Fan, Morck e Yeung afirmam:

> Apesar de uma vasta acumulação de capital privado, a China não está adotando o capitalismo. Características capitalistas enganosamente familiares escondem os fundamentos profundamente desconhecidos do "socialismo de mercado com características chinesas". O Partido Comunista Chinês (PCCh), controlando a carreira de todo o alto escalão em todas as agências reguladoras, todas as empresas estatais (SOEs) e praticamente todas as grandes instituições financeiras estatais.[30]

Ao desenvolver o argumento fundamental do artigo, os autores vão mais longe:

---

[29] Alberto Gabriele, "The Role of State in China's Industrial Development: A Reassessment", *Comparative Economic Studies*, v. 52, n. 3, 2010, disponível em: <https://www.researchgate.net/publication/46526533_The_Role_of_the_State_in_China's_Industrial_Development_A_Reassessment>, acesso em: 7 jun. 2021.

[30] Joseph Fan, Randall Morck e Bernard Yeung, "Capitalizing China", *NBER Working Paper* n. 17687, dez. 2011, p. 1.

[Nossos] estudos [...] revelam que a China não está copiando instituições de livre mercado, mas tentando algo substancialmente diferente: o socialismo de mercado com características chinesas é um sistema realmente único. Uma série de reformas formais imita as formas institucionais de uma economia de mercado, em geral nos mínimos detalhes. Mas o cerne permanece resolutamente socialista: empresas estatais estrategicamente posicionadas, grupos empresariais piramidais, controlados por empresas estatais, e células, secretários e comitês do partido.[31]

Michael Roberts concorda conosco ao afirmar:

Penso que a maioria dos economistas políticos marxistas concorda com os economistas neoclássicos, assumindo ou aceitando que a China é capitalista. No entanto, não sou um deles. A China não é capitalista. A produção de mercadorias com fins lucrativos, baseada em relações espontâneas de mercado, governa o capitalismo. A taxa de lucro determina os ciclos de investimento e gera crises econômicas periódicas. Isso não se aplica à China. Na China, a propriedade pública dos meios de produção e o planejamento estatal permanecem dominantes e a base de poder do Partido Comunista está enraizada na propriedade pública.[32]

A convergência desses autores com o nosso argumento fundamental, acrescido do manuseio que fazemos de categorias como socialização do investimento e da noção de Estado como "empreendedor em chefe", assim como da evolução do regime de propriedade na China desde 1978 e das "capacidades estatais", *já nos permitem delinear algo* – ainda de forma preliminar – a respeito de algumas lógicas de funcionamento[33] dessa nova classe de formações econômico-sociais.

O "socialismo com características chinesas"[34] avançou nas últimas décadas por meio de sucessivas reformas institucionais que delinearam pouco a pouco uma formação econômico-social na qual modos variados de produção se desenvolvem e encetam formas futuras de propriedade de nível superior. Por exemplo, na agricultura, Encom se sucedem sob a forma de pequena produção mercantil, as TVEs e, atualmente, formas superiores (cooperativas) de Encom ganham força e forma em meio a essa pequena produção mercantil, que, longe de desaparecer,

---

[31] Ibidem, p. 2.

[32] Michael Roberts, "Xi Jinping Thought and the Nature of China Today", *Redline: Contemporary Marxist Analysis*, 26 out. 2017, disponível em: <https://rdln.wordpress.com/2017/10/26/xi-jinping-thought-and-the-nature-of-china-today/>, acesso em: 11 maio 2019.

[33] No geral, lógicas de funcionamento teriam o mesmo significado que Marx imputava às "leis gerais do movimento". Para nós, a noção de lógica é mais adequada por se tratar de realidades *dinâmicas*, e não *estáticas*. Tratamos desse tema inicialmente na seção 8.4 deste livro.

[34] Designamos "socialismo com características chinesas" uma unidade de desenvolvimento do socialismo de mercado como nova classe de formação econômico-social.

passa por uma grande metamorfose. É interessante notar que a agricultura, dada a sua baixa base técnica e as características institucionais do sistema *hukou*, ainda não está pronta para desenvolver formas socialistas avançadas de propriedade e relações de produção, porém já pode avançar para uma etapa superior em relação à pequena produção mercantil.

Em comparação com as reformas nas empresas estatais, as novas formas de propriedade que surgiram na agricultura adaptaram-se rapidamente e transformaram-se no dínamo da economia socialista de mercado. Não houve grandes contradições capazes de paralisar o sistema, pois as relações de produção se ajustaram às novas forças produtivas que se desenvolveram sobretudo em torno das novas e superiores formas de divisão social do trabalho e do desenvolvimento posterior das TVEs. Não foram necessários, da parte do Estado, leis e regulamentos para operar essas transformações. A orientação para o mercado sugerida pelos contratos de responsabilidade foi suficiente para encetar a estratégia geral e acomodar essa nova agricultura ao organismo econômico nacional.

As reformas nas empresas estatais, por outro lado, seguiram ritmo muito mais lento. As TVEs e o setor privado nacional e estrangeiro exerceram forte pressão sobre o antigo setor estatal. Houve um verdadeiro choque entre diferentes modos de produção em uma mesma formação econômico-social, colocando em xeque a própria viabilidade do socialismo no país. Se o setor estatal tivesse "morte súbita", a restauração capitalista se imporia. Ainda em nível de abstração, assim como as reformas na agricultura levaram ao surgimento de uma nova divisão social do trabalho no campo, reformas muito mais complexas deveriam ocorrer nas empresas estatais, porém com rumo semelhante e obedecendo a determinado tempo político e social.

Gradualmente, um novo setor estatal foi emergindo, orientado para o mercado e sem as obrigações sociais anexas do sistema *danwei*. Um grande ciclo de inovações institucionais entre 1993 e 1994 encetou a estratégia que seria executada pelo 9º Plano Quinquenal (1996-2000). A transformação de grande parte das empresas estatais em GCEE foi uma grande jogada estratégica que moldou um *novo modo de produção socialista* no país, concentrado em setores estratégicos e nos de tecnologia de ponta. Como veremos na próxima seção, a reforma do setor bancário foi o outro passo na formação desse novo modo de produção interno ao socialismo de mercado.

Qual a grande *lógica de funcionamento* que enceta a reforma das estatais e sua transformação em GCEE?

Conforme já dissemos, a prevalência do metamodo de produção impõe restrições ao pleno desenvolvimento do socialismo, sendo este apenas uma das classes de formação econômico-social que se desenvolve em seu interior. Não há nenhuma heresia em admitir que o socialismo de mercado, como uma nova classe de formações econômico-sociais, é o maior grau possível em nível de engenharia e tecnologias sociais que a sociedade humana pode alcançar na atualidade. O socialismo plenamente desenvolvido não é uma realidade *a priori*. O prévio conhecimento das lógicas de funcionamento do metamodo de produção indica que a construção de um poderoso macrossetor produtivo deve ser alçada ao grau de lógica de funcionamento fundamental do socialismo de mercado. O desenvolvimento dos GCEE em um mundo dominantemente capitalista demonstra isso. Além do mais, a própria sobrevivência do socialismo de mercado, dada a prevalência do metamodo de produção como experiência humana mais avançada em curso no mundo, demanda a existência de um macrossetor produtivo em condições de prevalecer internamente e concorrer externamente.

Experiências de outras formações econômico-sociais de orientação socialista (notadamente Cuba) demonstram a validade dessa lógica de desenvolvimento: a fragilidade da experiência reside – necessariamente – na falta de um forte macrossetor produtivo[35]. As citações no início desta seção dão conta de um novo tipo de formação econômico-social ancorado em um macrossetor não privado, mas que também opera – cada vez mais – em conformidade com os objetivos políticos e estratégicos do país. Nesse tocante, é muito difícil sustentar a natureza predominantemente capitalista da experiência chinesa[36]. Isso ficará mais claro quando desenvolvermos, mais adiante, a noção de "planejamento combinado com o mercado".

Sobre a natureza da propriedade sobre a grande produção industrial chinesa, sobretudo os GCEE, é importante notar que esse conjunto de empresas é, em

---

[35] Cuba é um caso único de país que logrou construir um macrossetor não produtivo de alto nível, sem necessitar de um prévio macrossetor produtivo, desafiando assim a própria lei do valor. O caso da Coreia do Norte é interessante: as restrições ao desenvolvimento de sua formação econômico-social residem em um ambiente externo hostil (pressão imperialista) e seu macrossetor é frágil em relação aos padrões internacionais e forte em relação às necessidades militares e políticas do país.

[36] Mesmo o intenso processo de privatização que ocorreu na China nas décadas de 1990 e 2000 não seguiram padrões semelhantes aos de outras partes do mundo. Segundo Naughton: "A privatização, especialmente a privatização de informações privilegiadas e aquisições administrativas (MBOs), tornou-se um fenômeno generalizado na China, à medida que as empresas menores eram 'deixadas de lado'. Além disso, em muitos casos, o governo manteve algum tipo de participação minoritária na empresa, diretamente ou através de subsidiárias. Empresas combinadas, especialmente na indústria de tecnologia, tornaram-se comuns. Nesses casos, o interesse minoritário do Estado é passivo, uma vez que o grupo gerencial tem o controle da empresa (pela posição combinada de administração e patrimônio). Esse setor emergente da indústria chinesa – de médio porte, predominantemente privado, mas com padrões híbridos de propriedade – surgiu como um setor altamente dinâmico e em rápido crescimento. Sem dúvida, muitas dessas empresas atuam hoje em linhas puramente comerciais e com foco na lucratividade. Grande parte do futuro da indústria chinesa depende do crescimento desse setor" (Barry Naughton, *The Chinese Economy*, cit., p. 324).

última instância, a expressão do controle do PCCh sobre o conjunto da economia chinesa. Segundo Carsten Holtz:

> A propriedade estatal na RPC é, em última instância, a expressão do controle do partido sobre a economia. Em tal ambiente, uma capacidade regulatória forte não pode coexistir com um setor privado forte. O partido faz e ajusta a lei. Ou seja, o partido não pode ser submetido a uma estrutura reguladora independente e a instituições formais que operem independentemente dele, e também não pode se submeter a resultados de mercado criados por atores privados, se esses resultados forem contrários às prerrogativas dele. Da autoridade absoluta do partido decorre a confiança no sistema de gerenciamento de quadros que domina o gerenciamento das empresas estatais e atinge as empresas privadas.[37]

Do ponto de vista dos padrões corporativos ocidentais, esse controle político pode parecer uma aberração. Mas a grande questão é que esse tipo de empresa – diferentemente até mesmo das empresas estatais dos países capitalistas – orbitam objetivos políticos e estratégicos que estão presentes tanto nos programas e estatutos do PCCh quanto nos documentos do governo sobre o papel das empresas públicas na economia e nas estratégias internacionais da China.

***

Ao longo das últimas quatro décadas, houve uma profunda recolocação estratégica do setor empresarial estatal. Essa recolocação seguiu duas ordens de evolução institucional:

1) as reformas institucionais elevaram as capacidades estatais a ponto de o Estado se transformar em executor e financiador em primeira e última instâncias (o Estado como "empreendedor em chefe" foi consequência da adoção de mecanismos de socialização do investimento nas últimas duas décadas);

2) pacotes fiscais e políticas industriais foram implantados para que o Estado fosse o portador – a partir de suas empresas ou de um setor privado auxiliar, não concorrente ao estatal – do rumo no sentido da fronteira tecnológica.

Do ponto de vista de uma abordagem teórica *heterodoxa, não marxista*, essa recolocação estratégica do Estado e sua transformação em "empreendedor em chefe" é bem definida por Leonardo Burlamaqui:

> Do ponto de vista teórico, o que China realizou reafirma os elementos-chave das obras de Hilferding, Schumpeter, Keynes, Minsky e a abordagem da análise eco-

---

[37] Carsten A. Holtz, "The Unfinished Business of State-Owned Enterprise Reform in the People's Republic of China", Munich Personal RePEc Archive, Hong Kong University of Science Technology, 2 dez. 2018, p. 41, disponível em: <https://mpra.ub.uni-muenchen.de/94093/1/MPRA_paper_94093.pdf>, acesso em: 8 jun. 2021.

nômica e das políticas públicas pelo "Estado desenvolvimentista". [...] A trajetória de desenvolvimento da China tem todos esses elementos. [...] eles apontam para uma conclusão dupla. A primeira sugere que o conceito de Estado empreendedor deve sintetizar três elementos principais: a) um sistema bancário do tipo "Hilferding--Schumpeter"; b) a extensão ao Estado da função empreendedora de Schumpeter; e c) a presença de um robusto grau de socialização do investimento, como afirmam Keynes na *Teoria geral* (cap. 24), Schumpeter em sua caracterização do "socialismo" (parte 3), e Minsky com o "Grande Governo" e o "Grande Banco" (parte 5). A segunda conclusão é que o Estado chinês encapsula todas as três dimensões e, portanto, deve ser tomado como o protótipo de um Estado empreendedor desenvolvido. Essas proposições são reconhecidamente ousadas e devem convidar mais debates e discussões.[38]

Assim sendo, é desvelada mais uma lógica de funcionamento: o projeto socialista, diante da predominância do metamodo de produção é um Estado empresarial de novo tipo. Do ponto de vista da dinâmica dos modos de produção internos ao socialismo de mercado, o setor estatal/socialista tem superado uma situação de extrema dificuldade nas décadas de 1980 e 1990 na "unidade de contrários" que marcou, e ainda marca, sua relação com os setores privados nacional e estrangeiro e as TVEs, para se tornar o setor amplamente dominante da economia chinesa. Orientada para o mercado, anabolizada por uma soberania monetária única, a atual conjuntura das relações intrassetoriais da economia chinesa é comumente referida como um organismo no qual o setor estatal avança e o setor privado recua. O Gráfico 9 mostra esse processo de forma muito clara.

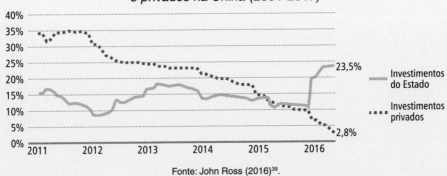

Gráfico 9: Crescimento anual dos investimentos estatais e privados na China (2001-2017)

Fonte: John Ross (2016)[39].

---

[38]. Leonardo Burlamaqui, "Finance, Development and the Chinese Entrepreneurial State", cit., p. 730-1.
[39] John Ross, "Why Are China and India Growing So Fast?", *Learning from China*, [s.d.] [publicado originalmente em *Guancha.cn*, 30 jul. 2016], disponível em: <https://www.learningfromchina.net/why-are-china-and-india-growing-so-fast/>, acesso em: 2 jun. 2020.

13
O SISTEMA FINANCEIRO NACIONAL E A CONSTRUÇÃO DA SOBERANIA MONETÁRIA CHINESA

Acautela com que temos tratado o desenvolvimento atual e futuro do socialismo diante da prevalência do metamodo de produção tem grande sentido. A globalização financeira e suas consequências sobre a estabilidade e a instabilidade da economia internacional impõem desafios políticos, econômicos e teóricos nada pequenos àqueles que estão comprometidos com estratégias socializantes. Como se sabe, as teorias são produto da verificação da história e de grandes processos históricos. O que propomos é o desenvolvimento de uma teoria sobre as possibilidades do socialismo em tempos de prevalência do metamodo de produção e da globalização financeira. A China, com sua evolução política e institucional, é um parâmetro formidável para a construção de nossas hipóteses.

O papel dos GCEE como executores de grandes empreendimentos dentro e fora da China não prescinde de um braço financeiro de estatura semelhante. O desafio teórico é razoável. Burlamaqui[1] abre possibilidades: resgate de contribuições teóricas que embasem uma noção moderna que combine e vá além das prescrições de Hilferding de fundir banco e indústria[2], papel das instituições financeiras de longo prazo no processo de desenvolvimento dos *latecomers*[3] que seja condizente com o que indicou Minsky[4] – diante da estabilidade instável dos mercados financeiros

---
[1] Leonardo Burlamaqui, "Finance, Development and the Chinese Entrepreneurial State: A Schumpeter-Keynes-Minsky Approach", *Brazilian Review of Political Economy*, v. 4, n. 141, 2015, p. 728-44.

[2] Paul M. Sweezy (org.), *Karl Marx and the Close of His System by Eugen von Böhm-Bawerk & Böhm-Bawerk's Criticism of Marx by Rudolf Hilferding* (Nova York, Augustus M. Kelley, 1949).

[3] Alexander Gerschenkron, *O atraso econômico em perspectiva histórica e outros ensaios* (trad. Vera Ribeiro, Rio de Janeiro, Contraponto, 2015).

[4] Hyman P. Minsky, *Estabilizando uma economia instável* (trad. Sally Tilelli, São Paulo, Novo Século, 2010).

que na época estavam em processo de desregulamentação –, construção de um Estado que combine as funções de "Big Governance" e "Big Finance". A China é a expressão moderna desse tipo de construção. Paralelamente, é fundamental para a teoria perceber que o socialismo necessita da construção de uma poderosa soberania financeira como forma de aproveitar todas as possibilidades que o metamodo de produção oferece ao desenvolvimento, mesmo que limitado, da nova classe de formações econômico-sociais que surge em seu interior[5].

Por outro lado, o caráter fundamental do sistema financeiro está no fato de ele ser o lugar de honra pelo qual as crises capitalistas se alimentam e se retroalimentam. E, aqui, devemos abrir um parêntese: basicamente e contrariamente à esfera da produção de mercadorias (no macrossetor produtivo), o financiamento privado em larga escala não serve a nenhum objetivo público. Nesse sentido, as finanças são, por si só, um setor não produtivo potencialmente público que deve ser tratado como tal. São um setor improdutivo e potencialmente público, porque, como a educação e a saúde, deve fornecer de maneira econômica e eficiente um serviço público (intermediação financeira) essencial, para não produzir excedentes por si só. Entretanto, diferentemente de outros setores não produtivos, não fornecem diretamente valor de uso (como é o caso da saúde), pois fornecem serviços essenciais que permitem à economia real funcionar.

No capitalismo a captura de mais-valor tem ocorrido de forma mais sistemática, aprofundando a tendência à instabilidade do sistema. Por isso, é fundamental a predominância estatal sobre o sistema financeiro. Para formações econômico-sociais periféricas, de corte capitalista ou socialista, a constituição de grandes bancos estatais de desenvolvimento é passo institucional decisivo no que concerne ao objetivo

---

[5] A globalização, apesar de não ser um fenômeno recente, é marcada por uma enorme expansão dos mercados, especialmente dos financeiros. Essa expansão traz grandes desafios à soberania dos Estados e às instituições em si. Amplia-se a capacidade de interferência imperialista nos países periféricos, principalmente por vias financeiras, dada a generalização da abertura da conta de capitais de grandes regiões do mundo. Essa capacidade de interferência ocorre também pelo surgimento de novos atores políticos capazes de definir leis e regras, tais como a Organização Internacional das Comissões de Valores Mobiliários (Iosco, em inglês), a Federação Mundial de Bolsas de Valores (WFE), a Associação Internacional de Swaps e Derivativos (Isda) e as agências de avaliação de risco de crédito (como Standard & Poor's, Moody's e Fitch Ratings). A ampliação da instabilidade global é a marca registrada da época histórica globalizante, apesar de as soluções apontadas e popularizadas pelo Consenso de Washington demonstrarem maior eficiência das soluções baseadas no mercado, em detrimento do Estado (John Williamson (org.), *Latin American Adjustment: How Much Has Happened?*, Washington, Institute for International Economics, 1990). Apesar de todo o aparato acadêmico e propaganda, até o presente momento nenhuma evidência empírica entre liberalização dos mercados financeiros e crescimento econômico foi apresentada. O caso chinês contrasta com todas as noções neoclássicas a esse respeito.

de *catching-up*. Em geral o sistema financeiro público é o principal instrumento de superação da contradição entre poupança e investimento sob o capitalismo, superação esta que garante a utilização plena de recursos disponíveis, presentes e futuros, garantindo condições ao pleno emprego de mão de obra.

Isso vai de encontro à necessidade do grande capital de garantir altas taxas de desemprego e, assim, manter os trabalhadores sem poder de barganha, lutando por baixos salários. Não é à toa que os bancos de desenvolvimento, sobretudo os de grandes países como a China e o Brasil, são alvo de difamação e tentativas de descrédito enquanto instituições financeiras sérias e comprometidas com os critérios de *compliance*. A existência desse tipo de instituição sob controle estatal, assim como os seus resultados em matéria de crescimento econômico e resiliência ante a instabilidade financeira internacional, são contrapontos às ideologias reacionárias que buscam separar Estado e mercado.

***

O sistema financeiro chinês foi construído para enfrentar tanto os desafios do processo de *catching-up* quanto os relacionados aos limites do metamodo de produção e às restrições de *policy space* em tempos de globalização financeira. Trata-se de garantir uma capacidade estatal fundamental como parte das possibilidades do socialismo no tempo presente. É interessante notar que a construção desse tipo de capacidade estatal ocorre em plena quebra das regulações financeiras que mantinham o sistema internacional mais previsível. Portanto, a primeira característica fundamental desse processo – na China – foi a de ter feito um caminho de inserção internacional muito diferente do verificado nos países da América Latina. Segundo Nogueira, Guimarães e Braga:

> Uma característica importante que distingue o regime de acumulação chinês de outras economias centrais ou periféricas é a sua relativa autonomia em relação ao processo de financeirização sob a hegemonia do dólar. O regime de acumulação liderado pelas finanças que definiu a reprodução capitalista dos Estados Unidos na Europa, na América Latina e na África desde o início da era neoliberal (década de 1980), não penetra na economia chinesa com a mesma intensidade. [...] Além dos bancos comerciais, as necessidades de financiamento de longo prazo são atendidas por três bancos de desenvolvimento, obviamente sob a tutela do Conselho de Estado (Banco de Desenvolvimento da China, Banco Exim da China e Banco de Desenvolvimento Agrícola da China) e pelos recém-criados bancos internacionais de desenvolvimento sob a tutela da China (como o Banco Asiático de Infraestrutura e Desenvolvimento e o Novo Banco de Desenvolvimento para os Brics).[6]

---

[6] Isabela Nogueira, João Vitor Guimarães e João Pedro Braga, "Inequalities and Capital Accumulation in China", *Brazilian Journal of Political Economy*, v. 39, n. 3, 2019, p. 455.

Como se nota, uma característica fundamental da China e da construção de suas capacidades estatais foi a construção de um sólido sistema financeiro estatal, fincado inicialmente em cinco grandes bancos de desenvolvimento. Os chineses desenvolveram uma estratégia de desenvolvimento que possibilitou ao país formar uma grande trincheira institucional e financeira que o coloca nos limites do metamodo de produção e do estágio financeirizado do capitalismo. A construção das maiores reservas cambiais do mundo permite que tenham *policy space* e capacidade de proteger a política monetária do país dos caprichos dos mercados financeiros internacionais.

Outro pilar fundamental é a restrição total ao livre fluxo de capitais, que isola o país da especulação financeira internacional e de crises devastadoras, como a crise asiática de 1997 e a internacional, que se iniciou em 2008[7]. Esse tipo de aparato institucional evita o que alguns autores chamam de "expropriação financeira" pela via do financiamento bancário de atividades de ordem social (como saúde e educação). Também distancia os chineses de modelos como o do Brasil, onde a política de taxas de juros e metas anuais de inflação são instrumentos de apropriação de *mais-valor* da sociedade pelo capital financeiro[8].

O sistema de financiamento da economia nacional chinesa e a construção de sua soberania monetária também têm passado por um complexo processo de *shareholding state*, segundo Wang[9]. Nesse sentido, a "financialização" da economia chinesa influencia diretamente os GCEE no que diz respeito ao lançamento de suas ações no mercado. É uma forma nada trivial de colocar o Estado como instituição controladora do mercado de ações e lançar o desafio às empresas de buscar financiamento fora dos circuitos fiscais (o Gráfico 10 mostra a evolução dessa forma ainda em desenvolvimento de financiamento).

---

[7] Segundo Nogueira, Guimarães e Braga: "As restrições atuais incidem principalmente sobre os investimentos de carteira transnacionais, financiamentos de dívida e investimentos diretos externos. Por exemplo, empresas não financeiras domésticas são estritamente proibidas de conceder empréstimos externos. Nos mercados de valores mobiliários, os investidores estrangeiros não podem comprar ações, títulos ou outros instrumentos de mercado em renminbi, a menos que tenham uma cota de investidor institucional estrangeiro qualificado (QFII). Também existem controles pesados sobre certas fases das transações de câmbio, como restrições à remessa e repatriação de fundos além-fronteiras e câmbio de RMB/moeda estrangeira relacionado a transações de conta de capital" (Ibidem, p. 455).

[8] Miguel Bruno et al., "*Finance-Led Growth Regime* no Brasil: estatuto teórico, evidências empíricas e consequências macroeconômicas", *Revista de Economia Política*, v. 31, n. 5 (125), edição especial, 2011, p. 730-50, disponível em: <https://www.scielo.br/pdf/rep/v31n5/a03v31n5.pdf>, acesso em: 20 jul. 2020.

[9] Yingyao Wang, "The rise of the 'shareholding state': financialization of economic management in China", *Socio-Economic Review*, v. 13, n. 3, jul. 2015, p. 603–625, disponível em: <https://academic.oup.com/ser/article-abstract/13/3/603/1670234>, acesso em: 13 jun 2019

Aqui devemos abrir um breve parêntese: o surgimento do mercado de ações da China, o que inclui os seus dois mercados de ações domésticos, pode ser considerado o evento mais significativo do sistema financeiro chinês na década de 1990. Paralelamente ao desenvolvimento do mercado de ações, o mercado imobiliário chinês também passou de inexistente no início dos anos 1990 para algo comparável ao mercado de ações em 2007. Tanto o mercado de ações quanto o imobiliário são caracterizados por altas volatilidades e comportamento especulativo de curto prazo por muitos investidores, o que resulta em parte do fato de que o desenvolvimento de uma estrutura legal de apoio e instituições ainda é insuficiente.

Atualmente operam nas bolsas de Xangai e Shenzhen cerca de 3 mil empresas, em sua maioria GCEE. Wang, assim como Nogueira, Guimarães e Braga, sublinham com muita inteligência que esse tipo de financiamento da produção e dos megaempreendimentos infraestruturais lança novos atores no cenário, entre eles empreendedores individuais e capitalistas, obrigando os GCEE a elevar suas capacidades de "orientação para o mercado"[10].

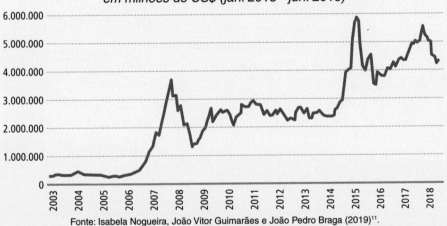

Gráfico 10: Capitalização no mercado de ações de Xangai, em milhões de US$ (jan. 2013 - jun. 2018)

Fonte: Isabela Nogueira, João Vitor Guimarães e João Pedro Braga (2019)[11].

Essa participação de atores capitalistas no financiamento dos GCEE, e também nas finanças dos governos locais, cria grandes contradições políticas, dentre

---

[10] Yingyao Wang, "The rise of the 'shareholding state': financialization of economic management in China", cit.; Isabela Nogueira, João Vitor Guimarães e João Pedro Braga, "Inequalities and Capital Accumulation in China", cit.

[11] Isabela Nogueira, João Vitor Guimarães e João Pedro Braga, "Inequalities and Capital Accumulation in China", cit., p. 457.

as quais a crescente pressão interna pela liberalização da conta de capitais, o que, a nosso ver, seria um passo razoável no sentido da quebra da soberania financeira chinesa e, mais, do fortalecimento político de uma forte classe capitalista interna em oposição aos interesses gerais da sociedade chinesa – reproduzindo contradições muito presentes em países como o Brasil, onde há um alto grau de financeirização. É dessa contradição que depende muito o futuro do socialismo na China. Ao que tudo indica, após a desagradável experiência de 2016 – quando o país praticou certo grau de liberalização financeira –, marcada pela perda de US$ 443 bilhões em reservas.

13.1. Socialismo de mercado e soberania monetária

A crítica de Marx à lei de Say traz à tona a verdadeira relação entre poupança e investimento. Keynes já apontava que tal relação ocorria de forma oposta aos postulados neoclássicos: a poupança é derivada da renda[12]. Não são poucos os autores que apontam que o crescimento chinês é razão direta de sua elevada taxa de poupança; aliás, esse tipo de assertiva tornou-se senso comum no debate. Os dados dão razão a Keynes, com a poupança elevando-se como resposta à elevação da renda. A China, em 1982, tinha uma relação entre poupança e PIB de 33,8%, chegando a 52,2% em 2008 e caindo desde então – na mesma proporção da queda do crescimento econômico – para 46,3%[13]. Outro caso muito debatido é o da Coreia do Sul. Em 1962, sua relação entre poupança e PIB era de 10%, chegando a 41,8% em 1988 (auge do *catching-up*), e atualmente é de 34,6%[14].

Quando o Estado investe, cria riqueza e, ao criar riqueza, gera condições para a criação de moeda[15]. Dessa forma, a produção de bens e serviços e sua colocação no mercado *permite* emissão monetária correspondente ao montante de bens físicos à disposição da sociedade. Nesse sentido, o investimento é fundamental para a criação de soberania monetária.

O conceito de "soberania" é substantivo e significa, em economia monetária, a possibilidade do endividamento em moeda própria, desde que alcançados

---

[12] John M. Keynes, *A teoria geral do emprego, juros e moeda* (Rio de Janeiro, Fundo de Cultura, 1970 [1936]).

[13] World Bank, "Gross Domestic Savings (% of GDP)", *The World Bank*, 2019, disponível em: <https://data.worldbank.org/indicator/NY.GDS.TOTL.ZS>, acesso em: 2 jun. 2020.

[14] Idem. O mesmo se pode dizer da tendência dos capitais de sair do centro em direção à periferia. O oposto também é verdadeiro, conforme sugerem variadas evidências empíricas.

[15] Referimo-nos, por exemplo, à teoria monetária moderna (MMT). Sobre essa interessante abordagem teórica, ver Robert Wade, "Financial Regime Change?", *New Left Review*, v. 53, 2008, p. 5-21.

alguns requisitos: por exemplo, o isolamento da política monetária em relação à instabilidade financeira internacional, por intermédio da acumulação de reservas cambiais e do controle do fluxo de capitais externos[16]. Segundo Ricardo Summa e Franklin Serrano: "Woodford já havia reconhecido que não há possibilidade 'técnica' de o governo não honrar seus compromissos em sua própria moeda e, portanto, os limites de endividamento do setor público são muito distintos do privado"[17]. Alcançar a soberania monetária, nesse caso, além de todo *policy space* já tratado anteriormente, demanda dois caminhos[18]:

1) formação de bancos de desenvolvimento capazes de financiar projetos públicos e privados;

2) execução de políticas fiscais que encetem o pleno emprego da força de trabalho disponível.

A China opera com essas duas formas de construção[19].

---

[16] Ricardo Summa e Franklin Serrano acrescentam à noção da MMT a abordagem alternativa do excedente proposta por Piero Sraffa (*Produção de mercadorias por meio de mercadorias*, trad. Elisabeth Machado Oliveira, Paulo de Almeida e Christiano Monteiro Oiticica, São Paulo, Nova Cultural, 1997) e Pierangelo Garegnani ("Value and Distribution in the Classical Economists and Marx", *Oxford Economic Papers*, v. 36, n. 2, 1984, p. 291-325), agregando outros três pontos, a saber: 1) a validade da demanda efetiva de longo prazo; 2) a abordagem da inflação de custo e conflito distributivo; e 3) a abordagem da taxa de juros exógena. Abba Lerner (*Economics of Employment: Economics Handbook*, Nova York, McGraw-Hill, 1951) defendia a ideia de que as finanças públicas deveriam ser funcionais, no sentido de evitar situações de desemprego ou excesso de demanda e inflação, não importando o resultado em termos de quantidade de dívida ou base monetária gerada para atingir esse fim. Ver Abba Lerner (*Economics of Employment: Economics Handbook* (Nova York, McGraw-Hill, 1951), e Ricardo Summa e Franklin Serrano ("Dissenso ao contrassenso do novo consenso: a alternativa da macroeconomia da demanda efetiva", texto para discussão 008, 2019, disponível em: <https://www.ie.ufrj.br/images/IE/TDS/2019/TD_IE_008_2019_SUMMA_SERRANO.pdf>, acesso em: 20 jul. 2020.

[17] Michael Woodford, "Fiscal Requirements for Price Stability", National Bureau of Economic Research, Working Paper n. w8072, 2001, p. 31, citado em Ricardo Summa e Franklin Serrano, "Dissenso ao contrassenso do novo consenso", cit., p. 58.

[18] Yan Liang, "Harnessing Sovereign Money for Development Finance and Solving the Debt Conundrum: The Case of China" em Randall Ray e Yeva Nersisyan (orgs.) *Companion to Modern Money Theory* (no prelo).

[19] Parêntese importante: outra verdade econômica nada elementar é a centralidade do investimento público, na qual o tempo de maturação do investimento é maior e, por conseguinte, o setor privado tem pouco interesse imediato, como é o caso de empreendimentos em infraestruturas. Trata-se do típico investimento que eleva a demanda interna no curto prazo, provocando efeitos de encadeamento em toda economia, e no longo prazo gera elevação da capacidade produtiva. O próprio FMI tem incentivado esse tipo de intervenção estatal na economia ("Fiscal Monitor: Public Expenditure Reform: Making Difficult Choices", *International Monetary Fund*, 2014).

A formação de grandes bancos públicos de investimento, como já apontamos, foi um passo fundamental para a construção da soberania monetária chinesa. Esse pilar fundamental da estratégia nacional chinesa, e a formação de capacidades estatais, sugerem uma orientação clara para o investimento como a outra ponta necessária para a construção da soberania monetária via disponibilização de bens e serviços suficientes para toda a sociedade. Com uma taxa média de investimento em relação ao PIB acima de 40% nas últimas décadas, tornam-se evidentes as possibilidades abertas pelo aumento da liquidez da economia, sem pressões inflacionárias, o que é fundamental para um crescimento de longo prazo, e mesmo para validar a demanda efetiva de longo prazo e sustentar déficits internos crescentes com medidas típicas de Estado "empreendedor em chefe"[20].

Exemplo de grande valia é a evolução de um dos maiores bancos de desenvolvimento do mundo, o China Development Bank (CDB). Segundo Liang:

> O CDB foi criado em 1994 como um banco que não apenas financia projetos de desenvolvimento, mas também facilita políticas fiscais e monetárias por meio da realização de empréstimos anticíclicos. Seus principais acionistas são o Ministério das Finanças da China (36,54%), a Central Huijin Investment Ltd. (34,68%), a Buttonwood Investment Holding Ltd. Co. (27,19%) e o Conselho Nacional do Fundo de Seguridade Social (1,59%). A emissão de bônus do CDB alcançou RMB 1,48 trilhão em 2016, ante 0,2 trilhão em 1998. O sucesso na comercialização de títulos do CDB dependia em grande parte do endosso do Banco Popular da China (PBoC), por exemplo, por uma garantia de recompra de títulos do CDB através de operações de mercado aberto. Desde a sua criação, o CDB é um típico banco de desenvolvimento, que depende do poder de financiamento do Estado chinês.[21]

O papel central dos bancos públicos de desenvolvimento da China – e a plena utilização das finanças públicas como elemento fundamental para mobilizar permanentemente os recursos necessários para gerar pleno emprego – mostra quão fundamental é a construção da soberania monetária como capacidade estatal do socialismo de mercado. Os limites impostos pelo metamodo de produção indicam que o socialismo deve experimentar todas as formas desenvolvidas pelo mundo capitalista em matéria de financiamento do desenvolvimento, utilização de bancos públicos etc. Isso tem sentido estratégico (socialismo como projeto desenvolvimentista) e político (amortecer a pressão imperialista e suas "guerras híbridas" por

---

[20] O papel dos investimentos não deve ser superestimado. Atualmente, a China passa por um tortuoso processo de transição de *drive* em sua economia, do investimento para o consumo.

[21] Yan Liang, "Harnessing Sovereign Money for Development Finance and Solving the Debt Conundrum: The Case of China", cit.

meio de execução de políticas monetárias e fiscais voltadas para o bem-estar da população). A experiência chinesa é modelar nessa questão, em comparação com a experiência soviética e as demais experiências socialistas ainda existentes. Do ponto de vista da planificação da economia, a soberania monetária, dada a existência de GCEE como instrumento de Estado, é exercida de forma única pela China. O alcance estratégico do papel das finanças no desenvolvimento econômico e social do país é fato que contrapõe a dinâmica chinesa de desenvolvimento à financeirização dominante no mundo capitalista. Amplas possibilidades à alternativa socialista são abertas pelas contradições da financeirização.

Atualmente, essa abordagem da "soberania monetária" da China – em decorrência da ampla base de oferta de sua economia, após muitos anos a taxas de investimentos acima de 40% do PIB, e do papel central dos bancos públicos – está em amplo teste com o projeto de conexão por terra e por mar dos cinco continentes, o chamado "Um Cinturão, Uma Rota".

***

Já apontamos neste livro o imenso esforço do governo chinês para enfrentar as consequências da crise financeira internacional, lançando em 2008 um pacote fiscal de US$ 586 bilhões. Lançamento agressivo de linhas de crédito pelos grandes bancos públicos foi a tônica desse pacote. Apesar do esforço posterior para restringir o crédito público, com o preocupante objetivo de reequilibrar a economia, a expansão do crédito continuou, graças à ação do "sistema bancário paralelo" ou "bancos-sombra" (*shadow banking system*). Essa forma de crédito consiste principalmente de instrumentos e atividades extrapatrimoniais de bancos tradicionais, além de créditos criados por instituições financeiras não bancárias, como fundos de investimento, firmas de valores mobiliários, firmas de gestão de ativos, corretoras, financeiras etc.

O alcance desse tipo de instituição cresceu de forma substantiva: sua participação no crédito total concedido no país passou de 11% para 33% entre 2006 e 2016[22]. Esse tipo de instituição concede crédito a taxas de juros maiores do que as praticadas pelo mercado, em geral a pequenas e médias empresas privadas. São instituições sem capacidade de suportar grandes riscos. Sua atuação foi regulamentada pelo Estado nos últimos anos, porém é importante ressaltar o papel dessas pequenas instituições financeiras no sistema de crédito. Segundo Liang:

---

[22] Yan Liang, "Rebalancing, Deleveraging and Sustaining Growth in China", *The Chinese Economy*, v. 50, n. 6, 2017, p. 372, disponível em: <https://www.tandfonline.com/doi/abs/10.1080/10971475.2017.1379934>, acesso em: 20 jul. 2020.

bancos pequenos, como os bancos comerciais rurais e municipais, são particularmente vulneráveis. Eles cresceram rapidamente nos últimos anos. O total de ativos desses bancos aumentou de 100% do PIB para 185%; no entanto, eles dependem muito de financiamento no atacado. No primeiro semestre de 2016, as captações no atacado representavam 31% e 23% para os bancos médios e pequenos, respectivamente, em comparação com apenas 13% para os "Big Four" [...] Tomemos o exemplo do Banco de Jinzhou, um banco comercial da província de Liaoning. Os depósitos de clientes representam apenas 51% de seu passivo total, em comparação com 80% no Banco Industrial e Comercial da China (ICBC). No lado do ativo, os títulos de dívida "contas a receber" representam 51%, e essa é a categoria frequentemente usada como ativos de crédito-sombra exóticos, como "direitos do beneficiário fiduciário" e "planos direcionais de gerenciamento de ativos"; considerando-se que, no ICBC, ativos comparáveis representam apenas 20% do total de ativos.[23]

O que tem impressionado especialistas de todo o mundo é que, apesar dos "riscos" aparentes sobre a grande finança chinesa, a China continua colocando em prática pacotes de estímulos fiscais para enfrentar seus desafios de formação de demanda. Por exemplo, em julho de 2020, incentivos no valor de US$ 163,8 bilhões foram oferecidos a projetos de infraestrutura – em nítida resposta à guerra comercial e tecnológica empreendida pelo governo dos Estados Unidos. Os "riscos" que a China está enfrentando passam pelo alto nível de endividamento provincial que alcançou 25% do PIB em 2016[24]. Esse endividamento é resultado de um regime federativo desequilibrado: as províncias retêm somente 50% do que arrecadam, apesar de serem responsáveis por 80% da arrecadação nacional. O mercado de *securitização* tem crescido no país e a China tornou-se o maior mercado securitizador de dívidas da Ásia, e o segundo do mundo, porém muito atrás dos Estados Unidos.

Por outro lado, a dívida pública do governo central chinês é de 55,6%[25], muito atrás de países como Japão (237,7%), Estados Unidos (107,6%) e França (99,3%). O fato de o endividamento interno chinês, inclusive o das províncias, ser em moeda nacional reduz sobremaneira os riscos alardeados pela imprensa ocidental de uma possível crise financeira centrada na China. É evidente que outra parcela de problemas financeiros ronda o setor privado chinês. Dados de diferentes fontes apontam um débito privado de 156% do PIB (Trading Economics) até

---

[23] Ibidem, p. 374.

[24] Ibidem, p. 378.

[25] Ver IMF, "Central Government Debt: Percent of GDP", *International Monetary Fund*, 2019, disponível em: <https://www.imf.org/external/datamapper/CG_DEBT_GDP@GDD/FRA/DEU/ITA/JPN/GBR/USA/CHN>, acesso em: 20 jul. 2020.

cerca de 300% (Morgan Stanley) em 2016. A resposta do governo central deve ser basicamente política (refinanciamento de dívidas do setor privado) e econômica (o setor estatal tomará as rédeas do processo de investimento).

Dados demonstram que 95% do endividamento chinês é em moeda nacional. Assim, corajosamente, apontamos que a soberania monetária chinesa talvez seja a maior capacidade estatal construída ao longo de quatro décadas de desenvolvimento. A queda do crescimento do PIB nos últimos anos lança outro nível de desafios ao governo chinês: utilizar sua soberania monetária para continuar a gerar empregos, estimular o consumo e criar um poderoso sistema de previdência social. Iniciar, com peso, a transferência de recursos do macrossetor produtivo para o seu correlato, o macrossetor improdutivo.

14
A DINÂMICA DA NOVA FORMAÇÃO ECONÔMICO-SOCIAL

Em tese, o sentido socializante do processo chinês coloca-se sob a base de uma economia cujo funcionamento é induzido pelos GCEE e mediados por grandes bancos de desenvolvimento capitaneados pelo Estado.

Mas o organismo econômico chinês não se restringe a esse grande setor estatal. A sobrevivência do socialismo como horizonte de superação do capitalismo demandou uma mudança profunda em sua forma de funcionamento. Foi-se o tempo em que um grande plano era capaz de organizar todo o corpo econômico, inclusive os detalhes de ordem microeconômica. Um grande plano, porém, ainda se faz necessário e é contemporâneo ao desenvolvimento das forças produtivas percebidas em diferentes formações econômico-sociais capitalistas e socialistas, até mesmo, é claro, na China.

Mostramos que formas capitalistas e não capitalistas de produção surgiram na China desde 1978, das quais as principais são as Encom, que incluem a pequena produção mercantil e a pequena, média e grande produção de tipo capitalista. Consequência disso é que as lógicas de funcionamento de uma economia socialista (ou "leis", segundo Marx) devem conviver com lógicas de funcionamento de modos de produção distintos. Além disso, o surgimento de uma economia de mercado engendra formas de funcionamento da economia socialista que respeitam os limites do mercado e orientam seu "núcleo duro" a atuar no mercado e/ou no máximo – conforme advogamos aqui – utilizam o mercado para o seu próprio desenvolvimento. Em uma formação econômico-social de novo tipo as lógicas de movimento de caráter mercantil não somente funcionam, como são essenciais ao organismo econômico como um todo.

Discutiremos neste capítulo as "estruturas de mediação" que distinguem a nova formação econômico-social surgida na China. Abordaremos um assunto diretamente relacionado à dinâmica do macrossetor produtivo chinês: a Comissão de Supervisão e Administração de Ativos do Estado (Sasac, em inglês) como principal operadora do núcleo duro dessa nova formação econômico-social.

14.1. Introdução

As condições sob as quais os homens produzem e trocam mudam de país para país e, em cada país, de geração para geração. A economia política não pode, portanto, ser a mesma para todos os países nem a mesma para todas as épocas históricas.[1]

Com base nessa citação, *qual a lógica de funcionamento fundamental da economia e da sociedade chinesa?* Quais limites e ordens gerais devem ser observados? Podemos dizer, em nome da relação entre o universal e seu congênere particular, qual economia política dessa distinta formação econômico-social demanda elaboração? Adiantamos parte da resposta: sim, existe um fenômeno novo no mundo que demanda investigação profunda, minuciosa e paciente e que abre a possibilidade de uma maior legitimação da economia política enquanto ciência.

Isso significa reafirmar que cada época histórica é marcada por um modo de produção. E as teorias explicativas surgem à medida que um modo de produção é substituído por outro. É assim desde os *fisiocratas*: eles formularam verdades adequadas a um momento histórico no qual a terra era compreendida como principal fator de produção. O capitalismo foi o objeto inaugural da economia política, elaborada pelo gênio de Adam Smith enquanto ciência.

14.2. A nova formação econômico-social em dinâmica

Não é novidade que a história respondeu ao problema da curva descendente do capitalismo não mais pelas categorias da lei de Say e sim pela incorporação de uma conquista humana diretamente relacionada à obra de Marx, com reflexos diretos sobre a economia de Michal Kalecki e John Maynard Keynes: a planificação econômica. A possível solução para a discrepância entre produção e consumo surgiu paralelamente ao desenvolvimento da economia monetária.

A intenção de Marx era mostrar que determinadas lógicas de funcionamento de uma economia ou determinado modo de produção refletem o nível de compreensão que o homem tem sobre si mesmo ao longo do tempo e do espaço. Existe uma *historicidade* ligada a cada modo de produção e suas teorias correlatas, e a capacidade humana de planificar é uma conquista fundamental, como apontamos na primeira parte deste livro.

A questão que devemos responder acerca das lógicas de funcionamento de uma formação social que compreende diferentes modos de produção e épocas históricas é como situar os modos de produção internos e a inter-relação de seus princípios

---

[1] Friedrich Engels, *Anti-Dühring* (trad. Nélio Schneider, São Paulo, Boitempo, 2015 [1878]). p. 177.

com suas lógicas básicas de funcionamento, e especificar qual forma de lógica geral de funcionamento resultará disso.

***

O que pensar a respeito da dinâmica de formação econômico-social chinesa, na qual diferentes modos de produção atuam com seus princípios particulares de funcionamento? Todas as lógicas de funcionamento de cada modo de produção particular têm validade objetiva? Ou a verificação de cada princípio de funcionamento é somente um ponto de partida para análise? Acreditamos que todo cuidado é pouco, pois mesmo as lógicas mais bem elaboradas podem ser incapazes de refletir certos processos que seriam evidentes em determinado modo de produção. Isso quer dizer que cada um dos modos de produção que coabitam a nova formação econômico-social que vem emergindo na China reflete uma unidade de contrários que tanto confere estabilidade ao organismo econômico quanto faz o próprio organismo se transformar em uma forma de dinâmica, de movimento.

No processo de desenvolvimento econômico chinês, sobretudo após 1978, podemos verificar determinadas particularidades fundamentais, em especial a capacidade de conferir estabilidade ao sistema diante da miríade de formas de propriedade que caracteriza a sua estrutura produtiva. A principal característica distintiva da China é o fato de as reformas econômicas ocorrerem em um país com instituições de planejamento econômico e social consolidadas e experimentadas. Esse planejamento foi responsável pela criação de um Big Push que desembocou em uma larga indústria de base e, ao mesmo tempo, na universalização da educação e na ocupação do território. É evidente que o surgimento de uma nova classe de Encom – por intermédio da pequena produção mercantil e dos contratos de responsabilidade – provocou um "crescimento fora do plano"[2], mas elas foram rapidamente incorporadas à economia socialista nacional.

O mesmo princípio pode ser percebido no surgimento de outra classe de Encom: as TVEs. Houve uma ação espontânea dos camponeses no sentido de migrar da aldeia para as TVEs, mas houve também planificação que orientou essas unidades produtivas a atuar de forma agressiva tanto no interior do país quanto no exterior. Simultaneamente, e de forma planificada, a China preparou seu território para receber capital estrangeiro e implantar unidades estrangeiras de tipo capitalista. As zonas econômicas especiais (ZEE) e sua expansão é um caso interessante de planejamento aplicado diretamente ao território com o objetivo de absorver e

---

[2] Barry Naughton, *Growing Out of the Plan: Chinese Economic Reform (1978-1993)* (Cambridge, Cambridge University Press, 1996).

criar uma forma capitalista de propriedade com fins estratégicos – que, como no caso das Encom no interior do país (pequena produção mercantil e TVEs), foi rapidamente incorporada ao organismo econômico nacional.

Por outro lado, é muito convidativo, e frequentemente utilizado no caso chinês[3], relacionar o crescimento chinês à tese clássica de Arthur Lewis sobre o crescimento com oferta ilimitada de mão de obra[4]. Porém, nesse caso, o "bom senso nacional", antes de absorver a universalidade da tese pioneira de Lewis, demanda esclarecimento:

> Quando se trata da China, a aplicação do modelo de Lewis enfrenta algumas dificuldades adicionais decorrentes de várias de suas características institucionais específicas, como (i) o legado do planejamento central, (ii) as restrições à migração rural-urbana, (iii) as frequentes mudanças na jurisdição administrativa dos municípios urbanos e rurais; e (iv) o estabelecimento de modernas empresas industriais em áreas rurais sob a forma de Township and Village Enterprises (TVEs).[5]

Ou seja, fica reforçada a nossa hipótese sobre a relação da planificação com a estabilidade conferida na convivência de diferentes modos de produção na nova formação econômico-social. Outros elementos a corroboram, conforme já demonstrado por Elias Jabbour e Luiz Fernando de Paula:

> A taxa de urbanização – que, como visto, era de 54,8% em 2014 – aumenta (com expectativa de chegar a 60% em 2020), porém ainda abaixo da verificada nos EUA (82%), Alemanha (75%), França (80%), Coreia do Sul (82%) e Japão (93%) [...] Um baixo índice de desemprego (4,04%) é expressão tanto de fatores conjunturais [...] quanto estruturais, diretamente relacionada à propriedade familiar da terra e a possibilidade colocada ao trabalhador migrante de estabelecimento de seus negócios na própria aldeia como alternativa ao desemprego urbano. *Na China o exército industrial de reserva não se concentra nas periferias das grandes cidades, mas principalmente no vilarejo.*[6]

---

[3] Trabalhamos com a hipótese de Lewis aplicada ao caso chinês em Elias Jabbour e Luiz Fernando de Paula, "A China e a 'socialização do investimento': uma abordagem Keynes-Gerschenkron-Rangel-Hirschman", *Revista de Economia Contemporânea*, v. 22, v. 1, 2018.

[4] Arthur Lewis, "Economic Development with Unlimited Supplies of Labour", *The Manchester School*, v. 22, n. 2, 1954, p. 139-91, disponível em: <https://la.utexas.edu/users/hcleaver/368/368lewistable.pdf>.

[5] Nazrul Islam e Kazuhito Yokota, "Lewis Growth Model and China's Industrialization", The International Centre for the Study of East Asian Development, Kitakyushu, *Working Paper Series*, 17 maio 2008, p. 2.

[6] Elias Jabbour e Luiz Fernando de Paula, "A China e a 'socialização do investimento'", cit., p. 53. Grifo nosso.

O sistema *hukou*, que regula a migração interna, embora esteja em processo de relaxamento, ainda não foi completamente extinto.

A conduta mercantil das Encom, compatível com o planejamento central herdado da era maoista, não pode ser observada na relação entre o *capitalismo privado* – que surge com muita força no país, principalmente na primeira década de 1990 – e o antigo setor estatal da economia[7]. É evidente que, ao lado da estabilidade e da fácil incorporação das Encom e do setor privado nacional e internacional à dinâmica econômica nacional, o conflito sempre esteve presente. A capacidade de planificar a economia segundo uma nova ordem interna, que também estava condicionada aos movimentos e ciclos da economia internacional, foi levada ao limite no caso do já abordado processo de transformação das antigas empresas estatais em GCEE. Esse conflito reflete o surgimento de uma nova ordem de compatibilidades que passou a coexistir com o planejamento: a ordem mercantil.

Se as Encom já nascem como resultado das reformas realizadas na agricultura pelo Estado, com o mesmo Estado promovendo as capacidades privadas internas e absorvendo as capacidades produtivas privadas estrangeiras, o modo de produção anterior, cujo símbolo eram as empresas estatais, passou a ser pressionado pelos novos agentes introduzidos no organismo econômico em desenvolvimento após 1978. A *ordem mercantil* impôs um duro golpe à antiga ordem econômica. Na unidade de contrários que caracteriza a dinâmica da nova formação econômico-social, o núcleo da antiga ordem passou para a defensiva. Nesse caso, o elemento de estabilidade conflita com as antigas formas de instituições socialistas. É o momento de compreendermos outra ordem *fundamental* de fenômenos.

14.3. Inovações institucionais

A articulação dos diferentes modos de produção ao longo das reformas se dá a partir de inovações institucionais que podem assumir formas distintas: cíclica, em ondas ou sucessiva. Além disso, as transformações institucionais devem também buscar uma forma de planificação compatível com o mercado, conforme apontamos na Parte I. Em abstrato, as mudanças institucionais refletem a necessidade de adaptação constante entre alguns elementos:

1) a economia natural de subsistência e a pequena produção mercantil: a primeira está em processo acelerado de decomposição e reflete a velocidade com

---

[7] Acima dissemos: "Houve um verdadeiro choque entre diferentes modos de produção em uma mesma formação econômico-social, colocando em xeque a própria viabilidade do socialismo no país. Se o setor estatal tivesse 'morte súbita', a restauração capitalista se imporia".

que a pobreza extrema vem sendo superada na China; a segunda encontra-se em processo planificado de superação;

2) a economia de mercado: nela convivem e competem a economia privada, as Encom que transitam para formas superiores de produção (cooperativizadas), desde a pequena produção mercantil até a grande produção de escala de tipo capitalista. Porém, diferentemente de outras economias de mercado essencialmente capitalistas, no mercado chinês predominam os GCEE e o sistema financeiro estatal, que, por sua vez, podem ser considerados o coração (os GCEE) e a alma (sistema financeiro estatal) da nova formação econômico-social ("socialismo de mercado");

3) o metamodo de produção: este é caracterizado: a) pela produção voltada para o mercado e pelas relações monetárias de produção e troca; b) pela lei do valor como operador do sistema; c) pela extração de mais-valor e pelo circuito investimento-acumulação; e d) pela existência mútua e pela complementariedade de dois macrossetores, a saber, o produtivo e o não produtivo. Essa generalização/abstração tem a forma de uma estrutura social cujas características fundamentais são: a) um modo de produção é dominante em nível global; b) dois ou mais modos de produção coexistem em alguns países, havendo a possibilidade de um deles ser dominante; e c) a "liberdade" de ação do modo de produção dominante em cada país é restringida pela existência do metamodo de produção.

É interessante notar que, apesar da prevalência do metamodo de produção nas interações com o mundo, a China espelha uma característica do modo de produção dominante (o socialismo) na nova formação econômico-social: o comércio exterior como instituição pública, planificada e de Estado[8]. Embora a China atue em um campo de domínio do metamodo de produção, a competência de seu contato planificado com o exterior mostra que o socialismo, ao mesmo tempo que entra em disputa com o capitalismo, já obtém sucesso inegável.

Ora, em retrospectiva histórica, a China inicia em 1978 um caminho que parte de instituições e empresas não orientadas para o mercado. A economia política clássica, notadamente na pessoa de Adam Smith, classificou o processo de desenvolvimento e divisão social do trabalho como um processo em que a economia de mercado se expande em detrimento do espaço de ação de atividades econômicas não voltadas para a troca. Ainda no caso chinês, a expansão da economia de mercado é alimentada pelo processo de desaparecimento da economia natural de subsistência. Atualmente, a economia de mercado continua a se expandir sob a guarida de um tipo superior de Encom na agricultura que vem substituindo

---

[8] Elias Jabbour e Alexis Dantas, "The Political Economy of Reforms and the Present Chinese Transition", *Brazilian Journal of Political Economy*, v. 37, n. 4, 2017, p. 794.

lentamente a pequena produção mercantil. São mudanças institucionais que permitem o andamento desse processo.

Desde então, o país permite o desenvolvimento de novos modos de produção e propriedade internos e promove uma completa rearticulação do setor público da economia, atendendo às exigências de um mundo no qual o metamodo de produção tem ampla prevalência. O próprio metamodo faz pressão sobre a formação social chinesa, da mesma forma que a economia de mercado recém-formada exerceu forte pressão sobre o modo de produção socialista (empresas estatais) interno à China.

Em resumo, o processo de surgimento da economia de mercado e de empresas orientadas para o mercado é a história das sucessivas ondas de inovação institucional que moldaram pouco a pouco o relevo da nova formação econômico-social. Essas ondas devem ser matéria de estudo, pois fazem parte do horizonte e dos panoramas históricos que condicionam o momento presente e a própria história do processo de desenvolvimento de uma *formação econômico-social de nível superior*. A título de exemplo, não é salutar ignorar (em nome de preconceitos *neoclássicos*) o controle sobre o fluxo de entrada e saída de capitais no país como parte fundamental do processo de conquista de soberania monetária em tempos de prevalência do metamodo de produção e da *financeirização*.

Podemos dizer o mesmo sobre a grande presença da *propriedade privada* em uma economia direcionada para o *socialismo*. É mais importante perceber o papel complementar e os limites institucionais desse tipo de estrutura de propriedade do que condená-la pura e simplesmente, em nome da pureza da doutrina "revolucionária". Nesse sentido, Lênin é um bom conselheiro:

> Isto pode parecer um paradoxo: o capitalismo privado no papel de auxiliar do socialismo?
> Não se trata de nenhum paradoxo, mas de um fato econômico absolutamente incontestável. Tratando-se de um país de pequenos camponeses, com os transportes particularmente arruinados, que está a sair da guerra e do bloqueio e que é dirigido politicamente pelo proletariado, que tem nas suas mãos os transportes e a grande indústria, destas premissas decorre de modo absolutamente inevitável, primeiro, que a circulação local de mercadorias tem neste momento uma importância primordial, e, em segundo lugar, que o capitalismo privado (sem falar já do capitalismo de Estado) pode ser utilizado para ajudar o socialismo.[9]

***

---

[9] Vladímir I. Lênin, "Sobre o imposto em espécie: o significado da Nova Política e as suas condições", em *Obras escolhidas* (Lisboa, Progresso, 1977 [1921]), v. 3, p. 494, disponível em: <https://www.marxists.org/portugues/lenin/1921/04/21.htm>, acesso em: 2 set. 2019.

Indicamos anteriormente a planificação econômica como uma conquista humana, para em seguida apontar que a inter-relação dos diferentes modos de produção e estruturas de propriedade que surgiram na China após 1978 demandaram sucessivas ondas de inovações institucionais que estabilizaram a convivência de diferentes momentos históricos. A instituição de contratos de responsabilidades entre as famílias camponesas e o Estado marcou o início das reformas econômicas. Desde então, experimentos que não seguem nenhuma ordem ou forma rígida se sucederam. Por exemplo, o espraiamento das ZEE a todo o litoral, colocando o país em crescente contato com o exterior.

Esse contato levou a China a adotar instituições que possibilitassem o máximo aproveitamento das vantagens do mercado internacional, ao mesmo tempo que protegessem e isolassem a sua política monetária da instabilidade da economia internacional. Percebemos, assim, que as barreiras ao capital especulativo internacional são fundamentais tanto para a estabilidade macroeconômica chinesa quanto para a introdução de capital produtivo estrangeiro em território nacional – atendendo a uma estratégia de adensamento tecnológico. As barreiras ao livre fluxo de capitais também podem ser entendidas como uma forma de adequação virtuosa aos desígnios do metamodo de produção, principalmente a ação da lei do valor que ocorre em muitas formações econômico-sociais de tipo capitalista.

A economia de mercado, para muitos uma antítese do planejamento, foi se expandindo. A transformação das antigas estruturas estatais em GCEE foi um esforço para orientar um grande corpo empresarial pelas exigências do mercado nacional e internacional. Um – não previsível – choque de contrários com setores não estatais da economia teve como consequência uma maior lentidão das reformas nas cidades, em comparação com o que ocorreu na agricultura. Ao fim e ao cabo, os GCEE passaram a coexistir com outro elemento fundamental, que também surgiu com a introdução de sucessivas reformas institucionais: um grande e capilarizado sistema financeiro estatal que colocou a China no rumo da construção de uma moderna economia monetária.

A evolução dos GCEE e seu braço financeiro ocorreram *pari passu* com a elevação das capacidades estatais, que pretendia aproximar as instituições econômicas dos mecanismos keynesianos de socialização do investimento. Fortalecidas e orientadas para o mercado, com um Estado equipado com todo o manancial institucional desenvolvimentista, os GCEE passaram a deslocar internamente o modo de produção capitalista ("O Estado avança, o setor privado se retrai")[10] e tê-lo como braço auxiliar e não mais como um concorrente interno. Ou seja, na dinâmica dos diferentes modos de produção internos à nova formação econômico-

---

[10] Essa frase é muito difundida na literatura econômica recente sobre a China.

-social, houve uma reviravolta a partir da década de 1990: de um setor socialista pressionado pelas Encom e pelo novo setor privado ao atual momento, no qual, inversamente, o modo de produção socialista é predominante e senhor de toda a dinâmica. O elemento institucional fundamental nesse processo de recomposição do setor estatal e ultrafuncional para os GCEE é a Sasac, o elemento institucional mais avançado da China contemporânea, do qual falaremos mais adiante. As próprias formas de planificar a economia tiveram de ser adaptadas a uma nova ordem, a qual combina o fator objetivo da existência interna de uma economia orientada para o mercado com a prevalência do metamodo de produção. Contraditoriamente, à primeira impressão pode parecer que tais fatores limitaram o papel do planejamento. Porém, o desenvolvimento de capacidades estatais após 1978 elevou a planificação a patamares novos e superiores.

15
A SASAC COMO *MANAGER* DO SOCIALISMO DE MERCADO

A Comissão de Supervisão e Administração de Ativos do Estado (Sasac, em inglês) é uma típica versão chinesa de instituições coordenadoras de projetos desenvolvimentistas, porém voltada única e exclusivamente para o gerenciamento dos ativos estatais nos GCEE. A ênfase na propriedade e controle dos GCEE garante o poder de ajustar a economia nacional aos interesses do Estado, quando necessário.

A teoria do agente principal é uma boa ferramenta para compreendermos o papel da Sasac. Zhiting Chen identifica esse instrumental e conclui:

> A criação da Sasac foi a mudança mais importante na dinâmica da interação entre Estado e mercado. Alguns afirmam que a Sasac é uma instituição fantoche, sem poder real, e que as empresas estatais centrais têm autonomia na tomada de decisões e distribuição de lucros e são livres para tomar decisões gerenciais sempre que necessário. Alguns acreditam que é muito mais provável que as empresas estatais tenham as ordens políticas como prioridade, ao invés da promoção de seus interesses econômicos. Outros acreditam que as empresas são atores racionais que agem para maximizar seus interesses. Como estabelecer e usar regulamentos e procedimentos para auxiliar os agentes a compartilhar seus objetivos? "Através do *design* de rigorosos procedimentos de seleção, os diretores podem contratar agentes que compartilhem e, portanto, sigam naturalmente os seus interesses."[1]

Esse papel pode ser comparado, por exemplo, com o do Ministério da Indústria e Comércio Internacional no Japão[2], ou do Departamento de Planejamento

---

[1] Zhiting Chen, *Governing through the Market: SASAC and the Resurgence of Central State-Owned Enterprises in China*. Tese (PhD), University of Birmingham, 2017, p. 144, disponível em: <https://pdfs.semanticscholar.org/48e5/2accaaf28ab7d70823d9f74b9d9f2fe44fa6.pdf>, acesso em: 20 out. 2019.

[2] Chalmers Johnson, *MITI and the Japanese Miracle: The Growth of Industrial Policy (1925-1975)* (Stanford, Stanford University Press, 1982).

Econômico no projeto nacional sul-coreano[3], embora existam diferenças no caso chinês que vão além da Sasac[4].

Nos três casos citados (China, Japão e Coreia do Sul) é evidente a utilização de mecanismos de mercado para fortalecer braços empresariais e financeiros de projetos nacionais de caráter desenvolvimentista. Jamie Peck e Jun Zhang sugerem que o modelo chinês utilizou-se de nexos mercantis para criar um "projeto alternativo de utilização das regras do mercado"[5]. Ou seja, o oposto do neoliberalismo abraçado pela América Latina, mas sem rejeição do papel do mercado. O mercado é uma ferramenta de governo. Porém, é interessante notar que houve muitas influências neoliberais no processo de privatização em massa das pequenas e médias empresas estatais chinesas na década de 1990, algo que não atingiu as grandes – por razões políticas, evidentemente. Nas grandes empresas estatais, priorizou-se a utilização do mercado como instrumento auxiliar, e não como o principal.

Especificamente sobre o caso chinês, Chen sugere que o Estado desenvolvimentista chinês é distinto de seus congêneres asiáticos em dois aspectos principais: o domínio da propriedade estatal e a estrutura de controle do PCCh[6]. Segundo Carsten Holtz:

> O controle do partido sobre a economia é abrangente. Ao controlar o sistema bancário e as grandes empresas da economia real (GCEE), o partido controla diretamente o funcionamento básico da economia com mecanismos que excedem em muito a eficácia da política fiscal e monetária (que também estão sob controle partidário) [...] A relação entre os GCEE e os bancos (estatais) é particularmente complexa e mantém-se coesa, em última análise, pelo controle do partido.[7]

---

[3] Alice Amsden, *Asia's Next Giant: South Korea and Late Industrialization* (Oxford, Oxford University Press, 1992).

[4] Segundo Chen (*Governing through the Market*, cit., p. 67): "Instituições como o Ministério da Indústria e Comércio Internacional, que deu impulso ao milagre japonês, também podem ser encontradas no contexto chinês. Um órgão semelhante é o Ministério da Indústria e Tecnologia da Informação, responsável pelas políticas industriais e de inovação na China; e há Comitê Nacional de Reforma e Desenvolvimento, que foi responsável pelo desenvolvimento econômico e pelas reformas, e emite licenças para novos projetos industriais. No entanto, a diferença é que a China também tem agências piloto em muitos setores diferentes [...]".

[5] Jamie Peck e Jun Zhang, "A Variety of Capitalism... with Chinese Characteristics?", *Journal of Economic Geography*, v. 13, n. 3, abr. 2013, p. 388, disponível em: <https://www.researchgate.net/publication/270786766_A_Variety_of_Capitalismwith_Chinese_Characteristics>, acesso em: 20 jul. 2020.

[6] Zhiting Chen, *Governing through the Market*, cit.

[7] Carsten A. Holtz, "The Unfinished Business of State-Owned Enterprise Reform in the People's Republic of China", Munich Personal RePEc Archive, Hong Kong University of Science Technology, 2 dez. 2018, p. 40.

Ainda sobre a Sasac e o controle político do PCCh, essa estratégia não só implica tornar a governança econômica compatível com os sinais do mercado, como também inclui incursões mais ambiciosas e prospectivas na criação e orientação do mercado. Criar mercado envolve uma ampla gama de políticas industriais e outras medidas intervencionistas no que equivale a um exercício não linear multidimensional de maximização do bem-estar. A esse respeito, no entanto, o mais importante não é uma capacidade tecnocrática particular para projetar um conjunto otimizador de políticas específicas, mas a capacidade e a autonomia excepcionalmente fortes do Estado na China, que só é possível porque está subordinado ao PCCh e não a uma classe social numericamente minúscula, bilionária, como acontece nos países capitalistas. Outro traço distinto da estratégia de desenvolvimento da China, que em grande parte é produto dos grandes desastres causados por equívocos nas primeiras décadas da RPC, é a adesão quase canônica do PCCh aos princípios prudenciais de busca da verdade dos fatos, e de travessia do rio sentindo as pedras: seguir passo a passo, com experimentações e testes piloto.

Barry Naughton é cirúrgico sobre o papel da Sasac como ente rearticulador da centralidade da propriedade pública no organismo econômico chinês e sem mandato para privatizar:

> Nos últimos anos, em meio a uma forte recuperação da lucratividade das empresas estatais, a participação do governo na economia se estabilizou. Grandes empresas controladas pelo governo central foram demarcadas e articulou-se uma justificação para a continuidade da propriedade pública [...] A atenção se concentrou na governança das empresas estatais. Um novo e poderoso órgão, a Comissão de Supervisão e Administração de Ativos do Estado (Sasac), ganhou o controle da agenda de reformas das empresas estatais. A visão da Sasac contém algo atraente, que melhoraria a governança, a transparência e, finalmente, o desempenho das empresas públicas. No entanto, a Sasac também considera que sua missão é manter e aumentar o valor dos ativos públicos. Além disso, como agência governamental encarregada de exercer a autoridade de propriedade, mas sem poder de privatizar, naturalmente a Sasac interpreta a "reforma" de maneira consistente com seus próprios interesses burocráticos, o que inclui a manutenção de um grande setor estatal.[8]

Indo além dessa correta observação, a Sasac funciona como o elemento institucional mais avançado que pudemos observar no emaranhado burocrático chinês. É a *manager* do socialismo de mercado chinês. Trata-se da instituição operadora

---

[8] Barry Naughton, "SASAC and Rising Corporate Power in China", *China Leadership Monitor*, v. 24, n. 8, 2008, disponível em: <https://www.researchgate.net/publication/265498194_SASAC_and_rising_corporate_power_in_China>, acesso em: 20 jul. 2020.

dos interesses do Estado no núcleo empresarial (GCEE), utilizada por ele para governar através do mercado[9].

A Sasac, por outro lado, estabelece uma linha demarcatória entre a política e a economia, algo que não era claro até o início dos anos 2000. Ela pode ser entendida como um elo político e gerencial, enquanto os GCEE são uma estrutura oligopolista que age em consonância com os interesses do Estado em um mercado altamente competitivo.

***

Vimos anteriormente como as reformas nas empresas estatais e sua transformação em GCEE levou, diferentemente das reformas rurais, a um verdadeiro "choque de contrários" dentro da nova formação econômico-social em gestação. Sucessivas reformas institucionais e uma completa reorganização do aparato burocrático nos GCEE recolocaram o setor estatal na posição de comando da economia, à proporção que o setor privado se transformava em uma verdadeira "linha auxiliar" dos GCEE. Na verdade, a história do desenvolvimento dessa primeira experiência da nova classe de formações econômico-sociais que surgiram na China a partir de 1978 é a história do surgimento e desenvolvimento de distintos modos de produção até o ponto em que o socialismo (via GCEE) se torna a vanguarda produtiva e financeira da nova formação econômico-social. A corporatização das empresas estatais pode ser considerada a última e a mais importante etapa, até aqui, das reformas econômicas chinesas. Trata-se do reconhecimento do peso da lei do valor no processo de construção do socialismo sob a prevalência do metamodo de produção.

Desde o lançamento da política de "segurar as grandes", voltada para as empresas estatais, a emergência de um agente que substituísse o imenso emaranhado de instituições de velho tipo tornou-se uma exigência nodal. As reformas nas empresas estatais foram finalizadas em 2000. Entre 1997 e 2000, foi executado um grande plano de fusões e falências e, entre 1998 e 2000, chegou ao fim o antigo conceito de "iron rice bowl" ["tigela de ferro de arroz"], isto é, emprego vitalício nas estatais[10].

Nesse contexto de reformas e utilização deliberada da economia e dos mecanismos de mercado para otimizar o setor estatal, a Sasac surgiu para, em nome do Conselho de Estado, e em substituição a nove ministérios que mediavam a relação entre as antigas estatais e o governo central, supervisionar os ativos estatais não

---

[9] Para desenvolver nossas impressões a respeito desse instrumento fundamental de governança do Estado chinês, nós nos apoiaremos em Zhiting Chen, *Governing through the Market*, cit.

[10] Carsten A. Holtz, "The Unfinished Business of State-Owned Enterprise Reform in the People's Republic of China", cit., p. 16.

financeiros. Mas a Sasac vai além: é também a principal investidora dos GCEE e responsável por medidas de tipo social, uma vez que a construção do macrossetor não produtivo está ainda longe de ser concluída. De forma contraditória, a existência de muitas instituições de Estado para regular as relações das antigas empresas estatais e o Conselho de Estado tinha relação inversa com o desempenho das empresas. O grau de monitoramento externo tem relação direta com a eficiência das empresas e o surgimento da Sasac em 2003 – e o salto constatado em todos os níveis dos GCEE comprova isso[11]. O "controle externo" é um instrumento eficaz e necessário à eficiência empresarial e, no caso das diferenças entre os GCEE/Encom e o setor privado, ele é fundamental ao *catching-up* das primeiras.

Podemos dizer que o antigo sistema socialista, demasiado rígido no que concerne às relações do Estado com as empresas, foi substituído por uma forma flexível de estratégia de desenvolvimento de orientação socialista completamente orientada para o mercado. Do mesmo modo, a centralização de recursos e empresas permitiu ao governo central uma maior capacidade de atingir objetivos estratégicos e executar grandes projetos industriais. Não é algo menor, nesse tocante, observar que as três principais companhias petrolíferas da China também estão sob controle da Sasac.

O papel da Sasac pode ser sintetizado nas palavras de Holtz:

> No fim de 2003, a Sasac era responsável por 196 conglomerados (não financeiros), ou seja, grandes holdings com várias subsidiárias. Os conglomerados industriais dominam a lista de empresas estatais da Sasac, com 34.280 empresas industriais pertencentes e controladas pelo Estado [...], mas a lista também inclui as três principais companhias aéreas e as três empresas de telecomunicações da China. Em 2005, a Sasac organizou 21 programas de reestruturação setorial, bem como uma rodada "final" de falências relacionadas às políticas das grandes empresas. No fim de 2018, o número de conglomerados da Sasac havia diminuído para 97, principalmente por meio de fusões (com 124.966 empresas individuais em 2015) [...].[12]

De imediato, a Sasac desempenhou um papel importante em ao menos três reformas fundamentais para a reorganização do setor produtivo estatal chinês[13], as quais levaram à formação de um grande oligopólio estatal. A primeira reforma tinha relação com a regulamentação das ações (*management buyouts*) de pequenas e

---

[11] Tao Li, "ZTE Expects US$178 Million First-Half Profit as It Boosts R&D Spending for 5G Development", *SCMP*, 30 abr. 2019, disponível em: <https://www.scmp.com/tech/enterprises/article/3008229/zte-expects-us178-million-first-half-profit-it-boosts-rd-spending>, acesso em: 2 jun. 2020.

[12] Carsten A. Holtz, "The Unfinished Business of State-Owned Enterprise Reform in the People's Republic of China", cit., p. 16.

[13] Idem; Barry Naughton, "SASAC and Rising Corporate Power in China", cit.

médias empresas estatais em processo de reestruturação e privatização. O objetivo era estabelecer regras de transação e evitar o surgimento de privatizações à moda da antiga União Soviética e do Leste Europeu, onde máfias se formaram na antiga base material do setor estatal. As *management buyouts* dos GCEE foram bloqueadas. Ao fim e ao cabo, a privatização em seu sentido mais amplo nunca foi uma opção primária no caso das empresas estatais. Elas ocorreram, evidentemente. Contudo, a forma mais comum de aparecimento de investidores estatais nas pequenas e médias empresas estatais foi por intermédio do mercado de ações.

A segunda reforma visava transformar ativos estatais não negociáveis nos mercados de ações em ativos negociáveis nesse tipo de mercado. A nosso ver, foi a mais importante reforma corporativa envolvendo a Sasac e os recém-formados GCEE. Por intermédio do mercado de ações, um determinado GCEE podia avaliar o "clima do mercado" a respeito do seu desempenho e, a partir disso, balizar a sua atuação. O mercado de ações é um instrumento essencial do socialismo de mercado chinês. É interessante notar que, mesmo que um GCEE tenha uma grande parcela de ações sob o controle do Estado, ele pode abrir mão, sob a coordenação da Sasac, de ir ao mercado de ações em busca de financiamento. Trata-se de uma forma de avaliar as condições do mercado em que ele atua e se desenvolve. É, nesse sentido, que o mercado não pode ser compreendido como uma abstração e, sim, como uma instituição. Segundo Holtz:

> Em 2001, a Comissão Reguladora de Valores Mobiliários da China [...] realizou uma alienação de ações estatais que provocou uma forte queda no mercado e foi interrompida. Em 2005, a Sasac apoiou uma segunda tentativa da Comissão Reguladora de transformar ações estatais não negociáveis em ações negociáveis. Essa segunda rodada foi realizada empresa a empresa (exigindo a aprovação de dois terços dos acionistas públicos) e dava de bônus aos acionistas privados três ações para cada dez ações negociáveis que possuíssem, enquanto os acionistas do governo que tinham ações não negociáveis eram obrigados a vender não mais do que uma pequena proporção de ações durante um período de bloqueio de três anos. O papel do Sasac nessa transformação foi o do proprietário buscando a menor diluição possível do valor das propriedades estatais.[14]

A terceira reforma visava a cobrança de lucros nos GCEE por intermédio de um mecanismo de gerenciamento orçamentário estatal, diretamente supervisionado pela Sasac. E não só, pois desde 1994 as empresas estatais já vinham sendo pressionadas a se orientar para a lucratividade e mecanismos de remessas de lucros dos GCEE para o governo central foram implantados. Por exemplo, em 2007, as

---

[14] Carsten A. Holtz, "The Unfinished Business of State-Owned Enterprise Reform in the People's Republic of China", cit., p. 17.

empresas da Sasac foram sujeitadas a três níveis de remessas de lucros: 17 empresas, mais o Monopólio Estatal do Tabaco, deveriam remeter 10% de seus lucros para o governo central; 99 empresas, 5% de seus lucros; 32 empresas ficaram isentas por três anos; e as empresas de reserva de grãos e algodão ficaram permanentemente isentas. As Sasacs locais procederam da mesma forma em relação às suas empresas.

Em retrospectiva histórica, é muito verdade que, sob a direção da Sasac e nos sucessivos processos de fusões e aquisições, os GCEE ganharam *status* de empresas oligopolistas capazes de competir com suas "parceiras de oligopólio". Política importante a ser apontada é que cada empresa deve estar necessariamente entre as três melhores do setor, caso contrário ela é fundida ou adquirida por outra do mesmo setor[15]. Do ponto de vista empresarial, o desempenho econômico percebido no aumento de receitas e lucros tornou os GCEE poderosos o suficiente para enfrentar a concorrência global, dentro e fora da China. Do ponto de vista do socialismo, todo esse processo de oligopolização orientada para o mercado colocou em teste a capacidade de flexibilização do sistema perante os desafios internos e externos.

BOX 4. O MERCADO COMO INSTRUMENTO DE GOVERNO E A "MÃO VISÍVEL DO ESTADO"

O surgimento da Sasac em 2003 foi fundamental na transformação do mercado em instrumento de governo. A utilização do mercado como forma de gerir os negócios dos GCEE e demais empresas estatais tem sido amplamente empregada com finalidades políticas. Por exemplo, em 2006 a liderança chinesa dividiu as indústrias em *três grupos* e reajustou a alocação de seus ativos. A baliza foi a noção de que o Estado deve ter o absoluto controle acionário das indústrias vitais para a segurança nacional, a saúde da economia, a capacidade de desenvolvimento econômico e a manutenção da necessária influência nas *indústrias normais*.

As indústrias foram separadas da seguinte forma:

1) indústrias-chave: defesa, eletricidade, petróleo e gás, transportes, aviação e ferrovias;

2) indústrias-pilar: automóveis, química, construção, eletrônicos, maquinários, metais não ferrosos, prospecção, aço e tecnologia;

3) indústrias normais: agricultura, farmacêuticos, turismo, investimento, serviços profissionais, comércio e manufatura.

---

[15] Zhiting Chen, *Governing through the Market*, cit., p. 80.

Desde 2013, uma série de reformas foi anunciada pelo governo central. Trata-se de uma tentativa de reenquadrar as empresas estatais de acordo com a valorização de seus ativos, situação orçamentária etc. Em 2015, um amplo documento político sobre o atual estágio das reformas nas empresas estatais foi lançado sob o título "Opinião-Guia do Comitê Central e do Conselho de Estado sobre o Aprofundamento das Reformas nas Empresas Estatais"[16]. O documento é interessante porque aprofunda a percepção do governo acerca da importância deste ou daquele grupo de empresas, para em seguida elaborar soluções. Por exemplo, ao separar as empresas estatais em "classe pública" ou "classe comercial", o governo passa a diferenciar os mecanismos de supervisão etc.

Já em 2017, essa forma binária de organização dos grupos de empresas estatais mudou para três níveis: 1) grupos de empresas industriais; 2) grupos de investimentos; 3) grupos operacionais. Sob essa nova percepção, a Sasac passaria a operar somente os grupos de investimentos e os operacionais. Trata-se claramente de uma forma de distanciar a Sasac das atividades relacionadas diretamente com os negócios das empresas, fixando-se cada vez mais na administração dos ativos.

As discussões sobre o papel do Estado e do mercado são sempre motivo de muita especulação no Ocidente, quando esse tipo de reforma é anunciado. É muito evidente, sobretudo após o início da guerra comercial e tecnológica, que o Estado deve ter um maior controle dos GCEE com vistas ao *catching-up* tecnológico. Não existe "hora certa" para o Estado afastar a sua mão visível.

Em seu discurso inaugural no XIX Congresso Nacional do PCCh, em 2017, o presidente Xi Jinping tocou no assunto da necessidade de reformas para tornar os GCEE "poderosos, melhores e maiores".

15.1. Os GCEE, o desafio global chinês e a nova Guerra Fria contra o socialismo

Outro ponto a ser destacado são os parâmetros de avaliação de desempenho dos GCEE utilizados pela Sasac. A influência da *Forbes 500* é nodal. Vejamos:

> Desde que foi criada, a Sasac adotou um padrão internacional para avaliar o desempenho de seus GCEE centrais. O primeiro diretor da comissão, Li Rongrong, tomou a lista Global Fortune 500 como norma para os GCEE centrais de 2003 em diante. "Li

---

[16] "Guiding Opinions of the CPC Central Committee and the State Council on Deepening the Reform of State-owned Enterprises", *Pkulaw*, 24 ago. 2015, disponível em: <http://en.pkulaw.cn/display.aspx?cgid=26c39a43ea095fcebdfb&lib=law>, acesso em: 20 jul. 2020.

pretendia ter de trinta a cinquenta empresas estatais centrais na Global Fortune 500. A Sasac adotou muito seriamente a Global Fortune 500, porque era o padrão internacional para avaliar o desempenho das grandes empresas. Isso foi útil quando os GCEE centrais quiseram expandir seus negócios no estrangeiro. Também serviu de método de avaliação externa no monitoramento do desempenho dos GCEE centrais".[17]

Em 2003, quando a Sasac foi criada, apenas seis GCEE (de um total de doze empresas chinesas) apareceram na *Forbes 500*. E aqui abrimos um parêntese para lembrar que essa lista considera a evolução da receita anual das companhias e que a lucratividade dos GCEE alcançou a das Encom e das empresas privadas já em 2004[18]. O objetivo de Li Rongrong foi alcançado em 2016: cinquenta GCEE apareceram na lista, ou seja, mais da metade dos 97 GCEE existentes. Em julho de 2019, 121 empresas chinesas (incluindo dez empresas taiwanesas) estavam presentes na lista. Desse total, 82 eram GCEE[19]. Mas por trás desses números esconde-se um dado mais profundo: uma possível mudança de eixo no poder mundial, pois pela primeira vez, desde o lançamento da lista, os Estados Unidos foram ultrapassados como país com o maior número de companhias presentes na lista.

A verdade é que a China tem desenvolvido um macrossetor produtivo com grande capacidade de enfrentar a concorrência interna e externa e prepara-se para uma nova batalha: a tecnologia. Os planos sucederam-se desde o início da presente década, e sobretudo a partir de 2015, quando foi lançado o plano *Made in China 2025*, uma resposta a um plano similar lançado pelo governo alemão em 2014. Em 2010, o governo identificou sete setores industriais que seriam apoiados com investimentos da ordem de 8% do PIB em 2015 e 15% em 2020[20]. Entre esses setores estão os de tecnologias de economia energética, proteção ambiental, robótica, biotecnologia, produtos de "próxima geração" (leia-se plataforma 5G) e veículos elétricos.

No núcleo dessa empreitada, no qual se encontram a corrida pelas tecnologias de controle de fluxos de capital[21] (domínio estatal sobre as criptomoedas), IA e a

---

[17] Zhiting Chen, *Governing through the Market*, cit., p. 182.

[18] Tao Li, "ZTE Expects US$178 Million First-Half Profit as It Boosts R&D Spending for 5G Development", cit.

[19] Geoff Colvin, "It's China's World", *Fortune*, 22 jul. 2019, disponível em: <https://fortune.com/longform/fortune-global-500-china-companies/>, acesso em: 2 nov. 2019.

[20] Carsten A. Holtz, "The Unfinished Business of State-Owned Enterprise Reform in the People's Republic of China", cit., p. 18.

[21] Brenda Goh e Samuel Shen, "China's Proposed Digital Currency More about Policing than Progress", *Reuters*, 1º nov. 2019, disponível em: <https://www.reuters.com/article/us-china-markets-digital-currency/chinas-proposed-digital-currency-more-about-policing-than-progress-idUSKBN1XB3QP>, acesso em: 20 jul. 2020.

fronteira tecnológica no setor de semicondutores[22], estão a estratégia do Estado chinês, a Sasac como mediadora principal e os GCEE.

A China alcançou um terreno, dado o nível de progresso técnico de alguns de seus setores industriais, no qual o limite ao seu desenvolvimento não passa – em primeiro grau – pelos constrangimentos impostos pelo metamodo de produção ou pela instabilidade externa causada pela dinâmica financeirizada da economia capitalista. É evidente que são níveis abstratos de análise que devem ter em mente os interessados no desenvolvimento da China e do socialismo. O grau de desenvolvimento tecnológico chinês impõe que, para a sua aplicação, exista o maior mercado possível e as mais variadas opções em matéria de recursos naturais. Em outras palavras, o desenvolvimento chinês aponta para uma internacionalização de fatores. Entra em campo o fator geopolítico.

Uma nova Guerra Fria está ocorrendo e a China e seus GCEE são o grande alvo do imperialismo. Em um encontro que contou com a presença de 370 formuladores de políticas em Pequim:

> O alto escalão de Pequim reafirmou seu compromisso com a economia liderada pelo Estado, ao mesmo tempo que prometeu condições equitativas para os negócios internacionais [...] A economia de Estado ficará "mais forte, melhor e maior", conforme entrevista coletiva realizada em Pequim [...], e a propriedade pública continuará sendo o principal veículo para o crescimento econômico.
>
> O comunicado transmitiu as principais conclusões das discussões a portas fechadas entre os 370 membros da elite governante da China [...] Também reconfirmou algumas das diferenças fundamentais entre os modelos econômicos dos Estados Unidos e da União Europeia e o modelo cada vez mais estatizante adotado pelo presidente chinês Xi Jinping.[23]

O fato de a China dobrar a aposta no setor público indica uma disputa estratégica entre duas formas de observar o funcionamento da economia no mundo. Se a China utilizou mecanismos de mercado para otimizar o funcionamento de seus GCEE, o Ocidente, e em especial os Estados Unidos, nunca abriu mão da participação direta e indireta do Estado na economia. Por outro lado, a instabilidade

---

[22] Sobre as recentes políticas industriais chinesas no setor de semicondutores, ver Esther Majerowicz e Carlos Aguiar de Medeiros, "Chinese Industrial Policy in the Geopolitics of the Information Age: The Case of Semiconductors", *Revista de Economia Contemporânea*, v. 22, n. 1, 2018, p. 35-61, disponível em: <https://revistas.ufrj.br/index.php/rec/article/view/20627/11852>, acesso em: 24 maio 2021.

[23] Orange Wang, "China Reaffirms Commitment to State-Led Economy Despite US Pressure, after Top Beijing Policy Meeting", *South China Morning Post*, 1º nov. 2019, disponível em: <https://www.scmp.com/economy/china-economy/article/3035964/china-reaffirms-commitment-state--led-economy-despite-us>, acesso em: 2 jun. 2020

gerada pela dominância exercida pela acumulação financeirizada ampliou a capacidade chinesa de exercer poder e influência sobre o mundo – por intermédio de seus GCEE. Não é preciso ser muito inteligente para perceber: a nova Guerra Fria tinha como alvo, assim como a anterior, o socialismo, e, mais precisamente, o núcleo duro da base material socialista chinesa. Referimo-nos aos GCEE.

É importante nos questionarmos sobre o desempenho dos GCEE sob controle da Sasac nesses tempos de "nova Guerra Fria". Em 2019, os 96 GCEE e as empresas estatais locais, ou seja, 40% das empresas chinesas, estavam passando por uma nova rodada de reformas. Essas reformas incluíam fusões e aquisições em cerca de 14 mil empresas. Até o mês de julho, o governo já havia reorganizado 21 grupos, os quais envolviam 39 GCEE. Em outubro, 26,9% das empresas já haviam passado por algum tipo de reforma e 1.957 "empresas zumbi" haviam sido suprimidas[24].

Em grande medida, não há dúvida de que essas reformas, antes de ser uma exigência econômica, eram uma exigência política em um momento de tensão com os Estados Unidos.

Sob pressão externa, e com o apoio renovado do governo, os GCEE apresentaram em 2018 a sua melhor performance desde o lançamento da Sasac: a lucratividade dos GCEE cresceu 10,1% em relação a 2017. E, nos primeiros seis meses de 2019, os resultados se mostraram animadores, com alta de 5,9% nos lucros[25].

---

[24] "China avança reforma de empresas estatais centrais", *Xinhua Português*, 7 out. 2019, disponível em: <http://portuguese.xinhuanet.com/2019-10/07/c_138453387.htm>, acesso em: 20 jul. 2020.

[25] "China's central SOEs post historic profits in 2018, providing support to economy amid downward pressure", *Global Times,* 17 jan. 2019, disponível em: <https://www.globaltimes.cn/content/1136176.shtml>, acesso em: 17 jul. 2020

16
A "NOVA ECONOMIA DO PROJETAMENTO" COMO UM NOVO ESTÁGIO DE DESENVOLVIMENTO DO SOCIALISMO DE MERCADO NA CHINA

Chegada a parte final do livro, é muito sugestivo o exercício de observação das tendências e possibilidades da China como primeira experiência do que chamamos de nova classe de formações econômico-sociais – o "socialismo de mercado". A guerra comercial e tecnológica levada adiante pelo imperialismo para conter a China tem um sentido interessante na percepção do *establishment* do imperialismo de que a China poderá ultrapassar os Estados Unidos nessa corrida pela fronteira tecnológica.

A China alcançou altos patamares em matéria de acúmulo tecnológico. E não somente isso. A China estaria diante da possibilidade de fazer emergir um estágio superior do socialismo de mercado, ao qual demos o nome de "nova economia do projetamento". E alguma atenção devemos dar, a partir de agora, a esse fato.

Esse estágio superior do socialismo de mercado[1] é expressão do nascimento de um estágio superior da planificação que poderá ser voltada para a produção de riquezas e utilidades em favor do bem-estar geral da humanidade em um ambiente de manutenção do *pleno emprego*.

Para melhor trabalhar essa ideia do surgimento de uma nova economia do projetamento na China, faremos uma breve apresentação dessa ideia original, atribuída a um economista brasileiro muito pouco conhecido do público, Ignácio Rangel.

***

---
[1] Dizemos "nova economia do projetamento", pois sua forma original, segundo Márcio Castro, "está historicamente superada ou, pelo menos, em agudo retrocesso. A perestroika, o fim da União Soviética e a transição acelerada ao capitalismo dos países da antiga cortina de ferro eliminaram, naquelas plagas, qualquer elemento de economia do projetamento. Da mesma forma, o keynesianismo armamentista dos norte-americanos se distanciou da convergência, esperada por Rangel, na produção de utilidades em uma economia de pleno emprego" (Márcio H. Castro, "Elementos de economia do projetamento", em Felipe M. Holanda, Jhonatan Almeida e Ricardo Z. A. Paula, *Ignácio Rangel, decifrador do Brasil*, São Luís, Edufma, 2014, p. 222).

É fundamental que se avalie o impacto do acelerado processo chinês sobre a teoria econômica.

O que seria a economia do projetamento observada por Ignácio Rangel no livro *Elementos de economia do projetamento*, lançado em 1959[2]? Como foi a evolução dessa "nova economia"?

A primeira pergunta é respondida por Márcio Castro:

> A leitura de seu conteúdo revela o objetivo do autor. Construir, a partir do acervo da ciência econômica, com todas suas escolas e distintas abordagens, uma teoria econômica da economia do projetamento, entendida esta como a economia que o processo histórico estava desenhando no século XX, a partir do capital financeiro, do keynesianismo e da planificação soviética.[3]

16.1. Características fundamentais da "economia do projetamento"

O conteúdo de *Elementos de economia do projetamento* abre possibilidades de compreensão de alguns fenômenos que vêm ocorrendo na China atual, notadamente no campo da planificação econômica. Ignácio Rangel, da mesma forma que outros autores marxistas interessados na temática do desenvolvimento e do socialismo, buscava elencar as lógicas de funcionamento de uma economia de novo tipo que estava surgindo na União Soviética. Sua obra é datada, portanto não estamos dizendo aqui que esse autor brasileiro tinha uma "bola de cristal" capaz de nos brindar com uma teoria pronta e acabada acerca de um fenômeno que não ocorreu em seu tempo. Mas, repetindo, suas indicações são interessantes e úteis ao nosso propósito.

---

[2] Ignácio Rangel, "Elementos de economia do projetamento", em *Obras reunidas* (Rio de Janeiro, Contraponto, 2005 [1959]).

[3] Márcio H. Castro, "Elementos de economia do projetamento", cit., p. 202. Curiosamente, e paradoxalmente, Ignácio Rangel, apesar de ser reconhecido como "provavelmente o mais original analista do desenvolvimento econômico brasileiro" (Luiz Carlos Bresser-Pereira e José Márcio Rego, "Um mestre da economia brasileira: Ignácio Rangel", *Revista de Economia Política*, v. 13, n. 2 (50), 1993, p. 98, disponível em: <http://www.bresserpereira.org.br/documento/253>), ainda é um autor pouco lido e discutido pelo grande público interessado em temas econômicos, mesmo entre os economistas. O livro *Elementos de economia do projetamento* é uma obra de 110 páginas, altamente técnica e de difícil compreensão para os iniciantes na matéria. Trata-se de uma leitura – dada a completa liberdade que o autor se dá para trabalhar com diversas escolas de pensamento, porém balizando-se amplamente pelo *historicismo germânico* e o *materialismo histórico* – a ser feita mais de uma vez e com o máximo de cautela e cuidado para acompanhar o raciocínio e o intento seminal do autor.

A "nova economia do projetamento" 231

A ideia do surgimento de uma "economia do projetamento" era coerente com a visão do autor – influenciada por Kant – de que a economia, sendo uma ciência social, é sensível a um duplo processo evolutivo. Nas palavras de Rangel:

> A economia é uma ciência histórica por excelência – qualidade que partilha com as outras ciências sociais. Quer isso dizer que está submetida a um duplo processo evolutivo: o fenomenal e o nomenal. E quer dizer também que, ao contrário das ciências da natureza, especialmente as da natureza não viva, não pode ser estudada senão nesse duplo contexto.[4]

Tendo como pressuposto o caráter histórico e, consequentemente, o duplo caráter evolutivo da ciência econômica, os limites de fronteira com os desígnios da "economia vulgar" tornam-se mais claros:

> O conceito vulgar admite explicitamente apenas a evolução fenomenal da economia. Cada nova teoria surge como resultado de uma representação mais precisa da realidade transcendente, a qual, explicitamente, permaneceria sempre igual a si mesma. Assim, a análise smithiana seria, em comparação com a fisiocrática, apenas uma representação mais perfeita, que considera certas facetas que Quesnay e seus amigos haviam deixado na sombra, por ignorância ou inadvertência. A mesma relação uniria a análise neoclássica à clássica, a keynesiana à neoclássica.[5]

Em contraponto à perspectiva "vulgar", vaticina Rangel:

> Se admitirmos que a economia, além dessa evolução "fenomenal" (como representação, como ideia da coisa, como "coisa para nós", no sentido kantiano), é também susceptível de outra evolução (a evolução "nomenal" como objeto, coisa representada, "coisa em si"), seremos levados a uma atitude mais respeitosa para com o que os antigos pensaram. Esse pensamento seria talvez prejudicado pelas claudicâncias do método, pelo instrumental imperfeito de análise, mas continha uma espécie de verdade que não passou às teorias mais recentes pelo simples fato de que refletia uma realidade que deixou de existir, que se transformou, por seu próprio impulso interno, noutra realidade.[6]

A evolução "nomenal" está diretamente relacionada à história. Isso significa que o projetamento percebido por Rangel na evolução do capitalismo sob o consenso keynesiano, mas sobretudo na evolução econômica da União Soviética[7], era

---

[4] Ignácio Rangel, "Desenvolvimento e projeto", em *Obras reunidas* (Rio de Janeiro, Contraponto, 2005 [1956]), p. 204.

[5] Ibidem, p. 204-5.

[6] Ibidem, p. 205.

[7] Em 1957, a União Soviética mostrava ao mundo a face mais avançada de sua nascente economia do projetamento com o envio do primeiro ser vivo ao espaço, a cadela Laika. Quatro décadas antes, sua economia era predominantemente semifeudal.

algo mais prático (fenômeno) que se desenvolvia (e se desenvolve) paralelamente às teorias e categorias (nômeno) que evoluem no tempo e se alimentam dos problemas e soluções experimentados por aproximações sucessivas, sistematizando as experiências dos analistas[8]. Em resumo, significa que a evolução histórica e as novas formas de produzir e planificar a produção de mercadorias dão margem ao surgimento de teorias mais capazes de explicar o processo histórico e presente. É sob esse prisma que se deve perceber, em seu devido tempo, a economia do projetamento e a nova economia do projetamento na atualidade.

O ponto de partida de Rangel é o custo e o benefício como categorias fundamentais do projetamento:

> Custo e benefício, no sentido aqui usado, são as categorias fundamentais do projetamento: abstrações úteis para o encaminhamento da solução de problemas implícitos [...] Toda a teoria do projetamento não passa, em última instância, de um esforço para precisar estes dois termos, para com eles construirmos uma razão [...].[9]

Para além das categorias fundamentais do projetamento, ao menos duas passagens do autor são fundamentais para a construção da hipótese: "A missão do projetamento econômico consiste em encontrar a denominação comum para os dois termos da razão benefício/custo sob o ponto de vista econômico", e: "*Riqueza é a qualidade que têm certas coisas de serem úteis* à sociedade humana [...]"[10].

Dessas passagens podemos apreender algumas características fundamentais e iniciais da economia do projetamento. A primeira é o papel da planificação no que concerne à alocação de fatores nacionais de produção e recursos[11]. Daí o sentido do termo razão como algo a ser construído na busca do bom termo entre custo e benefício. Esse bom termo é alcançado quando o projeto é submetido às necessidades materiais e espirituais da nação e de toda a população afetada por ele. Aqui Rangel – e nós – esquiva-se de certa polêmica que existiu sobre as diferenças entre plano e projeto – embora para nós, é claro, o planejamento se relaciona também com variáveis macro, enquanto o projetamento é micro, algo com relação direta com o desenvolvimento das empresas e de seus projetos.

Em relação a uma formação econômico-social capitalista, o que é o elemento específico da (nova) economia do projetamento? Qual o nômeno do novo momento da história que possibilitou o desenvolvimento desse novo modo de

---

[8] Márcio H. Castro, "Elementos de economia do projetamento", cit, p. 206.

[9] Ignácio Rangel, "Elementos de economia do projetamento", cit., p. 366-7.

[10] Ibidem, p. 366 e 367. Grifos nossos.

[11] Para fins de plena utilização de mão de obra, na macroeconomia da economia do projetamento, a alocação de recursos – via plano – pode e deve, circunstancialmente, ocorrer sem elevação da técnica (Ver Márcio H. Castro, "Elementos de economia do projetamento", cit., p. 219).

produção? Em primeiro lugar, a "economia do projetamento" rangeliana pode ser definida nos marcos da maxirracionalização do processo de produção, o que coloca essa economia no extremo oposto da atual dinâmica de acumulação dominante, a financeirização[12].

Sobre a diferença de nômeno entre uma economia capitalista e a economia do projetamento, podemos dizer que o nômeno de uma economia capitalista reside no mercado como impulso e base da construção de riquezas, tendo o valor como referência fundamental. Em uma economia do projetamento, a mercadoria como núcleo da sociedade, do sistema social e de valores morais e moralizantes (por exemplo, o fetiche da mercadoria como estado de consciência de uma sociedade) é superada por outra, na qual o nômeno é o projeto produtor de utilidade e a relação custo/benefício é sintetizada sob a forma de riqueza a ser apreendida de forma social. Para resumir, segundo Castro:

> A categoria utilidade [...] é a nova base para o cálculo econômico. Plano e projeto, através de seleção de técnicas e alocação de recursos, são seus instrumentos fundamentais. Isto difere do capitalismo, onde a produção de valores de uso é regulada pelo mercado através do valor, seja ele explicado pelo trabalho, para os clássicos, ou pela utilidade marginal, para os neoclássicos.[13]

A maxirracionalização do processo de produção pode ser percebida como uma consequência do que Rangel chamava de "convite à mudança", representada pelos efeitos globais e específicos de cada projeto no conjunto da economia e da sociedade[14]. De forma hegeliana – em clara divergência com as noções cepalinas e caudatárias da teoria do "desenvolvimento equilibrado" de Rosenstein-Rodan[15] – é muito cara a Rangel a noção do processo de desenvolvimento não como busca permanente pelo equilíbrio, mas como um processo que ocorre a partir da intro-

---

[12] Sobre a financeirização como padrão sistêmico de acumulação, ver José Carlos Braga, "Financeirização global: o padrão sistêmico de riqueza do capitalismo contemporâneo", em Maria da Conceição Tavares e José Luiz Fiori (orgs.), *Poder e dinheiro: uma economia política da globalização* (Petrópolis, Vozes, 1997).

[13] Márcio H. Castro, "Elementos de economia do projetamento", cit., p. 208. Ainda sobre a polêmicas a respeito da categoria de utilidade e a utilização dessa categoria em Rangel como forma de se afastar do valor como categoria de referência, concordamos com Castro: "Por que construir a categoria utilidade afastando-se da categoria valor? O valor como nômeno e a categoria teórica valor como fenômeno estão relacionados a uma economia mercantil. A economia do projetamento, que começa a tomar corpo, é o devir, está relacionada a outro momento histórico, outro nômeno, portanto. A utilidade está relacionada com essa problemática" (Ibidem, p. 208).

[14] Ignácio Rangel, "Elementos de Economia do Projetamento", cit., p. 378.

[15] Paul N. Rosenstein-Rodan, "Problems of Industrialisation of Eastern and South-Eastern Europe", *The Economic Journal*, v. 53, n. 210-1, 1943, p. 202-11.

dução de causas de novos desequilíbrios de natureza especial. Para o autor, em última instância, as mudanças (desequilíbrios) assumem duas formas: uma de ordem tecnológica e outra mais relacionada à distribuição dos recursos sociais entre as diferentes indústrias[16].

De forma menos abstrata, podemos conceber que o projeto chega ao planejamento aos saltos (de um desequilíbrio a outro) até o momento em que a tecnologia se transforma em instrumento fundamental da atração que a razão pode exercer sobre o processo produtivo. Mantém-se uma lógica fundamental do processo de desenvolvimento: a técnica elevando a divisão social do trabalho a patamares superiores, mudando, assim, a face do sistema.

Tomando em conjunto todas essas observações, e sem meias-palavras, Rangel tratava do modo de operação de uma economia, sem nenhuma dúvida, de caráter e estratégia *socializantes*. Isso fica subentendido neste texto do próprio autor: "O projeto de desenvolvimento é aquele que, por si e pelas mudanças induzidas nos outros, conduza ao resultado buscado da elevação da utilidade per capita"[17].

16.2 Renasce na China a economia do projetamento

Façamos agora uma análise histórico-conjuntural. A economia do projetamento que Rangel via surgir tinha sua mais notável expressão na União Soviética, onde o progresso técnico não abdicava da convergência entre produção de utilidade e pleno emprego de fatores humanos. O colapso da União Soviética levou à regres-

---

[16] Ignácio Rangel, "Elementos de Economia do Projetamento", cit., p. 379.

[17] Ibidem, p. 378. O caráter humanístico da percepção rangeliana está na apreensão do desemprego como uma circunstância inerente ao capitalismo. Nossa leitura da proposta de Rangel nos leva a crer que a economia do projetamento (que pode ser lido como "socialismo") é a superação dessa circunstância (desemprego), levando à criação de uma "macroeconomia do projeto" voltada completamente para essa proposta de superação. Conforme Rangel: "O projetista, ao decidir entre duas técnicas, deve sentir-se agente da sociedade, o que exige que nada aceite sem exame. Sua ação deve ser orientada por um plano-mestre geral [...] e esse plano será diferente segundo haja ou não desemprego. A ele deve subordinar-se toda a sua ação, como tático do desenvolvimento, que é. Se há desemprego, deve trabalhar para induzir o emprego pleno; alcançado este, deve buscar a gradual retirada do trabalho dentre os fatores de produção" (Ibidem, p. 405). Essa noção é novamente trazida à tona pelo mestre maranhense, afirmando: "Nesse caso, a estratégia geral do desenvolvimento deve ajustar-se a esta circunstância, e o projetista, como tático do desenvolvimento, deve ajustar seus critérios a essa circunstância" (Ibidem, p. 433). Para fins de plena utilização de mão de obra, na macroeconomia da economia do projetamento, a alocação de recursos – via plano – pode ocorrer sem elevação da técnica (Márcio H. Castro, "Elementos de economia do projetamento", cit., p. 219).

são da economia do projetamento no mundo e à ascensão da financeirização e do keynesianismo militarizado, sob comando do imperialismo norte-americano[18]. Novas e poderosas formas de dominação neocolonial apareceram sob o enredo de aberturas comerciais e financeiras, acompanhadas de institucionalidades internacionais criadas para a manutenção de uma "nova ordem dos mercados"[19]. Ocorre uma crise ambiental sem precedentes, tendo a China como núcleo.

Ataques aos direitos sociais e sindicatos na Inglaterra sob Margaret Thatcher e o retorno da antiga noção de desenvolvimento puxado pela oferta, em detrimento da valorização do trabalho e dos princípios de solidariedade como regras da economia do projetamento rangeliana, afastaram aquela formação econômico-social do projetamento como forma de gerar riqueza e utilidade em favor do bem-estar humano. No caso norte-americano, a política de desoneração fiscal dos mais ricos tem gerado uma sociedade cuja marca é a crescente desigualdade.

A União Europeia, ao fazer definhar a liberdade fiscal de seus entes, asfixiou a capacidade de projetar e planificar distintas economias nacionais, gerando realidades díspares como a existente entre a poderosa Alemanha e a periferia europeia exposta e fragilizada. O progresso técnico observado desde o surgimento dos novos paradigmas tecnológicos no Japão, em grande medida, não foi posto a serviço da produção de utilidades para o bem-estar humano. Ao contrário, alimentou a lógica financeirizada, conforme Robert Guttmann:

> A força propulsora desse progresso tecnológico, centrado em capacidade de comunicação e processamento de informações muito aprimorados nas redes planetárias (internet, SWIFT, CHIPS etc.), presta-se a malhas de transações financeiras e transferências de dinheiro para além das fronteiras nacionais. Dada a mobilidade inerente

---

[18] Segundo Fiori ("A nova geopolítica das nações e o lugar da Rússia, China, Índia, Brasil e África do Sul", *Oikos*, n. 8, 2007, p. 88), durante a era Clinton, os Estados Unidos se envolveram em 48 intervenções militares, muito mais do que em toda a Guerra Fria, período em que ocorreram 16 operações militares. Sobre o *keynesianismo militarizado*, ver Ignácio Rangel, "A recuperação americana", *Folha de S.Paulo*, 21 abr. 1983; Maria da Conceição Tavares, "A reafirmação da hegemonia norte-americana", em Maria da Conceição Tavares e José Luiz Fiori, *Poder e dinheiro*, cit.; e Carlos Aguiar de Medeiros, "The Post-War American Technological Development as a Military Enterprise", *Contributions to Political Economy*, v. 22, 2003, p. 41-62.

[19] Sobre a "nova ordem dos mercados" e o retrocesso percebido no nível da teoria econômica, ver José Luiz Fiori, "Globalização, hegemonia e império", em Maria da Conceição Tavares e José Luiz Fiori (orgs.), *Poder e dinheiro*, cit., e Luiz Carlos Bresser-Pereira, "Assalto ao Estado e ao mercado, neoliberalismo e teoria econômica", *Estudos Avançados*, v. 23, n. 66, 2009, p. 1-17. Luiz Belluzzo aponta a falácia inerente às noções propagadas pelo Consenso de Washington e a intensificação do papel do Estado no processo de "globalização". Ver Luiz G. Belluzzo, "Dinheiro e transformações da riqueza", em Maria da Conceição Tavares e José Luiz Fiori, *Poder e dinheiro*, cit.

do dinheiro, o impulso entre fronteiras das finanças tem dirigido o processo de globalização mais amplo.[20]

Formações econômico-sociais asiáticas e desenvolvimentistas como a Coreia do Sul e o Japão, muito por força da *geopolítica* e do peso dos Estados Unidos sobre seus próprios projetos, viram-se praticamente arrastadas para a ordem financeirizada que passou a marcar as relações "Norte-Sul" desde a segunda metade da década de 1990[21]. Nesses países, as possibilidades de *projetamento* diminuíram na mesma proporção que o Estado perdeu o controle de seus braços financeiros.

***

Propomos três marcos de análise fundamentais para a compreensão do renascimento, na China, da economia do projetamento. O primeiro já foi abordado neste livro quando analisamos o processo de recomposição do setor estatal da economia chinesa com a corporatização das antigas empresas estatais e a formação dos GCEE sob o controle da Sasac. Já o segundo marco são as formas de evolução das políticas industriais chinesas, sobretudo desde o 10º Plano Quinquenal (2001-2005). O terceiro são as transformações pelas quais tem passado a planificação econômica como estratégia de desenvolvimento, e como ela tem sido capaz de moldar e ser moldada por uma economia na qual a própria planificação tem passado por transformações qualitativas, alçando o socialismo de mercado chinês a um nível superior de desenvolvimento[22].

Iniciemos com uma assertiva de Michel Aglietta, que discorda da possibilidade de estagnação secular e, indo mais longe, aponta que o novo ciclo de inovações terá a China como palco central:

> A revolução industrial que será necessária para mitigar os danos ambientais e adaptar *habitats* hostis envolveria bens públicos transnacionais, investimentos pesados e instituições para lidar com novos riscos sistêmicos. A China não só tem uma necessidade aguda, mas também os recursos financeiros e a vontade política de alocar grandes reservas de poupança nessa prioridade suprema.[23]

---

[20] Robert Guttmann, "Uma introdução ao capitalismo dirigido pelas finanças", *Novos Estudos Cebrap*, n. 82, 2008, p. 18.

[21] Robert Wade, "Choking the South", *New Left Review*, v. 38, 2006, p. 115-27; "Financial Regime Change?", *New Left Review*, v. 53, 2008.

[22] É útil salientar que a "nova economia do projetamento" ainda obedece às lógicas inerentes à planificação orientada para o mercado.

[23] Michel Aglietta, "America's Slow Down", *New Left Review*, v. 100, 2016, p. 124.

Simultaneamente, transformações revolucionárias estão ocorrendo na esfera produtiva com o processo de espraiamento/surgimento de novos paradigmas tecnológicos. Esse processo, comumente chamado de Quarta Revolução Industrial, cria um novo padrão de manufatura com impactos sobre o mundo ainda inimagináveis[24]. Segundo Luciano Coutinho:

> A indústria do futuro fará parte dessa imensa rede digital global em processo de formação. A automação industrial será articulada pela internet, englobando todas as cadeias produtivas desde o suprimento de matérias-primas, insumos, partes e subconjuntos, passando pelos processos de manufatura, distribuição, comercialização e chegando até os consumidores. A possibilidade de virtualizar, on-line ou em tempo real, o funcionamento de cadeias inteiras, através de sistemas avançados de computação, permitirá otimizar significativamente a eficiência e a produtividade. [...]. Este novo padrão de manufatura conectada e inteligente também usufruirá de notáveis avanços na robótica e na chamada manufatura aditiva (impressão em 3D). As máquinas, equipamentos, robots, impressoras 3D ganharão capacitações cognitivas próprias, com base nos avanços da Inteligência Artificial (IA). Com efeito, a digitalização conectada das redes de produção propiciará a acumulação de dados em grande escala (a chamada Big Data).[25]

A China é parte desse esforço internacional para alcançar a fronteira da tecnologia. E a nova economia do projetamento tem essa distinção, pois sua existência é condicionada pela absorção e produção da técnica mais avançada existente no mundo.

O empenho chinês nessa corrida – que já se transformou em uma guerra comercial e tecnológica com um fim imprevisível[26] – nasceu na primeira década do século XXI em virtude da exaustão do crescimento baseado em tecnologia importada e do consequente declínio da complementaridade tecnológica com os Estados Unidos e o Japão[27]. Exaustões na dinâmica chinesa de desenvolvimento,

---

[24] Sobre as consequências desse processo de transformação no campo da tecnologia, ver Luciano Coutinho, "A 4ª Revolução Industrial: criativa ou disruptiva para o Brasil?", *Princípios*, n. 150, 2018, p. 30-8.

[25] Idem.

[26] Essa guerra comercial e tecnológica é o primeiro grande conflito causado pela ascensão chinesa. Trata-se de uma decisão política do *establishment* imperialista para conter a China em todos os campos possíveis, além até da economia. Incluímos nesse rol desde o *lawfare* até os golpes militares, como o ocorrido recentemente na Bolívia. Moniz Bandeira antevê que os grandes conflitos abertos pelo imperialismo serão no sentido estratégico de conter a crescente influência chinesa. Ver Luiz Alberto Moniz Bandeira, *A segunda Guerra Fria: geopolítica e dimensão estratégica dos Estados Unidos* (Rio de Janeiro, Civilização Brasileira, 2013).

[27] Carlos Aguiar de Medeiros, apresentação na Conferência Internacional "Economia Política do Desenvolvimento da China", Rio de Janeiro, UFRJ, 9-10 mar. 2017, disponível em: <https://

até então, podiam ser percebidas em um modelo que pouco privilegiou a distribuição de renda nos vinte primeiros anos de reformas e muito se assentou no investimento, em detrimento do consumo. É útil afirmarmos, no entanto, que a referida dinâmica de acumulação também atingiu um limite, dado o alto custo *ambiental do processo*. A nova economia do projetamento na China pode ser vista como uma resposta a esses desafios.

***

Neste século, as políticas industriais chinesas tornam-se mais proativas no que concerne à produção de inovações endógenas, buscando constantemente o estado da arte em matéria de desenvolvimento técnico. É essa natureza proativa que abre espaço para o projeto como provável sucessor do mercado enquanto núcleo do funcionamento da economia. O surgimento e a corporatização dos GCEE colocaram as políticas industriais chinesas na linha de frente do progresso técnico e na gestão de novas e superiores formas de planificação, perceptíveis pela incorporação do "progresso técnico" na economia real. O caso das ferrovias de alta velocidade é exemplar: a China chegou à fronteira tecnológica[28]. Segundo Dic Lo e Mei Wu:

> Nesse sentido, surgiu um novo modelo nos últimos anos, no qual os principais veículos do desenvolvimento da tecnologia de ponta são as empresas estatais. O desenvolvimento da tecnologia ferroviária de alta velocidade é um caso emblemático [...] A China começou a importar tecnologia de ponta em trens de alta velocidade em 2004, com a meta de construir trens de 200 km/h na primeira etapa e trens de 250 km/h até 2009 [...] Os objetivos foram mais do que alcançados. As empresas domésticas não apenas assimilaram completamente a tecnologia importada, mas também conseguiram melhorá-la. Em 2010, várias ferrovias haviam colocado em ope-

---

www.youtube.com/watch?v=xd7pWVe4bfA>, acesso em: 5 nov. 2019. Algumas informações complementares: desde o 11º Plano Quinquenal (2006-2010), a prioridade na China são os investimentos em tecnologias centrais, como semicondutores e *softwares*, e desde 2010 há uma corrida em torno do domínio das técnicas de IA. Algumas GCEE, em conjunto com a Huawei, já projetam a plataforma 6G. Entre 2005 e 2010, os investimentos estatais em ciência, tecnologia e inovação aumentaram 170%. Relatório da Organização Mundial de Propriedade Intelectual, referente a 2018, indica que, dos cerca de 12 milhões de pedidos de registo de patente, 5,7 milhões eram da China. Sobre a evolução recente da China na indústria de semicondutores, ver Esther Majerowicz e Carlos Aguiar de Medeiros, "Chinese Industrial Policy in the Geopolitics of the Information Age", cit.; Esther Majerowicz, "China and the International Political Economy of Information and Communication Technologies", textos para discussão, UFRN, 2019, disponível: <https://www.researchgate.net/publication/334711023_China_and_the_International_Political_Economy_of_Information_and_Communication_Technologies>, acesso em: 24 maio 2021.

[28] Os Estados Unidos não possuem nem uma única ferrovia de alta velocidade.

ração trens com velocidades que variavam de 250 km/h a 350 km/h. Em 2011, um trem inteiramente produzido no país conseguiu testar a velocidade de 500 km/h.[29]

As ferrovias de alta velocidade na China, o surgimento de cadeias produtivas afins e ancilares e a rápida implantação de linhas de trens com essas características em todo o país é a prova indiscutível de uma economia cada vez mais centrada no projeto, o planejamento capacitando-se para o exercício de alocação de recursos para grandes projetos. A fronteira tecnológica a ser alcançada ainda demanda investimentos estatais maciços. O "esforço maior" rumo à conformação de um novo e mais avançado modo de produção pode ser percebido no megaprojeto *Made in China 2025*, lançado em 2015[30]. De imediato, afirmamos que, caso o plano tenha êxito, a China se colocará – provavelmente – como a maior potência tecnológica do mundo no século XXI. Com todas as consequências geopolíticas anexas.

O plano é referência em metas que buscam colocar o país no estado da arte do desenvolvimento técnico. O mais interessante são os dez setores-chave do projeto: 1) novas tecnologias de informação; 2) ferramentas de controle numéricas e robóticas; 3) equipamento aeroespacial; 4) equipamentos de engenharia oceânica e *chips* de alta tecnologia; 5) equipamento ferroviário; 6) economia energética e novas fontes de energia; 7) equipamentos elétricos; 8) novos materiais; 9) biomedicina e equipamentos médicos; e 10) maquinário agrícola. Destacamos, nas entrelinhas do projeto, a importância crucial dos dispositivos de IA.

A face do organismo econômico chinês avança a passos largos para patamares superiores de produção e produtividade. A nosso ver, mudam também as problemáticas da planificação, que deve se adequar a uma economia centrada no projeto, e não mais no *mercado em si*. Eis o terceiro marco das recentes transformações no setor *socialista* da economia chinesa: as novas formas de planificar em um novo ambiente e outros marcos tecnológicos.

Por fim, a evolução da *planificação* da economia chinesa conta com três ocorrências:

1) a internalização com sucesso da planificação central de tipo soviética foi responsável por construir a base industrial anterior às reformas de 1978;

---

[29] Dic Lo e Mei Wu, "The State and Industrial Policy in Chinese Economic Development", em José M. Salazar-Xirinachs, Irmgard Nübler e Richard Kozul-Wright (orgs.), *Transforming Economies: Making Industrial Policy Work for Growth, Jobs and Development* (Genebra, International Labour Office, 2014), p. 320, disponível em: <https://www.ilo.org/wcmsp5/groups/public/---dgreports/---inst/documents/publication/wcms_315676.pdf>, acesso em: 8 jun. 2021.

[30] Ver State Council, Made in China 2025. The State Council of the People's Republic of China, 7 jul. 2015, disponível em: <http://www.cittadellascienza.it/cina/wp-content/uploads/2017/02/IoT-ONE-Made-in-China-2025.pdf>, acesso em: 20 jul. 2020.

2) a institucionalização dos contratos de responsabilidade entre o Estado e as famílias camponesas a partir de 1978 e a corporatização das antigas empresas estatais através dos GCEE e da Sasac completam a transição de uma economia centralmente planificada para algo que se pode chamar de planejamento compatível com o mercado. Essa modalidade de planificação não é válida somente para o socialismo. Porém, avançar para uma nova economia do projetamento sob as restrições impostas por um mundo ainda dominado por formas capitalistas mercantis de produção e troca de valor implica, como dissemos no capítulo 7, a adoção de uma abordagem de planejamento adequada, solidamente fundamentada em uma vasta gama de informações e previsões, e que deve necessariamente ser compatível com o mercado. Como dissemos também, a compatibilidade do mercado é uma condição necessária para que qualquer tipo de planejamento seja sustentável, em última análise. Exemplo muito sugestivo dessa forma de observar a planificação são os resultados surpreendentes que a China tem alcançado na "indústria verde";

3) o avanço da técnica e a sua transformação em economia de escala encetam a longa transição da economia (e, consequentemente, do planejamento) para formas superiores, ainda que compatíveis com o mercado. O surgimento dos primeiros sinais de maturidade de uma nova economia do projetamento indica mudança qualitativa no nível da planificação: ao mesmo tempo que se consolida a planificação orientada para o mercado, ela passa a ser instrumento de construção de um mercado futuro interessado na solução dos grandes óbices que afligem a contemporaneidade, como a questão ambiental.

BOX 5. PROJETAMENTO, SOCIALISMO E RAZÃO. O QUE É PROJETAMENTO?

A palavra "projetamento" (em inglês arcaico, *projectment*) aparece no livro de Ignácio Rangel, *Elementos de economia do projetamento* (1959).

O projetamento pode ser visto de várias formas. A primeira é o processo histórico no qual o ato de projetar grandes investimentos passou a ser central em economias capitalistas e socialistas. Nessas sociedades, o economista e o engenheiro de projetos são figuras fundamentais na cadeia de intervenção do Estado na economia. A financeirização e o fim da União Soviética encerraram as experiências de economias de projetamento "antigas".

Na China, o "projetamento" volta com força sob a forma de uma economia na qual a movimentação da lei do valor encontra grandes restrições, abrindo a possibilidade de existência de uma economia baseada em grandes projetos.

Caracteriza-se também por ser uma economia voltada para a construção de grandes bens públicos (setor improdutivo ou "fundos de consumo", segundo Marx, a construção de um setor voltado para o enriquecimento espiritual do ser humano com investimentos em saúde, educação, esportes, lazer etc.).

Mas o "projeto" em si pode ser visto somente dentro dos parâmetros de uma grande operação contábil. Trabalhamos com a ideia de que o socialismo ainda não é um modo de produção maduro. Nesse sentido, o projeto e o projetamento têm uma essência caracterizada pela razão como instrumento de governo e forma histórica mais avançada com a qual o socialismo se mostra ao mundo. O projetamento (razão, "governo baseado na ciência") é a antítese da irracionalidade capitalista e do fetichismo do homem sobre si mesmo. Só se fetichiza o que não se controla. O projetamento é um passo fundamental da libertação humana de seus próprios dramas.

CONCLUSÕES

1. Socialismo no século XXI?

Este livro argumenta que o colapso das primeiras experiências socialistas não foi capaz de levar o processo de evolução humana à "estaca zero".

As relações capitalistas de produção e de troca e a lei do valor são dominantes no mundo. Nenhuma engenharia social alternativa poderá ir além dos limites impostos pelo metamodo de produção. Porém, o sistema permite a existência tanto de projetos nacionais quanto de formações econômico-sociais não capitalistas. A nosso ver, o socialismo não somente não desapareceu enquanto possibilidade com o fim da União Soviética, como se mantém como alternativa, ainda que imatura, sob a forma de uma nova classe de formações econômico-sociais que surge no fim da década de 1970: o socialismo de mercado.

Essa nova classe é atualmente constituída por três países, e todos alcançaram grande sucesso em termos de desenvolvimento econômico e humano nas últimas quatro décadas: China, Vietnã e Laos. Diferentemente de outras formações econômico-sociais orientadas para o socialismo (como Coreia do Norte e Cuba), todos os três adotaram um modelo socialista de mercado que, embora não isento de múltiplas deficiências e contradições, provou-se internamente consistente, sustentável e eficaz para o desenvolvimento de forças produtivas. Em nossa opinião, esse modelo tem sido bem-sucedido e coerente o suficiente para justificar o uso do termo socialismo de mercado para classificarmos o sistema desses três países.

A China é a experiência mais avançada, seguida do Vietnã e do Laos, que, dos três, tem a menor densidade em matéria de forças produtivas. Levando-se em conta o tamanho da China, mas sem subestimarmos a validade e a relativa distinção das trajetórias do Vietnã e do Laos, é evidente que o socialismo com características chinesas é considerado por políticos e acadêmicos de todos os quadrantes políticos a encarnação de uma possível alternativa progressista ao capitalismo no século XXI.

Portanto, neste livro, limitamos nosso foco à China, e dedicamos sua segunda parte à análise da gênese e da construção do macrossetor produtivo nesse país.

2. O básico

Um difícil trabalho de revisitação e reconstrução de categorias e conceitos basilares do materialismo histórico, como os de metamodo de produção, formação econômico-social e lei do valor, acabou traduzindo-se em um esforço inicial de ressignificação do próprio marxismo e do socialismo no nosso tempo presente. Nossa linha de raciocínio ainda demandou enfrentar o senso comum das teorias neoclássicas e o paradigma do *homo economicus* como formas de desacreditar a alternativa socialista como construção histórica de nível superior em relação ao capitalismo.

Para tanto, remetemo-nos a um argumento originário de disciplinas aparentemente exóticas, como a biologia evolutiva e a neurociência. Especialmente desde a virada do século, essas novas áreas de estudo fizeram duas descobertas cruciais:

1) a centralidade ontológica do princípio da cooperação na natureza, e ainda mais na biosfera;

2) a complexidade da mente humana, na qual predominam processos inconscientes e/ou éticos. Tal complexidade desnuda as abordagens reducionistas baseadas em uma espécie de antropologia pseudopsicológica enraizada na suposição de uma racionalidade intrínseca a todos os agentes econômicos.

Pela utilização da economia comportamental e da neuroeconomia, perde força todo o arcabouço que sustenta a plausibilidade do *homo economicus* – a personagem metafísica e fictícia que, como a personagem mitológica grega Atlas, sustentou toda a arquitetura da economia neoclássica desde meados da década de 1900. Juntamente com o *homo economicus*, as justificativas tradicionais para o capitalismo como a única maneira razoável de organizar as sociedades modernas (com sua dupla demissão e a demonização do socialismo como contrário à natureza humana) também são devidamente colocadas em xeque.

3. O planejamento, seu potencial e limites

A superação do capitalismo passa pela criação de condições materiais e subjetivas que induzam o caráter cooperativo humano e pela sua incorporação a uma ciência capaz de conduzir racionalmente os destinos da humanidade. É nesse ponto que encontramos o planejamento como contraponto à irracionalidade e à anarquia da produção, que Marx identificou como um limite ao desenvolvimento humano. O capitalismo, sob a forma de imensos monopólios e oligopólios, tornou-se algo grandioso demais para ser conduzido de forma espontânea. O socialismo e o planejamento são os substitutos históricos do capitalismo e da anarquia da produção. Nesse caso, nada de novo.

Se, por um lado, podemos ter deixado a impressão de certa ousadia intelectual ao nos propormos rever categorias e conceitos consagrados do materialismo histórico, por outro, podemos ter passado uma mensagem um tanto conservadora sobre o socialismo e suas reais possibilidades na atualidade. As restrições impostas pelo metamodo de produção não são passíveis de superação na atual quadra histórica. De forma paulatina, mirando o longo prazo, tais restrições poderão ser superadas. Esse "conservadorismo" é uma forma de evitarmos equívocos como o de Francis Fukuyama sobre o "fim da história".

É perceber, além disso, que a ampliação da prevalência do modo de produção capitalista e do socialismo de mercado, após o fim do antigo bloco socialista, demanda outro nível de reconceituação, e foi isso que nos levou a definir de forma provisória, no capítulo 8, "as chamadas leis de desenvolvimento das formações econômico-sociais sob orientação socialista". Não se trata de inventariar todos os padrões da nova classe de formações econômico-sociais, mas de estabelecer parâmetros a qualquer tentativa concreta de construção socialista em nossa época histórica.

Nossa abordagem combate conscientemente intuições idealistas. Além disso, choca-se, em certa medida, com uma das mais ilustres tradições dos movimentos progressistas: aquela que gira em torno da centralidade da categoria de liberdade – uma tradição bem enraizada em boa parte da obra do próprio Marx. No entanto, o movimento da classe trabalhadora internacional (em relação ao socialismo como sistema) não está mais em sua infância. Devemos, portanto, evitar repetir noções prometeicas injustificadas, e nos ater a certo grau de pragmatismo.

4. O METAMODO DE PRODUÇÃO

Ao reinterpretar o conceito de modo de produção, argumentamos que, em um nível superior de análise, podemos observar a existência do que chamamos de metamodo de produção, uma espécie de estrutura abstrata e de certa longevidade histórica. Demonstramos na seção 1 do capítulo 7 que o metamodo de produção é parte de um processo histórico caracterizado por:

1) um modo de produção dominante em nível global;

2) dois ou mais modos de produção coexistindo em alguns países, desigualmente desenvolvidos, mais ou menos estáveis, e em evolução. Quais acabarão por prevalecer nacionalmente (e, possivelmente, em uma perspectiva de longo prazo, internacionalmente) está longe de ser uma questão definida;

3) os graus de liberdade desfrutados por cada modo de produção (inclusive o dominante) são finitos. São limitados não apenas pela prevalência global do

modo de produção dominante, mas também por restrições estruturais imanentes e universais aplicáveis a todos os modos de produção sustentáveis que podem surgir e se consolidar durante uma época, cuja duração não pode ser predeterminada. Como tal, esse conjunto de restrições se aplicaria a todas as tentativas nacionais de buscar uma estratégia de desenvolvimento consistente com os princípios básicos de qualquer modo de produção específico, mesmo que este se tornasse progressivamente hegemônico em escala global (sinalizando uma lenta transição para um novo modo de produção dominante em nível global).

Só é possível conceber racionalmente o socialismo em nosso tempo tendo como ponto de partida essa estrutura abstrata e as restrições que ela impõe ao desenvolvimento do socialismo enquanto modo de produção dominante restrito a alguns países. Portanto, o socialismo de mercado é uma formação econômico-social que se desenvolve dentro dos limites impostos pelo metamodo de produção.

5. Macrossetor produtivo e macrossetor não produtivo

Em dois momentos neste livro tratamos de forma direta ou indireta desse ponto. Em ambos, preferimos uma postura menos peremptória, deixando questões em aberto e para resolução histórica. Nossa preferência foi utilizar o conceito de metamodo de produção para darmos outro sentido a alguns *insights* que recuperamos de Marx em sua *Crítica ao Programa de Gotha* e de Lênin em *O Estado e a revolução*, adaptando-as a sociedades socialistas em estágio inicial como a chinesa. Dois pontos interessantes e fundamentais são:

1) a noção que Marx elabora sobre a construção dos chamados "fundos de consumo" como forma dada à parte retirada do excedente social total;

2) a manutenção, sob o socialismo, do mesmo princípio notado no modo de produção anterior: a troca mercantil.

Evidenciamos que o fato de renunciarmos a uma metodologia pobre, baseada em exercícios de futurologia que mais confundem do que explicam, nos impõe limites. Porém, de forma provisória, após quase um século de tentativas de estabelecer e desenvolver sistemas econômicos de orientação socialista em várias partes do mundo, algumas proposições de aplicabilidade geral e universal podem ser sintetizadas. É nesse momento de resgate de Marx, e de reinterpretação de algumas linhas da *Crítica ao Programa de Gotha* – somada à utilização do conceito de metamodo de produção – que desenvolvemos nossa hipótese baseada na percepção de que as economias, de forma geral, operam sob dois macrossetores: 1) o macrossetor produtivo e 2) o macrossetor improdutivo.

Inspirados em Marx, propomos a noção segundo a qual o macrossetor produtivo gera um superávit. O setor improdutivo (que inclui todos os serviços públicos, dos quais os essenciais, como saúde e educação), não. Logo, a única maneira de manter um equilíbrio socioeconômico sustentável é entregar parte do excedente produzido pelo macrossetor produtivo ao macrossetor improdutivo

O passo seguinte nessa percepção dos principais elementos da economia é o duplo papel do planejamento, em contraposição à ação livre e espontânea do mercado. Ele cumprirá duas tarefas principais:

1) criar condições de elaborar e executar políticas voltadas para a construção consciente de um poderoso macrossetor produtivo;

2) conceber elementos institucionais adequados para projetar a transferência criteriosa de recursos do macrossetor produtivo para o macrossetor improdutivo.

As políticas voltadas para a constituição do macrossetor produtivo são comumente chamadas de políticas industriais e podem incluir várias ações destinadas à alocação de recursos (por meio de ferramentas administrativas ou relacionadas a preços) para setores estratégicos, como infraestrutura, bens de capital, indústrias de alta tecnologia, P&D e atividades de C&T. O "elemento consciente" sob forma de uma gama de planejadores devem operar com elevado grau de informações à disposição que vão além dos sinais emitidos pelo mercado.

Ao lado disso, dada uma estrutura econômica que reflete a tendência de deterioração dos termos de troca com os países capitalistas desenvolvidos, fazem-se necessárias políticas macroeconômicas que, também de forma consciente, utilizem determinados preços macroeconômicos (por exemplo, a taxa de câmbio) como elemento indutor da elevação das forças produtivas, em geral, e do macrossetor produtivo, em particular. É essa particularidade que coloca as formações econômico--sociais de orientação socialista como Estados desenvolvimentistas[1], transformando a constituição do macrossetor produtivo e o planejamento econômico em duas leis objetivas desse tipo particular de formação econômico-social.

6. Estados desenvolvimentistas de orientação socialista

O surgimento do socialismo em países atrasados e em grande parte pré--capitalistas trouxe para a agenda a necessidade de um rápido crescimento do macrossetor produtivo para que haja um excedente grande o suficiente para sustentar

---

[1] A perspectiva das formações econômico-sociais de orientação socialista como uma espécie de Estado desenvolvimentista segundo a famosa passagem de Marx e Engels: "O proletariado utilizará sua supremacia política para arrancar pouco a pouco todo o capital da burguesia, para centralizar todos os instrumentos de produção nas mãos do Estado, isto é, do proletariado organizado como classe dominante, e para aumentar o mais rapidamente possível o total das forças produtivas" (*Manifesto Comunista*, trad. Álvaro Pina e Ivana Jinkings, São Paulo, Boitempo, 1998 [1848], p. 58).

o desenvolvimento econômico de longo prazo. Concomitantemente, esse excedente deve sustentar um macrossetor improdutivo em expansão, que poderia atender direta e eficientemente às necessidades dos serviços básicos mais urgentes de forma universal – cumprindo assim, no curto prazo, pelo menos algumas das promessas que levaram as massas populares a cerrar fileiras com o projeto revolucionário.

Essa urgência representa enormes desafios estratégicos e de sobrevivência, e inevitavelmente implica trocas complexas e dramáticas. Na verdade, a maioria dos primeiros revolucionários não tinha maturidade teórica suficiente para compreender adequadamente o enigma político encerrado na relação entre o desenvolvimento dos dois macrossetores da economia. Essa deficiência, infelizmente, levou a uma série de retrocessos na história do movimento socialista e comunista. Alguns, como a coletivização rural forçada na União Soviética às vésperas da Segunda Guerra Mundial e o Grande Salto Adiante na China, redundaram em sérios problemas de execução. Outros foram muito menos trágicos, mas são significativos, como o famoso Paradoxo Cubano, ou seja, a persistente incapacidade da ilha revolucionária de alcançar um grau aceitável de autossuficiência alimentar enquanto construía um sistema público de saúde de primeira classe e um nicho industrial de biotecnologia avançada, exportando médicos para todo o mundo.

Respostas realistas, dadas as características do metamodo de produção, passam pela possibilidade ou não de a planificação ser compatível com o mercado. A resposta a essa questão enseja outra lei de funcionamento nas formações econômico-sociais de orientação socialista: a impossibilidade de superar a lei do valor sob o socialismo. Marx já nos indicava essa impossibilidade quando aludiu à continuidade das relações de troca do modo de produção pretérito, baseado no mercado.

Sendo impossível superar a lei do valor sob o socialismo, fica evidente que a planificação de uma economia de orientação socialista deverá ser compatível com o mercado. Trata-se de uma planificação que se aproveita ela própria do mercado e da lei do valor, na medida em que o Estado toma para si a tarefa de transformar empresas de sua propriedade em pontas de lança da ciência, da tecnologia, com crescentes ganhos de escala, escopo e produtividade do trabalho. É o caso da China. Conforme apontamos no capítulo 12, suas antigas estruturas produtivas estatais passaram por um dolorido processo de adaptação às regras inerentes à lei do valor que as transformou em conglomerados empresariais altamente competentes para atuar dentro dos limites do metamodo de produção.

7. CAPACIDADES ESTATAIS

Na seção 4 do capítulo 8 procuramos demonstrar que as reformas orientadas para o mercado devem se concentrar essencialmente no macrossetor produtivo.

Os princípios básicos da lei do valor devem ser restabelecidos, os preços relativos devem ser racionalizados e os mercados indispensáveis devem ser reconstituídos. Pouco pode ser realizado em termos de melhoria sistêmica substancial, antes que essa condição necessária seja satisfeita.

O controle estatal deve se dirigir à administração dos preços macroeconômicos, permitir a ação da lei do valor em setores não monopolistas e concentrar esforços na reforma do macrossetor produtivo, concomitantemente com políticas macroeconômicas que deem flexibilidade ante os limites impostos pelo metamodo de produção e cumpram a tarefa de construção de *policy space* para políticas monetárias, de juros e de crédito que sirvam de suporte para a reforma do macrossetor produtivo. Na verdade, uma estratégia que busca formar um *policy space* amplo pode ser vista como uma lei de funcionamento das formações econômico-sociais de orientação socialista. China e Vietnã são exemplo de países com estratégias muito claras de acumulação de reservas cambiais por meio de políticas agressivas de exportações e investimentos.

Outro ponto diretamente relacionado com a necessidade de formação de *policy space* é o que chamamos na seção 10.2 de "capacidades estatais". Estas podem variar de acordo com o nível de desenvolvimento do macrossetor produtivo de cada formação econômico-social de orientação socialista. Exemplo fundamental de capacidade estatal é o que chamamos de "soberania monetária". Essa capacidade estatal foi objeto de estudos neste livro (capítulo 13) e tem relação direta com a formação de um poderoso sistema financeiro com ampla capacidade de financiar grandes projetos. Nesse sentido, outra lei de fundamental importância nas formações econômico-sociais de orientação socialista é a negação de qualquer possibilidade de privatização e liberalização arbitrária dos serviços financeiros, por exemplo. Ao contrário, um controle forte e centralizado sobre o núcleo estratégico do sistema financeiro doméstico deve ser reforçado.

É exatamente isso que fez e continua fazendo a China. Seus imensos bancos de investimentos são uma "muralha de aço" contra a disposição cada vez maior do imperialismo de utilizar o poder conferido pelo dólar para sufocar projetos nacionais autônomos como o da Venezuela e do Irã, assim como as experiências socialistas de Cuba e Coreia do Norte. Enfim, a formação de bancos públicos de desenvolvimento voltados para o financiamento de empreendimentos de longo prazo é fundamental ao bom funcionamento e fortalecimento do macrossetor produtivo. Não existe socialismo sem grandes instrumentos estatais de intermediação financeira[2].

---

[2] O grau de desenvolvimento do sistema financeiro chinês e a firme proposição do governo chinês de tornar o país forte e influente nos grandes assuntos internacionais pode ser percebido no fato

8. Antes de tudo, reformas rurais

Para nós, o processo de surgimento da economia de mercado e de empresas orientadas para o mercado na China é a história das sucessivas ondas de inovações institucionais que moldaram a nova formação econômico-social inaugurada no país em 1978.

As primeiras inovações institucionais contribuíram para grandes mudanças nas relações sociais de produção e troca na agricultura, permitindo o surgimento de uma nova tipologia industrial: as empresas não capitalistas orientadas para o mercado (Encom), das quais as mais importantes são as fazendas familiares e as Township and Village Enterprises (TVEs)[3].

Como se sabe, a China iniciou a transição para uma nova formação econômico-social em 1978, a partir de instituições de empresas não orientadas para o mercado[4]. No caso da China, a economia de mercado expandiu-se nas áreas rurais inicialmente por meio da superação das estruturas de produção e troca da economia de comando da era Mao e, portanto, tem sido alimentada pela progressiva desagregação da economia natural de subsistência e da pequena produção mercantil.

O Estado manteve um ativo crucial (a propriedade da terra), enquanto decretava um recuo estratégico e ordenado, devolvendo um poder considerável aos governos locais e permitindo o florescimento de novas Encom. Como mostrado neste livro, as reformas rurais levaram a um rápido aumento da produtividade agrícola e a um *boom* das TVEs.

9. A via chinesa: Estado, mercado e os grandes conglomerados empresariais estatais (GCEE)

Iniciamos o capítulo 12, no qual tratamos do processo de formação dos GCEE, ironizando o papel do Estado na economia como um deus *ex machina* fabricado pelo *mainstream* econômico. O desafio de uma abordagem honesta sobre o papel do Estado na economia e, principalmente, de sua importância para a criação de

---

de a China ter se convertido no maior credor líquido do mundo. Os quatro maiores bancos do mundo em 2019 são instituições estatais chinesas.

[3] A maior parte das unidades agrícolas de produção são ainda pequenas unidades familiares voltadas para o mercado (menos de 2.5 acres). Como apontamos na seção 11.2, existe já uma forte tendência de formação de grandes fazendas.

[4] Economistas políticos clássicos, notadamente Adam Smith, definem o processo de desenvolvimento com a expansão da economia de mercado, em detrimento dos setores de subsistência, por exemplo.

condições institucionais favoráveis ao surgimento de grandes conglomerados, estatais e privados, está em adotar uma chave explicativa que não separe Estado e mercado, mas o contrário, pois não existe Estado e desenvolvimento sustentado sem uma poderosa economia de mercado. O contrário também é verdadeiro[5].

Os chineses não acolheram a narrativa neoclássica imposta pelo FMI e Banco Mundial à periferia do sistema[6]. A experiência na China a aproxima muito dos processos do Japão, da Coreia do Sul e de Taiwan. São experiências de capitalismo com uma nota distintiva: a precoce conglomeração industrial.

O caminho chinês já nasceu com um *know-how* de cerca de 35 anos de economia centralmente planificada e uma imensa estrutura industrial estatal, embora atrasada. Aliás, o esforço empreendido no domínio do desenvolvimento industrial diferia radicalmente daquele adotado anteriormente no setor agrícola, cuja opção estratégica era outra: ao invés de promover economias de escala e escopo, o governo induziu o surgimento de uma miríade de unidades de produção de pequena escala e diretamente orientadas para o mercado.

É interessante notar que na agricultura não houve grandes contradições capazes de paralisar o sistema, pois as relações de produção se adaptaram rapidamente às novas forças produtivas, sobretudo em torno das novas e superiores formas de divisão social do trabalho e posteriormente das TVEs. Não coube ao Estado decretar grandes leis e regulamentos para operar as transformações na agricultura. A orientação para o mercado sugerida pelos contratos de responsabilidade foi suficiente para encetar a estratégia geral e acomodar a nova agricultura ao organismo econômico nacional

Já nas cidades o desafio de reformar um sistema preexistente mostrou-se mais difícil do que se poderia imaginar. O processo foi doloroso – houve um verdadeiro choque de contrários em meio às primeiras tentativas de reformar as empresas estatais. O grande desafio era resolver a principal contradição na gestão das empresas estatais: deixar de ser lucrativas em um ambiente de total proteção estatal para ser eficientes o suficiente para se tornar o núcleo de um sistema empresarial com capacidade para servir de base a uma nova classe de formações econômico-sociais

---

[5] Mariana Mazzucato mostra a não existência de evidências empíricas que sustentem a hipótese de que o setor privado floresce sem a moldura de uma Estado forte e tomador de riscos. Ver Mariana Mazzucato, *The Entrepreneurial State: Debunking Public vs. Private Sector Myths* (Londres, Penguin, 2013).

[6] Fortalecida pela falência das experiências desenvolvimentistas na América Latina (México e Brasil), e pela crise e posterior derrota das experiências socialistas na União Soviética e no Leste Europeu, não foi difícil fazer valer uma visão negativa não somente do papel do Estado na economia, mas principalmente do Estado como condutor de empreendimentos que conduzem à formação de empresas "campeãs nacionais".

e sobreviver às restrições impostas pelo metamodo de produção, e se sobressair. A travessia foi dura e com custos sociais elevados.

O PCCh iniciou um arriscado caminho de reestruturação do setor empresarial estatal, assumindo todos os riscos de um rápido processo de centralização do capital estatal que garantisse ao Estado o controle de grandes empresas situadas nos pontos estratégicos da economia. O lema "manter as grandes e deixar as pequenas" foi amplamente seguido pelos formuladores de políticas do governo chinês. O número de empresas estatais foi drasticamente reduzido para 197 GCEE que, em seguida, foram fortalecidos e capitalizados. As empresas estatais passaram a se ocupar única e exclusivamente de sua agenda nuclear – o que na prática significou o fim do sistema *danwei*, isto é, a concentração de todos os encargos sociais nas empresas. Uma década de aprofundamento de desigualdades entre as diferentes regiões, e entre as classes sociais, teve custos sociais e políticos imensos e apenas recentemente começou a ser revertida.

Esse processo, visto com o benefício da retrospectiva, foi bem-sucedido. Em grande medida, nossa opinião a respeito da atuação dos GCEE dentro dos limites impostos pelo metamodo de produção é legitimada pelo papel que esses grandes conglomerados tiveram nos pacotes fiscais executados pelo governo desde o fim da década de 1990, como núcleo duro da inovação, da ciência e da tecnologia, por sua posição global como ponta de lança do projeto chinês via o projeto Um Cinturão, Uma Rota, e por sua presença constante na lista *Forbes 500*, ao lado das maiores empresas do mundo.

Foi quase natural no curso deste livro procurarmos os elos capazes de explicar as razões dos resultados econômicos impressionantes dessa nova classe de formações econômico-sociais, principalmente na experiência chinesa. Percebemos a existência de "compromissos de continuidade" durante o processo, de forma que a experiência chinesa não repetisse erros cometidos por países como o Brasil e o México, que segundo Peter Evans, "ficaram no meio do caminho"[7]. O caminho chinês tem a vantagem de ter elevado a capacidade de intervenção do Estado na economia por meio de seus GCEE, algo que foi, em experiências capitalistas como Coreia do Sul e Taiwan, pouco a pouco trocado por programas de privatização.

Concluímos que o caminho chinês tem uma particularidade muito clara: nos últimos quarenta anos, inovações institucionais cíclicas conformaram novos arranjos no âmbito das políticas macroeconômicas e das forças produtivas, com suas respectivas relações de produção, e definiram novos papéis para o Estado e demais setores presentes na economia, sobretudo o setor privado.

---

[7] Peter Evans, "O Estado como problema e solução", *Lua Nova: Revista de Cultura e Política*, v. 28, n. 29, 1993, p. 107-57.

Em princípio, essas inovações institucionais foram fundamentais para que houvesse uma mudança qualitativa nas relações sociais de produção e troca na agricultura, permitindo o surgimento de uma nova tipologia empresarial: as empresas não capitalistas orientadas para o mercado (Encom), de início de pequena produção mercantil, depois TVEs e atualmente grandes propriedades especializadas na produção de alimentos em grande escala.

Em outro plano, o que percebemos nas reformas econômicas são ondas de inovações institucionais que, resumidamente, fizeram o setor privado crescer de forma quantitativa, enquanto a participação do Estado cresceu de forma qualitativa. Hoje, a grande maioria das empresas chinesas é de direito privado. Ao Estado, cabe uma presença marcante nos setores fundamentais da economia e na constituição de institucionalidades que forneçam capacidades, dentre elas o que Keynes chamava de "socialização do investimento"[8].

10. A Sasac como a principal inovação institucional

A conformação do novo tipo de formação econômico-social que surgiu na China a partir de 1978 demandou sucessivos ajustes institucionais para que um poderoso setor produtivo estatal surgisse: os GCEE. A criação de uma agência como a Sasac deve ser vista como parte desse complexo de mudanças institucionais que moldaram pouco a pouco algumas das características fundamentais dessa nova formação econômico-social.

O surgimento da Sasac não deve ser compreendido de forma separada do processo de crescimento qualitativo do papel do Estado e de seus GCEE, tampouco da elevação do mercado ao grau de instrumento de governo. Algumas reformas foram feitas para diminuir a situação de *soft budget constraint* (baixa restrição orçamentária) e fomentar o mercado como mecanismo auxiliar de tomada de decisão. Mecanismos antigos de controle do processo produtivo foram eliminados. Por exemplo, o excesso de agentes decisórios era nítido: uma única empresa estatal podia estar submetida a nove ministérios. A Sasac, sendo uma entidade subordinada ao Conselho de Estado, simplifica esse mecanismo. Seu papel é verificar os interesses do

---

[8] Sobre a socialização do investimento, repetimos aqui o que escreveu Keynes: "O Estado terá de exercer uma influência-guia sobre a propensão a consumir parcialmente através de seu esquema de tributação, em parte, talvez, de outras formas. [...] Penso, portanto, que uma socialização de investimento um tanto abrangente será o único meio de garantir uma aproximação ao pleno emprego; embora isso não precise excluir todos os tipos de compromissos e dispositivos dos quais a autoridade pública cooperará com a iniciativa privada" (John M. Keynes, *A teoria geral do emprego, juros e moeda*, Rio de Janeiro, Fundo de Cultura, 1970 [1936], p. 378).

próprio Estado dentro dos GCEE. Poderíamos dizer que se trata de uma instituição na qual as competências estatais se fundem com os necessários componentes de mercado e geram uma estrutura meritocrática de alto nível, responsável por todas as decisões e reformas executadas no âmbito dos GCEE desde 2003.

Outra medida do tamanho e do alcance dessa instituição pode ser vista no fato de que, desde 2014, a Sasac lidera um grande processo interno que já resultou em mais de uma dezena de fusões e aquisições envolvendo cerca de US$ 1 trilhão em ativos[9]. A Sasac opera GCEE que juntos representam US$ 33,5 trilhões em ativos. Suas receitas têm o mesmo tamanho da totalidade da economia japonesa. A nosso ver, não existem dúvidas sobre o que a Sasac significa no complexo ambiente econômico chinês, que mistura elementos do capitalismo e do socialismo, ainda que este último seja elemento dominante: a Sasac é a inovação institucional mais importante que surgiu desde o início das reformas econômicas na China.

11. O Partido Comunista da China

O PCCh coloca-se como um ator cuja ação vai ao encontro dos interesses do povo chinês. O comportamento prático de seus quadros – cuja qualidade humana e ética é inevitavelmente desigual – nem sempre é totalmente consistente com esse nobre princípio. Corrupção e comportamentos oportunistas são comuns. Além disso, mesmo quando agem de boa-fé, os líderes do PCCh são obviamente falíveis e, portanto, podem cometer todos os tipos de erros estratégicos e táticos em todos os níveis hierárquicos, mesmo nos mais altos.

O PCCh não é uma classe social, pelo menos não na concepção que Marx atribui ao termo no contexto do capitalismo – embora existam analogias muito cautelosas com tipos muito diferentes de classes nas sociedades pré-capitalistas (como a dos burocratas confucionistas da China imperial). O PCCh executa seu papel de gerenciador dos ativos estatais do país em um ambiente jurídico e institucional completamente diferente daquele sob o capitalismo (no qual quem governa é o princípio da propriedade privada). Além disso – ao contrário do que sugere certa visão superficial sobre a abrangência das interações de mercado –, a articulação holística das relações sociais de produção e troca sob o socialismo de mercado é profundamente diferente da do capitalismo, como deve ser claro para qualquer observador, desde que a análise seja feita em um nível adequado de profundidade.

---

[9] "China's 161 Trillion Yuan State-Asset Watchdog Says More M&As to Come", *The Business Times*, 12 abr. 2018, disponível em: <https://www.businesstimes.com.sg/government-economy/chinas-161-trillion-yuan-state-asset-watchdog-says-more-mas-to-come>, acesso em: 2 jun. 2020.

12. O SOCIALISMO DE MERCADO EM NÍVEL SUPERIOR: A "NOVA ECONOMIA DO PROJETAMENTO"

Chegamos ao final deste livro esboçando uma hipótese nova, algo que não estava em nossos planos e que somente foi percebido e incorporado à medida que a China inaugurava e desenvolvia novas capacidades estatais, a partir dos seguintes fenômenos:

1) grandes transformações na estrutura produtiva estatal, principalmente após a fundação da Sasac em 2003;

2) formação de um potente sistema nacional de inovação, capaz de colocar a China na fronteira de novíssimas tecnologias;

3) aparatos institucionais que levaram a chamada "socialização do investimento" a um patamar permanente, não cíclico, fazendo a China se capacitar e elevar sua capacidade de planificação e execução de grandes pacotes fiscais;

4) formação de uma grande base de oferta, ao lado das maiores reservas cambiais do mundo e de um profundo e capilarizado sistema financeiro estatal, os quais moldaram a "soberania monetária" chinesa e livraram o país do crônico problema de restrição financeira;

5) capacidade única no mundo, em que pese as restrições impostas pelo metamodo de produção, de tocar grandes projetos, como: a) a construção da maior malha ferroviária de alta velocidade do mundo em apenas dez anos; b) o projeto Um Cinturão, Uma Rota; c) o plano *Made in China 2025*;

6) inauguração de novas e superiores formas de planificação econômica a partir da larga utilização de plataformas como Big Data, 5G e aparatos de IA;

7) capacidade nada aparente de elevar a racionalização a níveis superiores do processo de produção.

***

Nosso ponto de partida para abordar a nova economia do projetamento foi o livro do economista brasileiro Ignácio Rangel, *Elementos de economia do projetamento* (1959). Sugerimos a abordagem desse livro somente como ponto de partida, e nunca de forma mecânica, para abrirmos possibilidades de compreensão de alguns dos fenômenos que ocorrem na China atual, notadamente no campo da planificação econômica. Na China atual, identificamos um conjunto de elementos ainda embrionários que se assemelham ao prenúncio de um novo e mais avançado estágio do socialismo de mercado. Em homenagem a Rangel, denominamos essa nova etapa (que ainda não pode ser considerada uma realidade consolidada) de nova economia do projetamento.

Nesse quadro, o projeto é o elemento tático do desenvolvimento, e a estratégia é confiada ao planejamento. Uma forma tão superior de planejamento governamental deve contar cada vez mais e corajosamente com programas e megaprojetos vastos e ambiciosos, mantendo a restrição crucial de compatibilidade de mercado (pois continua reconhecendo as limitações impostas pelo metamodo de produção). A escala e o escopo desses programas e megaprojetos são tais que eles têm um impacto não marginal no equilíbrio macroeconômico e na própria estrutura e trajetória dos mercados. Portanto, seu potencial de elevação do desenvolvimento é enorme, assim como seus riscos. Por essa razão, a China deve se envolver nesse tipo de esforço com uma cautela e uma capacidade de processamento e previsão que simplesmente não eram disponíveis no século XX.

Retornando a Ignácio Rangel, prestamos um tributo teórico e ético ao seu legado e exemplo, os quais ainda guardam lições preciosas para aqueles que estão determinados a seguir seus passos, bem como para os muitos outros visionários que perceberam a luz da libertação e da razão nas longas provações da humanidade através do túnel escuro da exploração, do fanatismo religioso e da escravidão mental.

O surgimento dos primeiros sinais de uma nova economia de projetamento indica uma mudança qualitativa na natureza da capacidade estatal da China de governar a economia nacional e impulsioná-la poderosamente por um caminho acelerado e holístico de desenvolvimento econômico e humano. Planejar torna-se cada vez mais uma ferramenta racional coletiva para harmonizar o presente e o futuro, prestando o devido respeito aos sinais do mercado de curto prazo, mas também moldando e construindo os mercados futuros, a fim de torná-los aliados eficazes no enfrentamento dos grandes desafios que simplesmente não podem ser identificados e pagos ao preço do mercado, entre eles a preservação do meio ambiente.

A efetiva realização sistêmica e a consolidação da nova economia do projetamento não podem ser consideradas um fato consumado no momento. Trata-se mais de uma tendência para o futuro, porém já constitui a engenharia social mais avançada em desenvolvimento no mundo hoje. Se a China conseguir êxito nesse processo, terá um longo caminho aberto para construir uma forma menos primitiva, mais desenvolvida e mais consistente de socialismo.

APÊNDICE
OS OUTROS DOIS MEMBROS DA NOVA CLASSE DE FORMAÇÕES ECONÔMICO-SOCIAIS DE NOVO TIPO: VIETNÃ E LAOS

1. Após o fim da guerra contra os Estados Unidos, o governo vietnamita tentou inicialmente incorporar o Sul ao tradicional modelo socialista de planejamento central do Norte. Contudo, apenas uma década depois[1], os líderes do Partido Comunista do Vietnã (PCV) deram-se conta de que a situação econômica do país se tornara insustentável: era necessária uma transformação radical, em virtude, entre outras coisas, das grandes mudanças ocorridas no cenário político e econômico internacional.

Mais ainda do que na China, em razão de vários fatores, entre eles, um pluralismo relativamente maior e um grau dramático de ruptura das frágeis estruturas de planejamento da máquina socialista estatal, as reformas orientadas para o mercado no Vietnã foram inicialmente implementadas *ad hoc* e de forma experimental, pois era urgente evitar a fome e o colapso econômico. Sob a perspectiva da economia política, essas mudanças iniciais podem ser interpretadas menos como reformas no sentido próprio da palavra – ou seja, um plano de ação bem concebido de cima para baixo – e mais como o resultado de um esforço de contenção de danos por parte do governo central para controlar os processos espontâneos que já vinham ocorrendo, "principalmente legalizando práticas e estabelecendo limites formais"[2].

---

[1] Entre 1945 e 1975, as políticas econômicas da República Democrática do Vietnã foram políticas econômicas de guerra, e não políticas de desenvolvimento socialista. Foram impostas pela necessidade, como em muitos países capitalistas em circunstâncias semelhantes, e mostraram-se eficazes na medida em que permitiram que o Partido Comunista resistisse e ganhasse a guerra. Entretanto, a duração da fase de "estilo soviético" na história do Vietnã unificado (assim como no Laos) foi mais curta do que em outros países em desenvolvimento liderados por comunistas.

[2] Jonathan Daniel London, "Welfare Regimes in China and Vietnam", *Journal Of Contemporary Asia*, v. 44, n. 1, 2014, p. 87; ver também Adam Fforde e Stefan de Vylder, *From Plan to Market*: *The Economic Transition in Vietnam* (Nova York, Routledge, 1996).

As reformas evitaram o colapso sistêmico e permitiram a retomada do crescimento, embora a alta inflação e os grandes desequilíbrios macroeconômicos continuassem. Desde o sucesso do plano de estabilização de 1989-1990, a inflação foi controlada, a estabilidade macroeconômica básica e sistêmica foi alcançada e o Vietnã tornou-se um dos países de mais rápido crescimento no mundo.

Os feitos do Vietnã em termos de crescimento do PIB, mudança estrutural e avanço tecnológico, embora impressionantes, não foram tão profundos quanto os da China, em grande parte em razão do legado devastador da guerra contra os Estados Unidos. Na verdade, seus fundamentos econômicos são menos sólidos e sua dependência do capital estrangeiro é mais acentuada[3]. Entretanto, o Vietnã tem tido um desempenho melhor quando a comparação é feita sob a perspectiva crítica da transformação do crescimento econômico em ganhos de desenvolvimento humano.

A distribuição dos ativos produtivos no início das reformas foi bastante igualitária e o governo se manteve atento, controlando o ritmo de concentração de riqueza impulsionado pelo mercado[4]. A esmagadora maioria da população, concentrada sobretudo nas áreas rurais[5], foi plenamente incluída no processo geral de desenvolvimento.

Portanto, até o fim do século XX, o caminho de crescimento do Vietnã foi notavelmente a favor dos pobres, e essa tendência tem sido substancialmente sustentada até agora. O país deu grandes passos para combater a pobreza e a desnutrição e expandir os serviços públicos de saúde e educação[6].

2. O Vietnã do Norte começou a implementar a agricultura coletivizada no fim dos anos 1950, com uma mudança progressiva de equipes de intercâmbio de trabalho para cooperativas de baixo escalão e, eventualmente, para cooperativas

---

[3] De certa forma, há algo de bom nisso. O Vietnã, ao contrário da China, tem atualmente um enorme potencial de crescimento extensivo. Isso, é claro, não é um argumento para subestimar a importância de políticas fortes para preservar o meio ambiente e acelerar o progresso tecnológico.

[4] Ao contrário do que aconteceu na Rússia e – sob vários aspectos – em outros países socialistas da Europa e da ex-União Soviética, não houve privatização maciça e irresponsável. Consequentemente, o Vietnã, como a China, evitou a crise transitória catastrófica que causou enorme miséria social e milhões de mortes nesses outros países.

[5] A população urbana do Vietnã é ainda cerca de 36% da população total (The World Bank, *Rural population (% of total population) – Vietnam 2020*, disponível em: <https://data.worldbank.org/indicator/SP.RUR.TOTL.ZS?locations=VN>, acesso em: 20 mar. 2020).

[6] O Vietnã, assim como a China, não conseguiu evitar alguns excessos "fundamentalistas de mercado" no início da reforma, por exemplo, privatizando quase totalmente a saúde e em outros serviços básicos. Entretanto, numa perspectiva de longo prazo, são inegáveis os grandes avanços no fortalecimento e na universalização dos serviços públicos.

de alto escalão. Essa tendência institucional e organizacional permitiu ao Norte alcançar algumas economias de escala e escopo, favorecendo a adoção de variedades aprimoradas de arroz e de tecnologia moderna, mas levou a uma estrutura de incentivos cada vez mais distorcida, retração da mão de obra e baixa produtividade.

Depois de 1975, a coletivização foi promovida também no Sul, mas sofreu a resistência dos latifundiários do Delta do Rio Mekong e só foi parcialmente introduzida nas outras províncias. O consequente deslocamento social e produtivo causado pelo impulso de coletivização levou, no fim dos anos 1970, a uma queda na produção de arroz, gerando sérios desafios à segurança alimentar do país.

Para combater essas grandes ameaças políticas e econômicas, o PCV mudou de rumo em abril de 1981, emitindo a Diretiva 100 CT sobre o sistema de contratos. Sob o novo regime, as famílias de agricultores concordaram, por contrato, em entregar às cooperativas uma quota fixa de sua produção, que seria comprada a um preço planejado. As cooperativas também forneceriam insumos e alguns serviços, como preparação da terra, irrigação e insumos, mas os agricultores podiam organizar livremente a produção em suas parcelas e dispor do excedente para venda ou autoconsumo.

O sistema de contratos levou inicialmente a um crescimento significativamente maior da produção de alimentos, mas os ganhos começaram a diminuir no fim dos anos 1980, pois muitas das contradições da abordagem tradicional da produção agrícola planejada ainda se mantinham. As grandes decisões sobre o uso da terra e a escolha da safra ainda eram tomadas pela Comissão Estatal de Planejamento, e às vezes os órgãos públicos eram incapazes de fornecer os insumos contratados ou até mesmo de comprar as cotas de safra na época da colheita; além disso, a segurança da posse não era suficiente para induzir os agricultores a investir adequadamente em suas terras.

Esses problemas foram tratados em 1988 com a Resolução 10, que reformulou ainda mais as relações sociais de produção e troca rurais, seguindo uma abordagem muito semelhante à do Sistema de Responsabilidade Doméstica da China[7]. A resolução prolongou o arrendamento de terras por até vinte anos, liberalizou e descentralizou ainda mais os mercados de produção e insumos, e refreou os perigosos conflitos que surgiram das reformas agrárias anteriores, estabelecendo que a maioria dos agricultores – mas não os proprietários – manteriam os direitos sobre a terra que possuíam até 1975. Essas medidas políticas levaram a um novo aumento da produtividade e tornaram o Vietnã um grande exportador de arroz[8].

---

[7] Dwayne Benjamin e Loren Brandt, "Agriculture and Income Distribution in Rural Vietnam under Economic Reforms: A Tale of Two Regions", *William Davidson Working Paper*, n. 519, mar. 2002.

[8] A produção de arroz mais do que dobrou entre 1987 e 2000 (Ver Kenneth B. Young; Eric J. Wailes e Gail L. Cramer "Vietnam's Rice Economy: Developments and Prospects", *Arkansas Agricultural Experiment Station* (Research Report 968), 2002, p. 1–32).

Em 1993, uma nova e abrangente lei relativa à terra fortaleceu ainda mais a segurança e a flexibilidade da posse, concedendo aos agricultores amplos direitos de venda, transferência, herança, arrendamento e hipoteca das terras arrendadas.

Analisando retroativamente, é justo afirmarmos que o Vietnã, pressionado por desequilíbrios macroeconômicos mais graves e uma segurança alimentar mais precária, começou a liberalizar a agricultura mais cedo do que a China, em grande parte de forma espontânea, sem um plano claro e coerente. Posteriormente, seguiu um caminho perigoso e acidentado[9], mas finalmente conseguiu estabelecer um setor agrícola consistente e sustentável, baseado no mercado e centrado nas famílias, isto é, uma fundação sólida[10]. Isso deu sustentação ao rápido, embora desigual, processo de industrialização e modernização que se seguiu.

No entanto, no longo prazo, o impacto rápido e crucial na produtividade e na segurança alimentar foi análogo nos dois países[11]. Apesar de diferenças significativas, o resultado final das reformas foi o surgimento de um notável conjunto similar de relações sociais de produção e troca agrícolas na China e no Vietnã[12].

Esse resultado não foi de modo algum o produto de uma imitação ou de qualquer tipo de subserviência hierárquica e ideológica do PCV em relação ao PCCh[13]. Longe disso, foi o resultado estruturalmente natural e lógico da busca independente de cada

---

[9] O crescimento da produção agrícola foi negativo em 1987 e não acompanhou o crescimento da população em 1990-1991 (The World Bank, *Cereal production (metric tons) - Vietnam 2018*, disponível em: <https://data.worldbank.org/indicator/AG.PRD.CREL.MT?locations=VN>, acesso em: 3 jan 2020).

[10] Ainda no fim dos anos 1980, a agricultura, além de empregar a grande maioria da população, era de longe o maior setor da economia vietnamita.

[11] Ver Justin Yifu Lin, "The Household Responsibility System in China's Rural Reform", em International Association of Agricultural Economists, 1988, Buenos Aires, Argentina; Prabhu Pingali e Võ Tòng Xuân, "Vietnam: Decollectivization and Rice Productivity Growth", *Economic Development and Cultural Change*, v. 40, n. 4, 1992, p. 697-718; Kenneth B. Young, Eric J. Wailes e Gail L. Cramer "Vietnam's Rice Economy: Developments and Prospects", *Arkansas Agricultural Experiment Station*, (Research Report 968), 2002, p. 1–32. Prabhu Pingali e Võ Tòng Xuân conduziram um exercício econométrico sobre os resultados das reformas agrícolas no Vietnã nos anos 1980. Estimaram um impacto na produtividade agrícola bem superior a 10% e observaram que "o ganho de produtividade atribuível ao sistema de contratos no Vietnã é semelhante ao montante estimado por Lin na China" (Prabhu Pingali e Võ Tòng Xuân, "Vietnam", cit., p. 714).

[12] Em geral, havia diferenças entre as relações sociais de produção e troca rurais, em grande parte em virtude do surto de TVEs na China, um fenômeno único. Ainda hoje, o grau de urbanização na China é muito maior, enquanto no Vietnã é mais predominante a pequena produção mercantil.

[13] Na verdade, as relações interestatais e interpartidárias entre a China e o Vietnã foram extremamente tensas no fim da década de 1970 e nos anos 1980, culminando com uma breve guerra de fronteiras em 1979. Os laços diplomáticos entre os dois países só foram restabelecidos em 1991.

um dos dois partidos para estabelecer um conjunto adequado de relações sociais de produção e troca no setor agrícola. Em linhas gerais, levando-se em conta que as semelhanças entre a China e o Vietnã superavam suas diferenças, esse conjunto existia objetivamente *per se* como uma estrutura abstrata, pois essencialmente apenas um caminho era possível para o crescimento agrícola no âmbito de uma estratégia orientada para o socialismo nesses dois países em desenvolvimento com muitas características culturais em comum[14]. Tentaremos argumentar neste apêndice que esse princípio não é exclusivo do setor agrícola e aplica-se também à indústria e à evolução do sistema socioeconômico global nas formações econômico-sociais de orientação socialista, sob as restrições globais impostas pelo metamodo de produção.

3. O VI Congresso Nacional do PCV (15 a 18 de dezembro de 1986) condensou as diversas iniciativas e propostas que haviam se multiplicado no início dos anos 1980 em uma estratégia de reforma coerente e radical, a Doi Moi (Renovação). O objetivo era estabelecer uma "economia de mercado de orientação socialista" na qual o planejamento seria combinado às forças de mercado e as empresas estatais coexistiriam com as empresas privadas nacionais e estrangeiras.

A Doi Moi previa mudanças políticas profundas, tais como a liberalização de preços, a desvalorização da moeda, maior descoletivação agrícola, abertura para investimentos estrangeiros, maior autonomia das empresas estatais, práticas contábeis mais desenvolvidas e limitação do escopo e da autoridade da cadeia de comando estatal, essencialmente à governança macroeconômica e ao planejamento estratégico de longo prazo.

A implementação da Doi Moi deu novo ímpeto e coerência ao processo de reforma já em curso, permitindo à economia vietnamita resolver ao menos em parte alguns de seus desequilíbrios mais graves e atingir uma notável retomada da produção. Tanto a indústria pesada quanto a leve desenvolveram-se e a descoberta

---

[14] O termo cultural refere-se aqui tanto à cultura espiritual quanto à material. Um aspecto significativo desta última em ambos os países é a grande importância do cultivo intensivo do arroz (tanto em termos de mão de obra como de terra), uma técnica de produção que não apresenta economias de escala relevantes. O mesmo conjunto de relações sociais de produção e troca que teve tanto sucesso na China e no Vietnã não teria sido apropriado, por exemplo, na União Soviética, onde as circunstâncias naturais e históricas fizeram com que o principal alimento básico fosse o trigo, um grão adequado a técnicas de produção extensivas, ou em Cuba, onde o ambiente natural e as tradições agrícolas são muito diferentes. Essa condição, no entanto, não deve ser enfatizada e exagerada, como se endossasse o determinismo tecnológico, senão caímos na falácia daqueles socialistas antiquados que pensam erroneamente que o materialismo de Marx surgere uma dependência mecânica da história humana a partir da interação de técnicas de produção impessoais. Como dissemos anteriormente, existem leis gerais objetivas e restrições aplicáveis ao desenvolvimento socialista que exibem um alto grau de universalidade.

de novas jazidas de petróleo levaram ao surgimento de um novo setor, contribuindo para as exportações e os cofres do Estado.

A espinhosa questão da propriedade das empresas também começou a ser tratada, mas de forma menos drástica e gradual. Até o fim dos anos 1980, existiam apenas três tipos de empresas no Vietnã: as empresas estatais, as cooperativas e as unidades domésticas de produção ou serviço. As empresas (formalmente) privadas e financiadas via investimentos estrangeiros diretos (IED) surgiram lentamente[15]. Em 1995, ainda contribuíam com apenas 13% do PIB e, em 1999, com apenas 17%. Esse aumento, além disso, foi inteiramente atribuído a um aumento da produção financiada via IED (que atingiram quase 10% no fim da década, enquanto a participação das empresas privadas e mistas estagnou em cerca de 7%). A participação no PIB das unidades domésticas diminuiu marginalmente, mas ainda era de cerca de um terço em 1999[16].

Enquanto isso, a participação das empresas estatais permaneceu basicamente estável em cerca de 40% do PIB[17]. Elas perderam algumas posições na manufatura, caindo de cerca de dois terços para um ainda dominante 50%, em razão do

---

[15] "O processo de estabelecimento das instituições necessárias para apoiar a atividade do setor privado não agrícola *não* teve tumulto até 1990. Naquele ano, foram aprovadas a Lei das Empresas Privadas e a Lei das Empresas, que estabeleciam formas legalizadas de propriedade – empresas proprietárias, sociedades limitadas e sociedades anônimas – necessárias para o desenvolvimento das empresas do setor privado. Em razão de várias restrições e preconceitos em favor das empresas públicas, esse sistema não foi muito eficaz para fomentar o desenvolvimento do setor não estatal. Em particular, o procedimento de obtenção de licenças comerciais e novo registro era complicado e pouco transparente, dando amplo espaço à burocracia e à corrupção. Consequentemente, o desenvolvimento do setor privado no período de 1986 a 1999 foi relativamente fraco em comparação com os outros setores da economia, em particular a agricultura doméstica e o setor de investimentos estrangeiros" (Prema-Chandra Athukorala e Tran Quang Tien, "Foreign Direct Investment in Industrial Transition: The Experience of Vietnam", Working Papers 2009-20, Arndt-Corden Department of Economics, Australian National University, 2009, p. 10).

[16] As unidades domésticas são microempresas que se dedicam principalmente à agricultura em pequena escala e ao pequeno comércio ou produção artesanal. Sua resistência ao longo do tempo é consistente com a coexistência no Vietnã não apenas de diferentes tipos de propriedade, mas também de atividades modernas e pré-modernas caracterizadas por tecnologias, composições orgânicas de capital e produtividade de trabalho muito diferentes.

[17] A participação das empresas estatais no PIB seria um pouco maior se fosse ajustada segundo a sua participação em *joint ventures*. Ver Tran Van Tho, "Vietnamese Gradualism in Reforms of the State-Owned Enterprises", em Shinichi Ichimura, Tsuneaki Sato e William James (orgs.), *Transition from Socialist to Market Economies: Comparison of European and Asian Experiences* (Londres, Palgrave MacMillan, 2009), tabela 7, p. 91, disponível em: <http://citeseerx.ist.psu.edu/viewdoc/download?doi=10.1.1.535.3675&rep=rep1&type=pdf>, acesso em: 16 jun. 2021.

aumento do número de empresas financiadas via IED[18], mas consolidaram seu domínio quase monopolístico na infraestrutura como serviços públicos, transporte e comunicações, bancos e seguros[19].

Esses números mostram que o Vietnã dava boas-vindas ao influxo de tecnologia e capital estrangeiro, mas, ao contrário da China, não teve um *boom* de industrialização rural, seguido do nascimento e da rápida expansão de um setor industrial privado. Tal divergência foi devida a vários fatores, dos quais os mais importantes são[20]:

- o Vietnã não havia passado por uma onda de industrialização rural generalizada, embora ineficiente,[21] como a China no período pré-reforma, com o estabelecimento de Township and Village Enterprises, e por isso não tinha o ambiente institucional, organizacional e até cultural preexistente que permitiu às TVEs florescerem rapidamente no fim dos anos 1970[22];

---

[18] O IED fluiu principalmente para setores manufatureiros de alta tecnologia, como máquinas de escritório e bens de consumo duráveis, enquanto as empresas estatais mantiveram sua posição de comando na indústria pesada. Os investimentos na nova e crescente indústria petrolífera foram realizados de acordo com a modalidade de *joint venture*. Ver Nguyen Thi Tue Anh, Luu Minh Duc e Trinh Duc Chieu, "The Evolution of Vietnamese Industry", Working Paper n. 19, Learning to Compete, 2016, disponível em: <https://www.brookings.edu/wp-content/uploads/2016/07/L2C_WP19_Nguyen-Luu-and-Trinh-1.pdf>, acesso em: 16 jun. 2021.

[19] Tran Van Tho, "Vietnamese Gradualism in Reforms of the State-Owned Enterprises", cit., tabela 3, p. 88.

[20] Esses fatores são decorrentes principalmente das perdas e deslocamentos causados pela guerra. O impacto da guerra no Vietnã foi muito mais grave do que o da Revolução Cultural na China. Na verdade, esta última, embora tenha prejudicado seriamente a economia urbana e as realizações do país na área de educação superior, levou a uma transferência maciça, ainda que temporária, de capital humano para o campo e diminuiu o viés estrutural antirrural da estratégia de desenvolvimento da China, semeando condições para o *boom* pós-1978 no campo. Ver Benedict J. T. Kerkvliet e Mark M. Selden, "Agrarian Transformations in China and Vietnam", *The China Journal*, n.40, 1998, p. 37-58.

[21] As empresas de comuna e brigada foram responsáveis por apenas 9% da produção industrial total da China em 1978. Essa baixa produtividade era causada sobretudo pela concentração em subsetores relativamente pesados, sem capital, tecnologia e economias de escala. Quando tiveram permissão para mudar para a produção manufatureira leve orientada para o mercado, elas logo se tornaram eficientes e competitivas localmente (pelo menos nos primeiros anos). Ver David O'Connor, "Rural Industrial Development in Viet Nam and China: A Study in Contrasts", Working Papers 140, OECD Development Centre, 1998; Benedict J. T. Kerkvliet e Mark M. Selden, "Agrarian Transformations in China and Vietnam", cit.

[22] No Vietnã, os governos locais não foram empreendedores e desenvolvimentistas como na China. A principal razão é que os governos locais definem seu papel como de coleta de impostos e regulação. Poucos vêm seu papel como o de promover a indústria local (Dwight Perkins e Vu Thanh

- mesmo como um PIB per capita semelhante ao da China até meados dos anos 1980, a taxa de poupança interna do Vietnã na época do lançamento da Doi Moi era insignificante, enquanto a da China chegava a quase 40%;
- sobretudo por escassez de investimentos, o PCV manteve as empresas estatais como prioridade, pois era o único tipo de empresa nacional moderna que tinha[23], e a maior parte dos recursos disponibilizados (nacionalmente) pelo aumento da produtividade agrícola foi canalizada para a indústria estatal.

Por outro lado, o governo concentrou-se na reestruturação, revitalização e fortalecimento de suas empresas industriais centrais[24], consolidando e ampliando sua posição dominante[25]. As reformas[26] se concentraram na melhoria das práticas de gestão e no endurecimento das restrições orçamentárias, o que permitiu que as empresas tivessem mais autonomia e fizessem fusões para garantir economias de escala[27].

4. A corporatização – que os vietnamitas preferem chamar de equitização – tem sido trabalhada desde o início dos anos 1990, mas o processo é cauteloso e até agora levou à transferência de uma parcela bastante pequena do capital público. O processo tem sido lento, entre outros fatores, pela resistência tanto dos gerentes

---

Tu Anh, "Vietnam's Industrial Policy: Designing Policies for Sustainable Development", United Nations Development Programme Policy Dialogue Paper n. 3, 2010, p. 27).

[23] Não havia empresas financiadas via IED nos primeiros anos da Doi Moi. Elas começaram a florescer somente no início dos anos 1990. As empresas privadas formais nunca se desenvolveram em nível comparável ao da China. Ver John Rand e Finn Tarp, "Introduction", em *Micro, Small, and Medium Enterprises in Vietnam* (Oxford, Oxford University Press, 2020, p. 1-13, disponível em: <https://library.oapen.org/bitstream/handle/20.500.12657/40154/9780198851189.pdf?sequence=1&isAllowed=y>, acesso em: 17 jun. 2021).

[24] O movimento quase espontâneo em direção ao mercado no início dos anos 1980, com a fragilização do sistema de planejamento, levou à proliferação de empresas estatais locais em situação de fragilidade financeira. Duras reformas macroeconômicas no fim dos anos 1980 levou muitas empresas estatais e cooperativas locais a desaparecer ou a ser absorvidas pelas estatais centrais.

[25] Desde o início dos anos 2000, a proeminência das empresas estatais diminuiu e o papel dos capitalistas estrangeiros e (em menor grau) nacionais aumentou. Ainda assim, em 2018, a participação das empresas estatais na produção industrial total era mais de três vezes maior do que a das empresas formalmente privadas.

[26] As primeiras reformas, no início dos anos 1980, começaram com o sistema dos "Três Planos", que estabelecia quotas de produção e deixava que as empresas estatais não apenas dispusessem do excedente, como também decidissem como alocar seus ativos e recursos, produzindo novos produtos de pequeno porte, desde que a quota fosse cumprida.

[27] A maioria das empresas vietnamitas eram pequenas e frágeis demais para suportar a competição internacional.

quanto dos trabalhadores, pelos obstáculos na preparação do mercado de seguros e pela escassez de informação pública.

Como as empresas estatais eram em sua maioria pequenas e fracas, e provavelmente não resistiriam à competição internacional, desde 1991 elas foram obrigadas a passar por um processo de recadastramento para que sobrevivessem apenas as mais fortes e mais lucrativas. Como resultado, o número de estatais foi reduzido pela metade: de mais de 12 mil em 1990 para cerca de 6 mil em 1996. Algumas empresas estatais particularmente fracas e ineficientes saíram do mercado.

O impulso de consolidação se fortaleceu em 1994, com as Decisões 90 e 91, que estabeleceram um pequeno número de Corporações Gerais (CG) ou Grupos de Empresas Estatais (GEE) semelhantes às *chaebol* coreanas, e com a aprovação da Lei das Empresas Estatais em 1995, que conferiu às novas *holdings* estatais um grau bastante alto de autonomia. Essas medidas levaram ao surgimento de 93 GEE, as quais controlavam cerca de 1.400 empresas (as mais fortes), ou seja, cerca de um quarto do seu número total, mas dois terços dos ativos das empresas estatais[28]. O objetivo era formar uma pequena elite de campeãs nacionais dotadas de ativos abundantes e amplos recursos financeiros, capazes de alcançar economia de escala e rápida atualização tecnológica, tendo assim um alto grau de competitividade internacional[29].

Esse passo em direção à equitização foi ousado, pois precedeu reformas de propriedade semelhantes na China (a Sasac foi criada em 2003)[30] e em um país muito menos desenvolvido. Não obstante os muitos obstáculos e a lentidão da implementação de mudanças políticas em algumas áreas, as reformas industriais realizadas no modelo Doi Moi foram muito bem-sucedidas. O crescimento do PIB no fim dos anos 1980 e 1990 foi muito rápido, a industrialização avançou e as exportações de petróleo e produtos manufaturados aumentaram, o Vietnã melhorou

---

[28] Scott Cheshier, Jago Penrose e Nguyen Thi Thanh Nga, "The State as Investor: Equitisation, Privatisation and the Transformation of SOEs in Vietnam", *United Nations Development Programme Policy Dialogue Paper* 2006/3, Hanoi, 2006; Mai Fujita, "Vietnamese State-Owned Enterprises under International Economic Integration", RIETI Discussion Paper Series 17-E-121, 2017, disponível em: <https://www.rieti.go.jp/jp/publications/dp/17e121.pdf>, acesso em: 17 jun. 2021; Martin Gainsborough, *Vietnam: Rethinking the State* (Londres, Zed Books, 2010).

[29] A criação e posterior consolidação de GEE tem sido criticada por sua incompatibilidade com a Lei de Concorrência de 2004 e, de modo mais geral, com os compromissos de adesão do Vietnã à OMC.

[30] O Vietnã criou a Corporação de Investimento de Capital Estatal (Cice) em junho de 2005, quando o processo de equitização já estava oficialmente em curso havia mais de uma década (embora avançando muito lentamente na prática). A Cice é (e foi) uma *holding* semelhante à Sasac da China e à Temasek de Cingapura, mas foi projetada para lidar apenas com pequenas e médias empresas estatais.

seu grau (inicialmente abismal) de competitividade internacional e estabeleceu as bases de uma economia de orientação socialista[31].

No início do novo século, o Vietnã dobrou a aposta no já estabelecido caminho de desenvolvimento socialista de mercado. Os princípios centrais da estratégia gradualista de desenvolvimento foram mantidos e consolidados, permitindo que a economia de mercado orientada para o socialismo conseguisse crescer e modernizar-se rapidamente[32]. A abertura comercial e as iniciativas no âmbito da diplomacia comercial para ampliar a inserção do país na economia internacional foram intensificadas e levaram a grandes avanços. O acordo comercial com os Estados Unidos (as importações vietnamitas receberam o *status* de nação mais favorecida) foi assinado em 2000, e a adesão à Organização Mundial de Comércio (OMC) foi concluída em 2007[33].

O processo de reforma do regime de propriedade e das instituições para valorizar o capital público e utilizá-lo como poderosa ferramenta de fomento do desenvolvimento nacional continuou a girar em torno de formas indiretas e compatíveis com o mercado. No entanto, a velocidade e o escopo desse processo de equitização permanecia aquém das metas estabelecidas pelo governo, gerando uma contradição permanente na própria economia política do Vietnã.

Em meados dos anos 2000, empresas estatais estratégicas (concentradas principalmente em telecomunicações, varejo e outros serviços de infraestrutura) começaram a diversificar suas operações em setores não essenciais e a formar conglomerados. A tendência se acelerou após as crises internacionais: esses conglomerados se aventuraram nos mercados imobiliário e de ações, e alguns terminaram em uma situação financeira precária. Ao mesmo tempo, os formuladores de políticas intensificaram seus esforços para atrair capital privado para o setor público da economia, principalmente com o objetivo de aliviar os balanços dos GEE e disciplinar o comportamento dos gerentes.

O impulso de corporatização foi particularmente intenso entre 2006 e 2007, quando 845 empresas foram transferidas para a gestão da Corporação de Investimento de Capital Estatal (Cice). Inversamente, entre 2011 e 2013, apenas cerca de cem empresas foram equitizadas, muito menos do que o planejado. Esse

---

[31] Ver Nguyen Thi Tue Anh, Luu Minh Duc e Trinh Duc Chieu, "The Evolution of Vietnamese Industry", cit.; Adam Fforde e Stefan de Vylder, *From Plan to Market*, cit.

[32] Como as condições iniciais do Vietnã no início da Doi Moi eram extremamente atrasadas, a (inegável) modernização coexiste com uma realidade em que mais de 60% da população ainda vive em áreas rurais e está envolvida, em diferentes graus, em relações sociais de produção e troca pré-capitalistas.

[33] Fujita Mai, "Vietnamese State-Owned Enterprises under International Economic Integration", cit.

número subiu para 140 em 2014, mas ainda abaixo da meta[34]. Em 2015, foram selecionadas 289 empresas estatais para serem equitizadas, mas apenas metade pôs ações a venda. Ainda que de forma desigual, o processo abrangeu a grande maioria do capital produtivo público: o número de empresas estatais *puras* (totalmente estatais) diminuiu drasticamente de cerca de 12 mil em 1991 para 652 em 2015[35].

No início dos anos 2010, levando em conta os riscos sistêmicos decorrentes da governança inadequada e dos "excessos imperiais" das grandes empresas estatais (GEE), o governo reorientou a estratégia geral de desenvolvimento e passou do crescimento em primeiro lugar para uma postura mais prudente, que dava alta prioridade à estabilidade macroeconômica e financeira. Em 2014, e novamente em 2016, as empresas estatais foram reclassificadas em três grupos, mantendo o critério-chave de estabelecer quotas mais altas para as empresas mais estratégicas. O governo vietnamita selecionou 147 empresas estatais para converter em sociedades por ações até 2020[36].

Com o XII Congresso Nacional, realizado em janeiro de 2016, o PCV reiterou seu apoio à política de equitização. Em fevereiro de 2017, o governo vietnamita instruiu os ministérios de Finanças e Planejamento a revitalizar e agilizar os empreendimentos de equitização, conformando-os aos padrões internacionais. Em maio do mesmo ano, estabeleceu a meta de vender mais 137 empresas estatais até 2020, a maioria de grande porte, elevando o valor do dong vietnamita em 250 trilhões (US$ 11 bilhões)[37].

Em agosto de 2019, o primeiro-ministro Nguyễn Xuân Phúc, informou que o programa de equitização continuava atrasado. Apenas 162 empresas estatais haviam sido equitizadas, das mais de 4.400 que se pretendiam converter de 2016 a 2020. Para acelerar o processo, o governo aprovou uma lista de 93 empresas estatais que deveriam ser equitizadas até o fim de 2020. O Estado manterá pelo menos 65% do capital em quatro delas[38], e entre 50% e 65% em outras 62.

Em essência, até agora, o Vietnã não foi capaz de (ou não quis)[39] fortalecer o processo de equitização, criando empresas verdadeiramente mistas (controladas

---

[34] Entre as poucas grandes equitizadas estavam a Vinamotor e a Vietnam Airlines. No entanto, elas venderam apenas pouco mais de 3% de suas ações.

[35] Leung Suiwah, "The Vietnamese Economy: Seven Years after the Global Finalcial Crisis", *Journal of Southeast Asian Economies*, v. 32, n. 1, 2015.

[36] O plano de vendas de ações foi mais detalhado em agosto de 2017.

[37] Uma resolução do PCV também previa equiparar todas as empresas estatais remanescentes até 2030.

[38] Bank for Agriculture and Rural Development] (Agribank), National Coal-Mineral Industries Holding Corporation Limited (Vinacomin), Northern Food Corporation (Vinafood1), e a Mineral One-Member Company Limited.

[39] Como todos os Estados, o do Vietnã é um conjunto complexo de instituições superiores compostas de numerosas instituições inferiores. Em todos os níveis intrainstitucionais, há conflitos de interesse e pontos de vista não homogêneos entre os diferentes grupos, gerando uma dialética

pelo Estado)[40]. Entretanto, como a reafirmação política de prosseguir com força no caminho da corporatização, esse estado de coisas pode mudar rapidamente nos próximos anos.

Os resultados não planejados do processo de equitização deveram-se aos impedimentos mencionados, mas sobretudo à complexidade institucional da cadeia de comando e à multiplicidade de metas embutidas nas funções objetivas das empresas estatais, que vão desde a estabilidade macroeconômica até a proteção de empregos. Sobre isso, vale mencionar que esses dois fatores diferem um do outro no que diz respeito à forma de tratamento dada pelo governo. Uma cadeia de comando ágil e eficaz, que incorpora estruturas ótimas de incentivo a todos os atores envolvidos, é difícil de projetar e alcançar na prática, mas em princípio é concebível. Por outro lado, o papel multifuncional das empresas estratégicas é intrínseco à sua própria natureza e, portanto, constitui um elemento de complexidade objetiva que deve ser assumido pelos formuladores de políticas públicas.

O processo de equitização não resultou em uma transformação profunda da maioria das empresas estatais em empresas mistas, com uma participação privada significativa, mas serviu como ferramenta para consolidar a indústria pública em um número reduzido de grandes companhias e grupos empresariais, mais modernos e orientados para o mercado. Com a corporatização, as empresas estatais se tornam mais transparentes, adotam uma série de práticas internacionais de contabilidade e gestão e respondem mais aos sinais do mercado (levando-se em conta que o valor do capital público está mais aberto do que antes[41] e que, pelo menos teoricamente, são potencialmente contestáveis).

---

interna muito mais complexa do que o discurso oficial. Também há conflitos ideológicos e perspectivas estratégicas divergentes, especialmente se levamos em conta a relação especial entre o Estado e o PCV. Essas tensões e contradições podem resultar em uma lacuna entre objetivos e formulações políticas, por um lado, e, por outro, a vontade de implementá-las por parte de alguns componentes do aparato estatal.

[40] Konstantin M. Wacker, "Restructuring of the SOE Sector in Vietnam: Where Do We Stand and What are the Challenges Ahead?", *SSRN Electronic Journal*, 23 ago. 2016, disponível em: <https://ssrn.com/abstract=2828197 or http://dx.doi.org/10.2139/ssrn.2828197>, acesso em: 17 jun. 2021. Cada vez mais empresas estatais foram formalmente equitizadas, mas em geral a maior parte das ações ainda era devida pela própria empresa estatal ou outras entidades não privadas.

[41] O valor de uma empresa no mercado de ações está longe de representar uma medida perfeita e objetiva de seu verdadeiro valor. Isso é óbvio em contextos capitalistas típicos, em grande parte especulativos, e também vale sob as condições peculiares que prevalecem nas formações econômico-sociais socialistas de mercado como a China e o Vietnã. No entanto, em comparação com a situação de pré-equitalização, é um elemento que (embora não isento de um novo tipo de risco e complexidade) injeta pelo menos um pouco de disciplina de mercado no comportamento dos administradores.

O processo contribuiu para aumentar a rentabilidade[42] e melhorar o desempenho geral das estatais, também porque favoreceu o surgimento de uma estrutura de incentivo mais eficaz e levou tanto os planejadores quanto os administradores a internalizar uma compreensão mais moderna e realista da natureza intrinsecamente baseada em valor – e não mais mecanicista – do capital socializado. Associada a outros elementos do processo de reforma, a equitização resultou na transferência de poder dos planejadores para os gerentes e tecnocratas, e estes últimos adquiriram quase que um direito de propriedade, elevando seu *status* e sua capacidade de captar benefícios econômicos obscuros.

A participação quase absoluta do Estado nas empresas estatais e o papel dominante das empresas públicas entre as empresas nacionais modernas pouco mudaram durante as quatro décadas de liberalização, abertura de mercado e legalização do empreendedorismo privado. Na verdade, o controle do Estado sobre o componente central da economia vietnamita aumentou ao longo do tempo, tanto pelo fortalecimento do controle de participação quanto pelo aperfeiçoamento da estrutura legal e institucional na qual operam as empresas estatais[43].

---

[42] Como Eric Ramstetter e Kien Trung Nguyen corretamente apontam, "é importante que os formuladores de políticas públicas reconheçam que os papéis econômicos das empresas multinacionais e das empresas estatais muitas vezes diferem muito entre atividades econômicas" (Ramstetter Eric D. e Kien Trung Nguyen, "How Important are SOEs and MNEs in Vietnam's Economy?", AGI Working Paper Series 2017-09, 2017, p. 21, disponível em: <http://www.agi.or.jp/workingpapers/WP2017-09.pdf>, acesso em: 17 jun. 2021). Em particular, os governos não podem considerar a rentabilidade o único objetivo da poderosa ferramenta política constituída pelas empresas estatais. Elas devem buscar cumprir uma vasta gama de funções de desenvolvimento, tais como apoiar o esforço de acumulação do país (atuando como investidores de último recurso), proteger os empregos, o bem-estar e a estabilidade macroeconômica, fomentar P&D, inovação e atualização tecnológica. As empresas estatais devem ser dirigidas por *holdings* (principais) e agências reguladoras, incluindo em suas funções objetivas uma ou mais dessas metas (além da produtividade ou, pelo menos, da manutenção da saúde financeira), atribuindo pesos variáveis na correspondência da especificidade de cada empresa, seu caráter mais ou menos estratégico, o setor em que opera etc.

[43] Estima-se que a participação do Estado nas empresas equitizadas aumentou de menos de 50% em meados dos anos 2000 para mais de 92% em 2017 (ver Dwight Perkins e Vu Thanh Tu Anh, "Vietnam's Industrial Policy: Designing Policies for Sustainable Development", cit.; Fujita Mai, "Vietnamese State-Owned Enterprises under International Economic Integration", cit.; Trí Dũng. 96,5% DNNN được cổ phần hóa, nhưng chỉ 8% tổng số vốn được cổ phần hóa" [96.5% of SOEs have been equitized, but only 8% of the total capital has been equitized]. *Kinh tế và Dự báo*, 10 abr. 2017, disponível em: <http://kinhtevadubao.vn/chi-tiet/146-8159-965-dnnn-duoc-co-phan-hoa-nhung-chi-8- tong-so-von-duoc-co-phan-hoa.html>, acesso em: 17 jun. 2021). A Lei de Concorrência foi emendada em 2018 para restringir práticas anticoncorrenciais que ocorrem fora do Vietnã e restringem a concorrência dentro do Vietnã. A lei ampliou seu escopo de regulamentação para agências, organizações e indivíduos estrangeiros. A nova lei efetivamente

Na China, isso ocorre apenas em alguns poucos gigantes da infraestrutura (que, no entanto, continuam controlando grande parte dos ativos e desempenhando um papel estrutural e macroeconômico fundamental), pois já existe no país um grupo considerável de empresas genuinamente mistas, com participação privada significativa, mesmo que o controle final ainda seja indiretamente do Estado. Essa diferença é significativa, mas não é primordial: ao fim e ao cabo, a evolução do papel das empresas estatais no Vietnã é muito parecida com a da China.

A notável resiliência e consolidação das empresas estatais como núcleo da economia vietnamita são confirmadas por dados estatísticos recentes, do período de 2005 a 2018. A contribuição global do setor estatal para o PIB diminuiu moderadamente de 38% em 2005 para 31% em 2018. A das empresas coletivas diminuiu de 7% em 2005 para 4% em 2018. Essa queda relativa deve-se em grande parte ao aumento das empresas financiadas via IED – sua participação no PIB aumentou de 15% em 2005 para 23% em 2018. A participação das empresas (formalmente) privadas (9% a 10%) e as empresas familiares (32%) permanece praticamente inalterada nesse período.

Tomando como norma a participação do PIB produzido pelas empresas financiadas via IED (ou seja, considerando apenas o PIB nacional, ou o componente nacional do PIB), podemos nos concentrar na evolução dos pesos relativos dos atores econômicos vietnamitas. Esse foco nos permite identificar as seguintes tendências:

- o peso do Estado diminui moderadamente até 2011 e estabiliza-se a partir de então em 40%;
- o peso das empresas coletivas segue tendência muito semelhante e também se estabiliza a partir de 2011;
- as empresas familiares e as empresas privadas seguem caminhos divergentes. A participação das empresas familiares aumenta na primeira década e diminui depois. No entanto, em 2018 ainda é 42%, maior do que a do Estado. Essa constatação confirma que grande parte da economia do Vietnã (que ainda emprega a grande maioria da força de trabalho) é constituída por empresas familiares que se dedicam principalmente à agricultura ou atividades informais de produção de mercadorias simples. Em contrapartida, a participação das empresas privadas permanece estável nos anos 2000 e aumenta lentamente nos anos 2010, chegando a 13% em 2018. Esse fenômeno se deve à lenta evolução e crescimento de algumas pequenas unidades de produção não agrícola, que se formam e se tornam empresas privadas formais;

---

sustenta a posição competitiva do grupo de empresas estatais vietnamitas em relação às companhias transnacionais de propriedade estrangeira.

- o peso cumulativo do Estado e das empresas coletivizadas diminui nos anos 2000 e estabiliza-se nos anos 2010 em 45% do PIB nacional;
- a participação cumulativa de empresas privadas e empresas individuais aumenta na primeira década do século XXI e estabiliza-se em 55%.

BOX 1. Mudança estrutural e desindustrialização

Desde os primeiros anos da Doi Moi, o crescimento do valor agregado nos macrossetores secundário e terciário é muito mais rápido do que na agricultura. Após a turbulência do fim dos anos 1980 e início dos anos 1990, o crescimento da indústria foi rápido do que o dos serviços até meados de 2006. O processo de industrialização se desacelerou no fim dos anos 2000 e se intensificou a partir de 2010, principalmente como consequência da fuga de IED induzido pela crise internacional. Na década de 2010, a indústria se tornou novamente o macrossetor mais dinâmico do país.

O macrossetor agrícola ainda era dominante até o fim dos anos 1980. Posteriormente, sua participação no PIB diminuiu consistentemente para 15% (um número ainda relativamente alto) em 2019. A participação da indústria aumentou nos anos 1990 e início dos anos 2000, superando a dos serviços em 2003 e atingindo um pico de 40% em 2004. Ela diminuiu no fim dos anos 2000 e se recuperou em parte, estabilizando-se em torno de 34% nos anos 2010. A participação do macrossetor terciário subiu no início da reforma, atingindo um pico de 44% em 1995, e diminuiu suavemente em seguida. Ela aumentou novamente no início dos anos 2010 e parece ter se estabilizado em cerca de 41% nos últimos anos da década.

Gráfico 1: Mudança estrutural no Vietnã.

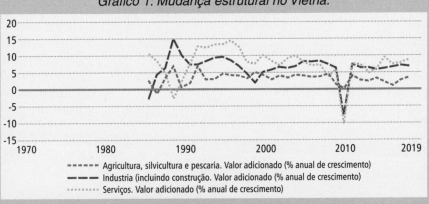

Fonte: Indicadores de Desenvolvimento Mundial.

BOX 2. A PRODUÇÃO É RELATIVAMENTE SUBDESENVOLVIDA, MAS FUNDAMENTAL PARA SUSTENTAR AS EXPORTAÇÕES E O BALANÇO DE PAGAMENTOS

O subsetor de manufatura vem crescendo rapidamente em termos absolutos (mais que serviços), e agora fornece a maior parte das receitas de exportação. No entanto, sua contribuição para o PIB é relativamente modesta, embora tenha aumentado na década de 2010. Em 2019, o peso da manufatura no PIB do Vietnã era de 16%, inferior ao do início do período Doi Moi e dos anos 2000.

Em vez de liderar o processo de industrialização e *catching-up* tecnológica em geral, a manufatura conduzida via IED no Vietnã é pouco integrada ao resto da economia nacional: parece cumprir a função acessória, ainda que indispensável, de sustentar a balança de pagamento. Como o petróleo antes dela, a manufatura permitiu um rápido crescimento do PIB e tem ganhado tempo para a indústria local ganhar força e se modernizar. Essa especificidade, até certo ponto, é consistente com a prioridade dada pelo governo ao desenvolvimento e consolidação da indústria não manufatureira comandada pelas empresas estatais. Entretanto, essa dicotomia só pode ser relativamente saudável (se provavelmente subótima) por um período de tempo limitado, após o qual as empresas industriais nacionais também devem se aventurar em atividades manufatureiras tecnologicamente avançadas.

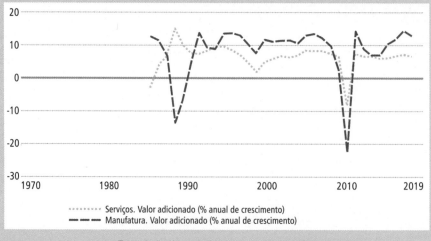

Gráfico 2: Dinâmica do setor de serviços e indústria no Vietnã

Serviços. Valor adicionado (% anual de crescimento)
Manufatura. Valor adicionado (% anual de crescimento)

Fonte: Indicadores de Desenvolvimento Mundial.

BOX 3. DESENVOLVIMENTO DAS FORÇAS PRODUTIVAS E MODERNIZAÇÃO NO VIETNÃ E NA CHINA

Até 1990, a China e o Vietnã tinham aproximadamente o mesmo PIB per capita. A partir da década subsequente, o PIB chinês cresceu mais rápido do que o vietnamita, enquanto a população cresceu menos (em grande parte em razão do programa do filho único). A diferença do grau geral de desenvolvimento econômico entre China e Vietnã aumentou no século XXI[44]. Desde meados da década de 2010, no entanto, o Vietnã vem lentamente se aproximando da China, e essa tendência parece destinada a se manter.

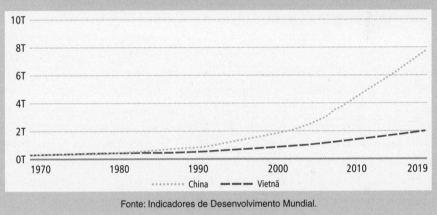

Gráfico 3: Crescimento per capita na China e no Vietnã

Fonte: Indicadores de Desenvolvimento Mundial.

5. O Banco Nacional do Vietnã foi criado em fevereiro de 1951, em Hanói. Em outubro de 1961, foi rebatizado como Banco do Estado do Vietnã (BEV). Durante os anos de guerra, o BEV regulamentou a gestão e a circulação de moedas, projetou e implementou um esquema de crédito para as empresas públicas e coletivas, criou centros de pagamento, fomentou a expansão das relações internacionais de crédito e pagamento e desenvolveu um esquema de gestão de câmbio. No início da recuperação econômica pós-guerra, o Estado assumiu o sistema bancário do Sul e emitiu novos tipos de cédulas da República Socialista do Vietnã.

Em 1976, o governo vietnamita autorizou o BEV a atuar como banco central. Posteriormente, foram criados quatro bancos comerciais estatais: o Banco para

---

[44] Vu Thanh Huong e Nguyen Thi Lan Phuong, "Changes in Vietnam - China Trade in the Context of China's Economic Slowdown: Some Analysis and Implications", *VNU Journal of Science: Economics and Business*, v. 35, n. 2, 2019, p. 11-22.

Agricultura e Desenvolvimento Rural do Vietnã (Agribank), o Banco Comercial de Fundo Acionário para Investimento e Desenvolvimento do Vietnã, o Banco Comercial de Fundo Acionário para Comércio Exterior do Vietnã (Vietcombank) e o Banco Comercial de Fundo Acionário do Vietnã para a Indústria e o Comércio (Vietinbank). Entretanto, até meados dos anos 1980, o sistema bancário estatal atuava essencialmente como uma ferramenta administrativa de orçamento, não se envolvendo em operações voltadas para o mercado e investimentos de longo prazo.

Os primeiros anos da Doi Moi foram um período de grandes desafios e desarranjos de ordem macroeconômica e financeira.

Em março de 1988, o Decreto n. 53/HDBT estabeleceu as condições preliminares para "transformar o sistema bancário em instrumentos de operações comerciais"[45]. O Departamento do Tesouro do Estado foi separado do Banco Central e foi implementada uma política positiva de taxas de juros reais.

Em maio de 1990, o governo emitiu portarias sobre o BEV, bancos, cooperativas de crédito e empresas financeiras, iniciando assim a transação para um sistema de dois níveis. Nesse sistema, o BEV atuaria como um banco central moderno, supervisionando todas as atividades financeiras, e os bancos comerciais e as instituições de crédito realizariam empréstimos, pagamentos, câmbio e demais serviços bancários. Em setembro de 2005, os cinco bancos estatais foram equalizados, e uma agência de classificação de crédito e padrões de desempenho foi criada para promover a transparência.

Existem ainda outros dois grupos de bancos no Vietnã: o dos bancos comerciais de fundo acionário (BCFA)[46], controlados indiretamente pelo Estado, e que vêm desempenhando um papel cada vez mais importante; e o dos bancos comerciais de propriedade estrangeira (BCPE). Existem também bancos especializados, criados para apoiar programas de desenvolvimento e redução da pobreza: o Banco do Vietnã para Políticas Sociais[47], o Banco de Desenvolvimento do Vietnã (BDC) e a

---

[45] *The Decree 53/hdbt: Organization Of The State Bank Of Vietnam*, disponível em: <https://www.global-regulation.com/translation/vietnam/6618936/the-decree-53-hbt%253a-organization-of-the-state-bank-of-vietnam.html>, acesso em: 2 jul. 2021.

[46] Algumas entidades capitalistas ocidentais possuem ações minoritárias em BCFAs.

[47] Tanto o Agribank como o Banco do Vietnã para Políticas Sociais executam grandes programas de microfinanciamento, incluindo mais de mil Fundos de Crédito Popular (FCP) e duas instituições microfinanceiras licenciadas (IMF) (ver Asian Development Bank, "Annual Report", disponível em: <https://www.adb.org/sites/default/files/institutional-document/414776/adb-annual-report-2016.pdf>, acesso a 13 out. 2019). Atualmente, os programas de microfinanciamento estão bastante desenvolvidos no Vietnã, alcançam muitas pessoas pobres (como em todas as áreas periféricas menos desenvolvidas, os pobres não têm acesso ao crédito formal comum), parecem criar empregos e fomentar o microempreendedorismo (ver Naoyuki Yoshino e Farhad Taghizadeh-Hesary, "Monetary Policy and Oil Price Fluctuations Following the Subprime Mortgage Crisis", *International Journal of Monetary Economics and Finance*, v. 7, n. 3, 2014,

Cooperativa Bancária do Vietnã (CoopBank)[48]. Em 2015, os BCFA tinham 45% do total de ativos bancários, o BDV 45%, a CoopBank 10%[49].

Além dos bancos, o Vietnã tem duas bolsas de valores: uma em Hanói e outra em Ho Chi Minh, em operação desde o início dos anos 2000, assim como outras instituições financeiras não bancárias. Esses mercados têm sediado várias ondas de fusões e aquisições e são instrumentos de comercialização de títulos, cada vez mais importante para o financiamento governamental. A capitalização total de mercado é igual a cerca de um terço do PIB do país. Há também várias corretoras de seguro de títulos, companhias de seguros, empresas de *leasing* financeiro e empresas de investimento.

As reformas do setor financeiro trouxeram resultados importantes, entre eles uma queda significativa no *spread* das taxas de juros.

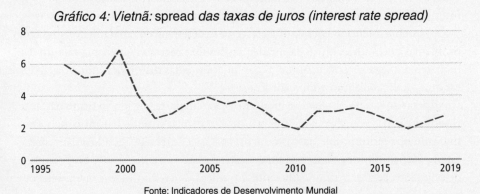

Gráfico 4: Vietnã: spread *das taxas de juros (interest rate spread)*

Fonte: Indicadores de Desenvolvimento Mundial

O resultado geral dessa grande evolução institucional, que ocorre em um contexto de crescimento sustentado do PIB e mudanças estruturais, tem sido

---

p. 157-74; Sanjay, Kalra, "Vietnam: The Global Economy and Macroeconomic Outlook", *Journal of Southeast Asian Economies*, v. 32, n. 1, 2015). Entretanto, exige-se prudência. Ao contrário da propaganda ocidental dominante, as deficiências e riscos do microfinanciamento estão se tornando cada vez mais aparentes (Christa Hainz, Thanh Dinh e Stefanie Kleimeier, "Collateral and its Determinants: Evidence from Vietnam", Proceedings of the German Development Economics Conference, Berlim, 2011; Quan Hoang Vuong, *Financial Markets in Vietnam's Transition Economy: Facts, Insights, Implications*. Saarbrucken, VDM, 2010).

[48] Esses bancos são totalmente ou quase totalmente financiados pelo Estado, mas formalmente não são bancos estatais.

[49] Ver Quan Hoang Vuong, *Financial Markets in Vietnam's Transition Economy*, cit.; "The Vietnamese Financial Economy: Reforms and Development, 1986-2016", em Ulrich Volz, Peter Morgan e Naoyuki Yoshino (orgs.), *Routledge Handbook of Banking and Finance in Asia* (Nova York, Routledge, 2018), disponível em: <https://papers.ssrn.com/sol3/papers.cfm?abstract_id=3382798>, acesso em: 17 jun. 2021.

uma melhoria significativa no sistema financeiro vietnamita nas últimas décadas. Obviamente, ele tem se tornado gradualmente mais integrado ao mercado global, mas, como em outras economias emergentes, esse processo de integração tem desafiado a atual estrutura institucional e legal do Vietnã.

O sistema financeiro vietnamita se tornou um sistema misto, no qual coexistem bancos estatais, sociedades anônimas, *joint ventures* e bancos estrangeiros, bem como operadores financeiros não bancários. Entretanto, no contexto específico da estratégia de desenvolvimento socialista do Vietnã, a liberalização financeira parcial e seletiva ocorrida após a adesão à OMC não prejudicou o papel de comando do Estado[50]. O desempenho dos bancos estatais, especialmente no que diz respeito à eficiência, tem sido na verdade mais favorável do que o dos operadores financeiros privados[51]. Mais de 90% dos ativos do sistema financeiro estão no setor bancário, e 80% da intermediação financeira ainda é realizada pelos grandes bancos comerciais estatais.

O sistema financeiro vietnamita cresceu e se desenvolveu rapidamente, mas tem problemas decorrentes tanto das inadequações do processo de reforma quanto das ineficiências legadas pela economia de comando e das distorções induzidas pelos excessos de liberalização e mercantilização.

Apesar do rápido progresso e modernização (em parte, devido ao ritmo bastante tumultuado das transformações pelas quais passou), o setor bancário tem sido marcado por sérios problemas sistêmicos, inclusive intervenções administrativas e estatais *ad hoc* injustificadas, fraca supervisão regulatória e corrupção[52]. Empréstimos direcionados sem escrutínio suficiente e práticas de crédito baseadas em relações pessoais são um problema grave. O acesso ao crédito ainda é muito restrito, especialmente para as pequenas e médias empresas, e as taxas de juros são altas. Paralelamente, há sinais de que os bancos se tornaram muito poderosos e capitalizados para a modesta economia real, e o grau geral de desenvolvimento financeiro do país pode ser tanto qualitativamente deficiente quanto quantitativamente excessivo. Os ativos do setor financeiro são mais de 200% do PIB, e o aprofundamento financeiro do Vietnã é bastante alto em relação à maioria dos outros países de renda média.

Os bancos podem ter ido longe demais na orientação de mercado, adotando atitudes abertamente comerciais, com gerentes ansiosos para capturar aluguéis pessoais enquanto exploravam os tomadores de empréstimos. A corrupção no setor bancário é há muito tempo um obstáculo ético, econômico e político muito sério.

---

[50] Essa característica crucial acompanha o desenvolvimento do sistema financeiro da China.

[51] Phuong Thanh Le et al., "Financial Liberalisation, Bank Ownership Type and Performance in a Transition Economy: The Case of Vietnam", *Pacific Basin Finance Journal*, v. 57(C), 2019.

[52] Nicholas Larsen, "The State of Banking In Vietnam", *International Banker*, 17 jul. 2019, disponível em: <https://internationalbanker.com/banking/the-state-of-banking-in-vietnam/>, acesso em: 21 jun. 2021.

Além disso, como na China, o pacote de estímulos lançado em 2008 aumentou o risco sistêmico de má alocação financeira, comportamentos excessivamente arriscados e utilização especulativa do crédito[53].

Até agora, o Vietnã não foi capaz de coordenar e harmonizar o comportamento dos diversos componentes do setor financeiro com as necessidades de desenvolvimento do setor produtivo e a urgência de minimização do comportamento oportunista e dos riscos sistêmicos em geral. Como resultado, os bancos vietnamitas não têm a confiança do público, apresentam fragilidades regulatórias e gerenciais e alto nível de créditos podres, descumprem as normas de capital do Acordo de Basileia e não contam com auditoria internacional.

Gráfico 5: Vietnã: créditos podres
Fonte: Indicadores de Desenvolvimento Mundial.

6. O governo vietnamita sabe dos problemas do setor bancário e vem tomando medidas na última década, em particular contra a praga estrutural dos créditos podres. Durante o 9º Plano Quinquenal (2011-2015), o BEV priorizou com sucesso a sanitização dos créditos podres, sobretudo pela reestruturação ou assunção de dívidas dificilmente solvíveis. Dessa forma, conseguiu reduzir drasticamente a proporção desses créditos de 13% para apenas 2% do crédito total[54].

De acordo com muitos observadores, a qualidade da política monetária e a eficácia das funções reguladoras e supervisoras são cruciais no atual estágio de desenvolvimento do Vietnã. Os desafios e as oportunidades da nova conjuntura exigem uma forma mais moderna e sofisticada de planejamento compatível com

---

[53] Dinh, Tuan-Minh et al., "Effect of Interest Rate Subsidies on Firm Performance and Investment Behavior during Economic Recession: Evidence from Vietnam", *Asian Economic Journal*, v. 27, n. 2, 2013, p. 185-207.

[54] Nicholas Larsen, "The State of Banking In Vietnam", cit. Alguns observadores pontam que as estatísticas oficiais são otimistas demais, e em parte subestimam a gravidade do problema (Idem).

o mercado do que no passado[55]. Em 8 de agosto de 2018, o governo vietnamita emitiu uma decisão sobre a estratégia de desenvolvimento do setor bancário até 2025, com orientações para 2030, na qual estabelece visões e objetivos estratégicos do BEV e das diversas instituições de crédito do país.

O BEV deve modernizar e racionalizar seu mecanismo de operação de forma consistente com o modelo de mercado orientado para o socialismo e cumprir altos padrões jurídicos e de responsabilidade. Suas principais prioridades são o controle da inflação, a promoção da estabilidade macroeconômica e financeira e o crescimento sustentável. Também deve regulamentar e supervisionar as operações das instituições de crédito e atuar como um centro de pagamento e liquidação do sistema financeiro e monetário da economia nacional. Para esse fim, o BEV deve:

- aumentar gradualmente sua independência, autonomia e responsabilidade;
- endurecer e fortalecer o marco regulatório, aumentando sua capacidade institucional, bem como sua eficácia e eficiência na realização de tarefas de inspeção e supervisão bancária, de acordo com os princípios do Acordo de Basileia;
- promover o desenvolvimento dos chamados *non-cash payments*[56];
- expandir o acesso ao crédito formal de todos os operadores econômicos;
- desenvolver e implementar projetos de lei, estratégias setoriais e projetos/esquemas de acordo com o quadro geral da estratégia;
- orientar, juntamente com outras instituições estatais, a rede de instituições de crédito para melhorar progressivamente seu funcionamento, estabilizando-a e consolidando-a, e tratar adequadamente os créditos podres.

A estratégia também estabelece metas, das quais a mais importante era conseguir que os bancos comerciais aplicassem as normas do Acordo de Basileia II sobre capital mínimo e limites de risco até o fim de 2020, e que a maioria deles o faça até 2025. Esse esforço é um passo importante, pois há escassez de capital doméstico e isso induz os bancos a atrair investidores estrangeiros. No entanto, sete bancos estão realmente adiantados no cumprimento dos requisitos do Acordo de Basileia II.

Para proteger a posição dos bancos nacionais, como declarou em agosto de 2018 o vice-primeiro-ministro, Vương Đình Huệ, "o Vietnã limitará rigorosamente, ou até suspenderá, a emissão de novas licenças para bancos de propriedade 100%

---

[55] Ver Wahyoe Soedarmono, Fouad Machrouh e Amine Tarazi, "Bank Market Power, Economic Growth and Financial Stability: Evidence from Asian Banks", *Journal of Asian Economics*, v. 22, n. 6, 2011, p. 460-70.

[56] Até o fim de 2020, a relação entre dinheiro efetivo e liquidez total não será superior a 10%; até o fim de 2025, esse número deve ser reduzido para 8%.

estrangeira no país"⁵⁷. O impacto inicial da nova estratégia parece ter sido positivo, já que a maioria dos analistas e operadores financeiros nacionais e estrangeiros reconhecem que houve uma melhoria na situação comercial e na estabilidade financeira do Vietnã, e preveem um aumento na lucratividade dos credores.

Também parece haver um consenso entre as empresas de seguro de que a saúde financeira do Vietnã está melhorando. Espera-se que o fortalecimento das medidas regulatórias e do BEV crie um ambiente mais previsível e ordenado e tenha um impacto positivo na lucratividade bancária. Como a situação macroeconômica é estável e a dinâmica de crescimento é forte, a demanda de crédito aumentará.

7. Nossa avaliação do resultado das reformas orientadas para o mercado que foram realizadas no Vietnã desde o início dos anos 1980 é positiva, apesar das muitas ressalvas que fizemos acima. As reformas empresariais, juntamente com a liberalização de preços, a abertura do mercado interno e as medidas complementares tomadas no âmbito da estratégia de desenvolvimento da Doi Moi, foram substancialmente bem-sucedidas, conseguindo promover o crescimento do PIB e a integração do Vietnã à economia internacional, atraindo IED e (dado o extremo atraso das condições iniciais do país) fomentando a modernização e o progresso tecnológico.

O Vietnã também passou por rápidas mudanças estruturais. O peso outrora prevalente da agricultura na economia nacional diminuiu. O país explorou seu potencial como exportador de petróleo e o papel do setor de serviços cresceu, pois é em grande parte fisiológico. No entanto, não há evidências de que o Vietnã tenha sucumbido à "doença holandesa", caindo na armadilha da hiperterciarização de baixa produtividade, com implicações desindustrializantes e de subdesenvolvimento, como aconteceu em muitos países capitalistas periféricos. Houve industrialização, embora o crescimento da manufatura tenha sido desigual e, ao fim e ao cabo, menos do que plenamente satisfatório. O setor secundário vietnamita é agora estruturalmente dualista: as empresas estatais dominam a indústria pesada e os serviços de infraestrutura, e as multinacionais prevalecem na manufatura voltada para a exportação e, assim, vêm adquirindo um papel central na sustentação da posição do país no balanço de pagamentos.

O dualismo industrial, o baixo nível de integração produtiva geral na economia nacional e a alta dependência da assistência ocidental⁵⁸ e dos capitalistas

---

57 Citado em Nicholas Larsen, "The State of Banking In Vietnam", cit. Atualmente, o Vietnã concedeu licenças a dez credores estrangeiros, entre eles o Hongkong and Shanghai Banking Corporation (HSBC), o Standard Chartered e o Commerce International Merchant Bankers (CIMB).

58 Esse fator levou alguns observadores internacionais a crer que o Vietnã foi *capturado* não apenas financeira, mas também intelectual e ideologicamente pelo Banco Mundial, o que não faz bem à sua imagem de *bom moço comunista* abandonado à perdição do neoliberalismo (Adam Fforde e

estrangeiros causam problemas para o Vietnã e o colocam em uma posição geoestratégica mais frágil do que a China. Entretanto, o crescimento geral constatado desde o início da Doi Moi continua espantoso e contribuiu para criar uma base produtiva sólida, que oferece aos formuladores de políticas públicas um enorme potencial de desenvolvimento – especialmente no atual cenário econômico e geopolítico global.

Apesar das enormes diferenças estruturais entre China e Vietnã (como o tamanho da população, do território, e a devastação causada pela guerra), o grau de desenvolvimento econômico nos dois países no início dos anos 1980 era bastante semelhante. Desde então, a República Popular da China se desenvolveu mais rapidamente e, como resultado, é hoje muito mais rica e avançada em termos de tecnologia. Nos últimos anos, porém, o Vietnã cresceu mais rápido do que a China, mas ainda é cedo para avaliarmos se esse desenvolvimento prenuncia um período de recuperação estável.

As realizações no âmbito do desenvolvimento humano têm sido excepcionais no Vietnã, em comparação com o padrão internacional. A taxa de mortalidade de menores de cinco anos foi menor no Vietnã do que na China até 2005, e a expectativa de vida no Vietnã foi maior até 2012. Isso se deve ao fato de que a decadência das estruturas tradicionais de bem-estar e a mercantilização da saúde e da educação que acompanharam as reformas orientadas para o mercado tiveram um impacto negativo relativamente menor no Vietnã. Posteriormente, reformas eficazes, porém inadequadas, para estabelecer um sistema universal de bem-estar e

---

Lada Homutova, "Political Authority in Vietnam: Is the Vietnamese Communist Party a Paper Leviathan?", *Journal of Current Southeast Asian Affairs*, v. 36, n. 3, 2017, p. 91-118; Michel Chossudovsky, "Vietnam War Started 55 Years Ago: Neoliberalism and 'The Vietnam Model'. Who Won the Vietnam War?", *Global Research*, 21 mar. 2020, disponível em: <https://www.globalresearch.ca/who-won-the-vietnam-war-2/172>, acesso em 17 jun. 2021; para uma discussão mais equilibrada, ver também Pietro Masina e Michela Cerimele, "Patterns of Industrialisation and the State of Industrial Labour in Post-WTO-Accession Vietnam", *European Journal of East Asian Studies*, v. 17, n. 2, 2018). Sem negar a complexidade da relação entre a liderança do Vietnã e o Banco Mundial, bem como suas contradições políticas e ideológicas implícitas, tendemos a acreditar que os relatos da neoliberalização do PCV têm sido muito exagerados. Na verdade, é mais plausível que o Vietnã seja um país de grande importância para o Banco Mundial, que o retrata como um exemplo de desenvolvimento, especialmente em termos de redução da pobreza – em grande parte porque, afinal, o próprio Banco Mundial precisa vender seus produtos como todos os outros, e a reputação global da maioria deles não é particularmente atraente. Na prática, a influência do Banco Mundial sobre a trajetória de desenvolvimento do Vietnã é limitada. O governo vietnamita sempre se recusou a adotar políticas impostas por organizações estrangeiras e as instituições vietnamitas são suficientemente fortes para poder agir como um alter ego do banco e alcançar a propriedade de políticas públicas. Ver Jean-Pierre Cling, Mireille Razafindrakoto e François Roubaud, "Desperately Seeking Model Countries: The World Bank in Vietnam", *Working Papers* DT/2009/04, p. 2, disponível em: <https://ideas.repec.org/p/dia/wpaper/dt200904.html>, acesso em: 17 jun. 2021.

uma rede de segurança foram implementadas em ambos os países. Como a China está mais avançada em termos econômicos e institucionais, os resultados do desenvolvimento humano foram até agora mais favoráveis no primeiro.

O Vietnã não vai tão bem quanto a China no que diz respeito à capacidade de fomento do acúmulo autocentrado. A relação investimento/PIB era muito baixa no país e aumentou consistentemente desde a Doi Moi, mas diminuiu no fim dos anos 2000, quando a crise asiática castigou mais fortemente o Vietnã do que a China.

Em grande parte por essa debilidade estrutural, o Vietnã tem apostado mais no IED do que a China. Essa opção estratégica é amplamente justificada pelo próprio atraso e pela posição financeira fraca e instável do país nas fases iniciais das reformas. No entanto, as consequências foram negativas, como salários persistentemente baixos (abaixo do custo total da reprodução da força de trabalho, em grande parte semiproletária), repercussões escassas e baixo progresso técnico, dualismo econômico e uma industrialização relativamente lenta. Além disso, a estratégia se provou arriscada, quase levando à captura da liderança partidária com os capitalistas estrangeiros e seus parceiros privados locais. No entanto, desde o 12º Congresso Nacional, o PCV parece ter superado o perigo e está em melhor posição para administrar as contradições.

Também devemos levar em conta que o Vietnã, embora tenha deixado uma ampla margem de manobra aos capitalistas estrangeiros no subsetor da fabricação, mantém um firme controle sobre outros subsetores industriais. O setor de empresas estatais não diminuiu significativamente nos anos 1980 e 1990, como aconteceu na China, e as reformas, principalmente por equitização e formação de grandes conglomerados, levaram a resultados importantes (ainda que parciais).

A produção de mercadorias simples – e em sua maioria informais – na agricultura, na indústria de baixíssima escala e no comércio local tem um peso muito grande no Vietnã, empregando três quartos da população ativa. Na China, as fazendas familiares e outros produtores de mercadorias simples desempenham um papel importante, mas as operações são mais formalizadas. Essa diferença é um sinal do grau mais elevado do desenvolvimento institucional da China.

O Vietnã tem ainda uma produtividade geral muito baixa e é relativamente mais subdesenvolvido do que a China em muitos aspectos (modernização institucional, formalização de atividades econômicas e transições, P&D e inovação). Também parece menos avançado do que a China na superação dos problemas causados pela quase completa privatização da saúde pública nas duas últimas décadas do século XX. No entanto, o Vietnã possui muitos ativos idiossincráticos que melhoram seu desempenho geral, tanto em termos de crescimento econômico quanto de desenvolvimento humano, e são condições prévias favoráveis para o desenvolvimento futuro. São eles:

- altos níveis de alfabetização e formação de capital humano[59];
- desenvolvimento institucional relativamente alto em algumas áreas, como integração do comércio internacional, corporatização e modernização das empresas estatais;
- uma forma peculiar de vantagem do atraso. A maior parte da força de trabalho vietnamita não é qualificada e ainda exerce atividades de produção de mercadorias simples informais e de baixíssima produtividade. A indústria moderna é um enclave, e um sistema nacional de inovação é quase inexistente. O Vietnã, ao contrário da China, tem um enorme potencial de crescimento no futuro, antes de atingir a virada lewisiana. Mas está claro que tal vantagem do atraso não é motivo para ser complacente e ignorar que é urgente que a estratégia geral de desenvolvimento do país seja mudada.

8. Na seção 9.4, identificamos alguns critérios básicos que são necessários e suficientes para considerar (de forma heurística e provisória) o sistema econômico nacional de uma economia periférica[60] um sistema socialista de mercado.

Esses critérios giram em torno do princípio crucial que estabelece que a lei do valor não pode ser completamente superada pelo socialismo e, portanto, os planejadores devem respeitar substancialmente o princípio socialista de distribuição (equiparar a renda dos trabalhadores à produtividade do trabalho) e manter na economia nacional uma estrutura de preços relativos não muito diferente da dos preços internacionais.

Para esse fim, a propriedade das empresas e os ambientes institucionais em cada componente do setor produtivo devem ser harmonizados com a realidade objetivamente existente das relações sociais de produção e troca, permitindo amplo espaço para o desdobramento das forças de mercado. O setor agrícola deve ser organizado em torno de unidades de produção em pequena escala, de base doméstica[61]. As empresas estatais industriais devem ser reestruturadas, de maneira que sejam mais independentes, mais orientadas para o mercado e, eventualmente,

---

[59] "O Vietnã é ocupa a 48ª posição entre os 157 países no índice de capital humano (ICH), segundo lugar na Associação de Nações do Sudeste Asiático, atrás apenas de Cingapura [...] O ICH do Vietnã é o mais alto entre os países de renda média [...] Cobertura e resultados de aprendizado são altos e equitativamente alcançados nas escolas primárias [...] o desempenho dos estudantes vietnamitas excede o de muitos países da OCDE" (The World Bank In Vietnam, "Overview", *The World Bank*, 18 out. 2019, disponível em: <https://www.worldbank.org/en/country/vietnam/overview>, acesso em: 17 jun. 2021).

[60] Esses critérios podem ser parcialmente diferentes no caso de um país mais desenvolvido. A produção agrícola, em especial, não poderia girar em torno da produção de mercadorias simples.

[61] Essa opção estratégica, mais do que outras empreendidas em outros setores, pode ser considerada uma opção transitória. No entanto, a experiência histórica até o momento mostra que ela provavelmente durará um longo período.

evoluam para um modo de realização do capital socializado que seja corporatizado e baseado em valor. O mecanismo de planejamento deve ser guiado pelo princípio da compatibilidade com o mercado.

Paralelamente, os princípios básicos não capitalistas devem ser preservados com firmeza e sem hesitação. Os principais são:
- domínio quase absoluto dos bancos estatais e tolerância quase nula com atividades financeiras privadas;
- controle estratégico dos principais meios de produção;
- redução da pobreza, prestação de serviços sociais básicos, aprimoramento do capital humano e transferência criteriosa e centralizada de recursos para subsetores estratégicos fundamentais a fim de aperfeiçoar o progresso técnico no longo prazo, como P&D e infraestrutura.

Como a China, o Vietnã satisfaz os critérios básicos que identificamos. Logo, em nossa opinião, o Vietnã é de fato uma formação econômico-social orientada para o socialismo, embora menos avançada do que a China. O PCV (não sem hesitações e contradições) está seguindo uma estratégia de longo prazo baseada no desenvolvimento de uma economia de mercado com orientação socialista. Após mais de três décadas de reformas inicialmente reativas, de sobrevivência e quase passivas, surgiu e consolidou-se no Vietnã um modelo consistente. Sem subestimar diferenças importantes entre os dois[62], podemos afirmar que a dinâmica vietnamita de economia de mercado socialista assemelha-se muito ao modelo chinês.

A esse respeito, seria completamente errôneo atribuir tal semelhança a uma atitude de imitação ou submissão cultural por parte do PCV[63]. Pelo contrário, o Vietnã foi levado a seguir um caminho semelhante ao da China pelas mesmas leis mecânicas básicas que necessariamente orientam e restringem o desenvolvimento econômico orientado para o socialismo sob o metamodo de produção. Essas leis são essencialmente universais e objetivas por natureza e, portanto, aplicam-se necessariamente a qualquer país que empreenda uma estratégia de desenvolvimento voltada para o socialismo na atual época histórica.

---

[62] Algumas das diferenças entre o modelo chinês e o vietnamita são devidas a fatores estruturais objetivos (isto é, o tamanho dos países). Outros são principalmente atribuíveis a escolhas políticas subjetivas e autônomas das lideranças de cada país.

[63] Isso não significa negar que os vietnamitas tentaram aprender pragmaticamente com a experiência da China, guardando a mentalidade aberta como os próprios chineses fizeram para aprender, por exemplo, com o sucesso de Cingapura e outros países asiáticos recém-industrializados. Entretanto, devemos levar em consideração que o "milagre" dos países recém-industrializados asiáticos precedeu as reformas da China em pelo menos uma década, enquanto a Doi Moi foi oficialmente lançada em 1986 (ou seja, apenas oito anos após 1978), mas fora precedida por reformas tímidas e limitadas desde o início dos anos 1980.

9. O Laos é um país pequeno, sem litoral, dominantemente rural, que tem o duvidoso privilégio de ser o país mais bombardeado da Terra.

Após tomar o poder, o Partido Popular Revolucionário do Laos (PPRL) lançou uma campanha de coletivização e cooperativização nas áreas rurais. O alcance e a dramaticidade da ação foram inferiores aos de movimentos análogos na China e no Vietnã do Norte, mas a produtividade do arroz foi abalada. O governo rapidamente percebeu que uma mudança de rumo era necessária e, em 1986, adotou o Novo Mecanismo Econômico (NME) a fim de estabelecer as primeiras bases do modelo socialista de mercado, mantendo forte associação e colaboração com o Vietnã[64].

O país foi criteriosamente aberto aos fluxos do comércio internacional, a taxa de câmbio foi fixada em um nível realista, as barreiras de importação foram substituídas por tarifas e os operadores privados tinham acesso a importações e crédito. As empresas estatais perderam grande parte de seus subsídios e privilégios de monopólio, ganharam mais autonomia e foram encorajadas a adotar um comportamento mais orientado para o mercado.

O crescimento se acelerou e o Laos se tornou um dos países com desenvolvimento mais rápido do mundo, mesmo que em um contexto de dependência muito alta de transferências estrangeiras e empréstimos internacionais, que financiaram a maior parte do esforço de investimento – mais até do que no Vietnã, em razão do seu atraso. O Laos foi severamente atingido pela crise asiática de 1997, mas conseguiu conter a inflação e recuperar a estabilidade macroeconômica em 2000.

A propriedade da terra no Laos pertence ao Estado, mas desde meados dos anos 2000 vem sendo implementado um programa maciço de alocação e titulação de terras. Como na China e no Vietnã, na maioria dos casos os agricultores têm direito ao uso da terra por longos períodos de tempo, mas não a direitos de propriedade simples, após compra definitiva. O censo agrícola mais recente foi realizado em 2010-2011 e forneceu muitas informações sobre a estrutura agrária do país. Aproximadamente 80% da força de trabalho do país se dedica à agricultura, tendo em média 1,62 hectares de terra. Não há camponeses sem terra e a distribuição é bastante igualitária. O arroz glutinoso, principal produto básico do Laos, ocupa 93% da área cultivada[65].

O grau de mercantilização da agricultura laosiana é extremamente baixo. Cerca de um terço dos agricultores vendem parte de sua produção, e apenas 6% a vendem toda. A maioria dos camponeses (60%) se dedica total e exclusivamente

---

[64] Ver Olivier Ducourtieux e Jean-Richard Laffort, "Land Policy and Farming Practices in Laos", *Development and Change*, v. 36, n. 3, 2005, p. 499-526.

[65] Os habitantes das áreas rurais também criam animais (principalmente galinhas) e obtêm proteína adicional de pesca, caça e aquicultura. A maioria dessas atividades é realizada para consumo próprio.

à agricultura de subsistência[66]. Ao contrário da Tailândia e do Vietnã, o Laos não é um país exportador de arroz, mas consegue atingir um grau aceitável de autossuficiência alimentar[67].

Da mesma forma que a Doi Moi, o NME descentralizou e liberalizou a economia doméstica, abrindo espaço para as forças de mercado e para o empreendedorismo privado, enquanto fortalecia o papel das empresas estatais. Os preços estabelecidos pelas forças de mercado substituíram os preços determinados pelo governo. Aos agricultores foram concedidos direitos quase plenos de propriedade sobre as terras que cultivavam e permissão para vender as colheitas no mercado aberto. As empresas estatais receberam maior poder de decisão e perderam a maioria de seus subsídios e vantagens de preços.

Desde a virada do século, a cooperação com a China tem crescido. Os chineses financiaram e auxiliaram a execução de grandes projetos de infraestrutura no âmbito do projeto da Nova Rota da Seda, como a ferrovia de alta velocidade que liga a fronteira da China à capital do Laos, Vientiane, e depois à rede de transporte tailandesa, a um custo de US$ 6 bilhões. A China também investiu em barragens e fábricas de borracha, muitos empresários chineses são ativos no pequeno, mas extenso, setor do comércio e nas atividades produtivas de pequena escala orientadas para o mercado.

O Laos aderiu à OMC em 2012 e foi aceito formalmente em 2015. Somou-se a essas duas grandes conquistas da diplomacia comercial a execução de reformas orientadas para o mercado, mudanças institucionais e concessões fiscais destinadas a melhorar as oportunidades de negócios e investimentos, tanto para os atores nacionais quanto estrangeiros.

10. Esquematicamente, podemos dizer que o Laos está para o Vietnã assim como o Vietnã está para a China. É um país muito menor, muito menos desenvolvido, e o componente moderno e monetário de sua economia nacional é muito pequeno, pois a grande maioria da população vive no campo e se dedica principalmente à agricultura de subsistência.

A história do Laos nos séculos XX e XXI está intimamente ligada à do Vietnã. Assim como o PCV, o PPRL teve origem no Partido Comunista da Indochina, fundado por Ho Chi Minh em 1930 e – em grande parte pela frente popular

---

[66] Um processo de mercantilização e modernização está em curso também nas áreas rurais. Portanto, é provável que a prevalência da agricultura de subsistência tenha diminuído na década de 2010.

[67] Ver FAO, *Lao Census of Agriculture 2010/11: Analysis of Selected Themes*, Ministry of Agriculture and Forestry, Government of the Lao People's Democratic Republic, Vientiane, 2014, disponível em: <http://www.fao.org/3/a-at767e.pdf>, acesso em: 17 jun. 2021; Nations Encyclopedia, "Laos: Agriculture", *Encyclopedia of Nations*, 2020, disponível em: <https://www.nationsencyclopedia.com/economies/Asia-and-the-Pacific/Laos-AGRICULTURE.html>, acesso em: 17 jun. 2021.

Pathet Lao – sempre atuou como um aliado confiável do PCV nas muitas décadas de luta anticolonial e anti-imperialista. Em 1975, o PPRL estabeleceu um sistema orientado para o socialismo de partido único muito semelhante aos do Vietnã e da China. Assim como nesta última, o cenário institucional e político do Laos provou ser muito estável e sustentável em mais de quatro décadas.

Como o Vietnã, o Laos seguiu inicialmente um modelo de desenvolvimento ao estilo soviético, substituído em meados da década de 1980 por um programa abrangente de reformas orientadas para o mercado (o Novo Mecanismo Econômico). O resultado desse processo tem sido um sistema socioeconômico que em essência é muito semelhante aos do Vietnã e da China – não obstante as grandes diferenças estruturais já mencionadas, decorrentes do fato de que as relações sociais de produção e troca pré-capitalistas são muito mais prevalentes no Laos. Em termos de crescimento econômico, desenvolvimento das forças produtivas e avanços no campo da redução da pobreza e do desenvolvimento humano, os resultados também são amplamente alinhados com os de seus vizinhos do norte e do leste.

Com base nessas considerações, consideramos legítimo afirmar que:
- o sistema socioeconômico do Laos é suficientemente dotado de estabilidade, sustentabilidade e resistência para ser considerado uma formação econômico-social;
- o Laos é uma economia de mercado orientada para o socialismo[68] que apresenta semelhanças substanciais com as da China e do Vietnã[69].

Portanto, o Laos também pode ser considerado pertencente à nova classe de formações econômico-sociais orientadas para o socialismo, e segue uma estratégia de desenvolvimento socialista de mercado[70].

---

[68] No caso do Laos, mais do que na China e no Vietnã, o termo economia de mercado deve ser qualificado como aplicável ao componente dominante da economia nacional. Isso não está em contradição com o fato de que a maioria da população do Laos se dedica predominantemente à agricultura de subsistência e atividades artesanais que ocorrem fora das redes de mercado.

[69] A orientação socialista do Laos foi fortemente reafirmada no congresso do partido em 2016. Ver Souksakhone Vaenko, "Laos' 10th Congress Elects New Party Leadership", *Asian News*, 22 jan. 2016, disponível em: <https://web.archive.org/web/20160203071725/http://www.asianews.network/content/laos%E2%80%99-10th-congress-elects-new-party-leadership-8075>, acesso em: 17 jun. 2021; Norihiko Yamada, "Legitimation of the Lao People's Revolutionary Party: Socialism, Chintanakan Mai (New Thinking) and Reform", *Journal of Contemporary Asia*, v. 48, n. 4, 2018, p. 1-22; Socialist Voice, "Laos: Building the Foundations of Socialism", 2 maio 2018, disponível em: <https://socialistvoice.ie/2018/05/laos-building-the-foundations-of-socialism/>, acesso em: 17 jun. 2021; Rehbein, Boike, "Laos on the Path to Socialism?", *Southeast Asian Affairs*, 2019, p. 164-76.

[70] Vários outros países têm orientação mais ou menos socialista, mas carecem de uma ou mais propriedades necessárias para que fossem identificados como membros desse grupo específico de formação econômico-social (pelo menos por enquanto). Cuba pode legitimamente ser considerada

Gráfico 6: Laos: mudança estrutural (% do PIB por setor)

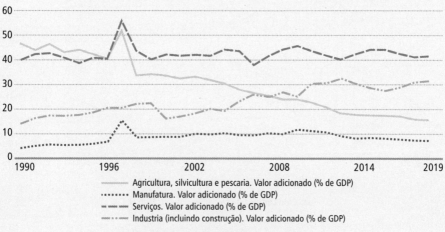

Fonte: Indicadores de Desenvolvimento Mundial.

Gráfico 7: Laos: mudança estrutural (% da mão de obra por setor)

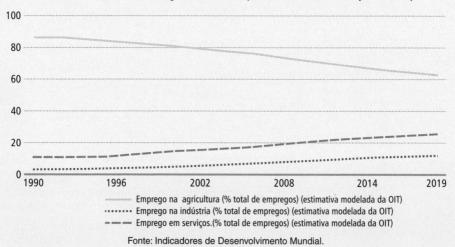

Fonte: Indicadores de Desenvolvimento Mundial.

---

uma formação econômico-social orientada para o socialismo, mas não tem adotado consistentemente uma estratégia de desenvolvimento socialista de mercado. A mesma caracterização pode ser aplicada à Coreia do Norte – mas isso deve ser tomado com uma grande pitada de sal, dado o caráter notoriamente estranho de seu sistema e a extrema escassez de informações que temos sobre o país. Outros países, como Venezuela, Bielorrússia, Camboja e Nepal, também estão tentando seguir – pelo menos em parte – o caminho dos "socialistas de mercado", mas suas respectivas trajetórias não são consistentes, estáveis e sustentáveis o suficiente para permitir que os observadores os considerem como verdadeiras uma formações econômico-sociais orientadas para o socialismo.

Gráfico 8: Crescimento no Laos, China e Vietnã (anual em %)

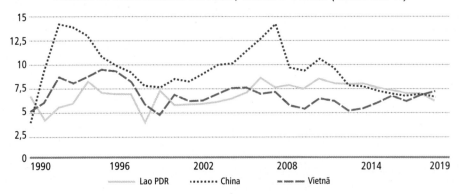

Fonte: Indicadores de Desenvolvimento Mundial.

Gráfico 9: PIB per capita no Laos, China e Vietnã

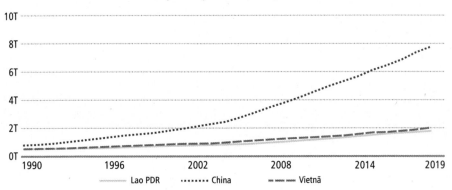

Fonte: Indicadores de Desenvolvimento Mundial.

Gráfico 10: Redução da pobreza no Laos, China e Vietnã

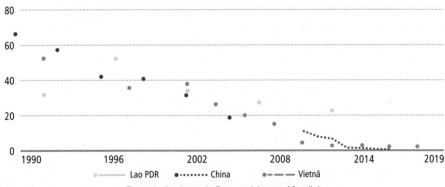

Fonte: Indicadores de Desenvolvimento Mundial.

Gráfico 11: Expectativa de vida no Laos, China e Vietnã

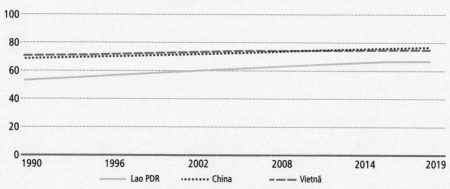

Fonte: Indicadores de Desenvolvimento Mundial.

REFERÊNCIAS BIBLIOGRÁFICAS

A GLOBAL Telecom Titan Called... ZTE? *Bloomberg News*, 7 mar. 2005. Disponível em: <https://www.bloomberg.com/news/articles/2005-03-06/a-global-telecom-titan-called-dot-dot-dot-zte>. Acesso em: 2 jun. 2020.

ABALKIN, Leonid. For a New Economic Thinking. *Nova Mysl and Kommunist Roundtable*, n. 15, 1988a, p. 59-71.

ACEMOGLU, Daron. *Por que as nações fracassam*: as origens do poder, da prosperidade e da pobreza. Trad. Cristiana Serra, Rio de Janeiro, Elsevier, 2012.

AGLIETTA, Michel. America's Slow Down. *New Left Review*, v. 100, 2016, p. 119-128.

AIZENMAN, Joshua; GENG, Nan. Adjustment of State Owned and Foreign-Funded Enterprises in China to Economic Reforms,1980s-2007: A Logistic Smooth Transition Regression (Lstr) Approach. *Research Gate*, ago. 2009. Disponível em: <https://www.researchgate.net/publication/46441017_Adjustment_of_State_Owned_and_Foreign-Funded_Enterprises_in_China_to_Economic_Reforms1980s-2007_A_Logistic_Smooth_Transition_Regression_Lstr_Approach>. Acesso em: 20 jul. 2020.

AKERLOF, George A.; SHILLER, Robert J. *Animal Spirits:* How Human Psychology Drives the Economy, and Why it Matters for Global Capitalism. Princeton, Princeton University Press, 2009.

ALEXANDER, Richard. D. *Darwinism and Human Affairs*. Seattle, University Washington Press, 1979.

_____. *The Biology of Moral Systems*. Nova York, Aldine De Gruyter, 1987.

_____; BORGIA, Gerald. Group Selection, Altruism, and the Levels of Organization of Life. *Annual Review of Ecology and Systematics*, v. 9, 1978, p. 449-474.

ALTHUSSER, Louis; BALIBAR, Étienne. *Reading Capital*. Trad. Ben Brewster. Londres, Verso, 1979.

_____. Asia's Next Giant: South Korea and Late Industrialization. Oxford, Oxford University Press, 1992.

ANDREONI, James. Why Free Ride? Strategies and Learning in Public Goods Experiments. *Journal of Public Economics*, v. 37, 1988, p. 291-304.

_____; HARBAUGH, William T.; VESTERLUND, Lise. The Carrot or the Stick: Rewards, Punishments and Cooperation. Working Paper, University of Oregon, Department of Economics, 2002.

ANH, Nguyen Thi Tue; DUC, Luu Minh; CHIEU, Trinh Duc. The Evolution of Vietnamese industry, Working Paper n. 19, Learning to Compete, 2016. Disponível em: <https://www.brookings.edu/wp-content/uploads/2016/07/L2C_WP19_Nguyen-Luu-and-Trinh-1.pdf>. Acesso em: 16 jun. 2021.

ARRIGHI, Giovanni. *Adam Smith em Pequim:* origens e fundamentos do século XXI. Trad. Beatriz Medina. São Paulo, Boitempo, 2007.

_____. *O longo século XX.* Trad. Vera Ribeiro. São Paulo/Rio de Janeiro, Contraponto/Ed. Unesp, 1996.

ATHUKORALA, Prema-Chandra; TRAN, Quang Tien. Foreign Direct Investment in Industrial Transition: The Experience of Vietnam. Working Papers 2009-20. Arndt-Corden Department of Economics, The Australian National University, 2009.

BABU, Rajesh et al. Effect of Feeding Solvent Extracted and Detoxified Karanj (Pongamia Glabra Vent) Cake on Egg Quality Parameters in Commercial Layer Chicken. International Journal of Agricultural Science Research, v. 5, n. 6, 2015, p. 289-92.

BAI, Chong-En et al. Special Deals from Special Investors: The Rise of State-Connected Private Owners in China. NBER Working Paper n. 28170, 2020.

BALLIET, Daniel; PARKS, Craig; JOIREMAN, Jeff. Social Value Orientation and Cooperation in Social Dilemmas: A Meta-Analysis. *Group Processes & Intergroup Relations*, v. 12, n. 4, jun. 2009, pp. 533-547.

BANDEIRA, Luiz Alberto Moniz. *A segunda Guerra Fria:* geopolítica e dimensão estratégica dos Estados Unidos. Rio de Janeiro, Civilização Brasileira, 2013.

BARTRA, Oscar; MCGUIRE, Joseph T.; KABLE, Joseph W. The Valuation System: A Coordinate-Based Meta-Analysis of BOLD fMRI Experiments Examining Neural Correlates of Subjective Value. *NeuroImage*, v. 76, 1º ago. 2013, p. 412-27.

BASU, Deepankar. A Selective Review of Recent Quantitative Empirical Research in Marxist Political Economy. Working Paper 2015-05. Amherst, University of Massachusetts: Department of Economics, 2015. Disponível em: <https://www.umass.edu/economics/publications/2015-05.pdf>. Acesso em: 2 jun. 2020.

BATRA, Suzanne. Nests and Social Behavior of Halictine Bees of India (Hymenoptera: Halktidae). *Indian Journal of Entomology*, v. 28, 1966, p. 375-93.

BAVEL, Jay van; GRANOT, Yael; CUNNINGHAM, William. The Psychology of Hate: Moral Concerns Differentiate Hate from Dislike, *PsyArXiv Preprints*, 25 jun. 2018. Disponível em: <https://psyarxiv.com/x9y2p/>. Acesso em: 2 jun. 2020.

BECCHETTI, Leonardo. Beyond the Homo Economicus. Working Papers 97. Facoltà di Economia di Forlì, Itália, 2011.

_____; CERMELLI, Massimo. Civil Economy: Definition and Strategies for Sustainable Well-Living. *International Review of Economics*, v. 65, 2018, p. 329-357.

BELLUZZO, Luiz G. Dinheiro e transformações da riqueza. In: TAVARES, Maria da Conceição; FIORI, José Luiz (Orgs.). *Poder e dinheiro:* uma economia política da globalização. Petrópolis, Vozes, 1997.

BERNARDI, Andrea; MIANI, Mattia. The Long March of Chinese Cooperatives: Towards Market Economy, Participation and Sustainable Development. *Asia Pacific Business Review*, v. 20, jul. 2014. Disponível em: <https://doi.org/10.1080/13602381.2014.931044>. Acesso em: 20 jul. 2020.

BICCHIERI, Cristina; ZHANG, Jiji. An Embarrassment of Riches: Modeling Social Preferences in Ultimatum Games. In: MÄKI, Uskali (Org.). *Handbook of the Philosophy of Economics*. Amsterdã, Elsevier, 2008.

BOGLIACINO, Francesco; CODAGNONE, Cristiano. Microfoundations, Behaviour, and Evolution: Evidence from Experiments. MPRA Paper n. 82479, 8 nov. 2017. Disponível em: <https://mpra.ub.uni-muenchen.de/82479/1/MPRA_paper_82479.pdf>. Acesso em: 2 jun. 2020.

BOWLES, Samuel. Endogenous Preferences: The Cultural Consequences of Markets and other Economic Institutions. *Journal of Economic Literature*, v. 36, n. 1, 1998, p. 75-111.

BRAGA, José Carlos. Financeirização global: O padrão sistêmico de riqueza do capitalismo contemporâneo. In: TAVARES, Maria da Conceição; FIORI, José Luiz (Orgs.). *Poder e dinheiro:* uma economia política da globalização. Petrópolis, Vozes, 1997.

BRAUDEL, Fernand. A longa duração. In: _____. *Escritos sobre a História*. Trad. Antonio Guerreiro. Lisboa, Presença, 1992, p. 41-78.

BRESSER-PEREIRA, Luiz Carlos. Assalto ao Estado e ao mercado, neoliberalismo e teoria econômica. *Estudos Avançados*, v. 23, n. 66, 2009a, p. 1-17.

_____. From Old to New Developmentalism in Latin America. In: OCAMPO, José António; ROS, Jaime (Orgs.). *The Oxford Handbook of Latin American Economics*. Oxford, Oxford University Press, 2011.

_____. *Globalization and Competition:* Why Some Emergent Countries Succeed while others Fall Behind. Cambridge, Cambridge University Press, 2009b.

_____. Resumo do novo-desenvolvimentismo em 2015. In: OREIRO, José Luiz; PAULA, Luiz Fernando de; MARCONI, Nelson. *A teoria econômica na obra de Bresser-Pereira*. Santa Maria, Ed. UFSM, 2015.

_____; GALA, Paulo. Novo desenvolvimentismo e apontamentos para uma macroeconomia estruturalista do desenvolvimento. In: OREIRO, José Luiz; PAULA, Luiz Fernando de; BASILIO, Flavio (Orgs.). *Macroeconomia do desenvolvimento*. Recife, Ed. Universitária, 2012.

_____; OREIRO, José Luiz; MARCONI, Nelson. *Develomental Macroeconomics as a Growth Strategy*. Abington, Routledge, 2015.

_____; REGO, José Márcio. Um mestre da economia brasileira: Ignácio Rangel. *Revista de Economia Política*, v. 13, n. 2 (50), 1993. Disponível em: <http://www.bresserpereira.org.br/documento/253>.

BREZINA, Timothy; WINDER, Kenisha. Economic Disadvantage, Status Generalization, and Negative Racial Stereotyping by White Americans. *Social Psychology Quarterly*, v. 66, n. 4, 2003, p. 402-18.

_____. Productive and Unproductive Labour. In Defence of Marxism, 14 jul. 2005. Disponível em: <https://www.marxist.com/unproductive-labour1981.htm>. Acesso em: 28 abr. 2016.

BROWN, Haines. Dominant and Other Modes of Production: A Discussion from the Marxism List. *Hartford Web Publishing*, dez. 2006. Disponível em: <http://www.hartford-hwp.com/archives/10/160.html>. Acesso em: 2 jun. 2020.

BRUNO, Miguel et al. *Finance-Led Growth Regime no Brasil:* estatuto teórico, evidências empíricas e consequências macroeconômicas. *Revista de Economia Política*, v. 31, n. 5 (125), edição especial, 2011, p. 730-50. Disponível em: <https://www.scielo.br/pdf/rep/v31n5/a03v31n5.pdf>. Acesso em: 20 jul. 2020.

BURLAMAQUI, Leonardo. Finance, Development and the Chinese Entrepreneurial State: A Schumpeter-Keynes-Minsky Approach. *Brazilian Review of Political Economy*, v. 4, n. 141, 2015, p. 728-44.

BUTOS, William N.; MCQUADE, Thomas J. Causes and Consequences of the Climate Science Boom. *The Independent Review*, v. 20, n. 2, 2015, p. 165-96. Disponível em: <https://www.independent.org/pdf/tir/tir_20_02_01_butos.pdf>. Acesso em: 2 jun. 2020.

_____; _____; PRELEC, Drazen. Neuroeconomics: Why Economics Needs Brains. *The Scandinavian Journal of Economics*, v. 106, n. 3, 2004, p. 555-79.

CARRUTHERS, Kate. Alleged Quote by Churchill: On Being a Socialist or Conservative. *Aide Mémoire*, 11 fev. 2005. Disponível em: <https://katecarruthers.com/2005/02/11/alleged-quote-by-churchill-on-being-a-socialist-or-conservative/>. Acesso em: 2 jun. 2020.

CASTELLS, Manuel. *Fim de milênio*. Trad. Klauss Brandini Gerhardt e Roneide Venâncio Majer. São Paulo, Paz e Terra, 2001.

CASTRO, Márcio H. Elementos de economia do projetamento. In: HOLANDA, Felipe M.; ALMEIDA, Jhonatan.; PAULA, Ricardo Z. A. *Ignácio Rangel, decifrador do Brasil*. São Luís, Edufma, 2014.

CHEN, Zhiting. *Governing through the Market:* SASAC and the Resurgence of Central State-Owned Enterprises in China. Tese (PhD), University of Birmingham, 2017. Disponível em: <https://pdfs.semanticscholar.org/48e5/2accaaf28ab7d70823d9f74b9d9f2fe44fa6.pdf>. Acesso em: 20 out. 2019.

CHESHIER, Scott; PENROSE, Jago; NGUYEN, Thi Thanh Nga. The State as Investor: Equitisation, Privatisation and the Transformation of SOEs in Vietnam. United Nations Development Programme Policy Dialogue Paper 2006/3, Hanoi, 2006.

CHINA avança reforma de empresas estatais centrais. *Xinhua Português*, 7 out. 2019. Disponível em: <http://portuguese.xinhuanet.com/2019-10/07/c_138453387.htm>. Acesso em: 20 jul. 2020.

CHINA Pushes Development of Modern Agriculture. *The State Council the People's Republic of China*, 7 ago. 2015. Disponível em: <http://english.www.gov.cn/policies/latest_releases/2015/08/07/content_281475163054256.htm>. Acesso em: 20 jul. 2020.

CHINA'S 161 Trillion Yuan State-Asset Watchdog Says More M&As to Come. *The Business Times*, 12 abr. 2018. Disponível em: <https://www.businesstimes.com.sg/government-economy/chinas-161-trillion-yuan-state-asset-watchdog-says-more-mas-to-come>. Acesso em: 2 jun. 2020.

CHOSSUDOVSKY, Michel. Vietnam War Started 55 Years Ago: Neoliberalism and "The Vietnam Model". Who Won the Vietnam War? *Global Research*, 21 mar. 2020. Disponível em: <https://www.globalresearch.ca/who-won-the-vietnam-war-2/172>. Acesso em: 17 jun. 2021.

CHU, Wan-Wen. Market Socialism, Chinese Style: Bringing Development Back into Economic Theory. *China Economic Journal*, v. 3, n. 3, 2010, p. 307-12. Disponível em: <https://www.tandfonline.com/doi/abs/10.1080/17538963.2010.562044>. Acesso em: 20 jul. 2020.

CINTRA, Marco Antonio M.; SILVA FILHO, Edison B. da. O sistema financeiro chinês: a grande muralha. In: CINTRA, Marco Antonio M.; SILVA FILHO, Edison B. da; PINTO, Eduardo C. (Orgs.). *China em transformação:* dimensões econômicas e geopolíticas do desenvolvimento. Brasília, Ipea, 2015.

CLARKE, John. Stuart Hall and the Theory and Practice of Articulation. *Discourse: Studies in the Cultural Politics of Education*, v. 36, n. 2, 2015, p. 275-86. Disponível em: <http://oro.open.ac.uk/48078/1/Discourse_Clarke_Hall_articulation.pdf>. Acesso em: 2 jun. 2020.

CLING, Jean-Pierre; RAZAFINDRAKOTO, Mireille; ROUBAUD, François. Desperately Seeking Model Countries: The World Bank in Vietnam. Working Papers DT/2009-04. Disponível em: <https://ideas.repec.org/p/dia/wpaper/dt200904.html>. Acesso em: 17 jun. 2021.

COLVIN, Geoff. It's China's World. *Fortune*, 22 jul. 2019. Disponível em: <https://fortune.com/longform/fortune-global-500-china-companies/>. Acesso em: 2 nov. 2019.

COMMONS, John R. *Institutional Economics:* Its Place in Political Economy. Nova York, The Macmillan Company, 1934, v. 1.

COUTINHO, Luciano. A 4ª Revolução Industrial: criativa ou disruptiva para o Brasil? *Princípios*, n. 150, 2018, p. 30-8.

CSY. *Annual Data*. National Bureau of Statistics of China, 2019. Disponível em: <http://www.stats.gov.cn/english/Statisticaldata/AnnualData/>. Acesso em: 2 jun. 2020.

_____. *China Statistical Yearbook*. Pequim, National Bureau of Statistics of China, 2005. Disponível em: <http://www.stats.gov.cn/tjsj/ndsj/2005/indexeh.htm>. Acesso em: 2 jun. 2020.

_____. *China Statistical Yearbook*. Pequim, National Bureau of Statistics of China, 2008. Disponível em: <http://www.stats.gov.cn/tjsj/ndsj/2008/indexeh.htm>. Acesso em: 2 jun. 2020.

_____. *China Statistical Yearbook*. Pequim, National Bureau of Statistics of China, 2017. Disponível em: <http://www.stats.gov.cn/tjsj/ndsj/2017/indexeh.htm>. Acesso em: 2 jun. 2020.

_____. *China Statistical Yearbook*. Pequim, National Bureau of Statistics of China, 2018. Disponível em: <http://www.stats.gov.cn/tjsj/ndsj/2018/indexeh.htm>. Acesso em: 2 jun. 2020.

DAMÁSIO, António. *O erro de Descartes:* emoção, razão e o cérebro humano. Trad. Dora Vicente e Georgina Segurado, 3. ed., São Paulo, Companhia das Letras, 2012.

_____; CARVALHO, Gil B. The Nature of Feelings: Evolutionary and Neurobiological Origins. *Nature Reviews Neuroscience*, v. 14, 2013, p. 143-52.

DAWKINS, Richard. *O gene egoísta*. Trad. Rejane Rubino. São Paulo, Companhia das Letras, 2015.

DAYE, Chu; DAN, Zhang. China's Central SOEs Post Historic Profits in 2018, Providing Support to Economy Amid downward Pressure. *Global Times*, 17 jan. 2019. Disponível em: <http://www.globaltimes.cn/content/1136176.shtml>. Acesso em: 2 jun. 2020.

DELLA VIGNA, Stephano. Psychology and Economics: Evidence from the Field. *Journal of Economic Literature*, v. 47, n. 2, 2009, p. 315-72.

DENNETT, Daniel. *Consciousness Explained*. Boston, Little, Brown, 1991.

DONHAM, Donald L. Modes of Production. In: SMELSER, Neil; BALTES, Paul B. (Orgs.). *International Encyclopedia of the Social & Behavioral Sciences*. 2. ed., Oxford, Pergamon, 2015, p. 714-17.

DOSI, Giovanni. Economic Coordination and Dynamics: Some Elements of an Alternative Evolutionary Paradigm. LEM Papers Series 2012/08, 2012.

_____. Technological Paradigms and Technological Trajectories: A Suggested Interpretation of the Determinants and Directions of Technical Change. *Research Policy*, v. 11, n. 3, 1982, p. 147-62.

_____ et al. A Model of Cognitive and Operational Memory of Organizations in Changing Worlds. *Cambridge Journal of Economics*, v. 41, n. 3, 2017, p. 775-806.

_____ et al. (Orgs.). *Technical Change and Economic Theory*. Londres, Pinter, 1988.

_____; VIRGILLITO, Maria Enrica. In Order to Stand Up You Must Keep Cycling: Change and Coordination in Complex Evolving Economies. *Science Direct*, v. 56, 2017. Disponível em: <http://dx.doi.org/10.1016/j.strueco.2017.06.003>. Acesso em: 2 jun. 2020.

DINH, Tuan-Minh et al. Effect of Interest Rate Subsidies on Firm Performance and Investment Behavior during Economic Recession: Evidence from Vietnam. *Asian Economic Journal*, v. 27, n. 2, 2013, p. 185-207.

DUMÉNIL, Gérard; LÉVY, Dominique. The Conservation of Value: A Rejoinder to Alan Freeman. *Review of Radical Political Economics*, v. 32, n. 1, 2000, p. 119-46.

ELSTER, Jon. Emotions and Economic Theory. *Journal of Economic Literature*, v. 36, n. 1, 1998, p. 47-74.

ENGELS, Friedrich. *Anti-Dühring*. Trad. Nélio Schneider. São Paulo, Boitempo, 2015 [1878].

ESTRELA, Sylvie; BROWN, Sam P. Community Interactions and Spatial Structure Shape Selection on Antibiotic Resistant Lineages. *Plos Comput Biology*, 21 jun. 2018.

EUROPEAN PARLIAMENT. Resolution on the Importance of European Remembrance for the Future of Europe, 2019/2819 (RSP). *Legislative Observatory*. Disponível em: <https://oeil.secure.europarl.europa.eu/oeil/popups/ficheprocedure.do?lang=en&reference=2019/2819 (RSP)>. Acesso em: 2 jun. 2020.

EVANS, Peter. O Estado como problema e solução. *Lua Nova: Revista de Cultura e Política*, v. 28, n. 29, 1993, p. 107-57.

FAIRBANK, John K.; GOLDMAN, Merle. *China:* A New History. 2. ed., Cambridge, Harvard University Press, 2006.

FAN, Jiayang. Xiaomi and Hugo Barra: A Homegrown Apple in China? *The New Yorker*, 3 out. 2013.

FAN, Joseph; MORCK, Randall; YEUNG, Bernard. Capitalizing China. NBER Working Paper n. 17687, dez. 2011.

FAO. *Lao Census of Agriculture 2010/11:* Analysis of Selected Themes. Ministry of Agriculture and Forestry, Government of the Lao People's Democratic Republic. Vientiane, 2014. Disponível em: <http://www.fao.org/3/a-at767e.pdf>. Acesso em: 17 jun. 2021.

FARJOUN, Emmanuel D.; MACHOVER, Moshé. *Laws of Chaos:* A Probabilistic Approach to Political Economy. Londres, Verso, 1983.

FEINBERG, Matthew; WILLER, Robb; SCHULTZ, Michael. Gossip and Ostracism Promote Cooperation in Groups. *Psychology Science*, v. 25, n. 3, 2014, p. 656-64. Disponível em: <https://journals.sagepub.com/doi/10.1177/0956797613510184>. Acesso em: 20 jul. 2020.

FELDMANHALL, Oriel et al. Empathic Concern Drives Costly Altruism. *NeuroImage*, v. 105, n. 15, 2015, p. 347-56.

_____; DE VYLDER, Stefan. From Plan to Market: The Economic Transition in Vietnam. Nova York, Routledge, 1996.

_____; HOMUTOVA, Lada. Political Authority in Vietnam: Is the Vietnamese Communist Party a Paper *Leviathan? Journal of Current Southeast Asian Affairs*, v. 36, n. 3, 2017, p. 91-118.

FIELD, Jason et al. Chinese Township and Village Enterprises: A Model for Other Developing Countries. Prepared for the International Economic Development Program, Ford School of Public Policy, University of Michigan, 2006. Disponível em: <http://www.umich.edu/~ipolicy/IEDP/2006china/5)%20Chinese%20Township%20and%20Village%20Enterprises,%20A%20Model%20for%20Oth.pdf>. Acesso em: 20 jul. 2020.

FILDES, Nic. Cyber Security Watchdog Warns UK Telcos against Using Equipment from Chinese Supplier ZTE. *Financial Times*, 16 abr. 2018.

FILKOWSKI, Megan M.; COCHRAN, R. Nick; HAAS, Brian W. Altruistic Behavior: Mapping Responses in the Brain. *Dove Medical Press*, v. 2016, n. 5, 2016, p. 65-75. Disponível em: <https://

www.dovepress.com/altruistic-behavior-mapping-responses-in-the-brain-peer-reviewed-fulltext-article-NAN#ref7>. Acesso em: 2 jun. 2020.

FIORI, José Luiz. A nova geopolítica das nações e o lugar da Rússia, China, Índia, Brasil e África do Sul. *Oikos*, n. 8, 2007, p. 77-106.

_____. Globalização, hegemonia e império. In: TAVARES, Maria da Conceição; FIORI, José Luiz (Orgs.). *Poder e dinheiro:* uma economia política da globalização. Petrópolis, Vozes, 1997.

FLEMING, Peter. *The Death of Homo Economicus*. Chicago, University of Chicago Press, 2017.

FORTUNE 500. *Fortune*, 2019. Disponível em: <https://fortune.com/fortune500/>. Acesso em: 24 jul. 2019.

FRANK, Steven A. Evolution. *International Journal of Organic Evolution*, v. 57, n. 4, 2003. Disponível em: <https://onlinelibrary.wiley.com/doi/pdf/10.1111/j.0014-3820.2003.tb00283.x>. Acesso em: 2 jun. 2020.

_____; CARCHEDI, Guglielmo (Orgs.). *Marx and Non-Equilibrium Economics*. Cheltenham, Edward Elgar, 1996.

FREEMAN, Christopher. *A economia da inovação industrial*. Trad. André Luiz Sica de Campos e Janaina Oliveira Pamplona da Costa. Campinas, Ed. Unicamp, 2008.

_____; LOUÇÃ, Francisco. *As Time Goes By:* From the Industrial Revolutions to the Information Revolution. Oxford, Oxford University Press, 2001.

FUJITA, Mai. Vietnamese State-Owned Enterprises under International Economic Integration, RIETI Discussion Paper Series 17-E-121, 2017. Disponível em: <https://www.rieti.go.jp/jp/publications/dp/17e121.pdf>. Acesso em: 17 jun. 2021.

FUKUYAMA, Francis. *O fim da história e o último homem*. Trad. Aulyde Soares Rodrigues. Rio de Janeiro, Rocco, 1992.

GABRIELE, Alberto. *Enterprises, Industry and Innovation in the People's Republic of China:* Questioning Socialism from Deng to the Trade and Tech War. Nova York, Springer, 2020.

_____. Lessons from Enterprise Reforms in China and Vietnam. *Journal of Economic and Social Thought*, v. 3, n. 2, 2016. Disponível em: <http://www.kspjournals.org/index.php/JEST/article/view/821>. Acesso em: 2 jun. 2020.

_____; SCHETTINO Francesco. Market Socialism as a Distinct Socioeconomic Formation Internal to the Modern Mode of Production. *New Proposals: Journal of Marxism and Interdisciplinary Inquiry*, v. 5, n. 2, 2012, p. 20-50.

GAINSBOROUGH, Martin. *Vietnam:* Rethinking the State. Londres, Zed Books, 2010.

GALBRAITH, John Kenneth. *O pensamento econômico em perspectiva:* uma história crítica. Trad. Carlos A. Malferrari. São Paulo, Pioneira/Edusp, 1989.

GALE, John; BINMORE, Kenneth G.; SAMUELSON, Larry. Learning to be Imperfect: The Ultimatum Game. *Games and Economic Behavior*, v. 8, 1995, p. 56-90.

GAREGNANI, Pierangelo. Value and Distribution in the Classical Economists and Marx. *Oxford Economic Papers*, v. 36, n. 2, 1984, p. 291-325.

GERSCHENKRON, Alexander. *O atraso econômico em perspectiva histórica e outros ensaios*. Trad. Vera Ribeiro. Rio de Janeiro, Contraponto, 2015.

GIACCHÉ, Vladimiro (Org.). *Lenin:* Economia della rivoluzione. Milão, Il Saggiatore, 2017.

GINTIS, Herbert. *The Bounds of Reason:* Game Theory and the Unification of the Behavioral Sciences. Princeton, Princeton University Press, 2014.

GOH, Brenda; SHEN, Samuel. China's Proposed Digital Currency More about Policing than Progress. *Reuters*, 1º nov. 2019. Disponível em: <https://www.reuters.com/article/us-china-markets-digital-currency/chinas-proposed-digital-currency-more-about-policing-than-progress-idUSKBN1XB3QP>. Acesso em: 20 jul. 2020.

GOUGH, Ian. Marx's Theory of Productive and Unproductive Labour. *New Left Review*, v. 1, n. 76, 1972, p. 47-72.

GOWDY, John M. Behavioral Economics and Climate Change Policy. *Journal of Economic Behavior & Organization*, v. 68, n. 3-4, 2008, p. 632-44.

GRAHL, John. A New Economics: Anwar Shaikh, Capitalism: Conflict, Competition, Conflict, Crisis. *New Left Review*, n. 104, 2017. Disponível em: <https://newleftreview.org/issues/II104/articles/john-grahl-a-new-economics>. Acesso em: 2 jun. 2020.

GRAMSCI, Antonio. *Selections from the Prison Notebooks*. Ed. Quintin Hoare e Geoffrey Nowell Smith. Nova York, International, 2003.

GRAYOT, James. The Quasi-Economic Agency of Human Selves. *Economia*, v. 7, n. 4, 2017, p. 481-511.

GUIDING OPINIONS of the CPC Central Committee and the State Council on Deepening the Reform of State-Owned Enterprises. *Pkulaw*, 24 ago. 2015. Disponível em: <http://en.pkulaw.cn/display.aspx?cgid=26c39a43ea095fcebdfb&lib=law>. Acesso em: 20 jul. 2020.

GÜTH, Werner; SCHMITTBERGER, Rolf; SCHWARZE, Bernd. An Experimental Analysis of Ultimatum Bargaining. *Journal of Economic Behavior & Organization*, v. 3, 1982, p. 367-88.

GUTTMANN, Robert. Uma introdução ao capitalismo dirigido pelas finanças. *Novos Estudos Cebrap*, n. 82, 2008, p. 11-33.

GUZMAN, Martin; OCAMPO, José António; STIGLITZ, Joseph. Real Exchange Rate Policies for Economic Development. *World Development*, v. 110, 2018, p. 51-62.

HAINZ, Christa; DINH, Thanh; KLEIMEIER, Stefanie. Collateral and its Determinants: Evidence from Vietnam. Proceedings of the German Development Economics Conference, Berlim, 2011.

HALL, Stuart. Race, Articulation, and Societies Structured in Dominance. In: _____. *Essential Essays*, v. 1: *Foundations of Cultural Studies*. Durham, Duke University Press, 2018 [1980].

HALLAGAN. Town and Village Enterprise (TVE). [s.l.], 2015. Disponível em: <https://public.wsu.edu/~hallagan/EconS391/weeks/week5/TVE.pdf>. Acesso em: 20 jul. 2020.

HANHEL, Robin. *Radical Political Economy:* Sraffa versus Marx. Abingdon, Routledge, 2018.

HAYEK, Friedrich. *O caminho da servidão*. São Paulo, Globo, 1946.

_____. *Os erros fatais do socialismo*. Trad. Eduardo Levy. Barueri, Faro, 2019.

_____. Quotes. *Goodreads*. Disponível em: <https://www.goodreads.com/author/quotes/670307.Friedrich_A_Hayek>. Acesso em: 26 jul. 2019.

HEISERMAN, Nicholas; SIMPSON, Brent. Higher Inequality Increases the Gap in the Perceived Merit of the Rich and Poor. *Social Psychology Quarterly*, 8 ago. 2017. Disponível em: <https://journals.sagepub.com/doi/10.1177/0190272517711919>. Acesso em: 25 out. 2019.

HENDERSON, Hubert D. Note on the Problem of Maintaining Full Employment. *The Inter-War Years and Other Essays*. Oxford, Oxford University Press, 1951.

HERMANN, Arturo. Market, Socialism and Democracy in an Interdisciplinary Perspective. *International Journal of Pluralism and Economics Education*, v. 5, n. 4, 2014, p. 327-53.

HINDLESS, Barry; HIRST, Paul. *Pre-Capitalist Modes of Production*. Victoria, AbeBooks, 1975.

HOFSTEDE, Geert. *Culturas e organizações:* compreender a nossa programação mental. Trad. António Fidalgo. Lisboa, Sílabo, 2003.

HOLTZ, Carsten A. The Unfinished Business of State-Owned Enterprise Reform in the People's Republic of China. Munich Personal RePEc Archive, Hong Kong University of Science Technology, 2 dez. 2018. Disponível em: <https://mpra.ub.uni-muenchen.de/94093/1/MPRA_paper_94093.pdf>. Acesso em: 8 jun. 2021.

HSIEH, Chang-Tai; SONG, Zheng. Grasp the Large, Let Go of the Small: The Transformation of the State Sector in China. NBER Working Paper n. 21006, mar. 2015. Disponível em: <https://www.nber.org/papers/w21006.pdf>. Acesso em: 20 jul. 2020.

HU, Ruifa et al. Privatization, Public R&D Policy, and Private R&D Investment in China's Agriculture. *Journal of Agricultural and Resource Economics*, v. 36, n. 2, 2011, p. 416-32.

HUANG, Zuhui; GUAN, Lijun; JIN, Shaosheng. Scale Farming Operations in China. *International Food and Agribusiness Management Review*, v. 20, n. 2, 2016, p. 191-200.

HUONG, Vu Thanh; PHUONG, Nguyen Thi Lan, Changes in Vietnam-China Trade in the Context of China's Economic Slowdown: Some Analysis and Implications, *VNU Journal of Science:* Economics and Business, v. 35, n. 2, 2019, p. 11-22

HUTCHERSON, Cendri A.; BUSHONG, Benjamin; RANGEL, Antonio. A Neurocomputational Model of Altruistic Choice and Its Implications. *Neuron*, v. 87, n. 2, 2015, p. 451-62.

IMF. Central Government Debt: Percent of GDP. *International Monetary Fund*, 2019. Disponível em: <https://www.imf.org/external/datamapper/CG_DEBT_GDP@GDD/FRA/DEU/ITA/JPN/GBR/USA/CHN>. Acesso em: 20 jul. 2020.

IMF. Fiscal Monitor: Public Expenditure Reform: Making Difficult Choices. *International Monetary Fund*, 2014.

ISLAM, Nazrul; YOKOTA, Kazuhito. Lewis Growth Model and China's Industrialization. Working Paper Series, The International Centre for the Study of East Asian Development, Kitakyushu, 17 maio 2008.

JABBOUR, Elias. *China hoje:* projeto nacional, desenvolvimento e socialismo de mercado. São Paulo, Anita Garibaldi/EDUEPB, 2012.

_____. *China:* infraestruturas e crescimento econômico. São Paulo, Anita Garibaldi, 2006.

_____. Pode a China crescer mais? *Le Monde Diplomatique*, 23 jan. 2020. Disponível em: <https://diplomatique.org.br/a-china-pode-crescer-mais/>. Acesso em: 2 jun. 2020.

_____. O socialismo de mercado e suas lógicas de funcionamento. *Carta Capital online*, 10 ago. 2018. Disponível em: <https://www.cartacapital.com.br/blogs/brasil-debate/o-socialismo-de-mercado-e-suas-logicas-de-funcionamento/>. Acesso em: 2 jun. 2020.

_____; DANTAS, Alexis. The Political Economy of Reforms and the Present Chinese Transition. *Brazilian Journal of Political Economy*, v. 37, n. 4, 2017, p. 789-807.

_____; PAULA, Luiz Fernando de. A China e a "socialização do investimento": uma abordagem Keynes-Gerschenkron-Rangel-Hirschman. *Revista de Economia Contemporânea*, v. 22, v. 1, 2018, p. 1-23.

JEFFERSON, Gary H.; RAWSKI, Thomas G. Enterprise Reform in Chinese Industry. *Journal of Economic Perspectives*, v. 8, n. 2, 1994, p. 47-70.

JIANG, Ming-Jin. Neuroeconomics: Economists Perhaps Need Brains. *MIUC*, 18 maio 2017. Disponível em: <https://www.miuc.org/neuroeconomics-economists-perhaps-need-brains/>. Acesso em: 2 jun. 2020.

JOHNSON, Chalmers. *MITI and the Japanese Miracle:* The Growth of Industrial Policy (1925--1975). Stanford, Stanford University Press, 1982.

JONES, Gareth; GEORGE, Jennifer. The Experience and Evolution of Trust: Implications for Cooperation and Teamwork. *The Academy of Management Review*, v. 23, n. 3, 1998, p. 531-46.

KAHNEMAN, Daniel. Maps of Bounded Rationality: A Perspective on Intuitive Judgment and Choice. *The Nobel Prize*, Prize Lecture, 8 dez. 2002. Disponível em: <https://www.nobelprize.org/prizes/economic-sciences/2002/kahneman/lecture/>.

KAHNEMAN, Daniel; KNETSCH, Jack L.; THALER, Richard H. Fairness and the Assumptions of Economics. *Journal of Business*, v. 59, n. 4, 1986, p. 285-300.

KANG, He. *China's Township and Village Enterprises*. Pequim, Foreign Language Press, 2006.

KASPER, Claudia et al. Genetics and Developmental Biology of Cooperation. *Molecular Ecology*, v. 26, n. 17, 2017, p. 4364-77.

KATONA, George. Discussion. *American Economic Review*, 68, 1978, p. 75-7.

_____. Psychology and Consumer Economics. *Journal of Consumer Research*, v. 1, 1974, p. 1-8.

_____. *Psychological Economics*. Nova York, Elsevier, 1975.

KELCH, Ron. Marx's Grundrisse: Forms which Precede Capitalist Production. An Introductory Lecture at Niebyl-Proctor Library, 11 fev. 2007.

KENNING, Peter H.; PLASSMANN, Hilke. Neuroeconomics: An Overview from an Economic Perspective. *Brain Research Bulletin*, v. 67, 2005, p. 343-54.

KEYNES, John M. *A teoria geral do emprego, juros e moeda*. Rio de Janeiro, Fundo de Cultura, 1970 [1936].

KALRA, Sanjay. Vietnam: The Global Economy and Macroeconomic Outlook. *Journal of Southeast Asian Economies*, v. 32, n. 1, 2015.

KERKVLIET, Benedict J. T.; SELDEN, Mark M. Agrarian Transformations in China and Vietnam. *The China Journal*, n. 40, 1998, p. 37-58.

KORNAI, János. Resource-Constrained Versus Demand-Constrained Systems. *Econometrica*, v. 47, n. 4, 1979, p. 801-19.

KREGEL, Jan Kregel. Budget deficits, stabilization policy and liquidity preference: Keynes's post-war policy proposals, em F. Vicarelli (org.), *Keynes relevance today*. Macmillan, Londres, 1985.

LAI, Sha et al. The Distribution of Benefits under China's New Rural Cooperative Medical System: Evidence from Western Rural China. *International Journal for Equity in Health*, v. 17, n. 137, 2018. Disponível em: <https://equityhealthj.biomedcentral.com/articles/10.1186/s12939-018-0852-7>. Acesso em: 20 jul. 2020.

LAOS: Building the Foundations of Socialism. *Socialist Voice*, 2 maio 2018. Disponível em: <https://socialistvoice.ie/2018/05/laos-building-the-foundations-of-socialism/>. Acesso em: 2 jun. 2020.

LARSEN, Nicholas. The State of Banking in Vietnam. *International Banker*, 17 jul. 2019. Disponível em: <https://internationalbanker.com/banking/the-state-of-banking-in-vietnam/>. Acesso em: 21 jun. 2021.

LAZAROIU, George et al. Can Neuroscience Assist Us in Constructing Better Patterns of Economic Decision-Making? *Frontiers in Behavioral Neuroscience*, v. 11, n. 188, 2017. Disponível em: <https://www.ncbi.nlm.nih.gov/pmc/articles/PMC5641305/>. Acesso em: 2 jun. 2020.

LE, Phuong Thanh at al.. Financial Liberalisation, Bank Ownership Type and Performance in a Transition Economy: The Case of Vietnam. *Pacific Basin Finance Journal*, v. 57(C), 2019.

LEIGH, Egbert G. The Group Selection Controversy. *Journal of Evolutionary Biology*, v. 23, 2009, p. 6-19.

_____. When Does the Good of the Group Override the Advantage of the Individual. *Proceedings of the National Academy of Sciences of the United States of America*, v. 80, 1983, p. 2985-9.

_____. The Evolution of Mutualism. *Journal of Evolutionary Biology*, v. 23, 2010, p. 2507-28.

LÊNIN, Vladímir I. *O Estado e a revolução*. Trad. Paula Vaz de Almeida. São Paulo, Boitempo, 2017 [1917].

_____. Sobre o imposto em espécie: o significado da Nova Política e as suas condições. In: _____. *Obras escolhidas*. Lisboa, Progresso, 1977 [1921], v. 3, p. 492-520. Disponível em: <https://www.marxists.org/portugues/lenin/1921/04/21.htm>. Acesso em: 2 set. 2019.

_____. What the "Friends of the People" Are and How They Fight the Social-Democrats. In: _____. *Collected Works*. Moscou, Progress, 2001 [1894]. v. 1, p 129-332. Disponível em: https://www.marxists.org/archive/lenin/works/1894/friends/01.htm>. Acesso em: 2 jun. 2020.

LERNER, Abba P. *Economics of Employment:* Economics Handbook. Nova York, McGraw-Hill, 1951.

LEVITT, Steven D.; LIST, John A. Homo Economicus Evolves. *Science*, 319, 2008, p. 909-10.

LEVY, Dino J.; GLIMCHER, Paul W. The Root of All Value: A Neural Common Currency for Choice. *Current Opinion in Neurobiology*, v. 22, 2012, p. 1027-38.

LEWIS, Arthur. Economic Development with Unlimited Supplies of Labour. *The Manchester School*, v. 22, n. 2, 1954, p. 139-91. Disponível em: <https://la.utexas.edu/users/hcleaver/368/368lewistable.pdf>.

LEWIS, Simon L.; MASLIN, Mark. A. Defining the Anthropocene. *Nature*, v. 519, 2015, p. 171-80.

LI, Tao. ZTE Expects US$178 Million First-Half Profit as It Boosts R&D Spending for 5G Development. *SCMP*, 30 abr. 2019. Disponível em: <https://www.scmp.com/tech/enterprises/article/3008229/zte-expects-us178-million-first-half-profit-it-boosts-rd-spending>. Acesso em: 2 jun. 2020.

LI, Zhou. *Reform and Development of Agriculture in China*. Singapore, Springer, 2017.

LIANG, Yan. *Harnessing Sovereign Money for Development Finance and Solving the Debt Conundrum:* The case of China. No prelo.

LIANG, Yan. Rebalancing, Deleveraging and Sustaining Growth in China. *The Chinese Economy*, v. 50, n. 6, 2017, p. 370-80. Disponível em: <https://www.tandfonline.com/doi/abs/10.1080/10971475.2017.1379934>. Acesso em: 20 jul. 2020.

LIBERMAN, Varda; SAMUELS, Steven M.; ROSS, Lee. The Name of the Game: Predictive Power of Reputations Versus Situational Labels in Determining Prisoner's Dilemma Game Moves. *Personality and Social Psychology Bulletin*, v. 30, 2004, p. 1175-85.

LIN, Justin Yifu. The Household Responsibility System in China's Rural Reform. In: XX INTERNATIONAL ASSOCIATION OF AGRICULTURAL ECONOMISTS, Buenos Aires, 1988. Disponível em: <https://ageconsearch.umn.edu/search?ln=en&cc=993>. Acesso em: 17 jun. 2021.

LIU, Qiao. *Corporate China 2.0:* The Great Shakeup. Nova York, Palgrave Macmillan, 2016.

LO, Dic; WU, Mei. The State and Industrial Policy in Chinese Economic Development. In: SALAZAR-XIRINACHS, José M.; NÜBLER, Irmgard; KOZUL-WRIGHT, Richard (Orgs.).

Transforming Economies: Making Industrial Policy Work for Growth, Jobs and Development. Genebra: International Labour Office, 2014. Disponível em: <https://www.ilo.org/wcmsp5/groups/public/---dgreports/---inst/documents/publication/wcms_315676.pdf>. Acesso em: 8 jun. 2021.

LORIMER, Doug. *Fundamentals of Historical Materialism:* The Marxist View of History and Politics. Broadway, Resistance Books, 1999.

LOSURDO, Domenico. *O marxismo ocidental:* como nasceu, como morreu, como pode renascer. Trad. Ana Maria Chiarini e Diego Silveira Coelho Ferreira. São Paulo, Boitempo, 2018.

_____. *Fuga da história?* Revolução russa e chinesa vistas de hoje. Trad. Luiz Mario Gazzaneo e Carolina Muranaka Saliba. Rio de Janeiro, Revan, 2004.

MAJEROWICZ, Esther. China and the International Political Economy of Information and Communication Technologies. Textos para Discussão. UFRN, 2019. Disponível: <https://www.researchgate.net/publication/334711023_China_and_the_International_Political_Economy_of_Information_and_Communication_Technologies>. Acesso em: 24 maio 2021.

_____; MEDEIROS, Carlos Aguiar de. Chinese Industrial Policy in the Geopolitics of the Information Age: The Case of Semiconductors. *Revista de Economia Contemporânea*, v. 22, n. 1, 2018, p. 35-61. Disponível em: <https://revistas.ufrj.br/index.php/rec/article/view/20627/11852>. Acesso em: 24 maio 2021.

MARIOLIS, Theodore; TSOULFIDIS, Lefteris. *Modern Classical Economics and Reality:* A Spectral Analysis of the Theory of Value and Distribution. Nova York, Springer, 2016.

MARKS, Cindy. Rural Banking in China. *Asia Focus, Federal Reserve of San Francisco*, 2010. Disponível em: <https://www.frbsf.org/banking/files/Asia-Focus-Rural-Banking-in-China-5.2010.pdf>. Acesso em: 2 jun. 2020.

MARTI, Michael E. *A China de Deng Xiaoping:* o homem que pôs a China na cena do século XXI. Trad. Antonio Sepulveda. Rio de Janeiro, Nova Fronteira, 2004.

MARX, Karl. Carta a Ludwig Kugelmann. In: _____; ENGELS, Friedrich. *Obras escolhidas*. Trad. José Barata Moura. Lisboa, Avante, 1982-1985 [1868], v. 2, p. 455-6. Disponível em: <https://www.marxists.org/portugues/marx/1868/07/11.htm>. Acesso em: 28 abr. 2019.

MARX, K. Carta a Vera Zasulich, 1881. In: SHANIN, Theodor. *Marx tardio e a via russa:* Marx e as periferias do capitalismo. São Paulo, Expressão Popular, 2017 [1881].

_____. *Contribuição à crítica da economia política*. Trad. Florestan Fernandes. 2. ed., São Paulo, Expressão Popular, 2008 [1859].

_____. *Crítica do Programa de Gotha*. Trad. Rubens Enderle. São Paulo, Boitempo, 2012 [1875].

_____. *Grundrisse:* manuscritos econômicos de 1857-1858. Trad. Mario Duayer e Nélio Schneider. São Paulo, Boitempo, 2011.

_____. *O capital*. Livro 1: *O processo de produção do capital*. Trad. Rubens Enderle. São Paulo, Boitempo, 2013 [1867].

_____. *O capital*. Livro 3: *O processo global da produção capitalista*. Trad. Rubens Enderle. São Paulo, Boitempo, 2014 [1894].

_____. Results of the Direct Production Process. In: _____. *Marx/Engels Collected Works* (MECW), v. 19, 1984. Disponível em: <https://www.marxists.org/archive/marx/works/1864/economic/index.htm>. Acesso em: 2 jun. 2020.

_____; ENGELS, F. *A ideologia alemã*. Trad. Luciano Cavini Martorano, Nélio Schneider e Rubens Enderle. São Paulo, Boitempo, 2007 [1845].

_____; _____. *A sagrada família*: crítica da Crítica crítica contra Bruno Bauer e consortes. Trad. Marcelo Backes. São Paulo, Boitempo, 2011.

_____; _____. *Manifesto Comunista*. Trad. Álvaro Pina e Ivana Jinkings. São Paulo, Boitempo, 1998 [1848].

MASIERO, Gilmar. Origens e desenvolvimento das Township and Village Enterprises (TVEs) chinesas. *Revista de Economia Política*, v. 26, n. 103, 2006, p. 425-44. Disponível em: <https://www.scielo.br/j/rep/a/LDw3fSVTngXjj4LKkzm58Gr/?lang=pt&format=pdf>. Acesso em: 7 jun. 2021.

MASINA, Pietro. Vietnam between Developmental State and Neoliberalism: The Case of the Industrial Sector. In: KYUNG-SUP, Chang; FINE, Ben; WEISS, Linda (Orgs.). *Developmental Politics in Transition:* The Neoliberal Era and Beyind. Londres, Palgrave Macmillan, 2012.

_____; CERIMELE, Michela. Patterns of Industrialisation and the State of Industrial Labour in Post-WTO-Accession Vietnam. *European Journal of East Asian Studies*, v. 17, n. 2, 2018.

MAULIDIANSYAH, Roli. Althusser: The Social Formation as a Totality of Instances. Documento eletrônico, 2008. Disponível em: <http://www.faculty.umb.edu/gary_zabel/Courses/Spinoza/Texts/Chapter%206_files/view(1).htm>. Acesso em: 2 jun. 2020.

MAZZUCATO, Mariana. *The Entrepreneurial State: Debunking Public vs. Private Sector Myths*. Londres, Penguin, 2013.

MCMASTER, Robert; NOVARESE, Marco. Neuroeconomics: Infeasible and Underdetermined. *Journal of Economic Issues*, v. 50, n. 4, 2016, p. 963-83.

MCQUARIE, Donald; AMBURGEY, Terry. Marx and Modern Systems Theory. *Social Science Quarterly*, v. 59, n. 1, 1978, p. 3-19.

MEDEIROS, Carlos Aguiar de. Apresentação na Conferência Internacional "Economia Política do Desenvolvimento da China". Rio de Janeiro, UFRJ, 9-10 mar. 2017. Disponível em: <https://www.youtube.com/watch?v=xd7pWVe4bfA>. Acesso em: 5 nov. 2019.

_____. Instituições, Estado e mercado no processo de desenvolvimento econômico. *Revista de Economia Contemporânea*, v. 5, n. 1, 2001, p. 49-76.

_____. The Post-War American Technological Development as a Military Enterprise. *Contributions to Political Economy*, v. 22, 2003, p. 41-62.

_____. Economia e política do desenvolvimento recente da China. *Revista de Economia Política*, v. 19, n. 3, 1999.

MEHTA, Pratap Bhanu. Self-Interest and Other Interests. In: HAAKONSSEN, Knud (Org.). *The Cambridge Companion to Adam Smith*. Cambridge, Cambridge University Press, 2006.

MEYER, Maciej. Is Homo Economicus a Universal Paradigm in Economic Theory? *Annals of Economics and Finance, Society for AEF*, v. 17, n. 2, 2016, p. 433-43. Disponível em: <http://down.aefweb.net/AefArticles/aef170208Meyer.pdf>. Acesso em: 24 maio 2021.

MILINSKI, Manfred. Reputation, a Universal Currency for Human Social Interactions. *Philosophical Transactions: Biological Sciences*, v. 371, n. 1687, 2016, p. 1-9.

MINSKY, Hyman P. *Estabilizando uma economia instável*. Trad. Sally Tilelli. São Paulo, Novo Século, 2010.

MONGIOVI, Gary. Vulgar Economy in Marxian Garb: A Critique of Temporal Single System Marxism. *Review of Radical Political Economics*, v. 34, n. 4, 2002.

MOORE JR., Barrington. *As origens sociais da ditadura e da democracia:* senhores e camponeses na construção do mundo moderno. Trad. Maria Ludovina Figueiredo Couto. São Paulo, Martins Fontes, 1966.

MUNROE, Robert L. Altruism and Collectivism: An Exploratory Study in Four Cultures. *Cross-Cultural Research*, 29 set. 2017. Disponível em: <https://journals.sagepub.com/doi/abs/10.1177/1069397117733450>. Acesso em: 2 jun. 2020.

Nations Encyclopedia. Laos: Agriculture. *Encyclopedia of Nations*, 2020. Disponível em: <https://www.nationsencyclopedia.com/economies/Asia-and-the-Pacific/Laos-AGRICULTURE.html>. Acesso em: 17 jun. 2021.

NAUGHTON, Barry. *Growing Out of the Plan:* Chinese Economic Reform (1978-1993). Cambridge, Cambridge University Press, 1996.

_____. Is China socialist? *Journal of Economic Perspectives*, v. 31, n. 1, 2017, p. 3-24.

_____. SASAC and Rising Corporate Power in China. *China Leadership Monitor*, v. 24, n. 8, 2008. Disponível em: <https://www.researchgate.net/publication/265498194_SASAC_and_rising_corporate_power_in_China>. Acesso em: 20 jul. 2020.

_____. *The Chinese Economy:* Transitions and Growth. Londres, IMT, 2007.

_____; TSAI, Kellee S. (Orgs.). *State Capitalism, Institutional Adaptation, and the Chinese Miracle*. Cambridge, Cambridge University Press, 2015.

NAVAJAS, Joaquin; BAHRAMI, Bahador; LATHAM, Peter E. Post-Decisional Accounts of Biases in Confidence. *Current Opinion in Behavioral Sciences*, v. 11, 2016, p. 55-60.

NELSON, Richard. An Overview of Modern Evolutionary Economics. Mimeo, 2016.

_____; WINTER, Sidney G. An Evolutionary Theory of Economic Change. Cambridge, Harvard University Press, 1982 [ed. bras.: *Uma teoria evolucionária da mudança econômica*. Trad. Cláudia Heller. Campinas, Unicamp, 2005].

_____; GUIMARÃES, João Vitor; BRAGA, João Pedro. Inequalities and Capital Accumulation in China. *Brazilian Journal of Political Economy*, v. 39, n. 3, 2019, p. 449-69.

NOLAN, Peter. *China and the Global Economy:* National Champions, Industrial Policy and the Big Business Revolution. Houndsmill, Palgrave, 2001.

NORTH, Douglas. *Institutions, Institutional Change and Economic Performance*. Cambridge, Cambridge University Press, 1990.

NOWAK, Martin; COAKLEY, Sarah. *Evolution, Games, and God:* The Principle of Cooperation. Cambridge, Harvard University Press, 2013.

_____; HIGHFIELD, Roger. *Supercooperators:* Evolution, Altruism and Human Behaviour, or why We Need Each Other to Succeed. Massachusetts, Free Press, 2011.

NPC. Ninth Five-Year Plan' for Economic and Social Development. National People's Congress, 1996.

OLIVEIRA, Amaury P. de. O salto qualitativo de uma economia continental. *Política Externa*, v. 11, n. 4, 2003, p. 6-13.

ONOZAKI, Tamotsu. *Nonlinearity, Bounded Rationality, and Heterogeneity:* Some Aspects of Market Economies as Complex Systems. Chiyoda, Springer Japan, 2018.

O'RUAIRC, Liam. Reading is an Argument: Althusser's Commandment, Conjecture and Contradiction. *Variant*, n. 32, 2008. Disponível em: <http://www.variant.org.uk/32texts/althuser32.html>. Acesso em: 2 jun. 2020.

PARSONS, Talcott. *The Social System*. Glencoe, Free Press, 1951.

PASINETTI, Luigi L. *Structural Change and Economic Growth:* A Theoretical Essay on the Dynamics of the Welfare Nation. Cambridge, Cambridge University Press, 1981.

PAULA, Luiz Fernando de. Financiamento, crescimento econômico e funcionalidade do sistema financeiro: uma abordagem pós-keynesiana. *Estudos Econômicos*, v. 43, n. 2, 2013, p. 363-96.

_____. Macroeconomia do desenvolvimento de Bresser-Pereira: para além da ortodoxia e do keynesianismo vulgar. In: OREIRO, José Luiz; PAULA, Luiz Fernando de; MARCONI, Nelson. *A teoria econômica na obra de Bresser-Pereira*. Santa Maria, Ed. UFSM, 2015.

PECK, Jamie; ZHANG, Jun. A Variety of Capitalism… with Chinese Characteristics? *Journal of Economic Geography*, v. 13, n. 3, 2013, p. 357-96. Disponível em: <https://www.researchgate.net/publication/270786766_A_Variety_of_Capitalismwith_Chinese_Characteristics>. Acesso em: 20 jul. 2020.

PENNY, David. Cooperation and Selfishness Both Occur During Molecular Evolution. *Biology Direct*, v. 10, n. 26, 2015.

PERKINS, Dwight; ANH, Vu Thanh Tu. Vietnam's Industrial Policy: Designing Policies for Sustainable Development. United Nations Development Programme Policy Dialogue Paper n. 3, 2010.

PFEIFFER, Thomas; SCHUSTER, Stefan; BONHOEFFER, Sebastian. Cooperation and Competition in the Evolution of ATP: Producing Pathways. *Science*, v. 292, n. 5516, 2001, p. 504-7.

PIKETTY, Thomas. *O capital no século XXI*. Trad. Monica Baumgarten de Bolle. Rio de Janeiro, Intrínseca, 2014.

_____. *Top Incomes in France in the Twentieth Century:* Inequality and Redistribution (1901-1998). Cambridge, Harvard University Press, 2018.

_____; YANG, Li; ZUCMAN, Gabriel. Capital Accumulation, Private Property and Rising Inequality in China. NBER Working Paper n. 23368, 2017.

PINGALI, Prabhu; XUÂN, Võ Tòng. Vietnam: Decollectivization and Rice Productivity Growth. Economic Development and Cultural Change, v. 40, n. 4, 1992, p. 697-718.

PINGYAO, Lin. China's Economic Growth: New Trends and Implications. *China and World Economy*, n. 1, 2003.

PIO XII. Acta Apostolicae Sedis Decretum. Commentarium Officiale, Ano 41, série 2, v. 16, 1949. Disponível em: <http://www.vatican.va/archive/aas/documents/AAS-41-1949-ocr.pdf>. Acesso em: 2 jun. 2020.

PLUTARCO. *The Lives of the Noble Grecians and Romans*. Trad. John Dryden. Nova York, Modern Library, 2010

PREBISCH, Raul. O desenvolvimento econômico da América Latina e seus principais problemas. *Revista Brasileira de Economia*, v. 3, n. 3, 1949, p. 47-111. Disponível em: <http://bibliotecadigital.fgv.br/ojs/index.php/rbe/article/view/2443/1767>. Acesso em: 20 jul. 2020.

QUAN, Hoang Vuong. *Financial Markets in Vietnam's Transition Economy:* Facts, Insights, Implications. Saarbrucken, VDM, 2010.

_____. The Vietnamese Financial Economy: Reforms and Development, 1986-2016. In: VOLZ, Ulrich; MORGAN, Peter; YOSHINO, Naoyuki (Orgs.). *Routledge Handbook of Banking and Finance in Asia*. Nova York, Routledge, 2018. Disponível em: <https://papers.ssrn.com/sol3/papers.cfm?abstract_id=3382798>. Acesso em: 17 jun. 2021.

RAMOS JÚNIOR, Valeriano. The Concepts of Ideology, Hegemony, and Organic Intellectuals in Gramsci's Marxism. *Theoretical Review*, n. 27, 1982. Disponível em: <https://www.marxists.org/history/erol/periodicals/theoretical-review/1982301.htm>. Acesso em: 24 maio 2021.

RAMSTETTER, Eric D.; KIEN, Trung Nguyen. How Important are SOEs and MNEs in Vietnam's Economy? AGI Working Paper Series 2017-09, 2017. Disponível em: <http://www.agi.or.jp/workingpapers/WP2017-09.pdf>. Acesso em: 17 jun. 2021.

RAND, John; TARP, Finn. Introduction. In: _____; _____ (Orgs.). *Micro, Small, and Medium Enterprises in Vietnam*. Oxford, Oxford University Press, 2020, p. 1-13. Disponível em: <https://library.oapen.org/bitstream/handle/20.500.12657/40154/9780198851189.pdf?sequence=1&isAllowed=y>. Acesso em: 17 jun. 2021.

RANGEL, Antonio; CAMERER, Colin F.; MONTAGUE, Pendleton R. A Framework for Studying the Neurobiology of Value-Based Decision Making. *Nature Reviews Neuroscience*, v. 9, n. 7, 2008, p. 545-56. Disponível em: <https://www.researchgate.net/publication/5310519_Rangel_A_Camerer_C_Montague_PR_A_framework_for_studying_the_neurobiology_of_value-based_decision_making_Nat_Rev_Neuro_9_545-556>. Acesso em: 20 jul. 2020.

RANGEL, Ignácio. A recuperação americana. *Folha de S.Paulo*, 21 abr. 1983.

_____. Desenvolvimento e projeto. In: _____. *Obras reunidas*. Rio de Janeiro, Contraponto, 2005 [1956].

_____. Elementos de Economia do Projetamento. In: _____. *Obras reunidas*. Rio de Janeiro, Contraponto, 2005 [1959].

RAPAPORT, Anatol. *General System Theory:* Essential Concepts and Applications. Tunbridge Wells, Abacus, 1986.

RESCH, Robert P. *Althusser and the Renewal of Marxist Social Theory*. Los Angeles, University of California Press, 1992.

RIZZELLO, Salvatore. Knowledge as a Path-Dependent Process. *Journal of Bioeconomics*, v. 6, 2004, p. 255-74. Disponível em: <https://link.springer.com/article/10.1007/s10818-004-2925-5#citeas>. Acesso em: 2 jun. 2020.

_____. Xi Jinping Thought and the Nature of China Today. *Redline: Contemporary Marxist Analysis*, 26 out. 2017. Disponível em: <https://rdln.wordpress.com/2017/10/26/xi-jinping-thought-and-the-nature-of-china-today/>. Acesso em: 11 maio 2019.

RODRIK, Dani. The Real Exchange Rate and Economic Growth. *Brookings Papers on Economic Activity*, v. 2, 2008, p. 365-412.

ROMANO, Francesco S. *Storia dei fasci siciliani*. Bari, Laterza, 1959.

RONCAGLIA, Alessandro. A Revolution in Economic Theory: The Economics of Piero Sraffa. *Contributions to Political Economy*, v. 36, n. 1, jul. 2017, p. 140-4.

_____. Post-Keynesian, Post-Sraffian Economics: An Outline. In: PAPADIMITRIOU, Dimitri (Org.). *Contributions to Economic Theory, Policy, Development and Finance*: Essays in Honor of Jan Kregel, Londres, Palgrave MacMillam, 2014.

_____. *Piero Sraffa:* Great Thinkers in Economics. Londres, Palgrave Macmillan, 2009.

_____. *Sraffa and the Theory of Prices*. Nova York, Wiley, 1978.

ROSENSTEIN-RODAN, Paul. N. Problems of Industrialisation of Eastern and South-Eastern Europe. *The Economic Journal*, v. 53, n. 210-1, 1943, p. 202-11.

SACHS, Jeffrey D.; WOO, Wing Thye. Understanding China's Economic Performance. NBER Working Paper n. 5935, 1997. Disponível: <https://www.nber.org/papers/w5935>. Acesso em: 20 jul. 2020.

SANFEY, Alan. G. Social Decision-Making: Insights from Game Theory and Neuroscience. *Science*, v. 318, n. 5850, 2007, p. 598-602.

_____ et al. Neuroeconomics: Cross-Currents in Research on Decision-Making. *Trends in Cognitive Sciences*, v. 10, n. 3, 2006, p. 108-16. Disponível em: <https://www.sciencedirect.com/science/article/abs/pii/S1364661306000271>. Acesso em: 2 jun. 2020.

SCREPANTI, Ernesto. Freedom of Choice in the Production Sphere: The Capitalist Frm and the Self-Managed Firm. *Review of Political Economy*, v. 23, n. 2, 2011, p. 267-79.

_____. Karl Marx on Wage Labour: From Natural Abstraction to Formal Subsumption. *Quaderni del Dipartimento di Economia Politica e Statistica*, n. 720, 2015.

_____. *Labour and Value:* Rethinking Marx's Theory of Exploitation. Cambridge, OpenBook, 2019. Disponível em: <https://www.openbookpublishers.com/reader/1066#page/1/mode/2up>. Acesso em: 2 jun. 2020.

_____. Marx's Theory of Value, the "New Interpretation", and the "Empirical Law of Value": A Recap Note. *Quaderni del Dipartimento di Economia Politica e Statistica*, n. 708, 2015.

SHAIKH, Anwar. *Capitalism:* Competition, Conflict, Crises. Oxford, Oxford University Press, 2016.

SHERMAN, Paul W.; JARVIS, Jennifer U.; ALEXANDER, Richard D. (Orgs.). *The Biology of the Naked Mole-Rat*. Princeton, Princeton University Press, 1991.

SHERMER, Michael. The Prospects for Homo Economicus: A New fMRI Study Debunks the Myth that We Are Rational-Utility Money Maximizers. *Scientific American*, v. 297, n. 1, 2007, p. 40-2.

SHILLER, Robert. *Exuberância irracional*. São Paulo, Makron Books, 2000.

_____. *Narrative Economics:* How Stories Go Viral and Drive Major Economic Events. Princeton, Princeton University Press, 2019.

SHU-KI, Tsang; YUK-SHING, Cheng. China's Tax Reforms of 1994: Breakthrough Compromise? *Asian Survey*, v. 34, n. 9, 1994, p. 769-88.

SIMON, Herbert A. Rational Decision Making in Business Organizations. *The American Economic Review*, v. 69, n. 4, set. 1979, p. 493-513. Disponível em: <http://www.ask-force.org/web/Discourse/Simon-Rational-Business-1979.pdf>. Acesso em: 24 maio 2021.

_____. The Architecture of Complexity. *Proceedings of the American Philosophical Society*, v. 106, n. 6, 1962, p. 467-82.

SMITH, Adam. *A riqueza das nações:* investigação sobre sua natureza e causas. Trad. Luiz João Baraúna. São Paulo, Nova Cultural, 1996 [1776].

SOCIALISTIC. *Dictionary.com*. Disponível em: <https://www.dictionary.com/browse/socialistic>. Acesso em: 4 ago. 2019.

SOCIALIST VOICE. Laos: Building the Foundations of Socialism. 2 maio 2018. Disponível em: <https://socialistvoice.ie/2018/05/laos-building-the-foundations-of-socialism/>. Acesso em: 17 jun. 2021.

SOEDARMONO, Wahyoe; MACHROUH, Fouad; TARAZI, Amine. Bank Market Power, Economic Growth and Financial Stability: Evidence from Asian Banks. *Journal of Asian Economics*, v. 22, n. 6, 2011, p. 460-70.

SONG, Yiching et al. Farmer Cooperatives in China: Diverse Pathways to Sustainable Rural Development. *International Journal of Agricultural Sustainability*, v. 12, n. 2, 2014, p. 95-108. Disponível em: <https://doi.org/10.1080/14735903.2013.858443>. Acesso em: 20 jul. 2020.

SPENCER, M. K. Baidu Is the Most AI-Centric Company. In 2019 Baidu May Eclipse Alphabet and Microsoft to Be the Most AI-centric Company. *Medium*, 16 fev. 2019. Dsponível em: <https://medium.com/stocktrek/baidu-is-the-most-ai-centric-company-a7f6d70b20dd>. Acesso em: 2 jun. 2020.

SRAFFA, Piero. *Produção de mercadorias por meio de mercadorias*. Trad. Elisabeth Machado Oliveira, Paulo de Almeida e Christiano Monteiro Oiticica. São Paulo, Nova Cultural, 1997.

STATE COUNCIL. Made in China 2025. The State Council of the People's Republic of China, 7 jul. 2015. Disponível em: <http://www.cittadellascienza.it/cina/wp-content/uploads/2017/02/IoT-ONE-Made-in-China-2025.pdf>. Acesso em: 20 jul. 2020.

STICHWEH, Rudolf. Systems Theory. Documento eletrônico [s.d.]. Disponível em: <https://www.fiw.uni-bonn.de/demokratieforschung/personen/stichweh/pdfs/80_stw_systems-theory-international-encyclopedia-of-political-science_2.pdf>. Acesso em: 2 jun. 2020.

SUIWAH, Leung. The Vietnamese Economy: Seven Years after the Global Finalcial Crisis. *Journal of Southeast Asian Economies*, v. 32, n. 1, 2015.

SUMMA, Ricardo; SERRANO, Franklin. Dissenso ao contrassenso do novo consenso: a alternativa da macroeconomia da demanda efetiva. Texto para Discussão 008, 2019. Disponível em: <https://www.ie.ufrj.br/images/IE/TDS/2019/TD_IE_008_2019_SUMMA_SERRANO.pdf>. Acesso em: 20 jul. 2020.

SWEEZY, Paul M. (Org.). *Karl Marx and the Close of His System by Eugen von Böhm-Bawerk & Böhm-Bawerk's Criticism of Marx by Rudolf Hilferding*. Nova York, Augustus M. Kelley, 1949.

TAVARES, Maria da Conceição. A reafirmação da hegemonia norte-americana. In: _____; FIORI, José Luiz. *Poder e dinheiro*: uma economia política da globalização. Petrópolis, Vozes, 1997.

TEDSTROM, John E. (Org.). *Socialism, Perestroika, and the Dilemmas of Soviet Economic Reform*. Boulder, Westview, 1990.

THALER, Richard H. *Advances in Behavioral Finance*. Nova York, Russell Sage Foundation, 1993-2005. 2 v.

_____. *Quasi Rational Economics*. Nova York, Russell Sage Foundation, 1994.

THE 1619 PROJECT. *New York Times Magazine*, 2019. Disponível em: <https://www.nytimes.com/interactive/2019/08/14/magazine/1619-america-slavery.html>. Acesso em: 2 jun. 2020.

THE WORLD BANK IN VIETNAM. Overview. *The World Bank*, 18 out. 2019. Disponível em: <https://www.worldbank.org/en/country/vietnam/overview>. Acesso em: 17 jun. 2021.

THOMPSON, Derek. Richard Thaler Wins the Nobel in Economics for Killing Homo Economicus. *The Atlantic*, 9 out. 2017. Disponível em: <https://www.theatlantic.com/business/archive/2017/10/richard-thaler-nobel-economics/542400/>. Acesso em: 2 jun. 2020.

TORRES GONZÁLEZ, Luiz. D. Modern Classical Economics and Reality: A Spectral Analysis of the Theory of Value and Distribution, by Theodore Mariolis and Lefteris Tsoulfidis. *Investigación Económica*, v. 75, n. 298, 2016.

TRAN, Van Tho. Vietnamese Gradualism in Reforms of the State-Owned Enterprises. In: ICHIMURA, Shinichi; SATO, Tsuneaki; JAMES, William (Orgs.). *Transition from Socialist to Market Economies*: Comparison of European and Asian Experiences. Londres, Palgrave MacMillan, 2009. Disponível em: <http://citeseerx.ist.psu.edu/viewdoc/download?doi=10.1.1.535.3675&rep=rep1&type=pdf>. Acesso em: 16 jun. 2021.

TRÍ, Dũng. 96,5% DNNN được cổ phần hóa, nhưng chỉ 8% tổng số vốn được cổ phần hóa [96.5% of SOEs Have Been Equitized, but only 8% of the Total Capital Has Been Equitized]. *Kinh tế và Dự báo*, 10 abr. 2017. Disponível em: <http://kinhtevadubao.vn/chi-tiet/146-8159-965-dnnn-duoc-co-phan-hoa-nhung-chi-8- tong-so-von-duoc-co-phan-hoa.html>.Acesso em: 17 jun. 2021.

TRIANDIS, Harry C. *Individualism and Collectivism*. Boulder, Westview, 1995.

TVERSKY, Amos; KAHNENAN, Daniel. Judgment under Uncertainty: Heuristics and Biases. *Science*, v.185, 1974, p. 1124-31.

VAENKO, Souksakhone. Laos' 10th Congress Elects New Party Leadership. *Asian News*, 22 jan. 2016. Disponível em: <https://web.archive.org/web/20160203071725/http://www.asia

news.network/content/laos%E2%80%99-10th-congress-elects-new-party-leadership-8075>. Acesso em: 2 jun. 2021.

VAN BAVEL, Jay. The Psychology of Hate: Moral Concerns Differentiate Hate from Dislike. *PsyArXiv Preprints*, 25 jun. 2018. Disponível em: <https://psyarxiv.com/x9y2p/>. Acesso em: 2 jun. 2020.

VOLÓCHINOV, Valentin N. *Marxismo e filosofia da linguagem*. Trad. Sheila Grillo e Ekaterina Vólkova Américo. 2. ed., São Paulo, Editora 34, 2018. Disponível em inglês em: <https://www.marxists.org/archive/voloshinov/1929/marxism-language.htm>. Acesso em: 2 jun. 2020.

VON BERTALANFFY, Ludwig. *General System Theory:* Foundations, Development, Applications. Nova York, George Braziller, 1969.

_____. General Systems Theory as Integrating Factor in Contemporary Science. In: XIV. INTERNATIONALEN KONGRESSES FÜR PHILOSOPHIE. KOLLOQUIEN, Alberta, Canadá, 1968. *Akten...*, Freiburg, Herder & Co., 1968, v. 2, p. 335-40.

WACKER, Kostantin M. Restructuring of the SOE Sector in Vietnam: Where Do We Stand and What are the Challenges Ahead? *SSRN Electronic Journal*, 23 ago. 2016. Disponível em: <https://ssrn.com/abstract=2828197>. Acesso em: 17 jun. 2021.

WADE, Robert. Choking the South. *New Left Review*, v. 38, 2006, p. 115-27.

_____. Financial Regime Change? *New Left Review*, v. 53, 2008, p. 5-21.

_____. Role of the State in (1) Middle-Income Trap & (2) Climate Disruption. LSE, ENAP, Brasilia, set. 2015. Disponível em: <https://repositorio.enap.gov.br/bitstream/1/2957/4/04%20-%20Robert%20Wade%20en.pdf>. Acesso em: 20 jul. 2020.

WANG, Orange. China Reaffirms Commitment to State-Led Economy Despite US Pressure, after Top Beijing Policy Meeting. *South China Morning Post*, 1º nov. 2019. Disponível em: <https://www.scmp.com/economy/china-economy/article/3035964/china-reaffirms-commitment-state-led-economy-despite-us>. Acesso em: 2 jun. 2020.

WANG, Yingyao. The rise of the "shareholding state": financialization of economic management in China, *Socio-Economic Review*, v. 13, n. 3, jul. 2015, p. 603–625. Disponível em: <https://academic.oup.com/ser/article-abstract/13/3/603/1670234>. Acesso em: 13 jun 2019

WARNEKEN, Felix; TOMASELLO, Michael. The Roots of Human Altruism. *British Journal of Psychology*, v. 100, n. 3, 2009, p. 455-71.

WEBER, J. Mark; MURNIGHAN, J. Keith. Suckers or Saviors? Consistent Contributors in Social Dilemmas. *Journal of Personality and Social Psychology*, v. 95, n. 6, 2009, p. 1340-53.

WEISSKOPF, Walter A. Individualism and Economic Theory. *The American Journal of Economics and Sociology*, v. 9, n. 3, 1950, p. 317-33. Disponível em: <https://onlinelibrary.wiley.com/doi/abs/10.1111/j.1536-7150.1950.tb01533.x>. Acesso em: 2 jun. 2020.

WEST, Stuart A.; GRIFFIN, Ashleigh. S.; GARDNER, Andy. Evolutionary Explanations for Cooperation. *Current Biology*, v. 17, n. 16, 2007, p. R661-72. Disponível em:<https://www.cell.com/current-biology/pdf/S0960-9822(07)01499-6.pdf>. Acesso em: 24 maio 2021.

WHEATLEY, Jonathan. Does Investing in Emerging Markets Still Make Sense? *Financial Times*, 16 jul. 2019.

WILLIAMSON, John (Org.). *Latin American Adjustment:* How Much Has Happened? Washington, Institute for International Economics, 1990.

WILLS, Julian; HACKEL, Leor; HALL, Oriel Feldman et al. The Social Neuroscience of Cooperation, *PsyArXiv*, 2 nov. 2018.

WINTER, Sidney G. Economic "Natural Selection" and the Theory of the Firm. *Yale Economic Essays*, v. 4, n. 1, 1964.

_____. Natural Selection and Evolution. In: EATWELL, John; MILGATE, Murray; NEWMAN, Peter (Orgs.). *The New Palgrave Dictionary of Economics*. Londres, Macmillan, 1987, v. 3, p. 614-17.

_____. Pursuing the Evolutionary Agenda in Economics and Management Research. LEM Papers Series 2016/22, 2016.

_____. Satisficing, Selection, and the Innovating Remnant. *The Quarterly Journal of Economics*, v. 85, n. 2, 1971, p. 237-61.

WORLD BANK. Arable Land (% of Land Area). *The World Bank*, 2016. Disponível em: <https://data.worldbank.org/indicator/AG.LND.ARBL.ZS>. Acesso em: 2 jun. 2020.

_____. Cereal Production (Metric Tons): China. *The World Bank*, 2018a. Disponível em: <https://data.worldbank.org/indicator/AG.PRD.CREL.MT?locations=CN>. Acesso em: 6 fev. 2018.

_____. China: Reform of State-Owned Enterprises. *The World Bank*, 21 jun. 1996. Disponível em: <http://documents.worldbank.org/curated/en/114421468770439767/China-Reform-of-state-owned-enterprises>. Acesso em: 25 out. 2019.

_____. Current Account Balance (BoP, Current US$): China. *The World Bank*, 2020. Disponível em: <https://data.worldbank.org/indicator/BN.CAB.XOKA.CD?locations=CN>. Acesso em: 20 jul. 2020.

_____. Domestic Credit to Private Sector (% of GDP): China. *The World Bank*, 2017. Disponível em: <https://data.worldbank.org/indicator/FS.AST.PRVT.GD.ZS?end=2019&locations=CN&start=1977&view=chart>. Acesso em: 2 jun. 2018.

_____. Exports of Goods and Services (% of GDP): China. *The World Bank*, 2019. Disponível em: <https://data.worldbank.org/indicator/NE.EXP.GNFS.ZS?locations=CN>. Acesso em: 2 jun. 2020.

_____. Foreign Direct Investment, Net Inflows (BoP, Current US$). *The World Bank*, 2019. Disponível em: <https://data.worldbank.org/indicator/BX.KLT.DINV.CD.WD>. Acesso em: 2 jun. 2020.

_____. GDP Growth (Annual %): China. *The World Bank*, 2019c. Disponível em: <https://data.worldbank.org/indicator/NY.GDP.MKTP.KD.ZG?locations=CN>. Acesso em: 2 jun. 2020.

_____. Global Insights Initiative. *The World Bank*, 2015. Disponível em: <https://live.worldbank.org/global-insights-initiative>. Acesso em: 8 fev. 2016.

_____. Gross Capital Formation (% of GDP): China. *The World Bank*, 2018b. Disponível em: <https://data.worldbank.org/indicator/NE.GDI.TOTL.ZS?locations=CN>. Acesso em: 2 jun. 2020.

_____. Gross Domestic Savings (% of GDP). *The World Bank*, 2019d. Disponível em: <https://data.worldbank.org/indicator/NY.GDS.TOTL.ZS>. Acesso em: 2 jun. 2020.

_____. Lao PDR Overview. *World Bank Group*, 18 abr. 2020. Disponível em: <https://www.worldbank.org/en/country/lao/overview>. Acesso em: 17 jun. 2021.

_____. Real Effective Exchange Rate Index (2010 = 100). *The World Bank*, 2019. Disponível em: <https://data.worldbank.org/indicator/PX.REX.REER?locations=CN&view=chart>. Acesso em: 2 jun. 2020.

_____. The World Bank in Lao PDR Overview. *The World Bank*, 18 abr. 2020b. Disponível em: <https://www.worldbank.org/en/country/lao/overview>. Acesso em: 2 jun. 2020.

_____. Urban Population (% of Total Population). *The World Bank*, 2019f. Disponível em: <https://data.worldbank.org/indicator/SP.URB.TOTL.IN.ZS>. Acesso em: 2 jun. 2020.

WU, Jinglian. *Understanding and Interpreting Chinese Economic Reform*. Nova York, Texere, 2001.

YAMADA, Norihiko. Legitimation of the Lao People's Revolutionary Party: Socialism, Chintanakan Mai (New Thinking) and Reform. *Journal of Contemporary Asia*, v. 48, n. 5, 2018, p. 717-38.

YOSHIDA, Key. Altruistic Behavior: Lessons from Neuroeconomics. Pesquisa (Pós-Doutorado), University of Tokyo Center for Philosophy, 2019. Disponível em: <https://utcp.c.u-tokyo.ac.jp/from/blog/080228_Yoshida_Presentation.pdf>. Acesso em: 2 jun. 2020.

YOSHINO. Naoyuki; TAGHIZADEH-HESARY, Farhad. Monetary Policy and Oil Price Fluctuations Following the Subprime Mortgage Crisis. *International Journal Monetary Economics and Finance*, v. 7, v. 3, 2014, p. 157-74.

ZADEH, Lotfi. From Circuit Theory to System Theory. *Proceedings of the IRE*, v. 50, n. 5, 1962, p. 856-65. Disponível em: <https://cupdf.com/document/from-circuit-theory-to-system-theory-may1962.html>. Acesso em: 24 maio 2021.

ZAKI, Jamil; LÓPEZ, Gilberto; MITCHELL, Jason. Activity in Ventromedial Prefrontal Cortex Co-Varies with Revealed Social Preferences: Evidence for Person-Invariant Value. *Social Cognitive and Affective Neuroscience*, v. 9, n. 4, 2014, p. 464-9.

ZEKUN, Wang. Huawei's Investment in R&D Ranks a Leading Position. *Equal Ocean*, 30 abr. 2019. Disponível em: <https://equalocean.com/news/201904301915>. Acesso em: 2 jun. 2020.

ZHANG, Qian Forrest; OYA, Carlos; YE, Jingzhong. Bringing Agriculture Back: The Central Place of Agrarian Change in Rural China Studies. *Journal of Agrarian Change*, v. 15, n. 3, 2015, p. 299-313. Disponível em: <https://onlinelibrary.wiley.com/doi/abs/10.1111/joac.12115>. Acesso em: 20 jul. 2020.

ZHAO, Min. External Liberalization and the Evolution of China's Exchange System: An Empirical Approach. World Bank China Office Research Paper n. 4, 1º nov. 2005. Disponível em: <https://documents1.worldbank.org/curated/en/162201468236960426/pdf/418560CHA0Liberalizati on0WP401PUBLIC1.pdf>. Acesso em: 24 maio 2021.

ZHOU, Rong et al. *Agriculture in Contemporary China*. Pequim, Contemporary China Press, 1992.

ZIJUN, Tian; SHAOJIE, Niu; XIAORAN, Ma. Across China: Rural Credit System Brings Financial Services to Farmers. *Xinhuanet*, 11 set. 2018. Disponível em: <http://www.xinhuanet.com/english/2018-09/11/c_137460742.htm>. Acesso em: 2 jun. 2020.

Publicado em novembro de 2021, 55 anos após a eclosão da Revolução Cultural Chinesa, este livro foi composto em Adobe Garamond Pro 11/13,5 e reimpresso em papel Pólen Natural 80 g/m² pela gráfica Rettec, para a Boitempo, em junho de 2025, com tiragem de 5 mil exemplares.